U0530917

汉语变调构词研究

(增订本)

孙玉文 著

商务印书馆
2007年·北京

图书在版编目(CIP)数据

汉语变调构词研究:增订本/孙玉文著.—北京:商务印书馆,2007
ISBN 7-100-05042-1

Ⅰ.汉… Ⅱ.孙… Ⅲ.汉语—构词法—研究 Ⅳ.H146.1

中国版本图书馆 CIP 数据核字(2006)第 057670 号

所有权利保留。
未经许可,不得以任何方式使用。

HÀNYǓ BIÀNDIÀO GÒUCÍ YÁNJIŪ
汉语变调构词研究
(增订本)
孙玉文 著

商务印书馆出版
(北京王府井大街36号 邮政编码100710)
商务印书馆发行
北京龙兴印刷厂印刷
ISBN 7-100-05042-1/H·1240

2007年1月第1版　　开本 850×1168 1/32
2007年1月北京第1次印刷　印张 14 1/4
印数 5 000册
定价:24.00元

目　录

序 ································ 郭锡良（ i ）
导言 ··································（ 1 ）
第一章　古代汉语变调构词词表 ··············（ 6 ）
　词表凡例 ······························（ 6 ）
　词表检字表(选100条) ···················（ 9 ）
　词表正文 ·····························（ 11 ）
第二章　汉语变调构词的若干理论 ············（360）
　一、论变调构词的性质 ···················（360）
　　1. 论变调构词是汉语口语的反映 ·········（360）
　　2. 论变调构词是构词法 ················（367）
　　3. 论所谓经师注音不一致 ··············（381）
　二、论变调构词中的字和词 ···············（385）
　三、论变调构词和词义构词的关系 ··········（390）
　四、论变调构词和变声构词、变韵构词的关系 ···（394）
　五、论变调构词中原始词和滋生词的关系以及
　　　变调构词的分类 ····················（397）
　　1. 论古人确定原始词和滋生词的原则 ·····（397）
　　2. 论变调构词中原始词和滋生词的关系 ····（399）

3．论变调构词的分类方法 …………………………（403）
　六、论上古汉语已有变调构词……………………………（406）
　　1．从汉魏经师音注论上古后期已有变调构词 …（406）
　　2．从汉魏韵文论上古后期已有变调构词 ………（409）
　　3．从语音的变化论上古汉语已有变调构词 ……（412）
　　4．从词义的演变论上古汉语已有变调构词 ……（416）
　　5．从语法的发展论上古汉语已有变调构词 ……（420）
　　6．从上古声训论上古汉语已有变调构词 ………（424）
　　7．从上古同源词论上古汉语已有变调构词 ……（426）
　　8．从周秦韵文论上古前期已有变调构词 ………（430）
　　9．从字形的分化论上古汉语已有变调构词 ……（432）
　　10．论清儒否定上古汉语已有变调构词的理由
　　　　不充分 ……………………………………………（434）

引用书目及参考书目举要……………………………………（437）

博士论文后记…………………………………………………（441）
初版后记………………………………………………………（446）
再版后记………………………………………………………（447）

序

从宋代贾昌朝的《群经音辨》开始，前人对古汉语中四声别义的现象作过不少研究，有不少成果。玉文早在20世纪80年代攻读硕士学位时就关注这个问题，毕业后教学之余收集了相当多这方面的资料，准备编写一部四声别义字典，甚至有出版社已经应允出版。1994年玉文到北京大学攻读汉语史博士学位，他向我提出，能否以此作为毕业论文。我当即否定了他的想法，强调先要全面完成攻读博士学位的学习任务，扩展知识面，提高理论修养，再来考虑毕业论文。并指出：博士论文要有理论高度，要有创造性，不能停留在资料的实用性处理上。玉文以为然，学习上勤奋精进，不但继续收集、研究这方面的资料，更从理论方面充实、提高自己对这个问题的认识，从新的角度对这种现象作了更全面的研究，把论文题目确定为《汉语变调构词研究》。经过一年多夜以继日的努力，顺利地完成了论文写作。答辩时，获得全体专家的好评，今年又被评为全国优秀博士学位论文。

是的，这是一篇有学术价值、颇见功力的博士论文。首先，作者对材料的收集作了很大的努力，不但收集了经史子集中尽可能多的有关这方面的音注材料，数量大大超越前人，而且全面考察了《广韵》《集韵》中不同声调的又音，进行认真分析，因而在材料的占有上，达到了一个新的高度。其次，作者在制订《古代汉语变调构词词表》中更作出了加倍的努力。他把汉、唐的音注材料汇集、排比，先确定了古代变调构词的词目，然后对每一组配对的原始词和滋生词的音义进行历史的考察分析，引举例证，考辨源流，驳正误说，一层层深入。这种历史考察的特点是：引例丰富，能把文字、音韵、训诂、语法等多方面的知识融会贯通来考虑问题，推论合理，观点鲜明，创获甚丰。其中许多词条的考辨，都可以算得上一篇较好的短小论文。在这里既体现了作者的朴实学风，又显示了他在学术上具有较深厚的功力。最后，作者从理论上总结汉语变调构词时，由于掌握的材料十分丰富，因而也能左右逢源，议论明快，具有较强的说服力。特别是从多方面论证上古汉语已有变调构词时，论据充足，为解决这一争论了几个世纪的问题作出了较可信服的回答，表现了作者在理论方面具有较好的修养。

玉文收集的变调构词资料达 800 组之多，论文答辩时完成了 150 组的写作任务，选取了 100 组提交答辩。毕业后，他从提交答辩的论文中选取了若干组发表在某些刊物上，并继续撰写其他 600 多组的考辨文章，准备全稿完成后，再汇总出版。今夏论文获奖，出版社向玉文约稿，要为他出版。玉文征求我的意见，我极表赞同。因为这篇论文不仅具有学术价值，也是很有实践意义的。它对先秦、两汉古籍的阅读、整理，对字典、辞书的修订以及古汉语词汇、语法、语音的研究都是有重要参考价值的。同时，论文发表，可以广泛听取各方面的宝贵意见，有利于其他各组变调构词的撰写和修改。玉文于是将论文作了一些充实、润色，向出版社交了稿，同时要我写一篇序。这里我写下玉文写作论文的经过和我对论文的看法，也算是序吧。我更希望玉文继续像写学位论文时那样，严格要求，一丝不苟，把其他600多组变调构词的考辨都按论文的要求早一点写出来，真正为长期存在争论的四声别义现象作一经得起时间考验的总结，那将是一部煌煌巨著啊！

郭锡良
1999年8月于京郊畅春园

导　　言

　　变调构词指利用声调的变化构造意义有联系的新词,它是音变构词的一种类型。音变构词,是通过音节中音素的变化构造意义有联系的新词。依汉语音节声、韵、调三要素,汉语音变构词可以分为变声构词、变韵构词、变调构词三种简单的类型。还有的音变构词涉及声、韵、调中两个以上音素的变化,这是更为复杂的类型。

　　变调构词跟其他音变构词一样,其中有一个是基式,另一个是在基式的基础上滋生出来的;前者叫原始词,后者叫滋生词。原始词和滋生词是一对相对的概念,没有原始词,就不可能在此基础上发展出滋生词;反之,没有滋生词,原始词这一概念就没有意义。原始词和滋生词,是从语言学的立场立的概念,不能把原始词的词义混同于字的本义。尽管二者有密切联系,但是有时候,原始词词义是字的引申义,例如"解"的本义是"分解动物的肢体",引申义是"对纠结、聚集在一起的东西进行分解",后者是作"懈怠"讲读去声的"解"(后作"懈")的原始词,因为"懈怠"义是从后者直接滋生出来的;有时候,原始词词义跟字的本义没有任何联系,例如"难"本义是"难鸟",但是其原始词词义是"不容易,困难",因为滋生词词义是"使有困难,阻碍、阻止",这是由原始词词义发展来的,跟"难鸟"义了不相涉。

　　变调构词中互相配对的词,应该找出哪一个是原始词,哪一个是滋生词;否则就不是我们所谓的变调构词。变调构词的配对词,既有写成同一汉字的,也有写成不同汉字的;有时这两种情况不易区分。写成同一汉字的原始词和滋生词,跟"如字"和"破读"这对术语有关。古注中用到"如字",通常是告诉读者,在这特定的上下文里,这个字要按照它本来的读音读。因为"如字"的音义往往是古代常见的音义,而常用词常见的音义往往是滋生新词的基础,所以它大致相当于原始词。"破读",也叫"读破",指一个字因意义的不同有不同的读音,其中非此字的常见读音为"破读",有两个具体含义,一是古注中用本字来改读古书中的假借字,一是改变一个字的原来读音以表示意义的转变。后一个意思的"破读"大致相当于滋生词。"如字"和"破读"这两个概念中古已出现:"如字"已见于六朝,如《颜氏家训·书证》已有"如字"这一术语;"破读"这一概念并非始于清人,《周礼·天官·盐人》贾公彦疏已有"杜子春读苦为盬者,盐咸,非苦,故破苦为盬"之语。又《地官·廪人》:"以待国之匪颁赒赐稍食。"郑注:"匪读为分。分颁谓委人之职诸委积也。"疏:"破匪为分者,米谷非是匪所盛之物,又以为庐宿市在道分颁义合,故不为匪也。"但中古注家的"破"主要指破其假借字而读如本字。后来"破读"既指破其假借字读如本字,又指在原始词的基础上滋生出新词的现象。本书随宜使用"如字"和"破读"这两个术语,分别限指写成同一汉字的变调构词配对词中的原始词和滋生词。因为我们是从语言学的立场讨论变调构词现象,所以不管原始词和滋生词是否用同一汉字来记录,本书都同样看待。

研究变调构词的资料有：一音注，经史子集都有，大部分是后代注家做的，也有的是作者的自注；二字书，包括字典、词典和韵书；三韵文，不仅有互相押韵的字，还有唐宋以后骈文、近体诗、词、曲中的平仄材料；四声训，主要是上古声训；五古今字和假借字；六前人笔记，主要是学术笔记；七现代方言；八少数民族语言跟汉语的关系词；九前人整理的变调构词字表。这九种材料对研究变调构词各有其重要性和局限性。把这些材料联系在一起，彼此之间能互相印证、补充、订正，而且能从中揭示出变调构词的历史发展线索。但是利用这些材料，既要注重共时描写，又要贯彻历史原则。研究时要注意校勘；但是除非有明显错误，否则不能轻议古人注音的对错。

唐宋以前的人对变调构词缺乏系统深入的研究。当时不但变调构词没有从音变构词中分离出来作独立的研究，就是音变构词本身，跟音近假借形成的异读，也没有作出明确的分辨。从北宋贾昌朝开始，才把音变构词跟音近假借形成的异读分开。《群经音辨》所分五门，"辨字音清浊""辨彼此异音""辨字音疑混"，这三门专门整理音变构词资料。元刘鉴《切韵指南》的《经史动静字音》，把贾氏搜集整理的字，涉及变声构词的，用反切法注音；涉及变调构词的，用注声调的办法来注音。这在客观上是把音变构词分为"变声"和"变调"两类了。明吕维祺《音韵日月灯》，在刘氏的基础上，又分为"静平动去""静上动去""静入动去""静去动平""静去动上""静去动入""静平动上""静上动平"和"静匣母动见母""静见母动匣母""静清音动浊音""静浊音动清音"等多种，也在客观上对"变声"和"变调"两类作了更细致的区分，可惜没有给这两个上位概念命名。真正把变调构词从音变构词中分出来作为明确的小类,是20世纪的事。例如金兆梓《国文法之研究》,就把"读破"分为"四声读破法"和"字母读破法"两类。《马氏文通》以来,学术界对变调构词现象有了一些零星的探讨,取得了一些成果。但是受传统影响,探讨变调构词时,有意跟变声构词牵扯在一起,对变调构词跟汉语口语的关系重视也不够,对于它是构词还是构形缺乏明确的分析,结果深度和广度都受到限制。无论是资料的搜集整理,还是理论探讨,都有不少不精确的地方,很多规律还无人去揭示。

本书拟专门研究古代汉语中只用声调的转换构成新词的那一部分字。至于声调转换的同时,声母也发生了变化,例如"长"的平上两读（*₋ďaŋ/₋ďaŋ：*ᶜtɿaŋ/ᶜtɿaŋ）,"食"的短入和长入两读（*ȡɪək/dzɪək：*zɪək/zɪə°）;或者介音及主元音也发生了变化,例如"生：姓"（*₋ʃeŋ/₋ʃeŋ：*sɪeŋ°/sɪeŋ°）,"熏：熏"（*₋xɪə/₋xɪə：*xɪwo°/xɪu°）;或者阴声韵和阳声韵,阳声韵和入声韵,阴声韵和入声韵之间的互相转化,例如"散：撒"（*san°/san°：sat）,"辨：别"（*ᶜbɪan/ᶜbɪen：bɪæt/bɪet）,"比"的去入两读（*bɪei°/bi°：*bɪet/bɪæt）,"数"的去入两读（*ʃɪwo°/ʃu°：*ʃɪwok/ʃeðk/ʃɔk）,一概不加纳入。所讨论的变调构词的范围,具体说,是指阴声韵或阳声韵中利用平上去声的转换构成新词,例如"长、广、高、深、厚"分别由平声或上声滋生出去声读法;以及入声韵中利用短入和长入的转换构成新词,例如"恶"（*ăk/ak：āk/u°）,"逐"（*ďɪəuk/ďɪuk：*ȡɪəuk/ȡɪəu°）。

本书拟分两章。第一章：古代汉语变调构词词表;第二章：汉语变调构词的若干理论。《玉篇》《广韵》《集韵》对研究变调构词很重要。《玉篇》成书年代跟《经典释文》比较接近,是我们今天所见到的完整地反映了汉语音义现象的最早字典。《广韵》和《集韵》的注音往往被后来字书的编者奉为圭臬。本书在搜集材料的过程中,曾用定量统计的方法,初步统计《广韵》和《集韵》有多少异读;哪些异读属于纯粹一字多调的;一字多调的字中哪些是区别字义的;区别字义的字中哪些是属于变调构词的。这项工作对确定变调构词原始词和滋生词的条目是有作用的。本项研究的目的有两个:一是整理出若干变调构词的资料,为著者以后作进一步的研究打下较为坚实的基础,并为《汉语变调构词考辨》的编纂提供依据;二是在资料整理的基础上探讨若干理论问题,这些理论问题,有些散见于第一章,有些集中在第二章,著者冀此为汉语理论和汉语史建设贡献绵薄。

第一章 古代汉语变调构词词表

（选100条）

词表凡例

一、本词表共收具有变调构词现象的词100对，以王力先生所定古韵三十部为纲（冬部拟音同于侵部），以声母发音部位为目。

二、前人所列词表及字书对变调构词的反映有得有失。其失可归纳为"十蔽"：一曰对写成同一汉字的变调构词资料搜集不全，许多字失收；二曰对写成不同汉字的变调构词资料搜集不全；三曰对具有三个以上声调读音的变调构词的字的读音搜集不全；四曰把具有两个不同声调读法的属于变调构词的字音看成自由变读；五曰注中古音有问题；六曰释义有问题；七曰举例有问题；八曰对原始词和滋生词之间意义的真正区别有误解；九曰对具有变调构词的字的语法特点注意不够，有些有误解；十曰对具有变调构词的

第一章 古代汉语变调构词词表

配对词音义源流的探讨几乎无人问津。本词表所论,力祛以上十弊;是否妥当,海内博雅,幸有以教之。

三、对每一组配对词,本词表分为以下两大项:1. 音义分析和前人时贤意见。包括两方面内容:一原始词和滋生词的音义;二贾昌朝、马建忠、周祖谟、唐纳(Downer)、周法高、唐作藩诸家字表以及《玉篇》《广韵》《集韵》对该组原始词和滋生词的反映情况。2. 例证与考辨。包括三方面内容:一原始词和滋生词的例证;二原始词和滋生词的音义源流;三对以往一些误说的驳议。

四、对第一大项中第一方面的内容原始词和滋生词的音义,分别先释义,再注音。注音一般采用《广韵》反切;采用其他字书或古注的反切,在圆括号的拟音后面注明来源。拟音据郭锡良先生《汉字古音手册》。有些词兼注上古音和中古音,上古音拟音前面加＊号,中古音前面不加;上古音和中古音之间用/隔开。这是为了显示具体词变调构词的源流情况。对阴声韵和阳声韵的声调,除用汉字注明外,在每一字所拟音读上用 c 或 ɔ 标示出来,标在左下角者为平声,左上角者为上声,右上角者为去声,入声字不标。

五、第二方面内容中,诸家字表的材料来源是,贾昌朝《群经音辨》的《辨字音清浊》《辨彼此异音》《辨字音疑混》三门,所用版本是商务印书馆1936年影印宋钞本;马建忠《马氏文通》,所用版本是商务印书馆1983年印"汉语语法丛书"本;周祖谟《四声别义释例》,载中华书局1966年印《问学集》;唐纳(Downer) "Derivation by Tone-change in Classical

Chinese",载 Bulletin of the School of Oriental and African Studies, No. 22(1959);周法高《中国古代语法·构词编》,台北中央研究院历史语言研究所 1962 年出版;唐作藩先生《破读音的处理问题》,载 1979 年《辞书研究》第 2 辑。间亦有原始词和滋生词的音义之别不见于上述诸文,而见于别的字表者,如张守节《史记正义·发字例》,郑樵《通志·六书略》,则随宜注明。又《群经音辨·辨字同音异》中亦有部分字实为变调构词,而不见于上述三门者,间加注明。

六、第二大项内容有时材料太少,或暂时没有发现新材料,间有缺项,以示遵从阙疑古训。

七、原始词和滋生词都可以在读音不变的情况下,引申出新的词义,形成"一词多义"的局面;或者滋生出新词,形成词义构词。什么时候是一词多义,什么时候是词义构词,不太容易区分。本书的处理办法是:1. 如果一个词义跟原义不同,又用不同的汉字来记录,那么就看作不同的词,属词义构词。例如猿猴的"猿"(猨)由攀援的"援"滋生出来,是不同的词。2. 如果一个词义跟原义不同,写成同一个汉字,那么可以分成两种情况来处理:(1)如果两个词义所属的词性不同,则处理为不同的词。例如"王"作"做帝王,称王"讲是一般动词,作"使做帝王,使称王"讲是使动构词。(2)如果两个词义所属的词性相同,那么既可以是一词多义,也可以是词义构词。词义相近的,是一词多义。例如"解"的"分解动物的肢体"和"对纠结,聚集到一起的东西进行分解"二义属一词多义;词义相远的,是词义构词。例如"田"的"田猎"和"农田"二义属词义构词。

词表检字表

(选100条,括号里的数字为本书页码)

一、之部,职部,蒸部

1.始(11) 2.能1(16) 3.能2(19) 4.已(21) 5.右(23) 6.贷(34) 7.冰(39)

二、幽部,觉部,冬部

8.早(42) 9.收(43) 10.胶(46) 11.逐(47) 12.蟲(49)

三、宵部,药部

13.毛(51) 14.烧(53) 15.高1(56) 16.高2(59) 17.籴(61)

四、侯部,屋部,东部

18.走(63) 19.取(67) 20.数1(74) 21.数2(78) 22.输(81) 23.乳1(84) 24.乳2(89) 25.厚(91) 26.足(93) 27.续(95) 28.束(97) 29.欲(99) 30.重1(102) 31.重2(107)

五、鱼部,铎部,阳部

32.阻(111) 33.疏(113) 34.如(115) 35.塗(117) 36.苦(119) 37.鱼(123) 38.雨(128) 39.下(134) 40.白(141) 41.获1(145) 42.获2(146) 43.获3(149) 44.忘(152) 45.霜(158) 46.上(160) 47.长1(169) 48.长2(172) 49.王(176) 50.黄(183)

六、支部,锡部,耕部

51.解1(187) 52.解2(194) 53.解3(196) 54.解4(197) 55.平(203) 56.名(206) 57.生(208) 58.钉(210)

七、脂部,质部,真部

59.比1(212) 60.比2(220) 61.结(223) 62.尘(227) 63.陈(230) 64.牵(238) 65.引1(240) 66.引2(243) 67.引3(245) 68.引4(247)

八、微部,物部,文部

69.水(249) 70.衣(251) 71.委(259) 72.回1(264) 73.回2(266) 74.出(267) 75.乞(272) 76.粉(274) 77.巾(276) 78.勤1(279) 79.勤2(281)

九、歌部,月部,元部

80.坐(282) 81.过(291) 82.裹(300) 83.骑(301) 84.麾(304) 85.伐(306) 86.观1(312) 87.观2(325) 88.遣(332) 89.言1(334) 90.言2(336) 91.言3(337) 92.研(338)

十、缉部,侵部

93.帆(340) 94.三(342) 95.针(346) 96.深(348) 97.沈(351)

十一、盍部,谈部

98.染(353) 99.點(357) 100.兼(358)

词 表 正 文

【始】

1

原始词,义为开始,当初,起先,名词,诗止切(上声,*ᶜɕɪə/ᶜɕɪə)。滋生词,义为时间很晚或历时很久才开始,副词,式吏切(去声,*ɕɪəᶜ/ɕɪəᶜ,《集韵》)。"始"的变调构词,贾昌朝、马建忠、唐作藩均有著录。《群经音辨·辨字音清浊》:"始,初也,式氏切,对'终'之称。缓言有初曰始,市志切,《礼》'蝉始鸣'。"按,"始""式"都是书母字,"市"是禅母字,"市"当依《集韵》改为"式",贾氏之所以用"市"作切上字,反映了北宋时期全浊声母读成清音声母的事实。《马氏文通·实字》卷之五:"'始'字,上读名字,本始之始也。《易·乾》:'万物资始。'《汉·王褒传》:'共惟春秋法五始之要。'去读动字,方始之始也。《礼·月令》:'桃始华','蝉始鸣'。"二家说为唐作藩所本。按,以去声为动词,不妥,当为副词。

《玉篇》女部:"始,式子切,《说文》云:'女之初也。'"《广韵》诗止切:"始,初也。"均只收上声读法。《集韵》首止切:"始,《说文》:'女之初也。'"式吏切:"始,始也,《礼》:'蝉始鸣。'"以"始"(上声)释"始"(去声),不便理解,这是同字为训,但揭示了两种"始"语源上的关系,也可证同字为训中,被释词和训释词语音有别。

2

《经典释文》给"始"作注3次,有1次仅释义,不注音。《庄子·天下》:"尹文闻其风而悦之,作为华山之冠以自表,接万物以别宥为始。"注:"不欲令相犯错。"音义:"宥为始,始,首也,崔云:以别善恶,宥不及也。"疏:"宥,区域也。始,本也。置立名教,应接人间,而区别万有,用斯为本也。"作"开始"讲读上声的"始"中古习见,故古人注古书一般不注音。

注去声2次,均见于《礼记·月令》音义。《礼记·月令》:"仲春之月……始雨水,桃始华,仓庚鸣,鹰化为鸠。"按,通志堂本及十三经本于"桃始华"均不见有音义。黄焯汇校:"仓庚,案此条上当增'桃始,式志反'一条,下'蝉始鸣'音式志反,而《韵会》至韵'始'字注云,《月令》'桃始华'、'蝉始鸣'俱式志反,则此处'桃始'不音,定属脱误。"又《月令》:"仲夏之月……鹿角解,蝉始鸣,半夏生,木堇荣。"音义:"蝉始,市志反。"十三经注疏本反切亦为"市志反"。"市"当作"式"或"申"。黄焯汇校:"市,宋本同,何校本作式。吴云,案《释文》唯此始字作音,明其非如字读也,实则始字本无二义二音,妄生分别,盖起自六朝俗师,要非德明所独创,而《玉篇》《切韵》始字并无去声,可知当时之不尽承用矣。又《篇》《韵》始音诗止反。《释文》作市志反,诗市异纽,毛居正以市为申之误,近之。"按,吴承仕《经籍旧音辨证》接着举了三个证据证明"市"当作"申"(也就是书母),其说是。杨万里《和王道父山歌》:"白头始嫁不羞人。""始"下注:"去声。"

吴承仕在《经籍旧音辨证》卷二《经典释文二·礼记音义》里,以为"始"去声一读"非德明独创",极是;但他又说"实则始字本无二义二音,妄生分别,盖起自六朝俗师"(见黄焯汇校所引),却难以令人苟同。上面三例,已是把滋生词注成了去声。我们有什么理由断定它不是基于社会习惯而是由几个俗师凭空想出来的呢?吴氏并没有告诉我们"始"的去声一读起自六朝俗师的判断标准及任何证据,只有这种结论性的意见,当然不能使人信服。如果因为"始"的去声一读始见于六朝音注,就断定是六朝俗师所为,这显然是说不通:许多先秦即已出现的词,对它们的音义,连两汉人都没有做任何解释,到六朝才见有人注音释义,能说这些词的音义是六朝才产生的吗?当然,吴氏之所以说"始"的去声一读"起自六朝俗师",是因为他接受了清代顾炎武等学者所坚持的古无"两声各义"的主张。可是这种主张的根据是不足的,论证不严密。吴氏又说"《玉篇》、《切韵》'始'字并无去声,可知当时之不尽承用矣",这也值得怀疑。且不说杨万里《和王道父山歌》中"始嫁"的"始"注成了去声,就是拿《玉篇》《切韵》不收它的去声一读来证明"当时之不尽承用"来说,这也不是必然推出的结论,例如《玉篇》不收"重"的去声一读,这不能证明当时口语中"重"不读去声;《切韵》系韵书,直到《王仁昫刊谬补缺切韵一》(伯二〇一一),《王仁昫刊谬补缺切韵二》(北京故宫博物院藏),《裴务齐正字本刊谬补缺切韵》(北京故宫博物院旧藏)都不收"膏"的去声一读,到了《唐韵》才见著录,《玉篇》也不收录"膏"的去声,这丝毫不能证明"膏"的去声一读是中唐以后才产生的。

  吴承仕在他的这部著作中还谈到,《礼记·月令》"'始振'、'始华'、'始电'、'始出'、'始生'、'始鸣'、'始至'、'始收声'、'始涸'、

'始降'、'始冻'、'始裘'、'始坏'、'始交'、'始巢之'等义，与'蝉始鸣'同，先后并不作音，而'蝉始鸣'之'始'德明独下反语，未闻其故"。按，如上所引黄焯汇校，陆氏本来给"始华"的"始"注了音，今本脱落了。其他本应读去声的"始"陆氏不注音，吴氏说"未闻其故"，不失审慎。相同的词义，《经典释文》或注或不注的地方还有不少。有人对这种注音方式有误解，以为一字两声各义时，上下文中，甲处注破读，乙处丙处不注，则乙处丙处读如字。如以这种推理贯穿始终，就会对《经典释文》产生很大的误会。例如"好"，《老子》共使用3次（王弼注中出现的"好"字这里不统计），三十章"其事好还"音义："其事好，呼报反。"五十三章"大道甚夷而民好径"音义："好，呼报反。"而五十七章"我好静而民自正"的"好"也当读去声，《经典释文》却不注音。不能据此认为"好静"的"好"读如字。这样的例子还很多。相同的词义，陆德明或注音，或不注音。有人据此以为两声各义的读音分别是人为的，这种论证方法是没有注意到古人注音的复杂性，因而不可取。既然我们没有有力的证据证明"始"的破读是经师人为的，就应该承认它是口语的反映，而且前有所承。

至晚北宋开始，"始"的去声一读就不大为一般人所知了，所以那时的学者要作一番辨析。吴承仕在他的著作中引用了孙奕《示儿编》："《艺苑雌黄》云：窃怪杜诗有'皁雕寒始急'，白乐天诗有'千呼万唤始出来'二者，似涉语病。司马温公云始字皆作去声读，若从上声，尤可怪笑。故李希声云始有二音，终始之始则音上声，万物资始是也；有所宿留而今甫然者则音去声，蝉始鸣是也。"又王观国《学林》卷九"始"字条："李希声《诗话》曰：'皁雕寒始急'，'千呼万唤始出来',人皆以为语病。然始有二音,有所宿留而今甫然者,当从去声,二诗自非语病。观国尝考其故矣。始终之始,则音上声;有所宿留而今甫然者,则音去声。所谓'有太始',所谓'万物资始',所谓'始画八卦',所谓'有始有卒',此皆终始之始也。杜子美《安西兵》诗曰:'临危经久战,用意始知神。'韩退之《月台诗》曰:'直须台上看,始奈月明何?'此皆有所宿留而今甫然者也。如《礼记·月令》'蝉始鸣',陆德明《音义》始作试,则李希声之说不妄矣。"这两段话告诉我们这样一些信息:一、"始"上去两读使用环境不同,如果把滋生词"始"拿原始词"始"来理解,就会感觉到"始"用在上下文中有"语病";这从一个方面证明"始"的上去两读的词义确有不同,不能把分属于两个词的两个不同的义位合并为一个义位。二、"始"滋生词词义上古已出现,直到唐朝仍有保留,到了宋代口语中"始"去声音义在口语中已消失了。上举杨万里《和王道父山歌》"白头始嫁不羞人"的"始"取去声音义,或是宋代方音现象,更有可能是仿古用法。三、王观国说《礼记·月令》"蝉始鸣"陆德明音试,"试"是书母字,不是禅母字,今传陆德明音义为"市志反","市"是禅母字,不是书母字。今人把"市"校为"式"或"申",并为书母字,王氏此说可为一佐证。

许多字词典都不收"始"的去声音义,这是不妥当的:其去声音义是上古至隋唐时代的语言事实,不是言语现象;概括"始"的词义时,不能随意性地把"始"的去声音义并入它的上声音义,其去声音和"时间很晚或历时很久才开始"这一概念的结合是社会赋予的,分析词义就是要分析出这种社会事实,不能以今律古。例如《古代汉语虚词通释》把《礼记·月令》"桃始华"的"始"作为"表示动作行为的开始"这一上声读法的例证，欠妥。又"始"滋生词的最早例证，《汉语大字典》举《左传·襄公二十五年》"晋程郑卒，子产始知然明"，《汉语大词典》举《左传·昭公二十八年》"御以如皋，射雉获之，其妻始笑而言"为例，用例都很早；《辞海》（修订本）以唐李商隐《无题》诗"春蚕到死丝方尽，蜡炬成灰泪始干"为最早书证，例证太晚。

【能1】（滋生词又作"耐"）

1

原始词，义为有能力做到，动词，奴来切（平声，*$_‹$nə/nə/$_‹$nəŋ）。滋生词，义为经受得了，禁得起，动词，奴代切（去声，*nəʰ/nɒiʰ），后规范为"耐"。"能1"的变调构词，未见于诸家著录。《群经音辨·辨字同音异》："能，强杰也，奴登切。能，三台星也，音台，郑康成说《礼》'司禄……或曰下能也'。能，鳖三足也，奴来切。能，任也，奴代切，《诗》传'豕之性能水'，又如字。"最后一读，实是"能1"滋生词音义。

《玉篇》能部："能，奴登切，多技艺也，工也，善也。又奴台切，三足鳖也。"以奴台切一读属"三足鳖"一义，当是后起的音义变化所致。奴登切一读反映了"多技艺也，工也，善也"一义的后起读音变化；而"三足鳖"一义后世不用，自然依旧读来读。而部："耐，奴代切，能也，任也。《说文》曰：罪不至髡也。"《广韵》奴来切："能，《尔雅》谓三足鳖也。又兽名，禹父所化也。"这一音读跟"能1"原始词没有直接关系。奴登切："能，工善也。又兽名，熊属，足似鹿。亦贤能也。"奴代切："能，技能。"又："耐，忍也。"《集韵》囊来切：

"能,《尔雅》:鳖三足,能。一曰:兽名。"奴登切:"能耐,《说文》:熊属,足似鹿……能兽坚中,故称贤能,而强壮称贤(文按,《说文》作'能')杰也。或作耐。"乃代切:"能,忍也。亦姓。通作耐。"又:"耏耐刵,《说文》:罪不至(按,述古堂本倒乙为'至不')髡也。或从寸,诸法度字从寸。亦作刵。"

"能"由"有能力做到",滋生出"经受得了,禁得起"一义,是自然的滋生。《同源字典》即以"能""耐"为同源词。段玉裁《说文注》"能"下没有谈到"能"和"耐"之间的音义关系,但"忍"下注:"凡敢于行曰能,今俗所谓能干也;敢于止亦曰能,今俗所谓能耐也。能耐本一字,俗殊其音。"从语音上说,"有能力做到"的"能"中古已以读成登韵为常了,跟"耐"读音相差甚远,然而它们在上古只有声调之别,读成登韵是例外音变,"能"的平声一读上古是之部,阴声韵,非阳声韵。关于"能"字读音的变化,请详参顾炎武《唐韵正·下平声》卷六"能"字条。顾氏以上古至六朝的大量材料(个别例子不确),证明上古时代,"能"字不管是平还是去,都是读阴声韵;他说,"晋时此音未改。江左以降,始以方音读为奴登反","按能字音奴登反,始自宋齐之世","今按经传之文,下至魏晋,皆作奴来反,并无奴登反者"。顾氏材料充分,言之凿凿,可为铁案。据此,"能"与"耐"上古属变调构词。中古(宋齐之世)"能"发生例外音变,"能""耐"韵母有别,这是变调构词以后的发展。刚构词时是变调构词,这一对词就应该归变调构词;后来其中之一语音变化,已不只声调不同,并不能改变原来的性质,因为那是构词以后的音变。

2

"能"作"有能力做到"讲,中古已读成奴登切了,《易·系辞上》:"乾以易知,坤以简能。"音义:"简能,如字。姚云:能当作从。"疏:"简谓简省,凝静不须烦劳,以此为能。故曰:坤以简能也。"由于奴登切一读中古习用,所以古人注古书一般不注音,上面之所以注"如字",是因为陆氏认为字不改为"从"亦可通。

以下是"能"作"经受得了,禁得起"讲读去声的用例。《诗·小雅·渐渐之石》笺:"豕之性能水,又唐突难禁制。"音义:"能水,奴代反。本又作耐。"《礼记·檀弓上》注:"凡棺用能湿之物。"音义:"能湿,乃代反。"《史记·吴太伯世家》:"且句践为人能辛苦,今不灭,后必悔之。"《汉书·食货志》:"比盛暑,陇尽而根深,能风与旱。"注:"能读曰耐也。"《晁错传》:"其性能寒。"注:"能读曰耐。"《赵充国传》:"汉马不能冬。"注:"能读曰耐。"《西域传》:"匈奴常言'汉极大',然不能饥渴。"注:"能音耐。"由以上颜师古注可知,中古时代,"能1"的滋生词逐步规范为"耐"了。《荀子·劝学》:"假舟楫者,非能水也,而绝江河。"王先谦集解以为"能"读耐,极是。古书中又有"不相能"的说法,即互相不能忍受对方,指关系不和睦。《左传·襄公二十一年》:"范鞅以其亡也,怨栾氏,故与栾盈为公族大夫而不相能。"音义:"不相能,如字,徐乃代反。"《昭公元年》:"昔高辛氏有二子,伯曰阏伯,季曰实沈,居于旷林,不相能也。"音义:"相能,如字,又奴代反。"当然"不相能"的"能"也可以读成"如字",即奴登反,这是把"不相能"理解为彼此贬对方为无能做某事。滋生词又作"耐"。《书·泰誓下》传:"冬月见朝涉水者,谓其胫耐寒,斩而视之。"音义:"耐,乃代反。"

"耐"用来记录"能"的"禁得住,经受得了"一义,为时很早,此可证"能1"变调构词由来已久。从语音变化上说,"能1"原始词中古(宋齐以后)读 $_c$nəŋ,滋生词读 nɒi^ɔ,韵母相差甚远;而上古音分别是 $_c$nə:nə^ɔ,只有声调之别,正说明"能1"变调构词发生在晋代以前,结合词义,应认为产生于上古。段玉裁《说文注》"能"下注:"古音(按,原作'者',当为'音'之讹)在一部,由之而入于哈,则为奴来切。由一部而入于六部,则为奴登切,其义则一也。"以奴登切为后起读音,是也;但以为跟之韵同韵母则非。

【能 2】

1

原始词,义为有能力做到,动词,奴来切(平声,* $_c$nə/$_c$nə/$_c$nəŋ)。滋生词,义为才干,才能,名词,奴代切(去声,* nə^ɔ/nɒi^ɔ)。"能 2"的变调构词,未见于诸家著录。

《玉篇》《广韵》《集韵》对"能"读音的反映,见"能1"。《玉篇》不收去声一读,《广韵》奴代切义为"技能",《集韵》乃代切一读释义跟"能2"滋生词无关。三部字书中,"能"的原始词都读成奴登切了。

2

"能"作"有能力做到"讲读"如字",已见"能1"。从上古至魏晋韵文看,情况亦如此。可参顾炎武《唐韵正》"能"下所举的例,此不赘述。另外,"能"作名词,指有能力把事情办好的人,即有才能的人,也叶平声。《大戴礼记·公符》叶"时,财,能('亲贤使能')",《荀子·成相》叶"灾,能('妒贤能'),来",又叶"能('尧授能'),时,治,之",《韩非子·主道》叶"材,之,能('故君不穷于能')",《孤愤》叶"能('主利,在豪杰使能'),私",张衡《东京赋》叶"台,能('表贤简能'),灾",边让《章华台赋》叶"台,阶,莱,能('君明哲以知人,官随任而处能')",挚虞《尚书令箴》叶"才,能('官不任能')",潘尼《赠侍御史》叶"材,阶,能('济治由贤能')",都是作"有能力把事情做好的人"讲叶平声的例,而且没有例外。这说明"能"的这一义是由"有能力做到"一义词义构词而来,不是由"才能,才干"义发展来的。

从音注材料看,"能"的"才能,才干"一义原读去声。《诗·小雅·宾之初筵》:"其湛曰乐,各奏尔能。"音义:"尔能,如字,徐奴代反,又奴来反。"奴代反是旧读;奴来反是反映滋生词读成平声后的语言事实;如字即读奴登反,是后起的例外音变。据此,"能1"所举《易·系辞上》"坤以简能"的"如字"一读是奴登反,非奴来反;又《谷梁传·成公七年》:"曰亡乎人矣,非人之所能也,所以免有司之过也。"音义:"所能,如字。亦作耐。"这个"如字"也是奴登反,而非奴来反,义为有能力做到。这也说明,到了陈隋时代,"能"的阳声韵读法已很习用。音注材料中,"能"作"才干,才能,技艺"讲读去声,跟韵文材料能互相印证。先秦此义入韵5次,均叶去声,《诗·小雅·宾之初筵》叶"能('各奏尔能'),又,时(上古'时'常叶去声,见江有诰《唐韵四声正》)",《管子·五辅》叶"能('论贤人用有能'),治(形容词,古已读去声)",《楚辞·离骚》叶"能('又重之以修能'),佩",《韩非子·主道》叶"能('去其智绝其能'),意",《扬权》叶"能('皆用其能'),事"。两汉此义不见入韵。魏晋此义入韵1次,潘岳《射雉赋》叶"态,睐,背,能('思长鸣以效能')",都叶去声,没有例外。由此可见,徐邈把《诗·小雅·宾之初筵》的"能"注成去声,只是把口语中早已存在的事实记录下来,绝非孤证,更非人为的区别。因为"能"平声一读宋齐以后读成了阳声韵奴登反,于是"能2"原始词和滋生词的读音之别不仅仅在声调上。

【已】

1

原始词,义为停止,完毕,动词,羊已切(上声,*$^c\Lambda$ə/^{c}jɪə)。滋生词,义为已经做完了事情,动词;由此虚化,已经,用在谓词性结构前,表示事情已经完成,副词,羊吏切(去声,*Λəʰ/jɪəʰ)。"已"的变调构词,未见于诸家著录。

《玉篇》已部:"巳,徐里切,嗣也,起也。又弋旨切,退也,止也,此也,弃也,毕也,又讫也。"不收去声一读。《广韵》羊已切:"已,止也,此也,甚也,讫也。"羊吏切:"已,过事语辞,又去也,弃也,成也。"《集韵》:"已,止也。"羊吏切:"已,卒事之辞。一曰:去也。"

2

"已"作"停止,完毕"讲读上声。《易·大畜》:"初九,有厉,利已。"注:"四乃畜已,未可犯也,故进则有厉,已则利也。"音义:"利已,夷止反。下及注'已则''能已'同。"利已,利于止。《礼记·檀弓下》:"从者曰:'子未可以已乎?'"注:"已犹止也。"音义:"以已,并音以。"

根据《广韵》羊吏切"已"的"又去也,弃也,成也"及《集韵》羊吏切"已"的"一曰:去也"的释义,可知"已"读去声可以作动词用,"去也"是指除去,去掉,例如枚乘《七发》:"今太子之病可无药石、针刺、灸疗而已。"柳宗元《捕蛇者说》:"可以已大风,挛踠,瘘,疠。"所谓"弃"指废弃,放弃,抛弃,"成"指做到,如《史记·魏其武安侯列传》:"夫不喜文学,好任侠,已然诺。"总起来说,"去也""弃也""成也"就是指已经做完了事情。《广韵》《集韵》都给"已"的去声读法以动词性的语义,当然不是韵书编者人为地编出来的,而是前有所承。可是在前人音注中很难找到用例。应该说,《广韵》《集韵》编者看到的材料比我们多,他们能看到"已"读去声作动词用的早期用例,而我们没有见到。已经做完了事情的这一读去声的"已"至晚六朝后期已读成上声了。《书·武成》:"大赉于四海,而万姓悦服。"传:"施舍已债,救乏赒无。所谓周有大赉,天下皆悦仁服德。"音义:"已债,上音以,下侧界反。"疏引《左传》杜注:"已责,止逋责也。"

由"已经做完了事情"的"已"词义构词,义为已经。《广韵》羊吏切的"过事之辞",《集韵》羊吏切的"卒事之辞"均指这一用法。《礼记·少仪》:"其以鼎肉,则执以将命。"注:"鼎肉,谓牲体已解,可升于鼎。"音义:"已解,上如字,又音异。下庚买反。"疏:"云鼎肉者,谓肉已解剔,可升于鼎者。"按,"已"还可作程度副词,义为太,甚,读上声,跟时间副词"已"同形,没有直接的关系。《左传·成公八年》:"(申公巫臣)与渠丘公立于池上,曰:'城已恶。'"音义:"城已恶,如字。已犹太也。本或作'城已恶矣'。"

尽管《经典释文》给作"已经"讲的副词"已"注去声仅1例,但可与《广韵》《集韵》相印证,它们所收"已"的去声一读当前有所承。陆德明以"如字"一读置于去声之前,说明至晚六朝后期"已"的去声读法已读成上声了;《经典释文》还把作"已经"讲的"已"径直注成上声,更可以为证。《礼记·表记》注:"享之必乐,已至必哀。"音义:"已至,音以。"《左传·成公十一年》:"妇人怒曰:'已不能庇其伉俪而亡之,又不能字人之孤而杀之,将何以终?'"音义:"已不能,音以,又音纪。"又音纪,是理解为自己的"己"。

《汉语大字典》《汉语大词典》把"已"的上去两读看成自由变读,不当:"已"的"停止,完毕"一义绝对不能注成去声。

【右】(滋生词后又作"佑")

1

原始词,义为右手,引申指右边,名词,云久切(上声,*ᶜɣĭwə/ᶜjĕu)。滋生词,义为从旁协助,帮助,动词,于救切(去声,*ɣĭwəᶜ/jĕuᶜ)。"右"的变调构词,贾昌朝、马建忠、唐纳、周法高、唐作藩均有著录。《群经音辨·辨字音清浊》:"右,右手也,於久切,对'左'之称。左右助之曰右,下於救切。"(按,大概宋代"於""于"读音已混,"於"读同"于",故以影母的"於"为切上字切喻三的"右")其说为各家所本。《马氏文通·实字》卷之五:"'右'字,上读静字。去读外动字,同'左'字。"马氏把读上声的"右"处理为静字,今人多处理为名词,作"右手"讲更应看作名词。唐纳归入"原始词是名词性的,滋生词是动词性的"一类;周法高把原始词看作方位词,滋生词看作他动词,跟唐纳的处理没有大的不同。

《玉篇》口部:"右,禹救切,《书》曰:'予欲左右有民。'左右,助也。又于九切。"又部:"右,于救切,《说文》曰:手口相助也。又于久切。"人部:"佑,于究切,《书》云:'皇天眷佑。'佑,助也。"示部:"祐,于救切,助也。《易》曰:自天祐之,吉,无不利。或作佑。"《广韵》云久切:"右,左右也。"于救切:"右,左右。""佑,佐也,助也。""祐,神助。"《集韵》云九切:"右,左右手也。"尤救切:"右佑,《说文》:助也;一曰:手口相助也。徐锴曰:言不足以左,复手助之。""祐,《说文》:助也。谓福祐也。"

"右"作"右手"讲古读上声,这是毋庸置疑的。据《说文》又部:"又,手也。象形。""又"是右手的本字,甲骨文已出现。"右"本是为"从旁协助,帮助"一义专造的字,《说文》又部:"右,助也。"后来,"又"借作他用,"右"用来记录右手的"右"。从语言角度讲,作"右手"和"右边"讲,"又""右"同词。可是"右"作"右手"和"右边"讲读上声,"又"作"右手"和"右边"讲古人却注成去声。例如《玉篇》又部:"又,有救切,《说文》云:手也。象形。"《集韵》尤救切:"又,《说文》:手也。"《说文》大徐本"又"下引《唐韵》:"于救切。"小徐本朱翱反切:"延救切。"(按,用"延"作切上字,反映晚唐喻三喻四合流)这岂不是说作"右手"和"右边"讲的"右"(又)有上去两个读音(写作"右"时读上声,写作"又"时读去声)?我们认为,"又"作"右手""右边"讲本来是读上声。"又"很早就不用来记录"右手""右边"的"又",用来记录别的读去声的词。于是字书编者根据中古口语中上声"右"逐步读成去声的趋势,又根据中古口语中"又"只读去声的事实,把"右手""右边"的"右"注成去声,不注成上声。这样看来,"右"(又)在变调构词现象发生的时候,其原始词只读上声。"又"字作"右手""右边"讲在传世古书中很难找到用例,"右"在金文中已经出现。但有些事实表明,"又"在上古除去声外,还有上声读法。一、有的古书用"又"来记录所有的"有",出土资料更可以为证。裘锡圭先生《文字学概要·文字的分化和合并》云:"在古代有一段时间里(下限大约是西汉),'又''有'二字都可以用来表示有无的{有}(古文字本来是以'又'表{有}的。在传世古书里仍可看到一些这样的例子,如《诗·周颂·臣工》'亦又何求',《荀子·议兵》'人之情,虽桀、跖,岂又肯为其所恶贼其所好哉'。在马王堆帛书里还可以看到在同一句中既用'有'字又用'又'字来表示{有}的例子。如《老子》乙本'又周车无所乘之,有甲兵无所陈之','又周车'即'有舟车')。《经法·六分》'王天下者之道有天焉,有人焉,又地焉','又地'即'有地'。"(文按,上引文中{有}表示"有"这个词)又《马王堆帛书·经法·国次》:"功成而不止,身危又央(殃)。"《马王堆帛书》乙本《老子·道经》:"故恒无欲也,以观其妙;恒又欲也,以观其所噭。"又,甲本作"有"。《汉书·韩信传》:"淮阴少年又侮信曰:'虽长大,好带刀剑,怯耳。'"又,《史记》作"有"。《易·系辞上》:"又以尚贤也。"音义:"郑本作'有以'。"所有的"有"只读上声。"又"通"有",当然可以看作音近假借,但更可能是,上古"又"有上声一读,故以同音假借为所有的"有"。二、作"右手"和"右边"讲的"又"找不出先秦读上声的直接证据,但它的另一书写形式"右"上古韵文叶上声,中古只读上声,那么同词的"又"一定读上声。"右"(又)这个表"右手"和"右边"的词本来读上声,这是探讨它变调构词的起点。

2

"右"的变调构词,有的材料反映得很明显。《诗·周南·关雎》:"参差荇菜,左右流之。"传:"流,求也。"笺:"左右,助也。言后妃将共荇菜之菹,必有助而求之者。"音义:"左右,王申毛如字。郑上音佐,下音佑,助也。"按,王肃《毛诗注》申述毛亨《诗故训传》,郑玄《毛诗笺》,都对这一句的上下文有释义,没有注音,陆德明则根据上述四家的理解,转化为读音。郑玄拿"助也"释"左右",陆注去声,说明"右"作"助"讲读去声。郑玄之所以在毛传的基础上单提出"左右"来训释,因为他不同意毛传的理解;那么毛传是把"左右"分别看成"左边"和"右边"的意思,王肃也是这样理解的。所以陆氏把毛、王两人的理解转化为"如字",说明"右"作"右边"讲读上声。

《经典释文》给"右"注音24次,只注上声者2次,上去兼注者6次,只注去声者16次。《史记》三家注,《汉书》颜注,《后汉书》李注则只注去声。这些注音正反映出"右"是上去辨义的。

下面是"右"作"右边"讲读上声的例。《诗·大雅·生民》:"攸介攸止。"笺:"介,左右也。"音义:"介左右,如字。"十三经本脱此音义。郑笺是把"左右"解为左边和右边,所以后面又说:"其左右所止住,如有人道感己者也。"把"介"释为左右,自是郑玄一家之言,但此例反映了"右"作"右边"讲读上声。《左传·僖公二十六年》:"凡师,能左右之曰以。"注:"左右,谓进退在己。"音义:"左右,并如字。"这里的"左右"不能理解为帮助,可处理为名词性词语用作动词性词语,字面意思是"使往左""使往右",指能够由自己调兵。将这里的"左右"按如字读法注音,一方面显示出"右"上去两读的区别不仅仅在词性上,更主要的是意义有无变化,所以称这种音义关系为变调构词最为合理;另一方面反映中古经师对一个字音义的区别并不是人为的。"能左右之"的"左右"尽管带宾语,但因不属于"从旁协助,帮助"这一固定义位,故仍给它们注上声。这种现象值得注意。

除上举《诗·周南·关雎》外,《经典释文》还有5例也是上去兼注,表明上下文中"右"有不同的理解,不能作为"右"上去之别是经师人为的证据。《诗·小雅·彤弓》:"钟鼓既设,一朝右之。"传:"右,劝也。"笺:"右之者,主人献之,宾受爵,奠于荐右。"音义:"右之,毛音又,劝也。郑如字,荐右也。"毛传解为古代的一种礼节,是由"从旁协助"一义滋生出来的一个新义,又写作"侑",音又。孔疏以为毛传意为劝其功:"则劝者,非以酒劝宾,谓设享礼劝其功也。"郑笺以为"右"指把东西放在右边,这不属"从旁协助"义位,用《仪礼·燕礼》的"奠于荐右"释义,故陆氏注为如字,并以"荐右"释郑笺意。《礼记·檀弓上》:"事亲有隐而无犯,左右就养无方。"注:"左右,谓扶持之。"音义:"左右,徐上音佐,下音佑。今并如字。左右,扶持也。下同。"徐邈以为"扶持"是"从旁协助,帮助"这一义位的一个具体用法,故注"左右"为佐佑,去声;后人以为"扶持"还是隶属于"左边"和"右边"这两个固定义位,指从左边和右边去扶持,所以"左右"都读作上声。两种读法对词义的理解没有什么不同,但读音不同。《祭统》:"叔舅,乃祖庄叔,左右成公。"音义:"左,音佐。右,音又。下'启右'并注同。一读此'左右'并如字。"解同上。"一读此'左右'并如字",正是前人不顾及"左右"的帮助一义,而另寻解释,跟如字音义联系起来释义。这跟后人或有因滋生词词义是由原始词滋生出来的,就以为滋生词一定得按原始词的读音来读的见解是一样的。《左传·隐公六年》注:"平王东徙,晋文侯,郑武公左右王室,故曰:晋郑焉依。"音义:"左右,上音佐,下音佑。又并如字。"解同前2例。《襄公十年》:"天子所右,寡君亦右之;所左,寡君亦左之。"音义:"所右,音又,下同,亦并如字。所左,音佐,下同,亦并如字。"也是牵涉到对词义的不同理解。疏:"人有左右,右便而左不便,故以所助者为右,不助者为左。"可见这里的"左""右"都不是典型的"左手""右手"义,也不是典型的"帮助"义,尤其是"左"在上下文文意中指"不助"。"右"可以拿滋生词的词义去理解,则读去声;可以理解为"放在右手,放在右边",即倾向于争权的一方——伯舆,而"左"争权的另一方——王叔陈生。况且"左右"或都读上声,或都读去声,"左"既读成上声,则"右"只能读上声;"右"既读成去声,则"左"只能读去声。《经典释文》给"右"兼注破读和如字,是利用语言中"右"已有的音义之别去理解上下文中"右"的词义,并不是勉强地、人为地在语言中所没有的音义之别中生出一种区别来;这种"右"字上去兼注的情况,正说明"右"的上去之别是有语言事实作根据的。

古人给"右"注去声,正是把它作为"从旁协助,帮助"来理解的。《易·泰》:"天地交,《泰》。后以财成天地之道,辅相天地之宜,以左右民。"音义:"以左,音佐,注同。右民,音佑,注同。左右,助也。"《诗·大雅·大明》:"笃生武王,保右命尔。"传:"右,助。"音义:"保右,音佑,助也。字亦作佑。注同。"《周礼·秋官·士师》:"士师之职,掌国之五禁之法,以左右刑罚。"注:"左右,助也。助刑罚者,助其禁民为非也。"音义:"以左右,音佐,下音又。注'左右助也'同。"《左传·襄公十四年》:"昔伯舅大公,右我先王,股肱周室。"音义:"右我,音又。"《襄公二十一年》:"管蔡为戮,周公右王。"音义:"右王,音又。"《尔雅·释诂》:"诏,亮,左,右,相,导也。"注:"皆谓教导之。"音义:"左右,音佐佑。下同。"《史记·管蔡世家》:"同母昆弟十人,唯发,旦贤,左右辅文王。"这一例的"左右"当然也可以看成名词性词语作状语,但正义处理为动词性的:"左右并去声。"颜师古注《汉书》,当"右"泛指帮助时,都注成"读曰佑";特指上天或鬼神保祐时,既有注成"读曰祐",也有注成"读曰佑"的。这说明动词"右"到中古时代规范用字逐步统一于"佑"和"祐"了。例如,《韦贤传》:"惟我节侯,显德遐闻,左右昭,宣,五品以训。"注:"左右,助也,言为相也……左读曰佐,右读曰佑。"《元后传》:"时凤在位,与皇后,太子同心忧惧,赖恃中史丹拥右太子。"注:"右读曰佑,助也。"又《韦贤传》:"唯高皇帝,孝文皇帝,孝武皇帝省察,右享皇帝之孝。"注:"右读曰祐。"《李寻传》:"皇天降非材之右,汉国再获受命之符。"注:"右读曰祐。祐,助也,帝自言不材而得天助也。"《谷永传》:"此天保右汉家,使臣敢直言也。"注:"右读曰佑。"《后汉书·董卓列传》:"所为如是,而君苟欲左右之邪!"注:"左右,助也,音佐又。"

"从旁协助,帮助"一义的"右"后起字作"佑",已见于古陶文,但不见于《说文》。今传先秦古书的"佑"字有后人改动之嫌。《经典释文》给"佑"注音4次,全是去声,但有2例今十三经本作"祐";甚至还有作"右"这一异文出现在陆氏所见的版本中的。都是用在鬼神保祐的场合。《易·无妄》:"天命不祐,行矣哉。"音义:"不佑,音又。郑云:助也。本又作祐。马作右,谓天不右行。"《礼记·中庸》引《诗》:"保佑命之。"注:"佑,助也。"音义:"保佑,音祐(按,通志堂本作'音佑',误,此从十三经本),助也。下注同。"十三经注疏《诗·大雅·假乐》"佑"作"右"。

由"从旁协助,帮助"一义词义构词,特指上天和鬼神帮助。字作"祐",此字甲骨文中已出现。《经典释文》给"祐"注音 13 次,12 次取此义;1 次作"劝侑"讲,详下。《易·大有》:"上九:自天祐之,吉,无不利。"音义:"祐之,音又。"《诗·小雅·小明》笺:"神明若祐而听之。"音义:"若祐,音又。本或作右,又作佑,并同。"《礼记·祭统》注:"世所谓福者,谓受鬼神之祐助也。"音义:"祐助,音又。"《左传·襄公二十三年》:"我实不天,子无咎焉。"注:"言我虽不为天所祐,子无大咎,故可因。"音义:"所祐,音又。"《昭公元年》:"良臣将死,天命不祐。"注:"而不为天所祐。"音义:"不祐,音又。"按,十三经本作"音右",当从通志堂本。有时候,此义写作"右"。《诗·周颂·我将》:"维羊维牛,维天其右之。"笺:"有天气之力助,言神享其德而右助之。"音义:"右之,音又,注及下同。本亦作佑。"《时迈》:"昊天其子之,实右序有周。"笺:"天其子爱之,右助次序其事。"音义:"实右,音又,注同,助也。"

"侑"是古代一种礼仪,常常指宾客吃完饭以后,用束帛送给宾客,表达对宾客的敬意,希望宾客吃饭,更希望宾客进一步建立功业;如果宾客临时有急事不能来,则令人把"侑币"送到宾客家里;人死了,也成了"宾",所以也对死者行侑礼。侑食的"侑"其实也是"右"的"从旁协助,帮助"一义词义构词所产生的一个词。因为

"侑"是从一个方面去协助、帮助宾客,希望宾客保重身体,好建立功业。《左传·庄公十八年》:"春,虢公,晋侯朝王。王享醴,命之宥。"注:"王之覲群后,始则行享礼,先置醴酒示不忘故,饮宴则命以币物。宥,助也,所以助欢敬之意,言备设。"音义:"之宥,音又。"疏:"此注命之宥者,命在下以币物宥助。"《僖公二十五年》:"戊午,晋侯朝王,王享醴,命之宥。"注:"既行享礼,而设醴酒,又加之以币帛以助欢也。宥,助也。"据《庄公十八年》孔疏:"宥,助,《释诂》文。"按,十三经注疏《尔雅·释诂》脱"宥"。旧注多以"劝也"释"侑"("宥""右""祐")。其实"劝"也是对人的一种帮助,《广雅·释诂》二:"劝,助也。"王念孙疏证:"劝者,《盘庚》云:'女诞劝忧。'《君奭》云:'在昔上帝割申劝宁王之德。'皆助之义也。"按,《君奭》"宁王"当作"文王",详裘锡圭《谈谈清末学者利用金文校勘〈尚书〉的一个重要发现》一文(载《古代文史研究新探》,江苏古籍出版社,1992年)。又《易·系辞上》:"是故可与酬酢,可与祐神矣。"注:"可以应对万物之求,助成神化之功也。"音义:"与祐,音又,助也;马云:配也;荀作侑。"跟"右"词义发展相平行的"佐"在上下文中也可释为"劝"。《国语·晋语九》:"召之,使佐食。"韦昭注:"佐,犹劝也。"《汉书·高帝纪》:"置酒沛宫,悉召故人父老子弟佐酒。"注引应劭:"佐酒,助行酒。"以上均可证明劝侑的"侑"来自佑助的"佑"。劝侑的"侑"是古人的一种礼节,有大量材料可证,限于篇幅,这里没有必要详加举例。《汉语大字典》以"在筵席上助兴、劝食或陪侍""配享;从祀"释这一义位,不恰当。向熹《诗经词典》以"劝食;劝饮"释这一义位,也不妥。"侑"并不是真正地劝酒劝食,而是用礼物来表达这个意思。孔颖达在《诗·小雅·彤弓》的疏里说得很明白:"劝者,非以酒劝宾,谓设享礼劝其功也。"这种礼节的"侑"可以写作"右",《周礼·春官·大祝》:"以享右祭祀。"注:"右读为侑。侑,劝尸食而拜。"音义:"享右,音又,劝也。"又:"随衅,逆牲逆尸,令钟鼓,右亦如之。"注:"右读亦当为侑。"音义:"右亦,音又。"又可写作"宥",但至晚后汉时规范用字是"侑"。《经典释文》给"侑"注音20次,全是去声。《诗·小雅·楚茨》:"以妥以侑。"传:"侑,劝也。"音义:"以侑,音又,劝也。"疏:"(《释诂》)又云:'侑,报也。'传以为劝者,已饮食而后劝之,亦是重报之义。"《周礼·春官·大司乐》:"王大食,三宥,皆令奏钟鼓。"注:"宥犹劝也。"音义:"三宥,音又,劝也。"疏:"案《膳夫》云:以乐侑食,是常食也。"《仪礼·聘礼》:"若不亲食,使大夫各以其爵朝服致之,以侑币如致饔,无俟。"注:"古文侑皆作宥。"音义:"以侑,音又。"《礼记·玉藻》:"凡侑食,不尽食;食于人不饱。"音义:"凡侑,音又。"《尔雅·释诂》:"酬,酢,侑,报也。"音义:"侑,本或作宥,同,于救反。"疏:"侑者,案《公食大夫礼》,宾三饭之后,云'公受宰夫束帛以侑',注云:'束帛,十端帛也。侑犹劝也。主国君以为食宾殷勤之意未至,复发币以劝之,欲其深安宾也。'是侑者主人所以报宾也。"

"右"的变调构词当来自上古。甲骨文中,"右"写作"又",据《甲骨文字典》,"又"的"与左相对之方位名""用作祐,神祇之祐助也""用作侑(同姷),祭名"这三种用法都出现了,侑祭的侑,就是劝神食的意思,跟《易·系辞上》"可与祐神"的"祐"意思是一样的。甲骨文中还出现了"祐"字,义同侑祭的侑。应该承认,甲骨文时代已有变调构词,"右"的音义都已经分化,而且形成后起分化字"祐"(=侑)。周秦时代,"右"已依词义的不同分别叶上声和去声,详见拙作《上古汉语四声别义例证》(载《古汉语研究》1993年第1期)。两汉时代，一方面有古人音注为证，可证"右"的滋生词及其滋生词进一步滋生出来的词读去声。《仪礼·觐礼》："诸公奉箧服，加命书于其上，升自西阶东面，大史是右。"注："右读如'周公右王'之右。是右者，始随入于升东面，乃居其右。"音义："是右，音义，亦如字。注'右王(按，通志堂本"王"讹作主)之右'同。"疏："郑引此者，证'大史是右'是佐公而在公右之义也。"《说文》心部："忧，心动也。从心，尤声。读若祐。"忧、祐中古均只有去声一读，上古情况亦当如此。另一方面，韵文亦可为证。据《两汉魏晋南北朝韵部演变研究》(第一分册)来统计，两汉"右"作"右边"讲入韵5次，叶上，成帝刘骜《报许皇后》叶"事，右('减省群事，俭约为右'，按'事'古有上声一读)"，马融《长笛赋》叶"右('经涉其左右')，后"，阙名《镜铭》叶"纪，右('青龙白虎居左右')，子，耳，士，悔"，胡广《侍中箴》叶"道，右('亦惟先正，克慎左右')，首"，无名氏《董逃行》叶"寿，首，右('天神拥护左右')，守"。作"神祐"讲写作"祐"，入韵3次，叶去。《易林·大壮之小畜》叶"怪，祐('神怒不祐')"，《观之鼎》叶"祐('天所顾祐')，到，惧"，阙名《北海相景君碑阴》叶"吏，思，备，就，究，既，志，意，祐('灵魂瑕显，降垂嘉祐')"。六朝时代，"右"的原始词和滋生词读音不同，事实昭然。

至晚晚唐以后，"右"的原始词读音开始由上声混同于滋生词的去声，如同今天的读法。"又"作"右手"讲应读上声，《玉篇》已注成去声，但本书经后人大量删改，已非原貌，不能证明梁朝"右手"的"右"已读去声。但是《说文》作"右手"讲的"又"大小徐本都注成了去声。《集韵》编者对"右"的构词系列未加深究，不免受时音的影响。一方面,把作"右手"讲的"又"收入去声;另一方面,把作"佐也,助也"讲的"佑",作"劝也"讲的"侑"兼收入上声云九切。唐代以前的人"佑""侑"从不读上声,《集韵》这样处理,大概是认为它们得名于"右","右"本读上声,它们也该读上声。这是矫枉过正之例。《中原音韵》尤侯部,上声不收"右",去声"右佑祐"都收录了。以上事实说明,晚唐以后,右手的"右"已读成去声了。

【贷】

1

原始词,义为从别人那里借来东西,动词,他德切(短入,*tʻək/tʻək,《广韵》"貣"字)。滋生词,义为使别人借入东西,借出东西给人,动词,他代切(长入,*tʻək/tʻɒiᶜ)。"贷"的变调构词,贾昌朝、周祖谟、周法高、唐作藩均有著录。《群经音辨·辨彼此异音》:"取于人曰贷,他得切,字亦作貣。与之曰贷,他代切。"为各家所本。周祖谟把"贷"的变调构词归入"因意义不同而变调者"的"意义有彼此上下之分,而有异读"一类,甚是。周法高归入"主动被动关系之转变"一类,不妥。"贷"的变调构词跟"闻"(被动构词)大不相同。《同源字典·同源字论》三谈到同源词之间词义上的关系,认为"貣,借入;贷,借出,使貣"之间是"使动"关系,极是。我们认为这是使动构词。

《玉篇》贝部:"貣,他得切,从人求。"又:"贷,他代切,施也,假也,借盈也,以物与人更还主也。"《广韵》他德切:"貣,从人求物也。"他代切:"贷,借也,施也,假也。"《集韵》惕德切:"貣贷,《说文》：从人求物也。或作贷。"他代切："贷，《说文》：施也。"

按："貣"本是为借入物一义造的字，"贷"本是为借出物造的字。《说文》贝部："貣，从人求物也。"《唐韵》："他得切。"又："贷，施也。"唐韵："他代切。"《玉篇》《广韵》同。后来，记录"貣"这一对词，"貣"逐步不习用，为滋生词造的"贷"用来记录原始词和滋生词两者，于是"贷"因记录的词不同而有原始词和滋生词的音义，《集韵》反映了这一现象。

2

"贷"的变调构词，有的材料反映得很明显。《庄子·外物》："庄周家贫，故往贷粟于监河侯。监河侯曰：'诺。我将得邑金，将贷子三百金，可乎？'"音义："贷粟，音特，或一音他得反。""将贷，他代反。"贷粟之贷，义为借入，读入声；贷子之贷，义为借出，读去声。《史记·货殖列传》："吴楚七国兵起时，长安中列侯封君行从军旅，赍贷子钱，子钱家以为侯邑国在关东，关东成败未决，莫肯与。唯无盐氏出捐千金贷，其息十之。"前一"贷"索隐："贷，假也，音吐得反。与人物曰赍。"后一"贷"索隐："吐代反。"

这里需要说明的是，据《庄子·外物》音义，"贷"原始词有定母（音特）和透母（他得反）两种入声读法，陆氏把定母一读置前，透母一读注音是"或一音他得反"，看来他倾向于采用定母一读。下面的例子更进一步证明这一观点。《周礼·地官·泉府》："凡民之贷者，与其有司辨而授之。"注："有司，其所属吏也。与之别其贷民之物，定其贾以与之。郑司农云：贷者，谓从官借本贾也。"音义："之贷，音特（按，从黄焯校。唯黄氏云：'《集韵》《类篇》贷并有惕德一音,惕德即特音也。'云'惕德即特音',非也。'特'音敌德切,定母字,与惕德切不同音)。注不出者同。""贷民,吐代反。"上面的文字,一方面反映出"贷"作"借入"和"借出"讲读音不同;另一方面,反映出陆德明于"借入"义只采用定母一读。《左传·文公十四年》:"公子商人骤施于国,而多聚士,尽其家,贷于公有司以继之。"注:"家财尽,从公及国之有司富者贷。"音义:"贷于公,音特(按,从何煌,黄焯校),又者贰。注同。"也是定透二母兼收,而以定母置前。尽管陆氏倾向于采用定母入声一读为"贷"原始词的标准音,但他也兼收透母入声一读。《玉篇》"貣""贷"只收透母去入二读。《广韵》徒得切:"貣,假貣,谓从官借本贾也,亦从人求物也。又音贰。"《集韵》敌德切:"貣贷,从人求物也。或作贷。"也在定母入声兼收"贷"的原始词。我们认为,"贷"原始词读定母入声是它变调构词以后在部分方言所起的例外音变,刚变调时,其原始词和滋生词都读透母。后来不论哪个方言,滋生词的透母去声读法都保留了下来;而原始词在部分方言中仍保留透母入声,在部分方言中变成了定母入声,所以中古注家会兼收透母入声和定母入声。

以下是"贷(貣)"作"从别人那里借来东西"讲读入声的用例。《史记·萧相国世家》:"今君胡不多买田地,贱贳贷以自汙?上心乃安。"正义:"贳音世,又食夜反,赊也。下天得反。"《酷吏列传》:"乃贳贷买陂田千余顷。"索隐:"上音食夜反,贳,赊也,又音势。下音天得反。"张守节,司马贞两家都是注成透母入声。《汉书》中,借入义作"貣",颜师古注成透母入声;借出义作"贷",颜师古注成透母去声。分别颇严。《韩王信传》:"今仆亡匿山谷间,旦暮乞貣蛮夷。"注:"貣音吐得反。"《朱建传》:"及建母死,贫未有以发丧,方假貣服具。"注："貣音土得反。"《酷吏传》："乃贳贷陂田千余顷,假贫民。"注："贳贷,假取之也。贷音吐得反。"《货殖传》："吴楚兵之起,长安中列侯封君行从军旅,赍贷子钱家。"注："贷谓求假之也,音吐得反。"李贤注《后汉书》,也是取透母入声,《孝桓帝纪》："若王侯吏民有积谷者,一切貣十分之三。"注："貣音吐得反,又音徒得反。"这是把定母入声摆在后面。

以下是"贷"作"使别人借入东西,借出东西给人"讲读去声的用例。《周礼·天官·小宰》"四曰听称责以傅别"注："郑司农云……称责,谓贷予。"音义："贷予,他代反。"《礼记·檀弓上》："伯高之丧,孔氏之使者未至,冉子摄束帛乘马而将之。"注："摄犹贷也。"音义："贷,他代反。"疏："谓冉子见孔子使人未至,贷之以束帛乘马而行礼。"《左传·昭公三年》："(陈氏)以家量贷,而以公量收之。"注："贷厚而收薄。"音义："量贷,他代反。"按"量贷"和注"贷厚"的"贷"词义相同;而"贷厚"字不注去声,不能据此认为它读入声。《老子》四十一章："夫唯道,善贷且成。"注："贷之非唯供其乏而已,一贷之则足以永终其德,故曰善贷也。"音义："贷,吐代反。"《庄子·天运》："古之至人,假道于仁,托宿于义,以游逍遥之虚,食于苟简之田,立于不贷之圃。"音义："不贷,敕代反。司马云:施与也。"《史记·货殖列传》："子贷金钱千贯。"索隐："子谓利息也。贷音土代反。"《汉书·文帝纪》："为民父母将何如?其议所以振贷之。"注："贷音吐戴反。"《武帝纪》："存问鳏寡废疾,无以自振业者贷与之。"注："贷音土戴反。"《卜式传》："臣生与人亡所争,邑人贫者贷之,不善者教之。"注："贷音土戴反。"《王莽传》："兴到部,欲令明晓告盗贼归田里,假贷犁牛种食。"注："贷音土戴反。"又用作抽象意义。《左传·

桓公十三年》:"见莫敖而告诸天之不假易也。"注:"言天不借贷慢易之人,威莫敖以刑也。"音义:"不借,子夜反。贷,他代反。"《汉书·张敞传》:"舜本臣敞素所厚吏,数蒙恩贷。"注:"贷音土带反。"《文选》卷四十二阮瑀《为曹公作书与孙权》:"无匿张胜贷故之变。"李善注:"张胜有故于胡,卢绾匿之,而加恩贷也。"旧注音:"他改切。"按,"改"当为"代"。

"贷"的变调构词,上古已然。从字形说,上古"貣"及其为滋生词专造的字"贷"都出现了,这当是音义已别,构成不同词之后的产物。从语音说,"贷"原始词和滋生词上古音分别是 *tʻək:*tʻə̄k,只有声调之别;中古音分别是 tʻək 或 ₅dək:tʻɒiᵒ,韵母相差甚远,有的方言连声母也变得不同了。这说明,"贷"的变调构词当产生于上古,不是中古。唐宋以后,"贷"的入声读法逐步消失。依音变规律,"贷"本应读 tài,今音对中古音而言,是例外音变。

《汉语大字典》《汉语大词典》都列有"贷"的两个读音:tè(来自《集韵》惕得切。按,述古堂本作惕德切),《汉语大字典》有义项"求乞",只列《集韵》释义,没有书证;《汉语大词典》只有"通'忒'。差错"这一义项。dài(来自《广韵》他代切),《汉语大字典》有义项"借",《汉语大词典》有义项"借贷",两部工具书都在各自的这一义项下包括"借入""借出"两项。从变调构词说,"借入"和"借出"古代是不能合并的,因为古人用语音形式很明显地区分开来了。"借入"一义跟"求乞"一义同义,应并入"求乞"义,置于 tè 下;或遵从今天的习惯,把"求乞"和"借入"一义合并,置于 dài 下,但注明中古的惕德切。

【冰】

1

原始词，义为水在零度或零度以下结的固体，名词，笔陵切（平声，*$_c$pĭəŋ/$_c$pĭəŋ）。滋生词，义为十分寒冷，令人感到寒冷，动词，方隥切（去声，pĭəŋ^c）。"冰"的变调构词，贾昌朝、唐纳、周法高、唐作藩均有著录。《群经音辨·辨字音清浊》："冰，水凝也，笔凌切。所以寒物曰冰，彼凭切。"为各家所本。唐纳把"冰"的变调构词归入"原始词是名词性的，滋生词是动词性的"一类，并释原始词词义为"ice"（冰块），滋生词词义为"to freeze, congeal"（使结冰，使凝固）。周法高归入"非去声或清声母为名词，去声或浊声母为动词或名谓式"一类。

《玉篇》冫部："冫，郰凌切，冬寒水结也。"又："仌，同上。"又："冰，卑膺切，水坚也。今笔凌切。"《广韵》笔陵切："冫，水冻也。《说文》本作仌。"又："冰，上同。《说文》本鱼陵切。"均不收去声读法。《集韵》悲（按，此从万有文库本，述古堂本作"非"）陵切："仌冰，《说文》：冻也。象水凝之形。或从水。亦书作冫。"逋孕切："冰，冷迫也。"按，上述三部字书，"冰"的平声用法，均以动词性词语释义，但被释词"冰"仍是指"水在零度或零度以下结的固体"一义，不能认为这个"冰"就是动词。表示自然现象的名称，尽管是名词，但古人多以动词性词语释之。例如《说文》："山，宣也，谓能宣散气，生万物也。""电，阴阳激燿也。""霜，丧也。""露，润泽也。"当然，唐纳以为"to freeze, congeal"一义读去声，但是他没有举出此义的"冰"读去声的铁证。他举《新唐书·韦思谦传》"涕泗冰须"为例,可是并没有人把这个"冰"注成去声,相反,《简明古汉语字典》以此例属于"通'凝'"一义。我们认为,"冰"的"结冰"这一动词义是"冰块"这一名词义词义构词的产物,仍读平声,不读去声。

正如《广韵》所说,"冰块"的"冰"本作仌,而"冰"字本是"凝"的异体字。至少从《说文》看是这样,仌部:"仌,冻也。象水凝之形。"唐韵:"笔陵切。"又同部:"冰,水坚也。从水仌。凝,俗冰从疑。"唐韵:"鱼陵切。"如果《说文》所释是正确的话,那么后代凝固字是用俗体"凝",而"仌"字废弃不用了,冰块字借用"冰"来记录。还有一种可能性是,"冰"本是分别为"凝固"的"凝"和"冰块"的"冰"造的字,造字的结果是字形偶同。至于凝固的"凝"(冰)和冰块的"冰"(仌)有无语源关系,那是另一回事,无从悬测,没有铁证。即使有,那也在上古以前。

2

《经典释文》给"冰"注音2次,均见于《尔雅音义》。《释器》:"冰,脂也。"这是"脂膏"义。音义:"冰,彼凌反。《说文》云:水坚也;孙本作凝,牛烝反,膏凝曰脂。"这说明,"冰,脂也",中古以前,就对"冰"的读音有两种不同的理解:一、孙炎作凝,读牛烝反,这是认为"脂膏"义的"冰"来自凝固义的"凝"(冰);二、有人读彼凌反,这是认为"脂膏"义的"冰"来自结冰义的"冰"。看来郭璞取后一说,他注释说:"《庄子》云:'肌肤若冰雪。'冰雪,脂膏也。"他引《庄子·逍遥游》的话,意在说明冰块的"冰"也可发展出"脂膏"义,所以陆德明注为彼凌反。邢昺《尔雅疏》以为郭璞是把《庄子》"冰雪"的

"冰"训为凝，郭庆藩《庄子集释》把"肌肤若冰雪"训为"肌肤若凝雪"，恐不合郭璞原意。但是，以为脂膏义来自凝结义，毕竟直捷些，所以宋代以后，人们大多以为"冰，脂也"的"冰"，要读作凝。《群经音辨·辨字训得失》："冰，《尚书》古文凝字，《说文》亦曰'水凝也，从仌从水（鱼陵切），俗作凝'。按《尔雅·释器》曰：'冰，脂也。'郭璞解引《庄子》'肌肤若冰雪'，脂膏也。陆德明《释文》作彼陵切，又引孙本作凝，牛烝切。然则郭说，陆音于《尔雅》皆未为得。夫膏凝曰脂，《尔雅》用古字以'冰'为脂膏，取义凝结。而郭不见《尚书》《说文》古字，远引'冰雪'为脂膏，疏矣。陆从而作彼陵切，误矣。若孙炎所传《尔雅》，本作凝字，虽改古文，于义不失。"邢昺《尔雅疏》，郝懿行《尔雅义疏》皆主张"冰，脂也"的"冰"读为凝。不管怎么说，"冰，脂也"的"彼凌反"，仍反映陆德明是把冰雪的"冰"注成平声。《经典释文》给"冰"注音还有1例见于《释草》，跟"冰"原始词和滋生词都无关。慧琳《一切经音义》卷四十一："冰山，悲矜反。《玉篇》：水凝结也。《说文》作仌：冰冻也。"

以下是"冰"作"十分寒冷，使人感到寒冷"讲读去声的用例。《全唐诗》卷三百七十五孟郊《秋怀》之二："秋月颜色冰，老客志气单。"原注："冰，去声。"指月色清冷。卷五百四十一李商隐《柳枝五首》之三："嘉瓜引蔓长，碧玉冰寒浆。"原注："冰，去声。"又隋唐礼部有祠部曹，掌祠祀事，人称冰厅，言其冷落清闲。唐赵璘《因话录》卷五："祠部呼为冰厅，言其清且冷也。"原注："冰，去声。"宋王观国《学林》卷十"冰"字条："唐故事，尚书祠部号冰厅，读冰作去声，言事简清冷也。欧阳文忠公《和梅圣俞从登东楼诗》曰：'自怜曾预称觞列，独宿冰厅梦帝关。'而用冰作平声者，但欲顺诗句平仄用之耳,欧公不应误也。"袁文《瓮牖闲评》卷四:"《因话录》云'祠部俗谓之冰厅。'冰字唐书音作去声。欧阳文忠公诗乃有'独宿冰厅梦帝关',冰字作平声用,文忠公误矣。而沈存中作《江南春意》乐府词云:'艇子隔溪语,水光冰玉壶。'冰字自音去声。则知冰字可作去声音,故存中特著于此。"按,后一段引文,上海古籍出版社1985年校点本,引《因话录》原文,以为至"文忠公误矣"止,误,唐赵璘不可能引欧阳修的话;又把"冰字唐书音作去声"标为"冰字《唐书》音作去声",亦误。由以上引文可知,"冰"的去声读法在唐代口语中的确存在,到了宋代,口语中已消失了,所以欧阳修把"冰厅"的"冰"处理为平声。王观国说欧阳修是为了"顺诗句平仄",袁文说欧阳修"误矣",不如说当时口语中去声读法已消失了,所以欧阳修处理为平声。今"冰"平去两读只保留在少数方言中,例如湖南桃江,[pin 阴平]:冰糖;[pin 阴去]:冰冷的。

【早】

1

原始词,义为早晨,名词,子皓切(上声,* ᶜtsəu/ ᶜtsɑu)。滋生词,义为在现在以前,早就,副词,则到切(去声,tsɑuᶜ,据"早"的去声折合成《广韵》反切)。"早"的变调构词,未见于诸家著录,就是中古字书也不见反映,但是中古诗人音注反映了这一构词现象。

《说文》日部:"早,晨也。"唐韵:"子浩切。"说明"早"的原始词本义是早晨,读上声。《玉篇》《广韵》《集韵》都只收录"早"的上声读法。《玉篇》日部:"早,子老切,晨也。"《广韵》子皓切:"早,晨也。"《集韵》子皓切:"早,晨也。"都只反映了"早"的上声读法。

2

"早"作"早晨"讲读上声,此音义中古习见,古人注古书,一般不注音。

宋代诗人、词人的音注表明,"早"作"在现在以前,早就"讲读去声。辛弃疾《卜算子》之一:"山水朝来笑问人,翁早归来也。""早"下自注:"去声。"又《贺新郎·题君用山园》:"万卷何言达时用,土方穷,早与人同乐。""早"下自注:"去声。"林正大《括木兰花慢》:"黄河天上派,到东海,去难收。况镜里堪悲,星星白发,早上人头。""早"下自注:"去声。"杨万里《寒食日晨炊姜家林初程之次日》:"儿书早问归程日。""早"下自注:"去声。"以上例证表明,至晚宋代口语中已是上去构词了。大概字书编者认为去声读法鄙俗,所以宋代以后字书不予收录。现代汉语普通话中,"早"的去声一读已经消失,只保留了上声一读。

【收】

1

原始词,义为收集,收敛,动词,式州切(平声,*$_{c}$ɕĭəu/$_{c}$ɕĭəu)。滋生词,特指把成熟的农作物收进来,动词,舒救切(去声,*ɕĭəu^{o}/ɕĭəu^{o})。"收"的变调构词,贾昌朝、周祖谟、唐纳、周法高、唐作藩均有著录。《群经音辨·辨字音清浊》:"收,敛也,式周切。敛获曰收,式救切,《礼》'农事备收'。"为各家所本。周祖谟把收的变调构词归入"因词性不同而变调者"的"区分动词用为名词"一类;唐纳归入"原始词是动词性的,滋生词是名词性的"一类,并释原始词词义为"to gather, receive"(收集,接收),滋生词词义为"harvest"(收成);周法高归入"非去声或清声母为动词,去声或浊声母为名词或名语"一类。自周祖谟以来各家,都忽略了滋生词的动词用法。

《玉篇》攴部:"收,式由切,《说文》曰:捕也。"不收去声音义。《广韵》式州切:"收,敛也,捕也。"舒救切:"收,获多。"《集韵》尸周切:"收,《说文》:捕也。"舒救切:"获也。"《广韵》《集韵》去声读法中的"获",繁体字是"穫",这是指收割庄稼。

2

"收"的变调构词,《经典释文》有反映。该书给"收"注音11次,有9次注去声。有1例很明显地反映出"收"的平去两读词义不同。《礼记·月令》:"季秋之月……乃命冢宰,农事毕收。举五谷之要,藏帝藉之收于神仓。"音义:"之收,如字,又守又反。"前面"备收"字泛指收敛,不注音,是读平声。后面"之收"指收成,注成去声。《群经音辨》把"农事毕收"作为去声读法的证据,大概是疏忽。

"收"作"收集,收敛"讲读平声,《经典释文》注音1次。《左传·庄公十九年》:"王夺子禽祝跪与詹父田,而收膳夫之秩。"音义:"而收,式周反。"还有1例也读平声,义为车轸。《诗·秦风·小戎》:"小戎俴收,五楘梁辀。"传:"小戎,兵车也。俴,浅。收,轸也。"据疏,"收"作"车轸"讲来自"收敛"义:"'收,轸'者,相传为然,无正训也。轸者,上之前后两端之横木也。盖以为此轸音,所以收敛所载,故名收焉。"则为"收敛"一义的"收"义构词而产生的一个名词。

第一章 古代汉语变调构词词表 45

"收"特指"把成熟的农作物收进来",读去声。《经典释文》注音1次。《孝经·庶人章》"用天之道"注:"春生,夏长,秋敛,冬藏,举事顺时,此用天道也。"音义:"秋收,如字,又手又反。本作敛,力俭反。"陆德明不可能为唐明皇之注作音,只能认为唐明皇此注袭用了郑氏注。正义:"春为发生,夏为长毓,秋为收成,冬为安宁。安宁即闭藏之义也。"

由"把成熟的农作物收进来"一义词义构词,义为"收成"。《经典释文》给名词的"收"注音8次,都兼注平声。《诗·小雅·甫田》笺:"成王见禾谷之税委积之多,于是求千仓以处之,万车以载之,是言年丰收入逾前也。"音义:"年收,手又反,又如字。"《大雅·嵩高》笺:"治者,正其井牧,定其赋税。"按,十三经本及通志堂本"收"皆误作"牧",音义:"井牧,手又反,又如字。"《礼记·礼运》:"讲之于学而不合之以仁,犹耨而弗获也。"注:"无以知收之丰荒也。"音义:"知收,如字,又手又反。"《左传·文公二年·经》注:"不书旱,五谷犹有收。"音义:"有收,如字,又手又反。"《襄公十七年》:"宋皇国父为大宰,为平公筑台,妨于农功。""功"音义作收:"农收,如字,又手又反。"《昭公元年》:"虽有饥馑,必有丰年。"注:"言耕钼不以水旱息,必获丰年之收。"音义:"之收,手又反,又如字。"在《周易音义》中,又用作比喻1次,这1例孔疏也注了音,他只注去声。《井》:"上六:井收,勿幕,有孚,元吉。"音义:"井收,徐诗救反。又如字。马云:汲也。陆云:井幹也。荀作甃。"正义:"收,式胄反,凡物可收成者,则谓之收,如五谷之有收也。"则马融解为汲取,陆绩解为井上的栏圈,孔颖达看作是"收成"的比喻用法,指可作为收成之物。

"收"平去构词当来自上古。陆德明注破读音,又兼注如字音。

先注破读后注如字4次,这是看重"收"的"会理"的一面;先注如字后注破读5次,这是看重它"合时"的一面。都反映出,至晚六朝后期口语中,"收"的去声读法已读成平声了;此时去声一读只"会理",但不"合时"。唐孔颖达于破读只注去声,那只是为了保存旧读。

《汉语大字典》《汉语大词典》把"收"的平去两读看作自由变读,不妥。"收"的滋生词后来可以读平声,但原始词绝不能读去声。

【胶】

1

原始词,义为用动物的皮或角熬制成的能黏合器物的物质,名词,古肴切(平声,* $_c$keəu/$_c$kau)。滋生词,义为用胶把器物粘住,动词,古孝切(去声,* keəu°/kau°)。"胶"的变调构词,未见于诸家著录。

《玉篇》仅收平声一读,肉部:"胶,古爻切。胶者,《考工记》注云:皆谓煮用其皮,或用角。"《广韵》《集韵》则反映了"胶"的变调构词。《广韵》古肴切:"胶,胶漆。"古孝切:"胶粘物。"《集韵》居肴切:"胶,《说文》:昵也。作之以皮。"居效切:"胶,黏也。"

2

"胶"的原始词音义中古习见,古人注古书,很少注音。由此词义构词,义为"坚固,牢固",形容词,仍读平声。《诗·小雅·隰桑》:

"既见君子,德音孔胶。"传:"胶,固也。"笺:"其教令之行甚坚固也。"音义:"胶,音交。"《尔雅·释诂》:"胶,固也。"音义:"胶,音交。"

以下是"胶"作"用胶把器物粘住"讲读去声的用例。《庄子·逍遥游》:"覆杯水于坳堂之上,则芥为之舟;置杯焉则胶。"音义:"则胶,徐李古孝反。一音如字。崔云:胶,著地也;李云:黏也。"这是滋生词的近引申义。《胠箧》:"灭文章,散五采,胶离朱之目,而天下始人含其明矣。"音义:"胶,音交。徐古孝反。"

由以上例子可知,"胶"的滋生词六朝后期可读平声,所以上两例"胶"都是平去兼注。《经典释文》还有仅为滋生词注平声的例。《尔雅·释言》:"翑,胶也。"注:"胶,黏,翑。"音义:"胶,音交。"十三经本脱此音义。但据陆德明所引,去声读法均来自徐邈,李轨,可见滋生词的去声读法直至东晋还保留着。唐代读书音也有保留,皮日休《奉和鲁望渔具十五咏·罩》叶"罩,胶('既为菱浪飑,亦为莲泥胶'),抄,棹",这里"胶"的意思是粘住,叶去声。

【逐】

1

原始词,义为追逐,动词,直六切(短入,* dɨəuk/ɖɪuk)。滋生词,特指赛跑,动词,直祐切(长入,* dɨəukº/ɖɪəuº,《集韵》)。"逐"的变调构词,未见于诸家著录。

《玉篇》《广韵》只收"逐"的入声读法。《玉篇》辵部:"逐,除六切,竞也,追也,从也。"《广韵》直六切:"逐,追也,驱也,从也,疾也,强也,走也。"《集韵》仲六切:"逐,《说文》:追也。"直祐切:"逐,奔也,《山海经》'夸父与日逐'。一曰:牡牝合。"

2

"逐"作"追逐"讲读入声,此音义中古习见,古人注古书,一般不注音。以下是"逐"作"赛跑"讲读去声的用例。《山海经·海外北经》:"夸父与日逐,走入日。"郭璞注:"言及日于将入也,逐音胄。"可见去声读法郭璞还保留着。由"赛跑"义词义构词,特指马赛跑。《易·大畜》:"九三:良马逐,利艰贞。"音义:"良马逐,如字。郑本作'逐逐',云:'两马走也。'姚云:'逐逐,疾,并驱之貌。'一音胄。""马赛跑"一义后起字作"駎"。《玉篇》马部:"駎,除救切,竞驰也。"《广韵》直祐切:"駎,竞驰马也。"《集韵》直祐切:"駎,马竞驰谓之駎。"《淮南子·诠言》:"駎者不贪最先,不恐独后。"高诱注:"駎,竞驱也。"由"逐"的滋生词进一步滋生出来的词后起字作"駎",且唯读去声,可推论古有长入一读,后变成了去声。从语音上说,"逐"原始词和滋生词上古音分别是 * dǝk：* dǝk,中古音分别是 ḍɪuk：ḍɪəuᵒ;上古音只有声调之别,中古连韵母都相差很远。这也说明"逐"的变调构词产生于上古。郭璞的注语"逐音胄"无非是把早已存在的滋生词读音记录下来而已。到了六朝晚期,"逐"的破读音肯定消失了,所以《玉篇》只收入声读法,不收去声读法;《经典释文》只收1例去声读法,而且放到"如字"之后,在前面冠以"一音",也说明去声读法已不合时了。

《汉语大字典》于 zhú 下列有"竞争;争先"一义,于 zhòu 之下列有"奔"一义。zhú 下一义应列于 zhòu 下,与"奔"一义合并,因为二者说的是同一个意思。

【蟲】(滋生词后作"蚛")

1

原始词,义为昆虫,虫子,名词,直弓切(平声,*$_c$dǐwəm/$_c$ɖ,ɣuŋ°)。滋生词,义为虫子蛀食东西,动词,直众切(去声,*dǐwəm°/ɖ,ɣuŋ°)。"蟲"的变调构词,未见于诸家著录。

《说文》蟲部:"蟲,有足谓之蟲,无足谓之豸。从三虫。"唐韵:"直弓切。"这说明"蟲"原始词的本义是昆虫,虫子,读平声。《玉篇》蟲部:"蟲,除中切,有足曰蟲,无足曰豸。"跟《说文》的音义是一致的。《切韵》系韵书,据周祖谟所辑《唐五代韵书集存》,《笺注本切韵一》(斯二〇七一)平声东韵及去声一卷均缺,(斯二〇五五)平声东韵:"蟲,按《说文》,有足蟲,直隆反。"去声缺。(伯三六九六正面)存部分去声,但送韵直众反只收"仲"一字,不收"蟲"的去声读法。《王仁昫刊谬补缺切韵二》(北京故宫博物院藏)平声东韵:"蟲,直隆反,昆类。"去声送韵直众反仅收"仲"字。《裴务齐正字本刊谬补缺切韵》(北京故宫博物院旧藏)同,唯平声释义文字有异。现存字书,收录"蟲"平去两读最早的,当是《广韵》和《集韵》。《广韵》直弓切:"蟲,《尔雅》曰:'有足曰蟲,无足曰豸。'"直众切:"蟲,蟲食物……或作蚛。"《集韵》持中切:"蟲,持中切,《说文》:'有足谓之蟲。'李阳冰曰:'裸毛羽鳞介之总称。'"直众切:"蟲蚛,蚛食物也。亦作蚛。"由两部韵书可知,滋生词字又作"蚛"。

2

"蟲"作"昆虫,虫子"讲读平声,此音一直习见。"蟲"的去声读法从目前已存材料看,最早是《广韵》收录的;但滋生词用法,至晚东汉就已经出现了。《说文》蟲部:"蠱,腹中蟲也。"这里"蟲"是动词,作动词"中"的宾语。段玉裁注:"'中''蠱'皆读去声。《广韵》《集韵》皆曰:蠱,直众切,蟲食物也。亦作蚛。'腹中蠱'者,谓腹内中蟲食之毒也。自外而入,故曰中;自内而蚀,故曰蠱。此与虫部'腹中长蟲''腹中短蟲'读异。《周礼·庶氏》:'掌除毒蠱。'注云:'毒蠱,蟲物而病害人者。《贼律》曰:"敢蠱人及教令者,弃市。"'《左氏正义》曰:'以毒药药人,令人不自知,今律谓之蠱。'玄应屡引《说文》:'蠱,腹中蟲也。'谓行蠱毒也。下五字盖默注语。"这里,《说文》的"蠱,腹中蟲也"及《周礼注》"毒蠱,蟲物而病害人者"的"蠱"都是用作动词。《齐民要术·伐木》:"凡伐木,四月、七月则不蟲而坚肕。榆荚下,桑椹落,亦其时也。然则凡木有子实者,候其子实将熟,皆其时也(原注:'非其时,蟲而且脆也。')。"字又作"蚛",这一异体字至晚六朝时已出现。《齐民要术·养羊》:"唯远水为良,二日一饮。缓驱行,勿停息(原注:'息则不食而羊瘦,急行则垒尘而蚛颡也。')。"唐陆龟蒙《奉酬袭美秋晚见题》之二:"失雨园蔬赤,无风蚛叶彫。"冯贽《云仙杂记》卷八:"晚年衰悫,齿皆蚛龋。"由以上例证看来,"蟲"的滋生词音义一直沿用至中古,去声读法应该反映了口语。如果从滋生词词义出现的时代来说,"蟲"的滋生词读去声至晚东汉就已经出现了。现代汉语普通话中,"蟲"的滋生词已消失,其后起分化字"蚛"也废弃不用了。

《汉语大字典》"蟲"的第二项 zhòng 下云:"虫咬。《广韵·送韵》:'蟲,蟲食物。'"不举书证。又第一项 chóng 下第三个义项是:"虫灾。《旧唐书·高宗纪下》:'是岁,天下四十余州旱及霜蟲,百姓饥乏,关中尤甚。'"这里"虫灾"一义不必立,此例"蟲"正指蟲食庄稼,是"蟲食物"一义的具体运用。"霜"这里也作动词,据《集韵》去声漾韵:"霜,色壮切,實霜杀物也。"

【毛】

1

原始词,义为动植物皮上所生的丝状物,鸟类的羽毛,名词,莫袍切(平声,* $_{c}$mau/$_{c}$mɑu)。滋生词,义为选择毛色单纯的牲畜,动词,莫报切(去声,* mauᵒ/mɑuᵒ,《集韵》)。"毛"的变调构词,未见于诸家著录。但《群经音辨·辨字同音异》:"毛,毫也,莫襃切。毛,择也,莫报切,《礼》'毛六牲',又如字。"从现代语言学的观点说,贾昌朝以"择也"释"毛六牲"的"毛",外延偏大,没有揭示出它与原始词之间的词义关系。

《玉篇》《广韵》都没有收录滋生词"毛"的去声读法。《玉篇》毛部:"毛,莫刀切,眉发之属也。"《广韵》莫袍切:"毛,《说文》曰:眉发及兽毛也。"但《玉篇》见部:"覒,莫到切,《诗》曰:左右覒之。覒,择也。本亦作芼。"艸部:"芼,拔取菜。"《广韵》莫报切:"芼,菜食。又择也,搴也,谓拔取菜也。"这实际上是记录了滋生词音义的另外的字形。《集韵》谟袍切:"毛,《说文》:眉发之属及兽毛也。"莫报切:"毛扥,择也,郑康成说。或从手,通作芼。"

2

"毛"原始词的音义中古习见，古人注古书，于此义一般不注音。以下是滋生词读去声的例证。《周礼·春官·小宗伯》："毛六牲，辨其名物，而颁之于五官，使共奉之。"注："毛，择毛也。"音义："毛六牲，戚如字，刘莫报反。"《夏官·校人》："凡大祭祀，朝觐，会同，毛马而颁之。"注："毛马，齐其色也。"音义："毛，如字，刘莫报反。"词义范围扩大，指选择。《尔雅·释言》："芼，搴也。"音义："芼，莫报反。搴也，九辇切，取也。与'撐'同。郭又音蒙，音义云:本又作毛搴。"字又作托，见《集韵》莫报切。又作䫉，《玉篇》见部："䫉，莫到切，《诗》曰：左右䫉之。䫉，择也。本亦作芼。"又作芼，《诗·周南·关雎》："参差荇菜，左右芼之。"传："芼，择也。"音义："芼之，毛报反，择也。"

由"毛"的滋生词作"托""䫉"等唯读去声，可推论"毛"上古有去声一读。又"芼"作"选择"讲古与长入字叶韵。《诗·周南·关雎》"芼，乐"叶，"乐"此处破读长入 *ŋeāuk，古长入字与去声字调值极近，可证"芼"上古即读去声。至晚六朝后期，"毛"的破读音义在口语中已消失，所以《经典释文》对它的破读，把如字摆在前面，破读摆在后面，破读音"会理"，但不"合时"，只见于刘昌宗注，读成如字，戚衮已开始了。而破读音在"托䫉"这些后起字及"芼"这一假借用法中保留了下来。这些字由于跟"毛"字形不同，所以不容易受"毛"的平声读法影响，而保留去声一读。

【烧】

1

原始词,义为火自动地烧起来,燃烧,动词,式招切(平声,*ɕĭau/ɕĭeu)。滋生词,义为人放火燃烧,动词,失照切(去声,*ɕĭauʰ/ɕĭeuʰ)。"烧"的变调构词,马建忠、唐纳、唐作藩三家有著录。《马氏文通·实字》卷之二:"'烧'字:去读,名也,野火曰烧。平读,动字,爇也。"按,"烧"读去声也有作动词用的。唐纳把"烧"的原始词和滋生词的词义看作是相同的,都是"to burn"(燃烧)的意思,只是滋生词用在"烧石"(cooking-stones)这一复合结构中。今按,汉语没有用变调来区分复合结构和非复合结构的现象。他所举的"巧、遭、观、骑、迎、中、濯、执、亲、出、从、生、烧、守、畜、牧"共16个字例证,以为原始词和滋生词词义无别,只是滋生词用在某些特定的复合结构中。这16个字的处理,既不符合古人音注的实际情况,也同传统的处理意见相左,是不能成立的。

《玉篇》火部:"烧,尸遥切,爇也,燔也。"不收去声一读。《广韵》式招切:"烧,火也,然也。"失照切:"烧,放火。"《集韵》尸昭切:"烧,《说文》:爇也。"失照切:"烧,爇也。"平去两读都以"爇也"释义,容易使人误会两读为平去自由变读。

2

唐纳之所以认为"烧"读去声是用在复合结构中,是因为他只注意到《经典释文》中,"烧"注去声只有1例,而且用在"烧石"这一定中结构中,他没有看出"烧石"的"烧"跟读平声的"烧"词义上的分别。《礼记·礼运》:"夫礼之初,始诸饮食,其燔黍捭豚,汙尊而抔饮,蒉桴而土鼓,犹若可以致其敬于鬼神。"注:"中古未有釜甑,释米捭肉加于烧石之上而食之耳。今北狄犹然。"音义:"烧石,如字,又舒照反。"单凭这1例来证明"烧"只能作一个复合成分,那是不够的。"烧石"是一种用来烤熟食物的石器,下面烧火,令它发热发烫,借此把上面的食物烤熟。孔颖达疏:"燔黍者,以水洮(按,又作'洮')释黍米加于烧石之上以燔之,故云燔黍。或捭析豚肉加于烧石之上而孰之,故云捭豚。"《广韵》入声职韵"食"下云:"《古史考》曰:'古者茹毛饮血,燧人钻火,而人始裹肉而燔之,曰炮;及神农时,人方食谷,加米于烧石之上而食之;及黄帝,始有釜甑,火食之道成矣。'"都说明"烧石"是上面放置食物,下面用火烧烫以烤熟食物的一种石器。"烧石"的"烧"是否跟"燃烧"的"烧"同义?如果不同义,它的词义是什么?读去声的"烧"是否只能放在"石"的前面?要解决这些问题,必须弄清楚"烧"读去声的词义特点,一要参考前人成说,二要联系词义的发展线索。

《龙龛手镜》火部:"烧,失照反,放火也。自然为烧,被人音少。"说得很明白:火自动地烧起来读平声,人放火燃烧读去声。慧琳《一切经音义》卷九载玄应音义:"烧时,尸昭反。案烧亦烧也。自然为烧,以人为烧也。"这里"尸昭反"显系"尸照反"之讹。《管子·轻重甲》:"齐之北泽烧,火光照堂下。管子入贺桓公曰:'吾田野辟,农夫必有百倍之利矣。'"这里的"烧"是有歧解的。房玄龄注:"猎而行火曰烧,式照反。"这是一种解释。《辞源》(1979年修订本)将此例置于"放火烧野草以肥土"一义下。《汉语大字典》《汉语大词典》同之;《辞海》(1979年版)置于"放火烧野草,以草灰肥田"一义下。我们认为房玄龄的意见是对的。因为被烧的是"北泽",北泽经过焚烧围猎,就可以辟为农田了,所以后面说"田野辟";北泽还不是农田,所以目的不是烧野草以肥田。但是房氏和上举几部字书对"北泽烧"的"烧"的释义,都是上下文的临时意义,不是它的概括意义。它的概括意义是"人放火燃烧";"齐之北泽烧"是意念上表被动的句子。

正因为"烧"读去声是"人放火燃烧"的意思,所以由它滋生出来的如下词义也读去声:(1)放火燃烧后的地方。名词。王力《汉语诗律学》第一章第十二节《声调的辨别》:"烧,平声,焚烧,动词。王维《出塞》:'居延城外猎天骄,白草连天野火烧。'仄声(去),猎人放火焚烧之处,名词。许棠《登渭南县楼》:'雪助河流急,人耕烧色残。'苏轼《正月二十日往岐亭》:'稍闻决决流冰谷,尽放青青没烧痕。'"按,《汉语大字典》以苏轼诗中"烧"作为"放火烧野草以肥田"一义的例证,不妥,因为"冰""烧"对仗,"冰""烧"并为名词。(2)野外焚烧草木所放的火,即野火。名词。《古今韵会举要》失照切:"烧,野火曰烧。"戎昱《塞上曲》:"胡风略地烧连山,碎叶孤城未下关。"白居易《秋思》:"夕照红于烧,晴空碧似蓝。"姚合《杏溪十首·莲塘》叶"耀,烧('幽人夜眠起,忽疑野中烧'),峭"。王昌龄《观江淮名胜图》叶"妙,峤,照,眺,烧('淡扫荆门烟,名标赤城烧'),徼,啸,调,钓,耀,棹",孟浩然《题终南翠微寺空上人房》叶"照,眺,妙,调,笑,烧('暝还高窗眠,时见远山烧'),峤,啸"。又郭芹纳先生《诗律》(商务印书馆,2004年,155—156页)举了这样的例子,唐严维《荆溪馆呈丘义兴》:"野烧明山郭,寒更出县楼。"宋范成大《南塘寒食书事》:"埂外新陂绿,冈头宿烧红。"元张雨《春烧》:"日落山前野烧生,白茅黄苇地处晴。"(3)彩霞。名词。司空曙《送李嘉祐正字括图书兼往扬州觐省》:"晚烧平芜外,朝阳叠浪来。"此义在今北方部分方言中有保留,例如温端政《忻州方言志》(语文出版社,1985年)第三章《同音字表》所列忻州谚语"早烧雨,晚烧晴","烧"读ʂɤy,是去声,"早烧""晚烧"分别指早霞和晚霞。刘勋宁先生《晋语释词》中也注意到"烧"在唐代近体诗和今天晋语许多方言中作"彩霞"讲的例句。例如唐诗,元稹诗句:"漠漠江面烧,微微枫树烟。"释无可诗句:"微阳下乔木,远烧入秋山。"许棠《青山晚望》:"风移残烧远,帆带夕阳遥。"这些诗中,"烧"是仄声;再如晋语有谚语:"早烧不出门,夜烧一场空。"这里"烧"是去声。(见刘勋宁《现代汉语研究》,北京语言文化大学出版社,1998年,101—102页)

"烧石"的"烧"显然不是指火自动地燃烧起来,而是指人放火燃烧。既然前者只能读平声,而后者历史上曾经读去声,那么《经典释文》把"烧石"的"烧"注成去声就容易理解了。由上面例证看来,"烧石"的"烧"跟读平声的"烧"词义不同,而且它不仅仅跟"石"搭配使用。正因为作动词用的"烧"读去声,形成了一个固定义位,所以可以继续发展出其他一些义位。

【高1】

1

原始词,义为自下向上距离大,与"下"相对,形容词,古劳切(平声,*₋kau/₋kɑu)。滋生词,意动构词,崇尚,动词,居号切(去声，*kauʰ/kɑuʰ，《集韵》)。"高1"的变调构词，未见于诸家著录。

《玉篇》《广韵》均未收"高"的去声读法。《玉篇》高部："高，古刀切，崇也，上也，远也，长也。"《广韵》古劳切："高，上也，崇也，远也，敬也。"观《广韵》"敬也"一义，是把破读音读成如字，反映了后代的变化。《集韵》居劳切："高，《说文》：崇也。"居号切："高，度高曰高。"收有去声读法，但其词义是"高2"的滋生词词义。

2

《经典释文》给"高"注音7次，无1次是给原始词注音；这是因为原始词音义很习见，没有必要注音。这7次注音，给"高1"滋生词注音有1次。《周礼·夏官·合方氏》："除其怨恶，同其好善。"注："所好所善，谓风俗所高尚。"音义："高尚，如字，刘古到反。"对这1例，应说明三点：一、尽管整个《经典释文》中给"崇尚"义的"高"注音仅1次，但不能认为是孤例；下文材料表明，此义读去声，跟别种类型的材料可以互相印证。所以不能据此认为"高"作"崇尚"讲读去声是刘昌宗强生出来的分别。二、"高"作"崇尚"讲不能看作是形容词活用为意动，因为古人是以变调的方式通过意动构词把"崇尚"一义在语言中固定了下来。《经典释文》给儒道两家的12部经典注音，经典正文及古人注释中"高"作"崇尚"讲当然不止这一处，可是只给《周礼·夏官·合方氏》郑玄注"所高尚"的"高"注了1次音，也不能据此认为"高"的"崇尚"义注去声是人为的分别。因为在逻辑上，这种观点成立的大前提是：凡《经典释文》中，相同的词义某一处注了破读，另外几处没有注破读，则该破读音是人为分别出来的。这个大前提不可能成立。我们认为，《经典释文》虽然只有这么1例,但是保留了旧读,十分珍贵。三、这1例注音中,陆德明把"高"的如字音放到破读音的前面,这样"崇尚"义的"高"有平去两个读音,不能据此认为陆德明不同意刘昌宗的注音,更不能把"高1"的去声一读当作经师人为的证据;应该站在语言学的立场上,历史地看待这种平去兼注的情况:"高"作"崇尚"讲起先是读去声,到了陆德明注音的时代,去声在口语中消失了,人们拿当时"高"的常用读音去读古书,而陆氏认为刘昌宗音尽管不"合时",但是"会理",所以又兼收于他的著作中。《经典释文·条例》云:"若典籍常用,会理合时,便即遵承,标之于首。其音堪互用,义可并行,或字有多音,众家别读,苟有所取,靡不毕书,各题氏姓,以相甄识。"可见陆德明认为刘氏音有所取。

"高"作"崇尚"讲读去声由来已久。《楚辞》"高"入韵1次,正是取此义,叶去声。《九辩》叶"凿,教,乐,高('与其无义而有名兮,宁穷处而守高')",此"高"指所崇尚的德操。洪兴祖补注:"高,孤到切。一苦浩切,即枯槁之槁。"作"枯槁"讲不妥,大概是看到"高"不读平声,又不知"高"的去声有"崇尚"之义,而作是解。苦浩切是上声。汉代至魏晋,"崇尚"义读去声者,代有其例。王褒《四子讲德论》叶"暴,高('贱老贵壮,气力相高',此指匈奴习俗,崇尚气力)",傅毅《七激》叶"志,高('必将铭勒功勋,悬著隆高',指所尊崇者)",晋皇甫谧《释劝论》叶"曜,高,操('龙潜九泉,硁然执高。弃通道之远由,守介人之局操',指所崇尚的德操)"。至晚到了六朝后期,"高"的这一破读音消失了,所以《经典释文》在破读音之前先注上"如字",另有些作"崇尚"讲的"高"则不注音。

【高2】

1

原始词,义为自下向上距离大,与"下"相对,形容词,古劳切(平声,*$_c$kau/$_c$kɑu)。滋生词,义为高度,名词,居号切(去声,*kau^o/kɑu^o,《集韵》)。"高2"的变调构词,贾昌朝、周祖谟、唐纳、周法高、唐作藩均有著录。《群经音辨·辨字音清浊》:"高,崇也,古刀切,对'下'之称。度高曰高,下古到切,高几丈几尺是也。"为各家所本。周祖谟把"高"的变调构词归入"因词性不同而变调者"的"区分形容词用为名词"一类;唐纳归入"原始词是动词性的,滋生词是名词性的"一类,并释原始词词义为"to be high"(从下到上距离大),滋生词词义为"height"(高度)。周法高把原始词看作形容词,滋生词看作他动式。从种种材料看,滋生词不是居于述语中心的位置,应处理为名词。

《玉篇》《广韵》《集韵》对"高"的反映见"高1"。前两部著作都只收了平声读法,反映了"高2"滋生词后代读成了平声的事实;《集韵》反映了"高2"滋生词的音义,保留了旧读,《集韵·韵例》云:"凡经典有数读,先儒传授,各欲名家。今并论著,以稡群说。"很明显表现出汇集旧音的意图,有些音在宋代口语中不一定存在。

2

"高"原始词音义十分习见,《经典释文》没有注音;给"高2"滋生词注音6次。《周礼·冬官·匠人》注:"雉长三丈,高一丈。度高以高,度广以广。"音义:"高一,古报反。"《礼记·礼器》注:"如今方案,隋长局足,高三寸。"音义:"足高,如字,又古报反。"《丧大记》注:"汉礼,翣以木为筐,广三尺,高二尺四寸。"音义:"高二,古报反,又如字。"《坊记》注:"雉,度名也,高一丈,长二丈(按,当作三丈)为雉。"音义:"高,古报反。"《左传·隐公元年》注:"一雉之墙,长三尺,高一丈。"音义:"高,古报反,又如字。"《哀公元年》:"里而栽,广丈,高倍。"音义:"高陪,并如字,高又古报反。注同。"这些"高"都应该处理为名词作主语,不应该处理为及物动词;后面的"数词+单位名词"是作主语。再联系其他材料看,"高"可在主语的位置上作定语的中心语,《史记·大宛列传》:"昆仑,其高二千五百余里。"《李斯列传》:"泰山之高百仞,而跛牂牧其上。"又可在宾语的位置上作定语中心语。《史记·李斯列传》:"夫楼季也而难五丈之限,岂跛牂也而易百仞之高哉?"均说明"高2"的滋生词是名词。

"高2"的变调构词来自上古。扬雄《长杨赋》:"方将俟元符,以禅梁甫之基,增泰山之高;延光于将来,比荣乎往号。"其中"高、号"叶去声。六朝后期,"高2"的破读音已经处于消失的过程中,或者口语中已读成平声了。《经典释文》给"高2"滋生词注音6次,仅注去声有2次,兼注平去有4次。兼注平声的4次,先注平声有2次,先注去声有2次。

我们不能把"高2"的去声读法误会为经师人为。钱大昕《十驾斋养新录》卷四:"长,深,高,广,俱有去音。陆德明云:'凡度长短曰长,直亮反;度浅深曰深,尸鸩反;度广狭曰广,光旷反;度高下曰高,古到反。'相承用此音,或皆依字读。(见《周礼》释文)又《周礼》'前期'之前,徐音昨见反。是'前'亦有去声也。此类皆出于六朝经师,强生分别,不合于古音。"以为"长,深,高,广,前"的去声读法都是出于六朝经师"强生分别",并没有过硬的证据,实际上是先入为主地接受了顾炎武等人的意见。"前"的构词是另外的方式,"长,深,高,广"都发展出去声读法,后来又都读成如字,我们认为,这是类推的作用。这种构词方式不仅汉语有,别的语言也有。例如英语,high(高):height(高度);wide(宽):width(宽度);long(长):length(长度);deep(深):depth(深度)。能说英语中的 height, width, length, depth 是人为的吗？不能因为某些词在词义上有类聚(或联想)关系,在语音上也有这些关系,就遽下结论,认为不是语言事实,而是经师人为。

对"高2"的变调构词,经常有人产生误解。有人把"高2"这类原始词和滋生词的词义看成是一样的,即二者是同一个词,由这类词古人以语音来分别,显然应该看作不同的词,分别为不同的义位。志村良志《中国中世语法史研究》(中译本 14 页,中华书局,1995 年)云:"古到切,去声,度高曰高。《孟子·告子》:方寸之木,可使高于岑楼。"这个"高"是原始词词义,形容词,拿它作滋生词的例证,不妥。

【籴】(滋生词作"粜")

1

原始词,义为买入粮食,动词,徒历切(短入, * diăuk/diek)。滋生词,义为使买入粮食,卖出粮食,动词,字作"粜",徒吊切(长入, * diāuk/dieu°,《集韵》)。"籴"的变调构词,未见于诸家著录。

《说文》入部:"糴,市谷也。从入从翟。"唐韵:"徒历切。"出部:"糶,出谷也。从出从翟,翟亦声。"唐韵:"他吊切。"《玉篇》入部:"籴,徒的切,入米也。"出部:"粜,他吊切,卖也,出谷米也。"《广韵》徒历切:"籴,市谷米。"他吊切:"粜,卖米也。"《集韵》亭历切:"籴,《说文》:市谷也。"他吊切:"粜,《说文》:出谷也。"按,《集韵》徒吊切:"籴,姓也,晋有籴茷。"但不是"籴"的滋生词词义。又《集韵》把小韵字写作"粜",当作籴。

《玉篇》《广韵》《集韵》以及《说文》大徐本引《唐韵》注音,都把"粜"注成透母。今考,这是后起的例外音变,早期是读定母(详后),跟"籴"同声母。"籴:粜"早期是纯粹的变调构词;中古以后,"粜"发生了例外音变,跟"籴"声母不同。有趣的是,"贷"的原始词和滋生词原来都读透母,后来在部分方言中,其原始词读成了定母。"籴:粜"中古音分别读成 diek:tʰieu(例外音变后),"貣(贷):贷"中古音分别读成 dək(部分方言例外音变后):tʰɒi。两对原始词都读定母,滋生词都读透母。这两对配对词在语法和词义上都有类聚关系,都是使动构词,都用于物质交易。

2

以下是"籴"作"买入粮食"讲读入声的用例。《左传·隐公六年》:"冬,京师来告饥。公为之请籴于宋、卫、齐、郑,礼也。"音义:"请籴,直历反。"《庄公二十八年》:"冬,饥。臧孙辰告籴于齐。"音义:"告籴,徒历反。"《僖公十三年》:"冬,晋荐饥,使乞籴于秦。"音义:"乞籴,直历反。"《昭公二十二年》:"六月,荀吴略东阳,使师伪籴者负甲以息于昔阳之门外。"音义:"伪籴,音狄。"《谷梁传·僖公九年》:"毋雍泉,毋讫籴,毋易树子。"注:"讫,止也,谓贮粟。"音义:"讫籴,音狄。讫,止也。"

"粜"作"卖出粮食"讲读去声,声母本是定母。《史记·货殖列传》:"屠牛羊彘千皮,贩谷粜千钟。"集解:"徐广曰:'出谷也。粜音掉也。'"音掉即音徒吊切。徐广为徐邈之弟,晋人;又裴骃为宋人,采用此读无异辞,正说明"粜"直到晋宋时代仍读定母,不读透母。按,尽管"籴"派生出"粜"一词很早就有后起分化字"粜",从而使"籴"只局限在指"买入粮食"一义中;但是,"籴"又借作人姓,读去声,取定母一读。《左传·成公十年》:"春,晋侯使籴茷如楚。"音义:"籴,徐徒吊反,一音杜敖反,又土吊反。"徒吊反一读音同粜,也从侧面证明"粜"原读定母。

"籴:粜"变调构词,上古无疑已出现了。首先,字的分化往往反映了词的分化,"籴,粜"两字小篆当中都已经有了,"粜"应是滋生词读去声以后产生的字。其次,"籴:粜"中古音分别是 diek:dieuᵒ(> tʻieuᵒ),韵母相差甚远,声母也不同;上古音分别是 *diǎuk: *diāuk,韵母相同。这表明"籴:粜"的变调构词应产生于仅有声调之别的上古,而不是产生于声母和韵母都有很大差别的中古。今天"粜"读 tʻiauᵒ,声母是 tʻ-,这是继承了中古的读法。

【走】

1

原始词,义为跑,逃跑,动词,子苟切(上声,*ᶜtso/ᶜtsəu)。滋生词,义为奔向目的地,趋向目的地,动词,则候切(去声,*tsoᵒ/

tsəuˤ)。"走"的变调构词,贾昌朝、马建忠、周祖谟、周法高、唐作藩均有著录。《群经音辨·辨字音清浊》:"走,趋也,臧苟切。趋向曰走,臧候切,《书》'剂咸奔走'。"为各家所本。按,《书·君奭》音义没有给"剂咸奔走"的"走"注音,而是给后文注中"奔走"注音。《马氏文通·实字》卷之五:"'走'字,上读内动字,趋也。《文选·报任少卿书》:'太史公牛马走。'班固《答宾戏》:'走亦不任厕技于彼列。'两'走'字解仆也,则名字矣。去读疾趋也,亦内动字。《诗·大雅·绵》:'予曰有奔走。'《孟·梁下》:'弃甲曳兵而走。'"按,马氏以"走"上去之别为"趋"和"疾趋"的不同,没有抓住二者各自词义的特点;正因为他解"走"的去声义为"疾趋",所以把《孟子·梁惠王上》(《文通》本"上"讹作"下")"弃甲曳兵而走"的"走"作去声的例证,此"走"实应读上声,朱熹《集注》就不给此"走"注音。周祖谟把"走"的变调构词归入"因意义不同而变调者"的"意义有特殊限定而音少变"一类。周法高把原始词看作动词,自动;把滋生词看作他动。

《玉篇》走部:"走,子后切,去也,奔也,仆也。又子豆反。"去声不释义。《广韵》子苟切:"走,趋也。"则候切:"走,《释名》曰:疾趋曰走。"以原始词词义置于滋生词读音下,不妥。《集韵》子口切:"走,《说文》:趋也。"则候切:"走,疾趋也。"也没有揭示出滋生词的词义特点来,同于《广韵》。今按,"疾趋"的"走"可读上,也可读去。"走"读上声,义为快跑,不强调到达目的地;读去声,义为快速奔向目的地。

2

"走"作"跑,逃跑"讲读上声,此音义古代习见,古人注古书,很少注音。《尔雅·释宫》:"门外谓之趋,中庭谓之走,大路谓之奔。"音义:"走,祖口反。"这是"跑步"义,注上声。由此词义构词,义为被驱使的人,名词。《左传·襄公三十年》:"吏走问诸朝。"音义:"使走,如字。速疾之意也;一曰:走使之人也。服虔,王肃本作'吏',云:吏不知历者。"很典型地反映出"走"作"跑"和"被驱使的人"讲都读上声。

以下是"走"作"奔向目的地,趋向目的地"讲读去声的用例。这是及物动词,多带表目的地的宾语。《左传·襄公二十三年》:"奉君以走固宫,必无害也。"音义:"以走,如字,一音奏。"这里先注如字,反映了六朝后期"走"滋生词由去声变成上声的口语事实,这是受常用读音上声的影响。陆氏说"一音奏",可见他十分倾向把滋生词读成上声。唐代以后,倾向于保持旧读去声,他们都只注去声。《史记·项羽本纪》:"长史欣恐,还走其军。"正义:"走音奏。"《萧相国世家》:"沛公至咸阳,诸将皆争走金帛财物之府分之。"索隐:"音奏。奏者,趋向之。"《蒙恬列传》:"始皇三十七年冬,行出游会稽,并海上,北走琅邪。"索隐:"走音奏,走犹向也。邹氏音趋,趋亦向义,于字则乖。"《吴王濞列传》:"越直长沙者,因王子定长沙以北,西走蜀,汉中。"正义:"走音奏,向也。"《汉书·韩信传》:"于是信,张耳弃鼓旗,走水上军。"注:"走,趣也,音奏。"《高帝纪》:"闻羽至,尽走险阻。"注:"走音奏。"《李广传》:"中贵人走广,广曰:'是必射雕者也。'"注:"走,趣也,音奏。"以上都带有目的地宾语。正像许多及物动词后面可以带"介词+宾语"的补语,及物动词"走"后的目的语前面可以加上"乎"(于),《后汉书·张衡列传》:"翾鸟举而鱼跃兮,将走乎八荒。"注:"走犹赴也,音赴。"有些例子中,这种用法的"走"虽没有注音,但仍认为应读去声,《吕氏春秋·审己》:"水出于山而走于海。"有时,"走"的目的语不出现,但仍隐含着。《书·君奭》传:"凡五臣,佐文王为胥附奔走先后御侮之任。"音义:"奔走,奔又作本。走又作奏。音同。《诗》传云:喻德宣誉曰奔奏。郑笺云:奔走,使人归趋。"走,及物动词,用作使动,指归趋文王。十三经本脱此音义。发出归趋到目的地这一动作的,不一定是人或动物。施事者是人的,上面很多例子都是;是动物的,如《孟子·离娄上》:"民之归仁也,犹水之就下,兽之走圹也。"朱熹集注:"走,音奏。"无生物也可用在去声"走"之前,《汉书·食货志》:"民者,在上所以牧之,趋利如水走下,四方亡择也。"注:"走音奏。"

"走"的变调构词来自上古。周祖谟在《四声别义释例》中,举出《淮南子·说林》高诱注,《汉书·高帝纪》注引服虔,《张释之传》注引如淳,证明东汉时代"走"已是上去各义了。其中,如淳音最早又被宋裴骃所引。《史记·张释之冯唐列传》:"是时慎夫人从,上指示慎夫人新丰道,曰:'此走邯郸道也。'"集解:"如淳曰:'走音奏,趋也。'"从假借字来说,上引《书·君奭》孔传"奔走"又作"本奏"。又《诗·大雅·绵》:"予曰有疏附,予曰有先後,予曰有奔奏,予曰有禦侮。"音义:"先,苏荐反,注同。後,胡豆反。注'先后'同。本,音奔,本亦作奔,注同。奏,如字,本又作走,音同,注同。御,鱼吕反,本又作禦,音同。侮,亡甫反。"径直把"奔走"作奔奏。奏,去声。是陆氏以为"附、後、奏"为去声,"侮"上声,是上去相叶;按,亦可认为去声相叶,《集韵》王遇切:"侮,轻也。"当然是有来历的。"走"自汉代至魏晋宋时代,滋生词从不注上声,说明当时仍保留去声读法。我们见到的最早音注是东汉人作的,总不能说开始给"走"注去声的时代就是"走"产生去声读法的时代吧！从词义出现的时代及先秦韵文看,应认为"走"的变调构词周秦已然。《经典释文》已把"走"的滋生词注成上声了(跟去声兼注),说明六朝后期口语中,"走"的滋生词的去声读法已消失。唐代人仅注去声,说明当时读书音仍保留去声读法。

志村良治《中国中世语法史研究》(中译本14页,中华书局,1995年)以为《孟子·梁惠王上》"弃甲曳兵而走"的"走"是滋生词的用例,其误同《马氏文通》。周祖谟《四声别义释例》正是把此例作为原始词的例证。《汉语大字典》《汉语大词典》把"走"的上去两读看作自由变读,不妥：从音读发展来,其滋生词后来读成原始词的音；但汉语史上,其原始词从来没有读成去声。

[取](滋生词后作"娶")

1

原始词,义为拿来占有,夺取,动词,七庾切(上声,*ᶜtsʰiwo/ᶜtsʰiu)。滋生词,特指娶妻,动词,后起字作"娶",七句切(去声,*tsʰiwoᵒ/tsʰiuᵒ)。"取"的变调构词,唐纳有著录。他归入"滋生词是表效果的"一类,并释原始词词义为"to take"(获得,占有),滋生词词义为"to marry (a woman)"(娶妻)。我们认为,"取：娶(取)"属特指构词。古代是男权社会,"取"上声读法指广泛的获取,"娶"只指获取女子做妻子。《说文》女部："娶,取妇也。从女,从取,取亦声。"可见"娶"是个会意兼形声字。许慎说"从女,从取,取亦声",又用"取妇"来释"娶"。一方面,他看出"娶"来自"取"；另一方面,

"娶"的只是"妇",正可用来说明"取:娶(取)"是特指构词。

《玉篇》又部:"取,且宇切,资也,收也。"女部:"娶,七谕切,《说文》云:取妇也。"《广韵》七庾切:"取,收也,受也。"七句切:"娶,《说文》曰:取妇也。"《集韵》此主切:"取,《说文》:捕取也。《周礼》'获者取左耳'。引《司马法》'载献聝',聝者,耳也。"逡遇切:"娶,《说文》:取妇也。"用"取"来记录上声音义,反映了后代的用字规范。

2

《经典释文》给"取"的原始词和滋生词共注音44次。注上声如字2次,其中1例详下;另1例是,《礼记·曲礼上》:"礼闻取于人,不闻取人;礼闻来学,不闻往教。"注:"谓君人者。取于人,谓高尚其道,取人,谓制服其身。"据郑注,"取于人"和"取人"的施事者都是"君人者"。音义:"取于,旧七树反,谓趣就师求道也;皇如字,谓取师之道。取人,如字,谓制师使从己。"可见,"取人"的"取"只能读上声;"取于人"的"取",上下文中可作不同的解释,而不同的解释读音也不同。读上声时,指得到,获得,其实就是拿来占有或控制的意思;读去声时,牵涉到"取"的另一个滋生词,这里不讨论。

兼注上声和去声者12次,有2次均取"取"的另一个滋生词词义;兼注平声和去声者1次,也属"取"另一滋生词的词义。只注去声者29次。兼注上声和去声的12次中,有10次都反映了"娶妻"一义;只注去声的29次,也都反映了这一滋生词词义。《经典释文》还给娶妻的"娶"注音25次,全是去声。

以下是"取"作"娶妻"讲读去声的部分用例。《易·蒙》:"六三:勿用取女,见金夫,不有躬,无攸利。"音义:"用取,七住反。本又作娶。下及注同。"《诗·齐风·南山》:"取妻如之何?必告父母。"音义:"娶妻,七喻反。注下皆同。"《周礼·春官·大师》注:"所谓律取妻而吕生子也。"音义:"取妻,七喻反。"《仪礼·士昏礼》:"其他如取女礼。"音义:"取女,七住反。"《礼记·郊特牲》:"夫昏礼,万世之始也,取于异姓,所以附远厚别也。"音义:"取于,音娶。本又作娶。"《左传·僖公五年》:"夏,公孙兹如牟,娶焉。"注:"因聘而娶,故《传》实其事。"音义:"取焉,七喻反。本又作娶。"《公羊传·文公二年》:"此何以书?讥。何讥尔?讥丧娶也。娶在三年之外,则何讥乎丧去?三年之内不图婚。"音义:"丧取,七住反。本亦作娶,同。"《谷梁传·文公七年》注:"既以丧娶,又取二邑。"音义:"丧取,七住反。本亦作娶。"《汉书》颜注都把娶妻的"取"注成"读曰娶",反映了中古"娶"成为通行用字规范的事实。《五行志》:"董仲舒以为颂三世内取。"注:"内取于国之大夫也……取读曰娶。"《地理志》:"嫁取送死奢靡。"注:"取读曰娶。"《师丹传》:"臣伏惟人情无子,年虽六七十,犹博取而广求。"注:"取读曰娶。"《王莽传》:"乃者,国家之难,本从亡嗣,配取不正。请考论《五经》,定取礼,正十二女之义,以广继嗣。"注:"取皆读曰娶。"

娶妻的"取"后起字作"娶",此字甲骨文中已出现(据《甲骨文字典》),字作𡥧,但用为人名。近代以前的音注,"娶"只有去声读法。下面从《经典释文》中举出若干例证。《易·姤》:"《姤》:女壮,毋用取女。"音义:"用娶,七喻反。本亦作取,音同。注及下同。"《书·益稷》:"予创若时,娶于涂山。"音义:"娶,促住反。"《左传·隐公元年》注:"诸侯始娶,则同姓之国以姪娣媵。"(在惠公传中)音义:"始娶,七住反。"《文公二年》:"凡君即位,好舅甥,修昏姻,娶元妃以奉粢盛,孝也。"音义:"娶,七住反。"《谷梁传·宣公十年》:"公娶齐,齐犹以为兄弟,反之。"音义:"公娶,七住反。"《论语·述而》:"君取于吴,为同姓,谓之吴孟子。"音义:"君娶,七住反。本今作取。"《尔雅·释亲》注:"《公羊传》曰:'诸侯娶一国,二国往媵之。'"音义:"娶,七具反。"十三经本脱此音义。慧琳《一切经音义》卷五十七:"娶妇,上趋句反。《白虎通》云:娶者,取也。《周礼》:男三十而娶。"卷七十:"娶妻,七句反。取也。《诗》云:娶妻如之何。传曰:娶,取妇也。"辽希麟《一切经音义》卷九:"嫁娶,下七句反。《广韵》:纳妇也。"

"取:娶(取)"原始词和滋生词的读音既然分得这样清楚,为什么《经典释文》中作"娶妻"讲的"取"仍有10次上去兼注?这是因为上下文中的"取"是作"拿来占有、夺取"讲,还是作"娶妻"讲,经师作了不同理解。下面逐一作出简要分析。例1,《诗·郑风·有女同车·序》:"大子忽尝有功于齐,齐侯请妻之。齐女贤而不取,卒以无大国之助,至于见逐。"音义:"不取,如字,又促句反。"这里当然可以读去声,训为娶妻;但跟一般娶妻的手续不合。齐侯主动地请求允许把女儿嫁给郑太子忽,跟娶妻时由男方向女方求亲的正常手续不合,所以"取"也可以读为上声,训为取得、得到。例2,《礼记·杂记下》:"已虽小功,既卒哭,可以冠,取妻。"音义作"取妇":"取妇,七住反,又如字。"显然可以读去声,训为娶妻,《文王世子》"冠、取妻必告"的"取",只注去声。但这跟正常情况下的婚礼有不同,郑注说"必偕祭乃行也",所以又可以读上声,训为取得、得到。例3,《坊记》:"取妻不取同姓,以厚别也。"音义:"不取,如字,又七树反。"前面"取妻"的"取"比较常见,肯定读去声;但是"不取同姓"

的"取"可以作泛指和特指的两种不同理解，所以上去兼注。例4，《左传·襄公二十五年》："(崔武子)见棠姜而美之，使偃取之。"注："为己取也。"音义："使偃取之，如字，又七住反。注同。本或作娶字。"(依卢文弨校改)这里，崔杼见齐棠公之妻棠姜貌美，就让东郭偃给自己娶过来，所以可读去声；但带有强制性质，不合一般娶妻手续，所以又可以训为拿来占有，读如字。例5，《昭公四年》："(穆子)适齐，娶于国氏，生孟丙、仲壬……(穆子)归，未逆国氏，子明取之。"音义："取之，齐主犯，又如字。"前面"娶于国氏"的"娶"只读去声。而"子明取之"的"取"当然可以读去声，训为娶妻；但又有强取的意味，不合一般娶妻手续，所以可以读上声，训为夺取，拿来占有。例6，《昭公二十八年》："昔有仍氏生女，黰黑，而甚美，光可以鉴，名曰玄妻。乐正后夔取之。"音义："取之，如字，又七住反。"后来，因后夔娶了玄姜，给家里带来了灾难。注家可能认为，后夔娶玄姜，不合手续，故把如字一读摆在前面，这是训为拿来占有。《昭公二十八年》中，明媒正娶的"娶"写作"娶"，例如"叔向欲娶于申公巫臣氏""其母欲娶其党""娶妻而美"。例7，《昭公二十八年》："叔向惧，不敢取。平公强使取之，生伯石。"音义："不敢取，七住反，又如字。"上下文中，"不敢取"的"取"可以理解为拿来占有，所以又可注如字。例8，《哀公十二年·经》注："鲁人讳娶同姓，谓之孟子。"音义："讳取，七喻反，又如字。本或作娶。"比较《哀公十二年》："昭公娶于吴，故不书姓。"注："讳娶同姓，故谓之孟子。"音义："取于，七喻反。本亦作娶。"两处注音不一。前面之所以注如字，是因为注家注意到"娶同姓"不合娶妻的要求，跟正常的娶妻不和，所以又理解为拿来占有。例9，《谷梁传·哀公十二年》："其不言夫人，何也？讳取同姓也。"音义："讳取，如字，又七住反。"兼注如字的理由同上。例10，《论语·八佾》集解："包曰：三归，娶三姓女。"音义："取三，如字，又七喻反。本今作娶。"之所以兼注如字，是因为娶三姓女不合娶妻的要求，诸侯也只能娶二姓女。由上面的分析可知，这10例的"取"之所以上去兼注，是因为上下文中可作不同的理解。他们都用在娶妻的场合，理解为"娶妻"，似乎是唯一的选择；但是，又古人兼注上声可知，当理解为娶妻时，娶妻的整个过程必须符合婚礼的每道手续，否则"取"就有理解为"拿来占有，夺取"的可能，上去兼注正是这样形成的。天子娶妻跟一般人不同，跟一般的婚礼手续不同，故可注上声。《诗·小雅·白华·序》："幽王取申女为后，又得褒姒而黜申后。"音义："王取，七与反。"这显然是把"取"理解为取得。附带说一下，《说文》："娶，取妇也。"其中"娶"是读去声；"取妇"的"取"是为了表明"娶"与取得的"取"的语源关系，"取"是泛指取得，读上声。这个"取妇"跟后人所说的"娶妇"不是一回事。

"娶"字的读音在字书中分为两派：一、"娶妻"的"娶"只读去声。《玉篇》《广韵》都如此。据《唐五代韵书集存》，笺注本（斯二〇七一）切韵残卷七庾反之有"取"；《王仁昫刊谬补缺切韵一》七庾反只有"取"，七句反有"娶"没有"取"；《裴务齐正字本刊谬补缺切韵》七庾反有"取"没有"娶"，七句反有"娶"没有"取"；《唐写本唐韵》七句反有"娶"没有"取"（该残卷缺平上）。《说文》大徐本引《唐韵》："娶，七句切。"小徐本朱翱反切："娶，七驻反。"《中原音韵》鱼模部，上声有"取"没有"娶"，去声有"娶"没有"取"。《正字通》女部"娶"只有七遇切，没有注上声。由以上这些字书，结合古注来分析，可知,"娶"作"娶妻"讲,我们见到的最早的注音材料都是读去声,从不读上声;直到近代汉语,"娶"仍只读去声,上声读法是后起的。二、"娶妻"的"娶"上去兼收。始于《集韵》。《集韵》此主切:"娶,取妇也。"逡遇切:"娶,《说文》:取妇也。"去声读法释义前冠以"《说文》",表明去声读法是相传的旧音。《五音集韵》七庾切"取""娶"兼收,七句切收有"娶"。把"娶"兼收入上声,《集韵》开始,《五音集韵》只是仿效《集韵》。《集韵》之所以把"娶"兼收入上声,可能的解释有两种:(一)现代汉语许多方言中,"娶"已经读成了上声,跟上声的"取"同音,这种例外音变至迟北宋是部分方言中已经产生,《集韵》反映了这种后期的读音现象。(二)《集韵》编者把"娶"兼收入上声,因为他们看到《经典释文》中娶妻的"娶"又写作"取",上下文中有上去兼注的清醒;由于没有注意到上去兼注的"取"此义之间有细微的差别,古注中常说娶又作取,所以给"娶"类推出一个上声读法。换句话说,《集韵》给"娶"注上声,跟后来许多方言把他读成上声是两回事,是巧合。我们倾向于后一种解释。《类篇》本来是在《集韵》的基础上编就的,把《集韵》的按音序排列改成按部首排列,其他基本依照《集韵》。《集韵》"娶"收有六个反切,《类篇》照抄其他五个反切,把此主切一读删去了,这显然是认为《集韵》的处理欠妥。(《类篇》补充了一个此至切)《中原音韵》《正字通》都只收入去声。"娶"读上声是后来发生的。

"取:娶(取)"的变调构词当来自上古,例如《易林·归妹之泰》叶"畜,取('相与嫁娶'),事",正叶去声。滋生词的去声读法一直延续到近代。娶妻的"娶"由读去声变为读上声,应是很晚的事。现代汉语,仍有方言把"娶"读成取声。例如福建永福话:取 tshi,

阴上,可去;娶 tshua,阴去,迎娶:娶新妇(娶媳妇)。据《汉语方音字汇》(第二版重排本),"取"在北京等20个方言点中,都读上声(或阴上),"娶"在武汉、成都、长沙、双峰、阳江、厦门、潮州、福州等方言点中,或者只读去声(或阴去),或者有去声(或阴去)一读。

【数1】

1

原始词,义为——列举,计算,动词,所矩切(上声,*ᶜʃwo/ᶜʃu)。滋生词,义为——列举人的罪过而加以责备,谴责,动词,色句切(去声,*ʃwoᵒ/ʃuᵒ)。"数1"的变调构词,未见于诸家著录。

《玉篇》支部:"数,所屡、所缕二切,《说文》:计也。"这个注释不确切。《广韵》所矩切:"数,《说文》:计也。"色句切:"数,算数,《周礼》有九数。"《集韵》爽主切:"数,《说文》:计也。"双遇切:"数,枚也。"都没有反映出"数1"滋生词的音义情况。

2

"数"原始词词义的用例如下。《周礼·地官·闾胥》:"以岁时各数其闾之众寡,辨其施舍。"音义:"各数,色主反。"《礼记·内则》:"九年,教之数日。"音义:"数日,所主反。"《左传·隐公五年》:"归而饮至,以数军实。"音义:"以数,所主反。"《诗·小雅·巧言》:"往来行言,心焉数之。"音义:"数之,所主反。"按,音义中"色主反"或"所主反",数,主都是麌韵字,跟去声读音(遇韵字)正好是四声相承。在六朝有的方言中,"数"可读成语韵,跟"所"同音,而没有相应的去声读音(御韵字),则四声不相承。《周礼·天官·兽人》注引郑司农:"故《春秋传》曰:'以数军实。'"音义:"以数,色主反,一音所。"陆德明说"一音所",可见他并不认为"音所"一读是标准音。把"数"读成所,是例外音变,今天北京话"数"读 ^{c}su,符合音变规律;"所"读 ^{c}suo,是例外音变。湖北黄州话"数""所"都读成 ^{c}suo,都发生了例外音变,符合音变规律的音应该是 ^{c}səu。这可以作为六朝部分方言中"数"读所,从而跟去声读法不相承(韵母有差异)的一个旁证:读成所是例外音变,刚构词时,韵母并没有发生例外音变,属变调构词。

由"计算"一义词义构词,指几,几个,仍读上声,今天读成去声了。这是"数"古今音读的一大区别。此读后人不理解,往往执今以疑古,以为古人也读去声。《礼记·表记》:"《诗》云:'丰水有芑。武王岂不仕。诒厥孙谋,以燕翼子。武王烝哉!'数世之人也。"音义:"数世,色主反。"黄焯汇校:"段云,主当作住,上音所住,下音色住,所色互异,而住字同。焯案宋本及钞本皆误作主,顾广圻云,抚本亦误。"都以为"数"作"几,几个"讲读去声,从而认为所有的版本都有误。这是以今例古。《左传·襄公二十五年》:"且昔天子之地一圻,列国一同。自是以衰,今大国多数圻矣。"音义:"数圻,色主反。下'数甲兵''数疆潦'各并注同。"按,"数圻"的"数"作"几,几个"讲,下面的两个"数"作"计算"讲,都读上声,这是"数"作"几,几个"讲古读上声之铁证。又《经典释文》中,"数"作"几,几个"讲均注上声,无一例外,都用来限定名词或数词,组成"数岁""数里""数万""数亿""数十""数物""数口""数句""数世""数年"等结构,"数"

都注成上声。"数世"被注多次,如《左传·僖公三十三年》:"吾闻之,一日纵敌,数世之患也。"音义:"数世,所主反。"其他的"数世"之"数"也全是注成上声。别的"数"作定语的例如,《书·禹贡》传:"济水入河,并流十数里而南截河。"音义:"数,色主反,下同。一本作'十所'。"《周礼·天官·典枲》注:"杂言此数物者,以著其类众多。"音义:"数物,色主反。一音所。"(按,"音所"正说明"数"作"几,几个"讲读上声。此义又假借"所"来记录,《史记·留侯世家》:"父去里所,复还。"《世说新语·规箴》:"自后宾客绝百所日。")杜预《春秋序》:"《春秋》虽以一字为褒贬,然皆须数句以成言。"音义:"数句,色主反。"《左传·襄公二十二年》:"楚观起有宠于令尹子南,未益禄而有马数十乘。"音义:"马数,色主反。"其他唐人注也都不把作"几,几个"讲的"数"注成去声,而是注成上声。《史记·项羽本纪》:"项王泣数行下。"正义:"数,色庾反。行,户郎反。"《樗里子甘茂列传》:"今王倍数险,行千里攻之,难。"索隐:"数音率腴反。"《列子·汤问》:"龙伯之国,有大人,举足不盈数步而暨五山之所。"音义:"色主反。"此读宋元人犹知。《礼记·祭义》:"乐正子春下堂而伤其足,数月不出,犹有忧色。"元陈澔集说:"数,上声。"大约明清以后,此义已读成去声,所以段玉裁、顾广圻执今以例古,把作"几,几个"讲的上声注音校为去声。事实上,"数"作"几,几个"讲仍有方言读上声,据李如龙《论音义相生》:"闽南话'十多个'说'十数个',数也读上声。"可知闽南话作"几,几个"讲的"数"保留了原来的读法。

由"一一列举,计算"一义变调构词,读去声,义为一一列举人的罪过而加以责备,谴责。《礼记·儒行》:"儒有可亲而不可劫也,可近而不可迫也,可杀而不可辱也。其居处不淫,其饮食不溽,其过失可微辨,而不可面数也。"音义:"面数,所具反。"《左传·昭公元年》注:"各实之者,为明年子产数子晳罪称董隧盟起本。"音义:"数子晳,色主反,又色具反。"唐代其他注家,此义均只注去声一读。《史记·秦始皇本纪》:"更为书赐公子扶苏,蒙恬,数以罪,赐死。"正义:"数音色具反。"《汉书·高后纪》:"郎中令贾寿使从齐来,因数产曰:'王不早之国,今虽欲行,尚可得邪?'"注:"数,责之也,音数具反。"(切上字原作"数",当为讹字,应据《汉书》通例改为"所")《淮南王传》:"时帝舅薄昭为将军,尊重,上令昭予厉王书谏数之。"注:"数音所具反。"此"谏数"连用。《酷吏传》:"良久,母乃见之,因数责延年。"注:"数音所具反。"此"数责"连用。《王莽传》:"士得脱者,又妄自言'我责数贼"何故为是?"'"注:"数音所具反。"此"责数"连用。师古于此义多音义兼注,仅举1例。《项籍传》:"汉王数羽十罪。"注:"数,责也,音所具反。"又《列子·周穆王》:"后世其追数吾过乎?"音义:"色句反,责也。"

"数1"的变调构词当来自上古,因为上古是"数1"滋生词词义大量使用的时代;中古以后,该义在口语中逐步被其他的词取代了。最晚六朝后期口语中,该滋生词去声读法就已经变成上声了。上面所举,《礼记·儒行》陆德明于此义只注去声,那是保留旧读;但是《左传·昭公元年》却兼注上去,并且把上声一读摆在前面,去声读法摆在后面。还有1例也是如此。《左传·昭公十四年》:"仲尼曰:'叔向,古之遗直也,治国制刑,不隐于亲,三数叔鱼之恶,不为末减。'"音义:"三数,色主反,又色具反。下同。"都说明六朝后期口语中,"数1"的滋生词已以读上声为常了。唐颜师古等对"数1"

滋生词唯注去声,那只是保留旧读。

现今大型字词典,以为"数"作"几,几个"讲中古亦读去声;又以为"数"作"一一列举人的罪过而加以责备,谴责"讲中古读上声,都不合于古代的语言事实。由"数"作"几,几个"讲中古读上声,不读去声,还可以知道,此义不是由作"数目"讲的去声读法发展来的,而是从动词用法直接滋生出来的一个词。

【数 2】

1

原始词,义为一一列举,计算,动词,所矩切(上声,*ᶜʃwo/ᶜʃu)。滋生词,义为数目;历数,道数,名词,色句切(去声,*ʃwoº/ʃuº)。"数 2"的变调构词,贾昌朝、马建忠、周祖谟、唐纳、周法高、唐作藩均有著录。《群经音辨·辨字音清浊》:"数,计之也,色主切。计之有多少曰数,色句切。"贾氏所云"计之有多少"指的是数目。其说为各家所本。《马氏文通·实字》卷之五:"'数'字,上读外动字,计也。《诗·小雅·巧言》:'心焉数之。'去读名字,算数也。《易·节》:'君子以制数度议德行。'入读静字,频数也。《礼·祭义》:'祭不欲数,数则烦。'"周祖谟把"数 2"的变调构词归入"因词性不同而变调者"的"区分动词用为名词"一类。唐纳归入"原始词是动词性的,滋生词是名词性的"一类,并释原始词词义为"to count"(计算),滋生词词义为"number"(数目)。周法高归入"非去声或清声母为动词,去声或浊声母为名词或名语"一类。自马建忠之后,各家对"数 2"原始词和滋生词的词性分别的看法趋于一致。

《玉篇》《广韵》《集韵》对"数"变调构词的反映,见"数1"。张守节《史记正义·发字例》:"数,色具反,术数也。又色五反,次弟也。又色角反,频也。"这里的"次弟"指一一列举。《玉篇》也是把"数"的去声一读摆在上声之前。后人据此,把去声一读看成如字。例如元陈澔《礼记集说》于《礼记》中去声的"数"或者不注音,或者注如字。《内则》注:"计,谓九数。"陈注:"九数,如字。"《表记》:"仁有数,义有长短大小。"陈注:"有数,数,如字。"就构词法说,应把上声看作原始词,去声看作滋生词。《说文》攴部:"数,计也。从攴,娄声。"唐韵:"所矩切。"正说明"数"原始词的本义是一一列举,计算,读上声。

2

"数2"的变调构词,古书有时反映得很明显。《周礼·春官·天府》:"若祭天之司民司禄,而献民数谷数,则受而藏之。"音义:"数谷数,上所主反,下所具反。"《尔雅·释诂》:"庶,秭,算,数也。"音义:"数也,色具反。注同。谢色主反。"色具反,解为数目;谢峤色主反,意思是计算。《史记·西南夷列传》:"西南夷君长以什数,夜郎最大。"索隐:"刘氏音所具反,邹氏音所主反。"刘伯庄解为数目,邹诞生解为计算。邹说为优。

"数"原始词音义例,见"数1"。以下是"数2"滋生词读去声的用例。《易·系辞下》:"不封不树,丧期无数。"音义:"无数,色具反。"疏:"丧期无数者,哀除则止,无日月限数也。"又《系辞下》:"阴阳合德,而刚柔有体,以体天地之撰。"注:"撰,数也。"音义:"数也,色柱反。"疏:"象天地之数也。"音义:"柱"本上声,当为讹字。黄焯汇校:"宋本同。写本柱作主。"柱,主皆当作住。《诗·召南·羔羊》:"羔羊之皮,素丝五紽。"传:"紽,数也。"音义:"数也,所具反。"《礼记·学记》:"今之教者,呻其佔毕,多其讯,言及于数。"音义:"于数,色住反。"疏:"数谓法象。"《史记·扁鹊仓公列传》:"光又属意于殷曰:'意好数,公必谨遇之,其人圣儒。'索隐:"数,色句反。谓好术语也。"《汉书·萧何传》:"今虽无曹参等百数,何缺于汉?"注:"数音所具反。"《东方朔传》:"上尝使诸数家射覆。"注:"数家,术数之家也。数音所具反。"萧统《文选序》:"自姬汉以来,眇焉悠邈。时更七代,数逾千祀。"李善注"数":"去声。"

"数2"的变调构词,当来自上古。周祖谟据《汉书·东方朔传》注引苏林"数音数钱之数"证"数2"汉代上去音义有别,甚是。按,《周礼·春官·御史》:"掌赞书,凡数从政者。"注:"郑司农读言掌赞书数。书数者,经礼三百,曲礼三千,法度皆在。玄以为不辞,故改之云。"这里郑司农跟郑玄断句不同,先郑读去声,后郑读上声。(按,"凡数"当依《经典释文》作数凡)我们以江有诰《音学十书》,罗常培和周祖谟《汉魏晋南北朝韵部演变研究》(第一分册),丁邦新《魏晋音韵研究》为线索,发现"数2"上去构词,上古已然。周秦例证,《灵枢经·经根篇》叶"补,数('不可胜数'),府,走,取",此原始词读上声例。《易·系辞下》叶"树,数('丧期无数',限数)",《楚辞·天问》叶"属,数('谁知其数',数目)",《墨子·杂守》叶"数('强弱有数',命数),具",此滋生词读去声例。两汉"数"作"一一列举,计算"讲读上声,无例外;作"术数,运数"等讲6次,均叶去声。《淮南子·原道》叶"具,数('腾踊肴乱,而不失其数')",《诠言》叶"数('倍道弃数'),遇",《兵略》叶"数('言必合数',度数),揍",《缪称》叶

"数('欲知天道,察其数'),树,欲",傅毅《七激》叶"摅,御,数('操以术数'),驱",蔡邕《释诲》叶"数('迷损益之数'),驱",无例外。魏晋"数"作"一一列举,计算"讲叶韵3次,均上声。徐干《齐都赋》叶"右,数('恶可悉数')",杨苕华《赠竺度》叶"久,数('芥子亦难数'),牖,朽,缶,口,首,有,後",无名氏《月节折杨柳枝》叶"柳,数('历乱不可数')";作"运数;数目"讲10次,均叶去声,略举二例。应贞《华林园集诗》叶"数('不常厥数'),御,饫",傅玄《菁赋》叶"度,故,数('乃参天而倚数'),御,布,务"。"数2"的变调构词,一直沿用至今。

上古"数"原始词和滋生词,词义在上古无疑都是固定义位,已经分化了。但是我们看到上文所举例证中,同一上下文中,有的"数"字兼注上去。就"数"字来说,这是因为中古经师有不同的理解,不能据此认为中古"数"词义还处于分化的阶段,更不能据此否认上古乃至中古"数"还未变调构词。又,段玉裁《说文解字注》在"数"下作注说:"今人谓在物者去声,在人者上声;昔人不尽然。又引伸之义,分析之音甚多,大约'速'与'密'二义可包之。"今按,"大约'速'与'密'二义可包之",如果是指不同的"数"之间有这些相同的义素,那是可以的;如果是指所有的"数"都只归结为这两个义位,那是不正确的。分析词义就是要揭示出某一社会对跟音响形象联系起来的概念所作的规定;既然古人利用不同的"音"跟不同的"义"形成关联,岂可任意"包之"?

【输】

1

原始词,义为运送,运输,动词,式朱切(平声,*ɕiwo/ɕiu)。滋生词,特指把积聚起来的东西输送出去,动词,伤遇切(去声,*ɕiwoᵇ/ɕiuᵇ)。"输"的变调构词,马建忠、唐作藩有著录。《马氏文通·实字》卷之五:"'输'字,平读外动字,以物送之也。《左·僖公十三年》:'秦于是乎输粟于晋。'又隳也。《诗·小雅·正月》:'载输尔载。'又俗谓'胜负'为'输赢'。去读名字,指所送之物也。《韵会》云:'汉有三辅委输官。'谓委所输之物之官也。"其说为唐作藩所本。按,"委输"当理解为"输所委之物"。《增韵》虞韵也说:"输,凡以物送之曰输,音平声;指所送之物曰输,音去声。"诸家并没有注意到,"输"读去声有动词用法。其他各家都没有著录"输"的变调构词,因为他们变调构词的资料主要来自《经典释文》,而《经典释文》本没有反映出"输"的变调构词。

《玉篇》车部:"输,式朱切,委也,更也,尽也,泻也。"以"委"释输,未必准确,但反映出当时口语中已把滋生词由去声读成平声了。《广韵》式朱切:"输,尽也;写也;堕也;《说文》曰:委输也。"也是把"委输"字读成了平声。伤遇切:"输,送也。"所释为动词,但欠明确。《集韵》舂朱切:"输,《说文》:委输也。"舂遇切:"输,委也。"其实是把"委输"兼收于平去,既从新,又存古。

2

"输"作"输送,运输"讲读平声,古人注古书,一般不注音。《经典释文》给"输"注"式朱反"2次,但都是"毁坏,败坏"义,因为此词中古已是僻词,所以给予注音。

以下是"输"作"把积聚起来的东西输送出去"讲读去声的用例。《史记·秦始皇本纪》:"以水银为百川江河大海,机相灌输,上具天文,下具地理。"正义:"灌音馆,输音戍。"这个"输"无疑是动词。《汉书·鲍宣传》:"三辅委输官不敢为奸。"注:"委输,谓输委积者也。委音迂伪反,输音式喻反。"据此注,"委"是名词,作状语;"输"是状语中心语,动词。《晋书·宣帝纪》:"关东饥,帝运长安粟五百万斛输于京师。"音义:"输,音戍。"《职官志》:"一人主财帛委输。"音义:"输,音戍。"《食货志》:"州郡各拥强兵,而委输不至。"音义:"输,音戍。"按,《说文》车部:"输,委输也。"段注:"委者,委随也。委输者,委随输写也。以车迁贿曰委输。亦单言输。"据段说,"委输"为连谓结构,跟师古解不同。如解"委"为去声,当以师古说为是,而且师古说应是有来历的。木华《海赋》叶"雾,注,输('於廓灵海,长为委输',这是比喻用法)"。"输"的变调构词当来自上古;如上所说,至晚六朝后期以后口语中,其去声读法就已经消失了。

由"把积聚起来的东西输送出去"一义词义构词,义为人体上的穴道,又特指背部的背腧穴或四肢的五腧穴,名词,字作"腧"。《玉篇》肉部:"腧,式注切,五藏腧也。"朿部:"朿……又尸注切,五藏之朿。"这个"朿"跟"腧"同词。《广韵》伤遇切:"腧,五藏腧也。"《集韵》春遇切:"腧,五藏腧穴。通作俞。"字仍可以写作"输"。《史记·扁鹊仓公列传》:"(俞跗)一拨见病之应,因五藏之输,乃割皮解肌。"索隐:"音束注反。"《灵枢·九针十二原》:"五脏五腧,五五二十五腧;六腑六腧,六六三十六腧。"马莳注:"每脏有井,荥,输,经,合之五腧,则五五二十五腧也。"又注:"每府有井,荥,输,原,经,合六腧,则六六三十六腧也。"又同篇:"所出为井,所溜为荥,所注为腧,所行为经,所入为合,二十七气所行,皆在五腧也。"《类经》八卷第十四注:"注,灌注也。腧,输运也。脉注于此而输于彼,其气渐盛也。"可见"腧"得名正是"把蕴积起来的气输送出来"这一理据。作为中医术语,"腧"一直保留了下来,但一般人不知道是由"输"的滋生词进一步词义构词而来。

【乳1】

1

原始词,义为哺乳,动词,而主切(上声, *ᶜn̪ɪwo/ᶜȵu)。滋生词,义为生子,孵化,动词,儒遇切(去声, * n̪ɪwoʰ/ȵuʰ,《集韵》)。"乳1"的变调构词,贾昌朝、周祖谟、唐作藩均有著录,各字书的反映情况不一样,需要加以整理。下面以各种处理意见出现的时代先后为序,分为五种情形加以叙述。

一、"乳"有上去两种读法,其中上声读法义为"哺乳,乳汁",去声读法义为"生孩子,孵化"。据周祖谟《唐五代韵书集存》,《王仁昫刊谬补缺切韵》(伯二〇一一)上声麌韵:"乳,而主反,肉津。"去声遇韵而遇反:"乳,育小。又而主反。"《王仁昫刊谬补缺切韵》(北京故宫博物院藏)上声麌韵:"乳,而主反,肉津。"去声遇韵而遇反:

"乳，育小。又而主反。"上文所引，"肉津"义当为"乳汁"；"育小"当为"生孩子或孵化小崽"，"育"指"生，生育"。去声里注上声又音，依《切韵》系韵书体例，上声一读跟"育小"一义没有关系，是"肉津"一义的反切。

二、"乳"有上去两种读法，其中上声读法释义，去声读法不释义。《唐五代韵书集存》所辑《裴务齐正字本刊谬补缺切韵》（北京故宫博物院旧藏）上声麌韵："乳，而主反，肉汁。"去声遇韵而遇反："乳，又而主反。"

三、"乳"只收上声读法，不收去声一读。《玉篇》乙部："乳，如庾切，以养子也，生也，字也，鸟之生子曰乳。"《广韵》而主切："乳，柔也。"《龙龛手镜》平声孚部："乳，人主切，柔也。"按，《玉篇》把原始词和滋生词词义都置于上声。

四、"乳"有上去两种读法，其中上声读法义为"生子，孵化"；去声读法义为"哺乳"。这种意见跟上列"一"的处理正好相反，是贾昌朝在《群经音辨》中提出的，刘鉴《经史正音切韵指南》沿袭了此说。《群经音辨·辨字音清浊》："乳，生子也，而主切。谓饲子曰乳，而遇切。"《经史正音切韵指南·经史动静字音》："乳，上声，生子也。谓饲子曰乳，去声。"周祖谟《四声别义释例》："乳，生子也，耳主切。上声。谓饲子曰乳，而遇切。去声。案经师相承，乳有去声一读，皆指产生而言。若浑谓之乳，则作上声。《书·尧典》伪孔传云：'乳化曰孳。'释文：'乳儒付反。'《左氏·宣公四年·传》'虎乳之'，释文：'乳如主反'，是也。"周先生先列出贾氏释义，随后作了更正，他的更正意见同于上文所列的第一种。

五、"乳"有上去两读，两种读法都收有"生孩子，孵化"一义。

《集韵》䕩主切:"乳,《说文》:人及鸟生子曰乳,兽曰产。"儒遇切:"乳,育也。"《类篇》除将上声"䕩主切"改为"而主切"外,其他注音释义均同《集韵》。

2

上列的五种情形,"二""三""五"三种都从不同角度反映了"乳"的去声读法在中唐以后口语中消失的事实。这些处理意见都无可厚非。但是"一""四"两种对"乳"音义关系的处理意见截然相反。这两种意见,只有一种是正确的。关键问题是,贾昌朝《群经音辨》的目的并不在于反映北宋时期的口语,贾氏是要通过《经典释文》等书所载诸家音训,归纳出早期训诂家对一字多音的字所作的不同注音的不同字义来。在绅绎古书音训的过程中,难免有疏忽。这就需要利用早期训诂家对古书或注文所作的音义来加以订正。我们考察的结果是:"乳"在古书注释中,读上声时,义为"哺乳";读去声,义为"生孩子,孵化"。上列"一"中的处理意见是正确的,贾昌朝的意见颠倒了事实。

《说文》乙部:"乳,人及鸟生子曰乳,兽曰产。从孚从乙。乙者,玄鸟也。《明堂》《月令》:'玄鸟至之日,祠于高禖以请子。'故乳从乙。请子必以乙至之日者,乙春分来,秋分去,开生之候鸟,帝少昊司分之官也。"这是把"乳"看作会意字,本义是"人及鸟生子"。从甲骨文来看,《说文》对"乳"的形体结构,是拿后来讹变的字形来做分析的,不合造字初意;又"人及鸟生子"是引申义,本义是哺乳。乳,甲骨文作"𠃸",像母抱子以哺乳之形。据《殷墟甲骨刻辞类纂》,甲骨文"乳"共出现2次,均取"哺乳"之义。《合集》二二二四六:"辛丑卜,呼爰妿乳。"二二二四七:"辛……卜,呼爰妇妿乳。"《甲骨文字集释》《甲骨文字典》《汉语大字典》均以为甲骨文中"乳"是象形字,本义为哺乳。这是据迄今见到的最早的文字资料及其用例得出的正确结论。从变调构词的一般情况看,上去构词的配对词中,上声读法往往是原始词,去声读法往往是滋生词。去声读法是原始词,上声读法是滋生词,这种情况不是没有,但多少有些例外。我们既已认为,古代"哺乳"义的"乳"读上声,那么就可以把这个"乳"看作原始词,把读去声义为"生子,孵化"的"乳"看作滋生词。

以下是"乳"作"哺乳"讲读上声的用例。《左传·宣公四年》:"邔夫人使弃诸梦中。虎乳之。"音义:"乳之,如主反。"《史记》三家注,《汉书》颜注均不给"乳"的"哺乳"一义注音,当读如上声,这是常见读音。《易林·睽之未济》叶"乳('地宜生乳',生乳,并列结构,生育和哺乳),喜",《中孚之观》叶"子,乳('凤生七子,同巢共乳'),保"。这些都是"乳"读上声义为"哺乳"的用例。由此可见,《群经音辨》认为"乳,生子也。而主切。谓饲子曰乳,而遇切",是错误的,因为"饲子"一义古读上声。

古人音注表明,"乳"读去声的词义是"生子,孵化",绝不是"哺乳"。《经典释文》给"乳"的"哺乳"一义注上声,例见上;给"生子,孵化"一义注音8次,全是上声。例如,《书·尧典》:"鸟兽孳尾。"传:"乳化曰孳,交接曰尾。"音义:"乳化,上儒付反。《说文》云:'人及鸟生子曰乳,兽曰产。'"可见《说文》"乳"字释义本读去声。《周礼·秋官·貉隶》注:"不言阜藩者,猛兽不可服,又不生乳于圈槛也。"音义:"乳,而树反。"此"生乳"同义连用。《礼记·曲礼下》注:"生乳之时,重伤其类。"音义:"生乳,如注反。"《公羊传·庄公十二年》注:"犹乳犬攫虎,伏鸡搏狸,精诚之至也。"音义:"乳犬,如住反。"《庄子·盗跖》:"盗跖大怒,两展其足,案剑瞋目,声如乳虎。"音义:"如乳,如树反。"按,有人以为"乳犬""乳虎"分别指"哺乳期间的母狗""哺乳期间的母虎",不妥,应该分别指"正在生狗崽的母狗""正在生虎崽的母虎"。《史记·扁鹊仓公列传》:"菑川王美人怀子而不乳。"索隐:"乳音人喻反。乳,生也。"《汉书·刑法志》:"年八十以上,八岁以下,乃孕者未乳。"注:"乳,产也,音人喻反。"《苏建传》附《苏武传》:"匈奴以为神,乃徙武北海上无人处,使牧羝,羝乳乃得归。"注:"羝,牡羊也。羝不当产乳,故设此言,示绝其事……乳音人喻反。"《霍光传》:"显爱小女成君,欲贵之,私使乳医淳于衍行毒药杀许后。"注:"乳医,视产乳之疾者。乳音而树反。"《外戚传》:"显曰:'妇人免乳大故,十死一生。'"注:"免乳,谓产子也。大故,大事也。乳音人喻反。"又同传:"宫曰:'御幸有身。'其十月中,宫乳掖庭牛官令舍,有婢六人。"注:"乳,产也,音而具反。"又同传:"元延二年怀子,其十一月乳。"注:"乳谓产子也,音而树反。"以上"乳"均指人及鸟兽产子。《礼记·月令》注:"燕以施生时来巢人堂宇而孚乳,嫁娶之象也。"音义:"孚乳,上如字,一音芳付反;下而树反。"又《月令》:"雁北乡,鹊始巢,雉雊鸡乳。"音义:"鸡始乳,如住反。"按,《礼记音义》所引,比十三经本多一"始"字。《内则》注:"雏鳖,伏乳者。"音义:"伏,扶又反。乳,而树反。"也都是指动物生子,不是"哺乳"义。这个用法又写作"孺"。《庄子·天运》:"乌鹊孺,鱼傅沫,细腰者化。"音义:"乌鹊孺,如喻反。李云:'孚乳而生也。'"以上这些材料,均可证《群经音辨》"乳,生子也,耳主切。谓饲子曰乳,而遇切"的说法是错误的,因为"乳"作"生子、孵化"讲读去声。

就古韵文说,"乳"上去构词由来已久。根据罗常培、周祖谟《汉魏晋南北朝韵部演变研究》(第一分册)所列韵脚字,汉代"乳"作"人及鸟兽生子"讲入韵3次,均叶去声。《易林·比之巽》"雀行求食,暮归孚乳。反其屋室,安宁如故"中,"乳,故"叶。《瞵之大畜》"骐骥晚乳,不知子处"中,"乳,处"叶。蔡邕《五灵颂·麟颂》中,"兽,乳('视明礼修,麒麟来乳'),就,狩"叶。又"擩"在中古以前唯读去声,《庄子·天运》中把"人及鸟兽生子"的"乳"写作"擩","擩""乳"读去声时完全同音;据《经典释文》所引,李轨已给此"擩"作注,则至晚晋代就已有人用"擩"来记录"人及鸟兽生子"的"乳"。这是晋代以前"人及鸟兽生子"的"乳"口语中读去声的旁证材料。至晚到了中唐,"乳"的去声一读在口语中已趋于消失。《切韵》系韵书,"乳"原来是上去兼收且都有释义的,《王仁昫刊谬补缺切韵》就是这样。《裴务齐正字本刊谬补缺切韵》去声有"乳",但不释义;《广韵》去声不收"乳"字。《玉篇》"乳"也不收去声一读。"人及鸟生子"的"乳"本应读去声,但《说文》大徐本引《唐韵》:"而主切。"小徐本朱翱反切:"然拄反。"都是以后代的读音来读"人及鸟兽生子"的"乳",上声。《群经音辨》由于失去了口语基础,仅利用经师音注来归纳"乳"上去两读的词义分别;归纳过程中,跟《说文》大小徐本反切一样,都是把去声的"乳"注成了上声的"乳"。

【乳2】(滋生词作"擩")

1

原始词,义为哺乳,动词,而主切(上声,*^{c}ȵiwo/^{c}ẓĭu$)。滋生词,义为哺乳的对象,跟"子"组成"孺子"一词;"孺"作"年幼"讲,形容词,字作"孺",不作"乳",而遇切(去声,* ȵiwoº/ȵiuº)。"乳2"的变调构词,未见于诸家著录。

《玉篇》乙部:"乳,如庾切,以养子也,生也,字也,鸟之生子曰乳。"子部:"孺,如喻切,稚也,少也,乳子也。"按,"乳子"即处于哺乳期的孩子。《广韵》而主切:"乳,柔也。"而遇切:"孺,雉也;《尔雅》曰:属也;《说文》曰:乳子也。"《集韵》蘂主切:"乳,《说文》:人及鸟生子曰乳,兽曰产。"儒遇切:"孺,《说文》:乳子也。"

东汉许慎已注意到"孺"来自"乳"。《说文》子部:"孺,乳子也。"段注:"以叠韵为训。凡幼者曰孺子,此其义也。"按,"乳""孺"非但叠韵,且亦双声。

2

"乳"作"哺乳"讲读上声,例见"乳1"。"乳2"的滋生词,《经典释文》给"孺"注音12次,其异体字"獳"注音10次,都读去声。《公羊传·僖公十年》:"惠公曰:'尔既杀夫二孺子矣。'"注:"孺子,小子也。奚齐、卓子时皆幼小。"音义:"二孺,如住反。"《庄子·大宗师》:"南伯子葵问乎女偊曰:'子之年长矣,而色若獳子,何也?'"音义:"獳子,本亦作孺,如喻反。李云:弱子也。"按,我们经常看见"孺"和"子"连用,是不是"乳"跟"孺"在词义上没有分别,而"孺"的作用在于跟"子"组成合成词呢? 不是的,"孺"作"幼小"讲是一个固定义位,古人从来不说"孺"的词义等于"乳",只是说"孺"和"乳"有同源关系。试比较"乳子:孺子",前者"乳"义为"哺乳",后者"孺"义为"幼小"。

由于例外音变,现代汉语普通话中"孺"已由去声读成阳平了,这种例外音变(由去变平)至晚北宋已经开始了,《集韵》汝朱切:"孺,幼弱也,属也。"读平声,当时还未通行于所有的方言,直到《中原音韵》鱼模部中,"孺"仍只收于去声,不收入平声阳;《韵略汇通》亦然。

【厚】

1

原始词,义为扁平物上下两面之间的距离大,跟"薄"相对,形容词,胡口切(上声,* ᶜɣo/ᶜɣəu)。滋生词,义为厚度,名词,胡遘切(去声,* ɣoʰ/ɣəuʰ)。"厚"的变调构词,唐纳、周法高有著录。唐纳把"厚"的变调构词归入"原始词是动词性的,滋生词是名词性的"一类,并释原始词词义为"to be thick"(扁平物上下两面之间的距离大),滋生词词义为"thickness"(厚度)。周法高把原始词看作形容词,滋生词看作他动式,其释义是:"厚:对薄之称,胡口切(上声,* ᶜɣəu 'to be thick');量厚曰厚,厚几寸几分是也,胡遘切(去声,* ɣəuʰ 'thickness')。"唐纳以为破读属名词,甚是;周法高以为破读属他动,不妥,大概他只注意到"厚"的滋生词只出现在"厚几寸几分"这样的格式中。

《玉篇》厂部:"厚,胡苟切,不薄也,重也,山陵之厚也。"未收破读音义。《广韵》胡口切:"厚,厚薄,又重也,广也。《说文》作厚,曰:山陵之厚也。"胡遘切:"厚,厚薄。"《集韵》狠口切:"厚,《说文》:丘陵之厚也。"下遘切:"厚,厚薄。"《广韵》和《集韵》都把原始词词义兼收于去声读法中,不收录滋生词词义,其致误之由盖有二:一、当时口语中滋生词已读成原始词的音了;二、当时已全浊上声变去声,口语中厚薄的"厚"已读成去声了。

2

"厚"作"扁平物上下两面之间的距离大"讲,读上声,此音义隋唐以前习见,古人注古书,一般不注音。用作使动,也读上声。《诗大序》:"先王以是经夫妇,成孝敬,厚人伦,美教化,移风俗。"音义:"厚人伦,音后。本或作序,非。"

"厚"作"厚度"讲读去声。《经典释文》给滋生词注音9次,"厚"均作主语。《仪礼·乡射礼》:"楅长如笴,博三寸,厚寸有半。"音义:"厚寸,户豆反。"《礼记·檀弓上》:"水兕革棺被之,其厚三寸。"音义:"其厚,胡豆反。度厚薄曰厚,皆同此音。"这里"厚"作"其"的定语中心语。《左传·哀公元年》注:"垒厚一丈,高一丈。"音义:"厚一,户豆反。""垒"是整个句子的主语,"厚"是"一丈"的主语。《周礼·冬官·轮人》注:"令牙厚一寸三分寸之二。"音义:"厚一寸,胡豆反。""牙"是"厚"的定语:"牙厚"作"令"的宾语,"一寸三分寸之二"的主语。

"厚"的上去构词,当来自上古。《管子·形势解》叶"厚('主苛而无厚'),附"。两汉韵文中,"厚"作形容词用13次,均叶上声;作"厚度"讲1次,叶去声,《淮南子·泰族》:"天致其高,地致其厚,月照其夜,日照其昼。"其中"厚,昼"并叶去声。至晚六朝后期口语中,"厚"已只读上声了,《经典释文》注破读音9次,有1次兼注如字。《尔雅·释木》注:"皮厚二三寸。"音义:"皮厚,户豆反,又如字。"十三经本脱此音义。《史记》张守节《正义》,司马贞《索隐》,《汉书》颜注,《后汉书》李注,均不收破读音,都反映了唐代"厚"的破读音在口语中已消失的事实。中晚唐以后,口语中读上声的"厚"开始读成去声,因为从那时开始全浊上声已读成去声了。

《汉语大字典》《汉语大词典》把"厚"的两个反切看成自由变读,好像上去二读词义没有区别似的,其实不然。

【足】

1

原始词,义为充实,完备,形容词,即玉切(短入,＊tsǐwǒk/tsǐwok)。滋生词,义为使充实,使完备,使得以完成,动词,子句切(长入,＊tsǐwōk/tsǐwoº)。"足"的变调构词,贾昌朝、周祖谟、唐纳、周法高均有著录。《群经音辨·辨字音清浊》:"足,止也,子六切。益而止曰足,子预切。"为各家所本。周祖谟把"足"的变调构词归入"因意义不同而变调者"的"意义有特殊限定而音少变"一类。唐纳归入"滋生词是表致使的"一类,并释原始词词义为"to be sufficient"(充足的),滋生词词义为"to complete, to form"(使完善,形成)。周法高把原始词看作动词,滋生词看作使谓式,并把贾昌朝"益而止曰足"的去声读法改释为"成也"。

《玉篇》足部:"足,子欲切。《说文》云:人之足也,在体下。从止口。《易》云:震为足。"不收去声音义。《广韵》即玉切:"足,《尔雅》云:趾,足也。又满也,止也。从口止。"子句切:"足,足添物也。"《集韵》纵玉切:"足,《说文》:人之足也。"遵遇切:"足,益也,一曰:足恭,便僻皃。"

2

"足"作"充实,完备"讲读入声,此音义中古习见,古人注古书,一般不注音。以下是"足"作"使充实,使完备,使得以完成"讲读去声的用例。《周礼·地官·大司徒》注:"赒者,谓礼物不备,相给足也。"音义:"给足,刘子喻反。"《左传·襄公十一年》注:"坏其军乘,分以足成三军。"音义:"足成,将住反,亦如字。"《襄公二十五年》:"言以足志,文以足言"注:"足犹成也。"音义:"以足,旧将住反,又如字。下及注同。《襄公二十六年》:"夫小人之性,衅于勇,啬于祸,以足其性。"音义:"以足,子住反,又如字。"《汉书·五行志》:"左右阿谀甚众,不待臣音复讟而足。"注:"足,益也,音子喻反。"《后汉书·冯鲂传》:"自永初兵荒,王侯租秩多不充,于是特诏以它县租税足石,令如旧限。"注:"足音即谕反。"

《集韵》遵遇切有"足恭,便僻皃"一语,"足恭"是述宾结构,"足"义为"成"。《书·冏命》传:"当谨慎简选僚属侍臣,无得用巧言无实,令色无质,便辟足恭,侧媚谄谀之人。"音义:"足恭,上将住反。"《礼记·仲尼燕居》注:"巧言足恭之人似慈仁,实鲜仁。"音义:"足恭,将注反,又如字。"《论语·公冶长》:"子曰:'巧言令色足恭,左丘明耻之,丘亦耻之。'"集解:"孔曰:'足恭,便僻貌。'"音义:"色足,将树反,又如字。注同。一本此章有'子曰'字,恐非。"疏:"一曰:足,将树切。足,成也,谓巧言令色以成其恭,取媚于人也。"又疏集解中孔安国说:"此读足,如字。便僻,谓便习盘僻,其足以为恭也。"邢昺和陆德明对孔安国注中"足"理解不同。

"足"的变调构词,当来自上古。六朝早期还有保留,上例中"刘子喻反""旧将住反"都是例证。《经典释文》给"足"滋生词注音7次,有2次只注去声,另5次是去入兼注。这反映出六朝后期口语中,去声读法消失了,读成入声。《汉书》颜注,《后汉书》李注,滋生词"足"只注入声,大概只是维持读书音系统。

联系上下文看,《广韵》"足添物也",《集韵》"益也",跟"成也"一义义实相因,甚至可以归为一个义项。《汉语大字典》把"足"的"完成"一义置于入声之下,又在去声列有"过,过分""拥;培""增补;接连"三个义项。按,"过,过分"一义只解释"足恭"的"足",是采朱熹说。"足"古无此义位,上邢昺疏,"足恭"的"足"解为"成也"时,注去声,解为"足够"时,注入声(此作状语)。而"完成""拥;培""增补;接连"三个义项自可并为一个义项,置于去声之下。《汉语大字典》实有割裂之嫌。

【续】

1

原始词,义为接续,连接,接上一段,引申为继续,延续,动词,似足切(短入,*zǐwǒk/zǐwok)。滋生词,义为系在引车皮带上的环,名词,辞屡切(长入,*zǐwōk/zǐuʰ,《集韵》)。"续"的变调构词,未见于诸家著录。

《玉篇》糸部:"续,似录切,继也,连也。又似屡切。"收有去声,但不释义。《广韵》似足切:"续,继也,连也。"不收滋生词音义。《集韵》松玉切:"续,《说文》:连也。"辞屡切:"续,连也,《诗》'阴靷鎏续'徐邈说。"按,从现代眼光看,把去声释为"连也",不妥,但揭示出跟入声读法词义上的关联。

2

"续"作"接接,连接,接上一段"及其引申义"继续,延续"讲读入声。《孝经·圣治章》:"父母生之,续莫大焉。"音义:"续,音俗,相续也。"《尔雅·释诂》:"赓,扬,续也。"音义:"续,似欲反。"十三经本脱此音义。疏:"谓相继续也。"

"续"作"系在引车皮带上的环"讲读去声。《诗·秦风·小戎》:"游环胁驱,阴靷鋈续。"传:"续,续靷也。"笺:"鋈续,白金饰续靷之环。"音义:"续,义如字,徐辞屡反。"疏:"鋈,沃也。冶白金以沃灌靷环也。续,续靷端也。"

《经典释文》给"续"注去声仅此1例。能不能据此认为"续"是动词活用为名词呢? 不能。单凭出现的频率来确定某一词是本用或活用,是不科学的。再说,整个《十三经》中,"续"才出现16次,作名词用仅此1次,也不能据此认为去声一读是徐邈人为。我们认为,《诗·秦风·小戎》把先秦"续"的名词用法保留下来,而徐邈把破读音保留下来,这都是很珍贵的材料。《汉语大字典》不收"续"的这一滋生词词义,不妥;《汉语大词典》收有此义,值得称道。

不论从语音还是词汇方面说,"续"的变调构词都是来自上古。从语音上说,"续"原始词和滋生词上古音分别是 *ziwǒk:*ziwōk,只有声调之别;中古音分别是 ziwok:ziuᵒ,连韵母都相差甚远。也就是说,"续"的变调构词应当产生于只有声调之别的上古,而不是韵母有很大区别的中古。从词汇方面说,"续"的滋生词词义是上古出现的,到中古很有可能成为"古语词",没有词义滋生及语音转换的条件。至晚六朝后期口语中,滋生词已读成入声了,陆德明把"如字"音摆在徐邈去声之前,而且还说"义如字",这表明"续"的滋生词音义都跟当时有很大区别,口语中不用滋生词"续"。

【束】

1

原始词,义为捆束,动词,书玉切(短入,*ɕǐwǒk/ɕǐwok)。滋生词,特指用契约来约束人或集体行为,动词,舂遇切(长入,*ɕǐwōk/ɕǐuᵒ,《集韵》)。"束"的变调构词,未见于诸家著录。

《玉篇》束部:"束,舒欲切。束缚也,从口木。又约束;又锦五匹。又尸注切,五藏之束。"按,"又尸注切,五藏之束"的"束",是"输"的假借用法,见"输"字条。《广韵》书玉切:"束,缚也。"《玉篇》和《广韵》都没有反映"束"的滋生词。《集韵》输玉切:"束,《说文》:缚也。"舂遇切:"束,约也。"按,"约也"释义并不明确,需要用前人音注来补充显示其义。

2

"束"作"捆束"讲读入声。《仪礼·乡射礼》:"不系左下纲,中掩束之。"音义:"中掩,刘丁仲反。束之,如字。"这里"中"指正中间,作状语。"不系左下纲"是说,射礼未开始时,侯左下角的大绳不要系住。"中掩束之"是说,用这个大绳把侯正中间盖住,然后把左上角的大绳系在右上角的大绳上。

"束"作"用契约来约束人或集体行为"讲读去声。《周礼·秋官·大司寇》:"司约,下士二人,府一人,史二人,徒四人。"注:"约,言语之约束。"音义:"约束,刘诗树反。一音如字。"《公羊传·隐公元年》:"曷为褒之? 为其与公盟也。"注:"盟者,杀生歃血,诅命相誓,以盟约束也。"音义:"约束,并如字。一音上於妙反,下音戍。"

"束"的变调构词当来自上古。从语音上说,"束"原始词和滋生词上古音分别是 *ɕĭwŏk: *ɕĭwōk,只有声调之异;中古音分别是 ɕĭwok:ɕĭuʰ,韵母相差甚远。这说明,"束"的变调构词产生于只有声调之异的上古,而不是中古。至晚六朝后期,"束"的滋生词在口语中已消失了,去声读法读成了入声,证据有二:一、《经典释文》给"束"注去声 2 次,都兼注"如字",其中一处去声是引用刘昌宗的音,另一处在去声之前冠以"一音";二、《经典释文》所引古书及其注释中,还有"束"作"用契约来约束人或集体行为"讲的用例,都没有注成去声,这正说明"束"的去声读法到陆德明时,只是前代音读的遗存。

《汉语大字典》"束"字条收有《集韵》春遇切,但没有弄清楚《集韵》"约也"的具体含义,而释其义曰:"约束;束缚。"实则"约束;束缚"义当读入声,《集韵》"约也"是其特指义。特指构词在古代很普遍,所谓特指,蒋绍愚先生《古汉语词汇纲要》第四章《同义词》中下的定义是:"一个词在某种语言环境中可以用来表示由它的下位义表示的意义。"看来,特指不仅可以形成一词多义,而且可以构成新词。唐纳在"Derivation by Tone-change in Classical Chinese"一文中,注意到音变构词中的这种构词方式,他叫做"Derived form with restricted meaning";王力先生《同源字典·同源字论》三"从词义方面分析同源字"分析某些同源词之间意义上的关系,就列有"特指"一类。事实证明,"特指"的确可以构成新词。既然"束"依去入的不同分为两个不同的义位,字词典中要列成两个义项,所以《汉语大字典》都并入去声一读下,是不妥的,所举例证除《史记·高祖本纪》"且吾所以还军霸上,待诸侯至而定约束"的"束"读去声外,其他所引《玉篇》、《庄子·秋水》、唐李白《留别广陵诸公》的"束"均只能读入声。《汉语大词典》不列"束"的去声,是可以的,因为"束"的去声读法很早就消失了,但滋生词的词义不能主观地并入"束缚"一义中。

【欲】(字又作"慾")

1

原始词,义为一切欲望,愿望,名词,余蜀切(短入,＊ʎiwŏk/jǐwok)。滋生词,特指情欲,贪欲,多含贬义,名词,俞戍切(长入,＊ʎiwōk/jǐuᵒ,《集韵》),后起字作"慾"。"欲"的变调构词,唐纳、周法高均有著录。唐纳把"欲"的变调构词归入"原始词是动词性的,滋生词归入名词性的"一类,并释原始词(字作"欲")词义为"to want, desire"(要求,想要),滋生词(字作"慾")词义为"lust"(欲望,尤指不纯洁的欲望)。周法高归入"非去声或清声母为动词,去声或浊声母为名词或名语"一类,其释义是:"欲:贪也,余蜀切(入声,＊giuk/ iwok 'to want, desire');嗜慾,一作慾,羊戍切(去声,＊giug/ iuᵒ 'lust')。"从古人音注及古韵文看,"欲"原始词有读短入(中古入声)作"一切欲望,愿望"讲的用例。而滋生词词义范围小，限于指"情欲，贪欲"，是作名词用的原始词特指构词的产物，多用于贬义。

《玉篇》欠部："欲，余烛切，贪也，愿也，邪媱也。"心部："慾，余玉切，贪也。"《广韵》余蜀切："欲，贪欲也。"又："慾，嗜慾。"都不收去声一读，而且"慾"也归入入声。《集韵》俞玉切："欲，《说文》：贪欲也。"又："慾，情所好也。"俞戍切："欲慾，贪也。或从心。"字书把破读音注成如字音，反映六朝后期以后破读音消失的事实。

2

"欲"作"一切欲望，愿望"讲读入声。《易·损》："山下有泽，《损》。君子以惩忿窒欲。"注："可损之善，莫善忿欲也。"音义："欲，如字。孟作浴。"疏："君子以法此《损》道，以惩治忿怒，窒塞情慾。"《周礼·秋官·大行人》注："《王制》曰：五方之民，言语不通，嗜慾不同。"音义："耆慾，下音欲。本多作'欲'。"看来，"慾"兼用来记录原始词和滋生词，不仅仅用来记录滋生词。

以下是"欲"（慾）作用于贬义的"情欲，贪欲"讲读去声的用例。《礼记·曲礼上》："敖不可长，欲不可从，志不可满，乐不可极。"音义："欲，如字，一音喻。"《诗·周南·螽斯》笺："凡物有阴阳情慾者，无不妒忌。"音义："情慾，音欲，诸诠之音谕。"《礼记·学记》注："未发，情慾未生，谓年十五时。"音义："情慾，音欲，一音喻。下注同。"《论语·公冶长》："子曰：'枨也慾。'"此用作动词。集解："孔曰：慾，多情慾。"音义："慾，音欲，或羊位反。"《颜渊》集解："孔曰：欲，多情慾。言民化于上，不从其令，从其所好。"音义："情慾，音欲，又羊住反。本今作'欲'。"《阳货》集解："马曰：为其无所据，乐善生淫欲。"

音义:"淫欲,音欲,又羊住反。本今作'欲'。"《庄子·山木》:"吾愿君刳形去皮,洒心去欲,而游于无人之野。"音义:"去欲,如字,徐音慾。"后1例中,"徐音慾",说明直到东晋"慾"还只用来记录滋生词,不用来记录原始词,故只读去声。

"欲"(慾)原始词和滋生词上古音分别是 * ʎǐwok:* ʎǐwōk,只有声调之别;中古音分别是 jǐwok:jǐu^p,不仅声调不同,而且韵母也相差甚远。由此看来,"欲"(慾)的变调构词产生于上古。从上古到六朝早期韵文中,"欲"作动词一直叶入声,无例外。作名词时,泛指一切欲望,愿望,叶入声(上古短入);特指情欲,贪欲(多含贬义)时,叶去声(上古去声或长入),也没有例外。上古"欲"指"一切欲望,愿望"叶短入,周秦时代,《老子》十九章叶"足,属,朴,欲('少私寡欲')",《文子·下德》叶"欲('淡然无欲'),朴,足";两汉时代,《淮南子·兵略》叶"欲('澹然无欲'),朴,足",张衡《髑髅赋》叶"朴,褥,烛,玉,欲('合体自然,无情无欲'),浊,速"。上古"欲"指"情欲,贪欲(多含贬义)"时,叶长入或去声,周秦时代,《诗·大雅·文王有声》叶"欲('匪棘其欲',音义:'其慾,音欲。本亦作欲'),孝",《文子·道原》叶"慕,欲('除其贵欲')",《吕氏春秋·大乐》叶"具,慾('必节嗜慾'),务";两汉时代,《淮南子·精神》叶"慕,欲('气志虚静恬愉而省嗜欲')",《缪称》叶"数,树,欲('欲知人道,从其欲')",《兵略》叶"欲('其后骄溢纵欲'),谀,喻,附",又叶"欲,助('同欲相助')",《原道》叶"慕,欲('去其诱慕,除其嗜欲')",扬雄《羽猎赋》叶"趣,欲('东西南北,骋耆奔欲')",王褒《四子讲德论》叶"射,镞,处,骛,欲('周流旷野,以济其欲',指匈奴人的贪欲),拊,兔,仆,寇",按,此可视为短入,长入和去声异调相押。魏晋时代,"欲"泛指"一切欲望,愿望"时叶入声,束皙《玄居释》叶"欲('苟肆其欲'),足,辱,俗,蜀",曹摅《赠王弘远》叶"欲('道贵无名,德尚寡欲'),朴,辱,局,骃,棁,足,仆,续,谷,族",卢播《阮籍铭》叶"欲('峩峩先生,天挺无欲'),辱,足,鞠,岳,局,浊,俗,朴,籙",周祇《祭梁鸿文》叶"俗,欲('骨秀风霜,性淳寡欲'),录"。特指"情欲,贪欲(多含贬义)"时叶去声。潘岳《西征赋》叶"御,欲('泊恬静以无欲'),虑",支遁《咏禅思道人》叶"布,树,路,素,欲('弱志慾无欲'),趣,暮,务,遇,注,虑,度,住,驭"。这些例证,都有力地表明,上古到六朝早期口语中,"欲"是变调构词的。至晚六朝后期,"欲"的滋生词读音在口语中消失了。所以《经典释文》每举一个破读音,总先注上如字或入声;《汉书·扬雄传》:"骋耆奔欲。"注:"欲合韵音弋树反。"之所以注去声,是因为"欲"跟"趣"叶韵,之所以注"合韵",表明唐代口语中,"欲"已无去声一读;《广韵》和《玉篇》"欲""慾"只收入入声,不收去声,《集韵》去入兼收,去声一读只是存古。

【重1】

1

原始词,义为重叠起来,动词,直容切(平声,$*^c$diwoŋ/^{c}diwoŋ)。滋生词,义为重量大,与"轻"相对,形容词,直陇切(上声,$*^c$diwoŋ/^{c}diwoŋ)。"重1"的变调构词,马建忠有著录。《马氏文通·实字》卷之五:"'重'字,平读外动字,复也。《易·文言》:'九三重刚而不中。'上读静字,不轻之谓也。《礼·王制》:

'轻任并,重任分。'又去读亦外动字,因其重而重之也。《礼·祭统》:'所以明周公之德而又以重其国也。'"其他各家似未注意上读。但张守节《史记正义·发字例》云:"重,直拱反,尊也。直龙反,叠也。又直用反,累也。"

《玉篇》重部:"重,直拢切,不轻也,厚也。又直龙切。"平声不释义。《广韵》直容切:"重,复也,叠也。"直陇切:"重,多也,厚也,善也,慎也。"《集韵》传容切:"重,复也。"柱勇切:"重,厚也,善也,慎也。"

《说文》重部:"重,厚也。"大徐本引唐韵:"柱用切。"大徐本成书时代,全浊上声已读去声了,所以他引《唐韵》去声而不引上声,实宜注上声。据《说文》,是把"轻重"之"重"作为原始词本义。上引《玉篇》、《史记正义·发字例》都把上声摆在平声之前;《经典释文》也是把"轻重"之"重"注成如字。例如《左传·襄公五年》:"无衣帛之妾,无食粟之马,无藏金玉,无重器备。"音义:"无重,如字,又直龙反。"如字,读上声,指多备置;又直龙反,指使用双份。段玉裁注《说文》,以为"郑重""重叠"均由"厚重"一义发展而来,但对"重"的去声一读不易解释。我们认为,"重"原始词词义为"重叠起来",平声;重叠起来,发展出"厚,重量大"一义,上声;又由"重叠起来"发展出"增加,加上"一义,去声。

2

以下是"重"作"重叠起来"读平声的用例。《左传·成公二年》:"八月,宋文公卒。始厚葬,用蜃炭,益车马,始用殉,重器备。"注:"重犹多也。"音义:"重器备,直恭反,多也。注同。"疏:"重谓重叠,故犹多,多为皿器也。"《汉书·晁错传》:"书之,周之密之,重之闭之。"注:"重犹直龙反。"《易·系辞下》:"八卦成列,象在其中矣。因而重之,爻在其中矣。"音义:"而重,直龙反。"疏:"谓因此八卦之象而更重之,万物之爻在其所重之中矣。"以上都带有宾语。《周礼·天官·掌舍》:"掌舍掌王会同之舍,设梐枑再重。"音义:"再重,直龙反。"疏:"再重者,谓外内两重设之。"《汉书·郊祀志》:"其余四百七十五所不应礼,或复重。"注:"复音扶目反。重音丈庸反。"都作谓语。《易·乾》:"九三:重刚而不中,上不在天,下不在田。"音义:"重刚,直龙反。"《书·顾命》:"昔君文王武王,宣重光。"音义:"重光,上直龙反。马云:日月星也。太极上元十一月朔旦冬至,日月如叠璧。五星如连珠,故曰重光。"《史记·滑稽列传》:"建章宫后阁重栎中有物出焉。"注:"上逐龙反,下音历。重栎,栏楯上下有重栏处也。"都作定语。《周礼·冬官·辀人》:"辀注则利准,利准则久,和则安。"注:"玄谓'利水'重读,似非也。"音义:"重读,直用反,又直龙反。"疏:"依后郑读,当云'辀注则利也,准则久也,和则安也','利准'不重读。"重读,取去声,义为反复地读;取平声,义为重叠着读。《尔雅·释训》:"绰绰,爰爰,缓也。"十三经本脱注,注语当为:"悠悠,偶偶,丕丕,简简,存存,懋懋,庸庸,绰绰,尽重语。"因疏云:"郭云'悠悠,偶偶,丕丕,简简,存存,懋懋,庸庸,绰绰,尽重语'者,言此数字单言之,其义亦同,但古人有重语者,故复出之。"音义:"重语,直用反,又直龙反。"读去声,指反复说;读平声,指重叠着说。以上都作状语。《史记·十二诸侯年表》:"约其辞文,去其烦重。"索隐:"重,逐龙反。言约史记脩《春秋》,去其重文也。"《孔子世家》:"古者《诗》三千余篇,及至孔子,去其重。"索隐:"重,逐龙反。"以上都作宾语。《左传·宣公十二年》："明日，以表尸之，皆重，获在木下。"注："兄弟累尸而死。"音义："皆重，直龙反。"十三经本"龙"讹作"陇"。疏："云兄弟累尸而死，累即传之重也。"由"重叠起来"词义构词，指层，单位名词。《书·顾命》："越玉五重。"传："于东西序坐北列玉五重。"音义："五重，直容反。"

以下是"重"作"重量大"讲读上声的用例。《书·吕刑》："王曰：'嗟！四方司政典狱，非尔惟作天牧。'"传："主政典狱，谓诸侯也。非汝惟为天牧民乎？言任重是汝。"音义："任重，上而鸩反，下轻重之重。"疏："受任既重，当观古成败。"《诗·大雅·大明》："大任有身，生此文王。"传："身，重。"笺："重谓怀孕也。"音义："身重，直勇反，又直龙反。谓怀孕也。《广雅》云：有娠也。下同。"按，"身重"义的"重"后来变为另一个词，字作"䑔"，《集韵》储用切："䑔，娠也。"本读上声，读去声反映了后代的变化。慧琳《一切经音义》卷一："重担，上柱勇反，上声字。下就滥反。"《易·系辞上》："夫茅之为物薄，而用可重也。"音义："可重，直勇反。"用作使动，使变重。《书·盘庚中》："失于政，陈于兹，高后丕乃崇降罪疾。"传："崇，重也。今既失政，而陈久于此而不徙，汤必大重下罪疾于我。"音义："重，直勇反，又直恭反。"引申指盛。《史记·扁鹊仓公列传》："周身热，脉盛者，为重阳。"索隐："上音直陇反。"

由"重量大"一义词义构词，义为重量，名词。《礼记·中庸》："毛犹有伦，上天之载，无声无臭，至矣。"注："言毛虽轻，尚有所比；有所比，则有重。"音义："有重，直勇反，又直容反。"疏："云毛虽轻尚有所比则有重，言毛虽轻物，尚有形体，以他物来比，有可比之形，则是有重。"

由"重量大"一义词义构词,义为倚重,看重,吝惜,动词,是意动构词。《史记·秦始皇本纪》:"主重明法,下不敢为非。"正义:"直拱反。"《天官书》:"其所居,五星皆从而聚于一舍,其下之国,可以重致天下。"正义:"重音逐陇反。言五星皆从填星,其下之国倚重而致天下,以填主土故也。"《刺客列传》:"士固为知己者死,今乃以妾尚在之故,重自刑以绝从。"索隐:"重音持用反。重犹复也。为人报仇死,乃以妾故复自刑其身,令人不识也。"正义:"重,直龙(按,今本作龙,揆以义理,当作拢)反……按:重犹爱惜也。本为严仲子报仇讫,爱惜其事,不令漏泄,以绝其踪迹。"《礼记·服问》:"是非重麻,为其无卒哭之税,下殇则否。"音义:"重麻,直勇反。徐治龙反。注同。"由"倚重,看重"义引申,义为担心,害怕。《仪礼·士虞礼》:"主人出,即位于门东少南。妇人出,即位于主人之北。皆西面哭不止。"注:"妇人出者,重饯尸。"音义:"重饯,直勇反。下'重带'同。又直用反。"疏:"妇人有事,自堂及房而已,今出寝门之外,故云重饯尸也。"这是"重视"义,带动词性宾语。由这种用法,很容易发展出"担心,害怕"义。《礼记·曲礼上》:"拾级聚足,连步以上。"注:"重蹉跌也。"音义:"重,直勇反,徐治恭反。"又《曲礼上》:"御食于君,君赐余,器之溉者不写,其余皆写。"注:"重污辱君之器也。"音义:"重污,直勇反,徐治龙反。"《史记·货殖列传》:"其民犹有先王之遗风,好稼穑,殖五谷,地重,重为邪。"索隐:"(后)重音逐陇反。重,难也。畏罪不敢为奸邪。"正义:"重音逐拱反。言关中地重厚,民亦重难不为邪恶。"

"重1"的变调构词,由来已久。周秦时代,《三略·上略》叶"勇,恐,动,重('将妄动则军不重')",《文子·符言》叶"笼,重('不能贵重')",都是滋生词叶上声的例。两汉韵文中,"重"作"重叠"和"层"讲入韵 5 次,均叶平声。作"重量大"讲 2 次,均叶上声,《淮南子·兵略》:"錞钺牢重,固植而难恐,势利不能诱,死亡不能动。"其中"重,恐,动"叶韵;又《泰族》:"夫湿之至也,莫见其形而炭已重矣;风之至也,莫见其象而木已动矣。"其中"重,动"叶韵。魏晋韵文中,"重"作"重叠"和"层"讲叶韵 10 次,均是平声。作"重量大"讲 2 次,均叶上声。曹植《代刘勋妻王氏杂诗》叶"重('去妇情更重'),奉,共(按,《玉台新咏》作'往')",郭璞《蚍蜉赋》叶"动,恐,重('无小大与轻重'),勇"。唐五代开始,"重"的上声一读已变成去声了,因为此时汉语全浊声母已变成了去声,跟"重 2"滋生词混同。《说文》大徐本引《唐韵》给《说文》"重量大"的"重"注音,不引上声,而注去声;《群经音辨》不收"重"的上声,大概是没有注意到它的上声读法;《楚辞·九章·怀沙》:"任重载盛兮,陷滞而不济。"洪兴祖补注:"言所任者重,所载者多也。重,直用切。"《九章·惜诵》:"恐重患而离尤。"注:"恐重得患祸。"洪兴祖补注:"重,储用切。"上引五代以后各家,都没有注意到"重"作"重量大"讲读上声的情况,或注去声,或忽略上声,都受了时音的影响。《中原音韵》东钟部,"重"只收入平声阳和去声,反映了"轻重"之"重"全浊上声变去声的事实。

【重2】

1

原始词,义为重叠起来,动词,直容切(平声,

＊ $_c$diwoŋ/$_c$ȡiwoŋ)。滋生词,义为增加,加上,动词,柱用切(去声,＊ diwoŋ$^?$/ȡiwoŋ$^?$)。"重2"的变调构词,贾昌朝、马建忠、周祖谟、唐作藩均有著录。《群经音辨·辨字音清浊》:"重,再也,直龙切。再之曰重,直用切。"《马氏文通·实字》卷之五:"'重'字,平读外动字,复也。《易·文言》:'九三重刚而不中。'上读静字,不轻之谓也。《礼·王制》:'轻任并,重任分。'又去读亦外动字,因其重而重之也。《礼·祭统》:'所以明周公之德而又以重其国也。'"按,马建忠所谓"因其重而重之也",指的是尊重,本应读上声,马氏置于去声之下,不妥;所举《礼记·祭统》"重其国"正取"尊重"义,注:"重犹尊也。"陆德明不注音,实际上是读上声。严格地说,马建忠对"重"读去声的词义到底是什么,并没有弄清楚。周祖谟把"重2"的变调构词归入"因意义不同而变调者"的"意义别有引伸变转,而异其读"一类。

《玉篇》重部:"重,直拢切,不轻也,厚也。又直龙切。"平声不释义,去声一读没有收进来。《广韵》直容切:"重,复也,叠也。"柱用切:"重,更为也。"《集韵》传容切:"重,复也。"储用切:"重,《说文》:厚也;一曰:再也。"以上声的"厚也"一义置于去声下,跟徐铉引《唐韵》柱用切给《说文》轻重的"重"注音一样,都反映了后代全浊上声变去声的事实。

2

"重"作"重叠起来"读平声的用例,见"重1"。以下是"重"作"增加,加上"讲读去声的用例。《左传·昭公元年》:"君曰:'余不女忍杀,宥女以远,勉,速行乎! 无重而罪。'"音义:"无重,直用反,又直勇反。"读直勇反,形容词用作使动,使重。《昭公八年》:"舜重之以明德，真德于遂。"音义："舜重，直用反。"《周礼·地官·贾师》："凡天患，禁贵儥者，使有恒贾。"注："因天灾害陑民，使之重困。"音义："重困，直用反。"《汉书·宣帝纪》："盐，民之食，而贾咸贵，众庶重困。"注："更增其困也。重音直用反。"《元帝纪》："是故壬人在位，而吉士雍敝；重以周秦之弊，民渐薄俗。"注："重音直用反。"重，加也。《史记·李斯列传》："今青臣等又面谀以重陛下过，非忠臣也。"索隐："重音逐用反。重，再也。"后起字为"縺"，音亦为柱用切。《说文》糸部："縺，增益也。"唐张守节《史记正义·发字例》："重，直拱反，尊也。直龙反，叠也。又直用反，累也。"他的话是有来历的。

由"重"的"增加，加上"一义词义构词，构成下列新词：

(1) 义为频繁多次，反复。形容词。《汉书·成帝纪》："天灾仍重，朕甚惧焉。"注："仍，频也。重音直用反。"又《成帝纪》："乃者，日蚀星陨，谪见于天，大异重仍。"注："仍，频也。重音直用反。""仍重""重仍"，并列复合词。《王莽传》："然非皇天所以郑重降符命之意。"注："郑重犹言频频也。重音直用反。"《楚元王传》："如忽然用之，此天地之所以先戒，灾异之所以重至者也。"注："重音直用反。"《诗·大雅·嵩高》："申伯信迈，王饯于郿。"笺："申伯之意，不欲离王室。王告之复重，于是意解而信行。"音义："复重，直用反。"《小雅·采薇》："采薇采薇，薇亦作止。"笺："重言'采薇'者，丁宁行期也。"音义："重言，直用反。"《左传·昭公二十五年·经》："秋七月，上辛，大雩；季辛，又雩。"注："季辛，下旬之辛也。言又重上事。"音义："重上事，直龙反，又直用反。"读平声，指重叠；读去声，重复，作动词。《礼记·檀弓下》："(孔子)使子路问之曰：'子之哭也，壹似重有忧者。'"音义："似重，直用反。"疏："言子之哭也，壹似重叠有哀者也。"《汉书·杜周传》:"钦复重言。"注:"重音直用反。"

(2)义为更加,又。副词。《汉书·丙吉传》:"又心知太子无事实,重哀曾孙无辜。"注:"重音直用反。"《吴王濞传》:"而卬等又重逆无道,烧宗庙,卤御物。"注:"重音直用反。"《张禹传》:"至求衣冠所游之道,又徙坏旧亭,重非所宜。"注:"重音直用反。"《韩延寿传》:"至令民骨肉争讼,既伤风化,重使贤长吏,啬夫,三老,孝弟受其耻。"注:"重音直用反。"《外戚传》:"广汉重令为介,遂与曾孙,一岁生元帝。"注:"更令人作媒,而结婚姻。重音直用反。"《外戚传》:"重曰:'……'"注:"重者,情志未申,更作赋也,音直用反。"

(3)义为行军或旅行时由部队或个人携带的物资或家属,财产。名词。因为是"加"在集体或个人上面的,故得滋生。《左传·宣公十二年》:"丙辰,楚重至于邲。"注:"重,辎重也。"音义:"楚重,直勇反,又直用反。注上'重'字同。"读上声,形容词用作名词,重物。又音义:"辎重,直用反。"《史记·匈奴列传》:"匈奴闻,悉远其累重于余吾水北。"正义:"重,丈用反。"《西南夷列传》:"乃拜蒙为中郎将,将千人,食重万余人。"索隐:"案:食货辎重车也,音持用反。"《汉书·韩安国传》:"王恢,李息别从代主击辎重。"注:"辎,衣车也。重谓载重物车也。故行车之资,总曰辎重。重音直用反。"《赵充国传》:"为虏所击,失亡车重兵器甚众。"注:"重音直用反。"《英布传》:"东取吴,西取下蔡,归重于越,身归长沙。"注:"重,辎重也,音直用反。"《赵充国传》:"终不敢复将其累重还归故地。"注:"累重谓妻子也。累音力瑞反,重音直用反。"《匈奴传》:"匈奴闻,悉远其累重于余吾水北。"注:"累重谓妻子资产也。累音力瑞反,重音直用反。"《西域传》:"募民壮健有累重敢徙者诣田所。"注:"累重谓妻子家属也。累音力瑞反,重音直用反。"《西南夷列传》:"乃拜蒙为中郎将,将千人,食重万余人。"注:"食量及衣重也。重音直用反。"《后汉书·光武帝纪》"辎重",注:"辎,车名。《释名》曰:'辎,厕也。谓军粮什物杂厕载之。'以其累重,故称辎重。重音直用反。"中华书局本把"以其"至"辎重"看作《释名》原文,不妥。

"重2"的变调构词当来自上古。《吕氏春秋·审为》:"此之谓重伤。"高注:"重读重复之重。"这是反映"重"有变调构词现象的最早音注。毕沅说:"案此'重'不当读平声,当从《庄子》释文音直用反。"汉代韵文中,"重2"的去声读法不见入韵。魏晋时代,"重"作"重叠起来"和"层"讲入韵10次,均叶平声。作"增加,加上"讲入韵1次,叶去声,郭璞《山海经图·鄭氏国赞》叶"栋,重('动是尘昏,烝气雾重',烝气像雾一样增多),纵"。"重"的"增加,加上"一义以及"频繁多次""更加"等义后来在口语中消失了;又因为以上诸义跟平声读法相近,故后人变读为平声,不读去声。《汉语大字典》"重"的zhòng下收有"增加"一义,chóng下收有"加上"一义,二义可合并,置于zhòng下;又以"重叠"和"重复"合并为一个义项,置于chóng下,二义该分开,"重叠"一义置于chóng下,"重复"一义置于zhòng下;又不收"更加"一义,作"又"讲的意思置于chóng下,不合于古。

【阻】(滋生词又作"诅""踨")

1

原始词,义为阻碍,障隔,动词,侧吕切(上声,*ᶜtʃɾɑ/ᶜtʃɾo)。

滋生词,特指马蹄疼痛,妨碍走路,动词,庄助切(去声,tʃĩo°)。"阻"的变调构词,未见于诸家著录。

《玉篇》阜部:"阻,壮举切,险也,疑也。"不录去声音义。足部:"跙,才与切,行不进也。《太玄经》云:四马跙跙。"跟变调构词无关。《广韵》侧吕切:"阻,隔也,忧也。"庄助切:"阻,马阻蹄。"《集韵》壮所切:"阻岨,《说文》:险也。或从山。"又:"蹮,马伤足病。"庄助切:"跙蹮阻,行不正也。一曰:马蹄痛病。或作蹮、阻。"都反映了"阻"的上去构词。其中《集韵》收有"阻"的异体"蹮""跙"。《汉语大字典》在"阻"去声分列"马阻蹄"和"马蹄痛病"为二义项,恐不妥。

2

以下是"阻"读上声的例。《易·系辞下》:"德行恒简以知阻。"音义:"知阻,庄吕切。"难走的路。《书·舜典》:"帝曰:'弃!黎民阻饥。汝后稷播时百谷。'"传:"阻,难。播,布也。众人之难在于饥。"音义:"阻,庄吕反。王云:难也。"比喻生活中难走的路。《诗·周颂·思文》笺:"昔尧遭洪水,黎民阻饥,后稷播殖百谷。"音义:"阻饥,庄吕反,难也。马融注《尚书》作'祖',云:始也。"义同上。《商颂·殷武》:"罙入其阻,褢荆之旅。"音义:"其阻,庄吕反,险也。"《礼记·少仪》:"军旅思险,隐情以虞。"注:"险,阻,出奇覆诡之处也。"音义:"险阻,侧吕反。"以上二例都指难走的路。由此意动构词,认为有难走的路,怀疑不顺利,动词。《左传·闵公二年》:"先丹木曰:'是服也,狂夫阻之。'"注:"阻,疑也,言虽狂夫犹知有疑。"音义:"阻之,庄吕反,疑也。"上古汉语"阻"还没有产生出"阻止"义。王力先生主编《古代汉语》第六单元《常用词》(六)"阻"下说:"注意:在上古汉语里'阻止'的意义写作'沮',很少写作'阻'。《孟子·梁惠王下》:'嬖人有臧仓者沮君。'《庄子·逍遥游》:'举世非之而不加沮。'只有《吕氏春秋·知士》,'阻止'义作'阻',如'能自知人,故非之弗为阻。'"从这样的事实看,"阻"的原始词词义上古还刚萌芽,也可以推定其变调构词产生较晚。

当滋生词写作"跙"作"马蹄疼痛,妨碍走路"讲时,古书中有用例。白居易《和〈三月三十日四十韵〉》:"坐并船脚盘,行多马蹄跙。"此诗见《白居易集》卷二十二《格诗杂体》。"跙"出现的韵脚字组是:署,念,虑,遽,瘀,嘘,锯,洳,驭,助,蓍,曙,庶,茹,疏("两衙少辞牒,四境稀书疏",去声),著,预,御,觑,踞,锄("水苗泥易耨,畲粟灰难锄",去声),淤,菸,絮,楚,跙,饫,絮(原注:"敕虑反"),诅,倨,据,与(原注:"去声"),愠,誉,恕,娶,去,舆,语,处。这里"马蹄跙"可以看作去声入韵。王禹偁《硖石县旅舍》:"处险人垂癙,登山马跙蹄。"又《五音集韵》御韵庄助切:"阻跙躇,马阻蹄。又庄所切。"可见"阻"的变调构词,的确活跃在中古口语中,这是其上声读法滋生出的一个新词。

【疏】

1

原始词,义为疏导,疏通,动词,所菹切(平声,*ᶜʃɑ/ᶜʃo)。滋生词,义为疏通意旨的文字,具体指:(1)奏章,(2)为古书及其旧注所作的阐释或进一步发挥的文字,名词,所去切(去声,*ʃɑᵓ/

ʃoʳ)。"疏"的变调构词，马建忠、唐作藩有著录。《马氏文通·实字》卷之二："'疏'字：扬雄《解嘲》'独可抗疏时道是非'，解奏疏也，名也，去读。《孟子·滕文公上》'禹疏九河'，解通也。《礼·祭义》'祭不欲疏'，解稀也，一为动字，一为静字，皆平读。"为唐作藩所本。

《玉篇》疋部："䟽，山於切，䟽通也，达也，《月令》云：'其器䟽以达。'今作疏。"足部："踈，色鱼切，慢也。"均不收去声读法。《广韵》所菹切："疏，通也，除也，分也，远也，窗也。"所去切："疏，记也。"《集韵》山於切："疏，《说文》：通也。一曰远也。"所据切："疏，《博雅》：条陈也。"

2

《经典释文》给"踈"和"疏"注了音，但都没有给"疏（踈）"的原始词注音。此音义一直习见，不必注音。

以下是"疏"作"奏章"和"为古书及其旧注所作的阐释或进一步发挥的文字"讲读去声的用例。《汉书·扬雄传》："乡使上世之士处虖今，策非甲科，行非孝廉，举非方正，独可抗疏。"注："疏者，疏条其事而言之。疏音所据反。"《游侠传》："涉乃侧席而坐，削牍为疏。"注："疏音所虑反。"此"奏疏"之"疏"。《礼记·曲礼上》陈皓集说："疏曰：'尸居神位，坐必矜庄。'"陈氏注云："疏，去声。后亦仿此。"此"注疏"之"疏"。

"疏"的变调构词，当来自上古。汉代"疏"作"奏疏"讲入韵1次，正叶去声。《汉书·叙传》叶"疏（'贾生矫矫，弱冠登朝。遭文叡圣，屡抗其疏'），据，圄，虑"。中古一直沿用。杜甫《潭州送韦员外迢牧韶州》："洞庭无过雁，书疏莫相忘。"这是五律，"疏"必读仄声才合平仄,"书疏"指书信和奏疏。王力先生《汉语诗律学》第一章《近体诗》第十二节《声调的辨别》举了以下"疏"作"奏疏"讲读去声的例子,包佶《客自江南话》:"奉佛棲禅久,辞官上疏频。"杜甫《魏十四侍御就弊庐相别》:"时应念旧疾,书疏即沧浪。"又《秋兴》八首之三:"匡衡抗疏功名薄,刘向传经心事违。"郭芹纳《诗律》(商务印书馆,2004年,153页)还举了贾岛《宿赞上人房》:"朱点草书疏,雪平麻履踪。"这个"疏"指"僧道所用的祈祷文"。又白居易诗《和〈三月三十日四十韵〉》叶"署,念,虑,遽,瘀,嘘(去声),锯,洳,驭,助,翥,曙,庶,茹(去声),疏('两衙少辞牒,四境稀书疏'),著,预,御,觑,踞,锄(去声),淤,菸,絮,楚,俎,饫,絮,诅,倨,据,与(去声),蕴,誉,恕,娶,去,舆,语,处"。灵一《林公》叶"住,遇,疏('幸辞天子诏,复览名臣疏'),误,趣,附",正叶去声。近代汉语一直沿用。《中原音韵》鱼模部,"疏"兼收于平声阴和去声。《元曲选·金线池》楔子:"年来屡上陈情疏,怎奈君恩不放归。"音释:"疏,去声。"《韵略汇通》呼模部,"疏"兼收平(阴平)和去声。现代汉语普通话除文读中保留破读外,有些方言也保留此读,例如福建福清话"注疏"的"疏"读[sœ 阴去]。

【如】

1

原始词,义为像,如同,动词,人诸切(平声,*ₑnɹa/ₑȵio)。滋生词,特指十分像,比得上,"不如"即比不上,动词,人恕切(去声,*nɹaʰ/ȵioʰ)。"如"的变调构词,贾昌朝、唐纳、唐作藩均有著录。

《群经音辨·辨字音清浊》:"如,似也,人诸切。审似曰如,而豫切,《春秋传》'不如从长'。"为各家所本。唐纳把"如"的变调构词归入"滋生词用在有限定的意义"中,并释原始词词义为"to resemble, be like"(相像,如同),滋生词词义为"to be as good as"(十分像)。

《玉篇》女部:"如,仁舒切,而也,往也,若也。"不收去声一读。《广韵》人诸切:"如,而也,均也,似也,谋也,往也,若也。"人恕切收有"如",但不释义。《集韵》人余切:"如,《说文》:从随也。一曰:而也,若也,往也,然也。"如倨切:"如,似也,《左氏传》'不如从长'陆德明读。"

2

"如"读平声,作"像,如同"讲,此音义习见,古人注古书,一般不注音。以下是"如"作"十分像,比得上"讲读去声的用例。《左传·僖公四年》:"卜人曰:'筮短龟长,不如从长。'"音义:"不如,依字读,或一音而据反。"《哀公十一年》:"孟之侧后入以为殿,抽矢策其马,曰:'马不进也。'林不狃之伍曰:'走乎?'不狃曰:'谁不如?'"注:"我不如谁而欲走。"音义:"谁不如,如字,一音而庶反。注同。"可见去声一读非陆德明读,《集韵》所云欠妥。《文选》卷四十一李少卿《答苏武书》:"客主之形,既不相如;步马之势,又甚悬绝。"李善注:"而去切。"

"如"的变调构词,当承上古口语而来。陶渊明诗文中,"如"入韵10次,叶平声9次,作"到某地去""像"讲,还用作词尾。下面是作"像"讲的用例,《赠羊长史》叶"虞,书,都,踰,舆,俱,躇,如('多谢绮与角,精爽今何如'),芜,娱,疎,舒",《拟古》之三叶"隅,舒,庐,居,芜,如('我心固匪石,君情定何如')",《读山海经》之一叶"疎,庐,书,车,蔬,俱,图,如('俯仰终宇宙,不乐复何如')"。叶去声1次,义为"赶得上,比得上",《杂诗》之五叶"豫,耆,去,虑,如('气力渐衰损,转觉日不如',日不如,气力一天比一天差),住,处,惧"。魏晋时期韵文中"如"的平去构词,当前有所承。到了六朝后期,破读音已读成如字音了,有两方面的证据:一是《经典释文》给"如"注破读音2次,都是先注平声,而且在去声之前冠以"或一音""一音"。二是《经典释文》所注音的典籍及其注中,还有"如"作"十分像,比得上"的用例,而陆氏不注音。

《方言》卷七:"茹,食也。吴越之间,凡贪饮食者谓之茹。"郭璞音义:"茹,音胜如。"音注正表明"如"在晋代仍有去声一读。钱绎《笺疏》:"《广雅》:'茹,食也。'曹宪无音。《玉篇》而预,而与,而诸三切。此音胜如,未详,疑有误。"按,此处郭氏注音不误。"茹"此读去声。《群经音辨·辨字同音异》:"茹,度也,音孺,《诗》'猃狁匪茹',又音如。茹藘,蒨也,人诸切。茹,食也,人渚切,《诗》'柔亦不茹',又人庶切。""茹"读人庶切时与"如"去声同音,钱氏所疑无据。

《汉语大字典》《汉语大词典》把"如"的平去两读看作自由变读,不妥:汉语史上,从来没有人把"如"的原始词的平声读法读成去声。

【塗】(滋生词后作"镀")

1

原始词,义为涂抹,动词,同都切(平声,*$_c$da/$_c$du)。滋生词,特指使金属附着到别的金属或物体表面上,形成一个薄层,动词,字后作"镀",徒故切(去声,* dɑ°/du°)。"塗"的变调构词,未见于诸家著录。

按,古书中"涂抹"一义,可以写作"涂"或"塗"。《说文》水部:"涂,涂水,出益州牧靡南山,西北入绳。"(此采段玉裁说)"涂"是水名,假借为涂抹字;也有可能"涂"是为"涂抹"字造的字,造字结果与"涂水"的"涂"字形偶同。段注:"古道塗,塗塈字皆作涂。"《说文》不收"塗"字,但《说文新附》土部:"塗,泥也。从土,涂声。"其实,"塗"字先秦已出现,好多先秦古书已有此字;据《汉语大字典》,出土的先秦古书中即有"塗"。

《玉篇》水部:"涂,直都切,涂涂也。"又同部:"涂,达胡切,涂水,出益州。又涂涂,露厚皃。"土部:"塗,达乎切,道也,路也,经也。"金部:"镀,音度,金镀物也。"《广韵》同都切:"涂,水名,在益州。"又:"塗,塗泥也。路也。亦姓。"又:"镀,以金饰物。又音度。"徒故切:"镀,金镀物也。"《集韵》同都切:"塗,泥也。亦姓。"又:"涂,《说文》:水名,出益州牧靡山,西北入澠。"又:"镀,以金饰物。通作塗。"徒故切:"镀塗,金饰也。或作塗。"《集韵》平去两读的"镀"都显示出了跟"塗"的关系。"塗"当是"镀"的古字:今天没有人把"镀"写作"塗";古书中有"塗"作"镀"讲的证据。"镀"大约是六朝才出现的一个字。《广韵》《集韵》"镀"都列有平声一读,这或许反映了"镀"(塗)早期还未形成破读音的事实。变调构词的字,常常词义先分化,即词义构词;然后声调也发生变化,即变调构词。"金饰"的"镀"原写作"塗"(涂),读平声;后声调变化,写作"镀",从"度"得声。但"金饰"的"镀"与"塗"同词,于是"镀"也被注成平声现代汉语"镀"只念去声,它跟"涂抹"义的词义联系,一般人看不出来。由此可以推知,《广韵》《集韵》"镀"的平声一读不可能是破读音消失后出现的现象。

2

"塗"作"涂抹"讲读平声。《礼记·檀弓下》:"天子龙輴而椁帱。"注:"輴,殡车也,画辕为龙。帱,覆也。殡以椁覆棺而塗之,所谓菆塗龙輴以椁。"音义"菆"作"樷":"樷塗,才丸反,下音徒。"《灵枢经·痈疽》:"塗以豕膏。"又《寿夭刚柔》:"盖封塗,勿使泄。"《说文》木部:"扤,所以涂也。"段注:"涂塗古今字。涂者,饰墙也。土部曰:墍,涂也;㙳,仰涂也;墀,涂地也。"

"塗"可作"以金镀物"讲。《汉书·霍光传》:"作乘舆辇,加画绣絪冯,黄金塗。"注:"以绣为茵而黄金塗舆辇也。"后多写作"镀"。白居易《西凉伎》:"刻木为头丝作尾,金镀眼睛银帖齿。"李绅《答章孝标》:"假金方用真金镀,若是真金不镀金。"杨万里《己未春日山居杂兴》:"月影云光学镀金,好风不肯碎花阴。""镀"作"以金镀物"的专用字,一直沿用到现代汉语。

【苦】

1

原始词,义为味苦,跟"甘"相对,形容词,康杜切(上声,*ᶜk'a/ᶜk'u)。滋生词,义为忧虑,担心,忧困,动词,苦故切(去声,*k'aᵒ/k'uᵒ)。"苦"的变调构词,未见于诸家著录。

《玉篇》艸部："苦，枯鲁切。苦菜。《说文》曰：大苦，苓也。"不收滋生词音义。《切韵》系韵书，据周祖谟《唐五代韵书集存》，直到《王仁昫刊谬补缺切韵》二（北京故宫博物院藏）和《裴务齐正字本刊谬补缺切韵》（北京故宫博物院旧藏），都只在上声姥韵收有"苦"字。前一种注："苦，康杜反，不甘。"后一种注："苦，枯户反，不甘。"现存韵书，最早收录"苦"的原始词和滋生词的，是《唐写本唐韵》。该书平上两声已佚，仅存部分去声和入声。据前此《切韵》系韵书来推断，该书上声姥韵肯定收有"苦"字。《唐写本唐韵》去声暮韵小韵首字"袴"及第二字"库"大概是手民抄写时脱夺了。《王仁昫刊谬补缺切韵》二去声暮韵苦故反所收五字依次是"袴，库，胯，酤，趶"，《裴务齐正字本刊谬补缺切韵》去声暮韵苦故反所收的四字依次是"袴，库，胯，酤"。《唐写本唐韵》去声暮韵苦故反的位置上有"胯，酤，苦"，没有"趶"。不难看出，《唐写本唐韵》跟《裴务齐正字本刊谬补缺切韵》关系较近，它原收有"袴，库，胯，酤，苦"五字，其中"苦"是新增字，注语是："苦，困也，今人'苦车'是。加。"据前此韵书，这一小韵反切是"苦故反"。《广韵》康杜切："苦，粗也，勤也，患也，《说文》曰：大苦，苓也。"苦故切："苦，困也，今之'苦辛'是。"《集韵》孔五切："苦，草名，《说文》：大苦，苓也。一曰：急也。"苦故切："苦瘔，困也，今人病不善乘曰：'苦车'。或作㽒。"《广韵》苦故切"苦"的"今之'苦辛'是"的"辛"，周祖谟《广韵校本》校为"车"，甚是。从《集韵》来看，"苦"的滋生词有后起分化字"瘔"，这当是"苦"上去构词后的产物。

2

《说文》艸部："苦，大苦，苓也。"唐韵："康杜切。"据《说文》，"苦"又名大苦，也就是苦菜，是植物名，读上声。由此词义构词，指味苦，形容词；引申为苦恼，痛苦。

滋生词词义是忧虑，担心，忧困；及物动词。这一词义是由作形容词用的"苦恼，痛苦"一义变调构词而发展来的。《谷梁传·僖公十年》："丽姬欲为乱，故谓君曰：'吾夜者梦夫人趋而来曰："吾苦畏。"胡不使大夫将卫士而卫冢乎？'"音义："吾苦，如字，又枯路反。下同。"按，"苦畏"为动宾结构。又："丽姬又曰：'吾夜者梦夫人趋而来曰：吾苦饥。"世子之宫已成，则何为不使祠也？'"由"苦饥"为动宾结构，可证"苦畏"亦为动宾结构。《尔雅·释训》注："悲苦征役，思所生也。""征役"作"悲苦"的宾语。音义："苦，如字，又丘故反。"《史记·秦始皇本纪》："蓬莱药可得，然常为大鲛鱼所苦，故不得至。"正义："苦音苦故反。"袁文《瓮牖闲评》卷六："《西溪丛话》载南人不善乘船，谓之'苦船'；北人不善乘车，谓之'苦车'。苦音库。而浙人乃云'注船''注轿子'，是亦'苦船''苦车'也。"查宋姚宽《西溪丛话》正有此语。有时候，及物动词"苦"可以拿现代汉语的"苦于"去翻译，例如《史记·陈涉世家》："陈胜曰：'天下苦秦久矣。'"这时我们不能以今例古，认为名词前省略了介词"于"，从而把"于秦"看作"苦"的补语；同样，也不能认为"苦"是形容词用作意动。这种"苦"本身就是动词，"秦"之类的名词作"苦"的宾语。"苦"既可带名词性宾语，也可带动词性宾语。"苦"是动词，不仅有古人音注为证，而且还可以由它带代词宾语"之"来检验，例如《史记·秦始皇本纪》:"蒙罪者重,刑戮相望于道,而天下苦之。"

由《经典释文》2次给滋生词"苦"兼注上声和去声,可知南北朝中后期,滋生词"苦"后来已在口语中由去声变为上声了。不但及物动词"苦"写作"苦"时后来可以读上声,就是它的后起分化字"瘔"北宋时也可以读成上声。《集韵》只收"瘔"的去声读法,但是《龙龛手镜》只收"瘔"的上声读法,疒部上声:"瘔痡,二俗,音苦。"但据《唐韵》《广韵》《集韵》及《西溪丛话》《瓮牖闲评》,可知唐宋口语中,仍有某些方言的某些习惯用法("苦车""苦船"等)中把"苦"的滋生词读成去声。"苦"去声读法的最终消失,当在宋元以后。《中原音韵》鱼模部,阴平、上声分别有来自中古模韵和姥韵的字,"苦"收入上声;但是 k'-声母没有收来自中古暮韵的溪母字,我们认为这是疏忽,所以无从知道"苦"是否兼入去声。但明张自烈《正字通》在艸部"苦"下收有滋生词词义,仅收上声一读,并且在疒部"瘔"下注:"瘔,俗字。旧注训困,与'苦'同义。改作'瘔',音库,非。"这表明至晚明代"苦"已不读成去声了。

《汉语大字典》把"苦"的上去两读看成自由变读,不妥:随着滋生词音读的消失,"苦"的去声读法在口语及书面语中可以读成上声;但是它的原始词在任何情况下都不能读成去声,只能读上声。又《汉语大字典》把"苦"的"痛苦;困苦"一义和"以为苦;以为患;痛恨"一义合并为一个义项,这也不妥:古人既已用变调的形式把这两个意义区别开来,那就证明这两个义项的"苦"已分化为两个不同的词,岂可合并为一个义项?

【鱼】(滋生词又作"渔")

1

原始词,义为生活在水中的脊椎动物,体温随外界温度而变化,一般身体侧扁,有鳞和鳍,用鳃呼吸,名词,语居切(平声,*^{c}ŋɪɑ/^{c}ŋɪo)。滋生词,义为捕鱼,动词,牛据切(去声,*ŋɪɑ^o/ŋɪo^o,《集韵》)。"鱼"的变调构词,周祖谟、周法高有著录,详下。

《玉篇》鱼部:"鱼,语居切,水中虫。"又:"䱷,语居切,捕鱼也。敔渔,并同上,又作鱻。"水部:"渔,语居切,捕鱼也。"不论是动词用法还是名词用法,都只读平声。《广韵》语居切:"鱼,《说文》曰:水虫也。"又:"渔,《说文》云:捕鱼也。《尸子》曰:燧人之世,天下多水,故教民以渔也。"又:"鱻,上同。"又:"敔,上同。"又:"䱷,䱷猎。亦上同。"去声牛据切不收"鱼"的滋生词,同于《玉篇》。《集韵》牛居切:"鱼,《说文》:水虫也。"又:"鱻渔䱷敔,《说文》:捕鱼也。篆省。或作䱷敔。"牛据切:"敔渔,捕鱼也。或从水。"动词用法中,"渔""䱷"平去兼收,"鱻""䱷"只收入平声,但从词的角度看,这四个异体字同词。

2

周祖谟《四声别义释例》:"案《吕览·季夏纪》'令渔师伐蛟,取鼍'。高注云:'渔师,掌鱼官也。渔读若相语之语。'(《淮南子·时则篇》'乃命渔人伐蛟取鼍'注同)《季冬纪》'命渔师始渔',注云:'渔读如论语之语。'(此指'渔师'之渔而言。《淮南子·时则篇》'命渔师始渔'，《说林篇》'渔者走渊'注同)《淮南子·原道篇》'期年而渔者争处湍濑'，注云：'渔读告语。'此相语，告语，论语之语，并读去声，(《广韵》牛倨切)与言语之语，读上声，音鱼巨切者，不同。今韵书'渔'字有平声，无去声，高诱音去声者，以'渔师''渔人''渔者'之渔，与《易》'以佃以渔'之渔，为用不同，前者为由动词所构成之名词，后者为动词，故《吕览·决胜篇》'譬之若渔深渊'，《异宝篇》'方将渔'，《慎人篇》'舜之耕渔'，《具备篇》'见夜渔者'，'渔为得也'，诸'渔'字并如本字读，而不别加音释。是'渔'字汉人有平去二音也。斯即以四声别义之一例。"周法高处理跟周祖谟有不同，他把"鱼"的变调构词归入"非去声或清声母为名词，去声或浊声母为动词或名谓式"一类，其释义是："鱼：《说文》曰：'水虫也。'语居切(平声，ngio 'fish')。渔：《说文》：'捕鱼也。'牛据切(去声，ngio° 'to fish')。"这里没有把"渔"分为二音，而是以"鱼"为原始词。我们认为周法高的这种处理是正确的，可惜他又加注说："案周氏谓'渔字汉人有平去二音'，是也。"这其实是回到了周祖谟的分析中去了，跟上面的处理有矛盾。

周祖谟通过汉人音注材料，发现汉代"渔"可读去声，而且平去两读有别义作用，这是一个重要贡献。但仍有未周处。鄙意以为，"渔"在汉代只有去声读法，义为捕鱼，它是由读平声的名词"鱼"变调构词滋生出来的；"渔"不论是单用作"捕鱼"讲还是用在"渔师""渔人""渔者"中，都是读去声。也就是说，"渔"在"渔师""渔人""渔者"中也是用作动词，义为捕鱼，它本身没有歧为名动两用。

下面以数事证明，"渔"不用在"渔师""渔人""渔者"中时，也可以读去声。

一、《经典释文》注音的证据。《易·系辞下》："古者包牺氏之王天下也……作结绳而为罔罟，以佃以渔。"音义："以渔，音鱼。本亦作'鱼'。又言庶反。马云：'取兽曰佃，取鱼曰渔。'"《周礼·天官·序官》"鱼人"音义："音鱼。本又作'鱼'，亦作'鱼攵'，同。又音御。"这两则音注材料十分珍贵，它一则表明"捕鱼"的"渔"也可以写作"鱼"；一则说明"鱼人"的"鱼"和"以佃以渔"的"渔"都可以读去声，因为作"捕鱼"讲时，写作"鱼""渔""鲛""鱼攵"等都是一样的，记录的都是同一个语言事实。

二、古韵文的证据。"渔"作"捕鱼"讲读去声，例如，《礼记·坊记》："故君子仕则不稼，田则不渔。"稼，渔叶去声，周祖谟《古音有无上去二声辨》认为"稼"是去声，"渔"是平声，所以将此例看成平去合用；其实这个"渔"应看作去声，稼，渔是去声自叶。扬雄《解嘲》："夫上世之士，或解缚而相，或释褐而傅，或倚夷门而笑，或横江潭而渔，或七十说而不遇，或立谈间而封侯，或拥帚彗而先驱。"罗常培、周祖谟《汉魏晋南北朝韵部演变研究》（第一分册）以为"馀（它出现的文句是'世治则庸夫高枕而有馀'），傅，渔，侯，驱"叶平声，则"傅"字无着落。其实这里"傅，渔"叶去，"侯，驱"叶平，"馀"字以不入韵为妥。"遇"字亦可以为入韵，叶去声。颜师古也看出这里"渔"叶去声，所以《汉书·扬雄传》注此文："渔，合韵音牛助反。"唐代口语中捕鱼的"渔"已读成平声了，不读去声；可是"渔"跟去声字叶韵，师古只好说它"合韵"（即协韵）去声。

三、古书的假借用字。逯钦立《先秦汉魏晋南北朝诗·汉诗》卷四《鼓吹曲辞·铙歌》载无名氏《思悲翁》："思悲翁，唐思，夺我美人侵以遇。"逯钦立注："侵遇为侵渔或侵虐之借字。"按，"虐"是入声字,先秦两汉均属药部,跟"遇"读音相差甚远,不当是"遇"的假借字。把"遇"处理为"渔"的假借字是妥当的。"遇""渔"周秦时代分属侯部和鱼部;两汉时代,侯鱼二部音值极近,有大量合韵的用例,有人甚至以为两汉时代鱼侯应合为一部。所以以"遇"通渔,是说得过去的。又古人经常"侵渔"连用,如《韩非子·孤愤》:"大臣挟愚污之人,上与之欺主,下与之收利侵渔,朋党比周,相与一口。"《汉书·宣帝纪》:"今小吏皆勤事,而奉禄薄,欲其毋侵渔百姓,难矣。"这首《思悲翁》诗"遇"和"兔"叶去声,"遇"既通渔,以为用不正当的手段夺取,是"捕鱼"一义的引申义,可见"渔"作"捕鱼"讲读去声。

四、周祖谟所举例子中,《吕氏春秋·季冬纪》:"命渔师始渔。"高诱注:"渔读如论语之语。"《淮南子·时则篇》:"命渔师始渔。"高诱注:"渔读论语之语。"高诱都没有注明他只是为"渔师"的"渔"作注,不包括后面"始渔"的"渔"。依其体例,"渔师"和"始渔"的"渔"都当读去声。据张双棣等《吕氏春秋词典》,《吕氏春秋》中"渔师"出现4次,作官名讲3次,作渔夫讲1次,而高诱并没有给所有的"渔师"注音,这些没有注音的"渔师"的"渔"也当读去声。"渔人""渔师""渔者"的"渔"也是动词用法,不是名词用法,义为捕鱼,在"师""人""者"前面作定语,"渔师""渔人""渔者"才是名词性结构或者干脆就是名词。据《说文》,"鱼""渔"是有分工的。鱼部:"鱼,水虫也。""鱼"本是为名词用法造的字。鱻部:"鱻,捕鱼也。从鱻,水。渔,篆文鱻从鱼。"这是为动词用法造的字。上古时代,"渔"是作动词用,如果把"渔师""渔人""渔者"的"渔"当作名词来理解,这几个结构就变成不可解了。"渔者"的"渔"是动词,《淮南子·原道》:"昔舜耕于历山,期年而田者争处垙埆,以封壤肥饶相让;钓于河滨,期年而渔者争处湍濑,以曲隈深潭相予。"这里"渔者"显然指捕鱼的人。"渔师"和"渔人"意思相同,是古官名,掌管捕鱼。《周礼·天官·䱷人》:"䱷人,掌以时䱷为梁。"注:"《月令》:季冬命渔师为梁。"《礼记·月令》:"是月也,命渔师始渔。"既表明"渔师""渔人"同义,又说明这里的"渔"是动词。

上文说过,周祖谟据汉人音注证明"渔"汉代可读去声。这是铁案,是对前人注音的一种深刻理解。根据高诱音注,只能作此理解。事实上,前人早已认识到高注的"渔"应读去声。段玉裁《说文注》"䰽"下注:"捕鱼字古多作鱼,如《周礼》'䱷人'本作鱼,此与取鳖者曰'鳖人',取兽者曰'兽人'同。《左传》'公将如棠观鱼者',鱼者,谓捕鱼者也。《吕氏春秋》《淮南鸿烈》高注,每云'渔读如论语之语''读如相语之语',寻其文义,皆由本文作'鱼',故为读若以别诸水虫。《周礼音义》'䱷'本作'鱼',又音御,御音即高氏之'语'音也。"段氏认为"鱼""䰽""渔""䱷"作动词用读去声,极是。又毕沅《吕氏春秋新校正》在《季夏纪》"令渔师伐蛟取鼍"高注"渔读若论语之语"之后校云:"渔,高读牛倨切,《季冬》云'音论语之语'亦同。"由上面看来,高注的"渔"读去声是不必加以怀疑的。

"渔"字至晚六朝后期已读成平声了。就音注说,《经典释文》给"渔"注音5次,有4次仅注"音鱼",而《易·系辞下》音义把"又言庶反"注在"音鱼"之后;又"䱷人"注音2次,《谷梁传·隐公五年》范注引《周礼·䱷人》,只注"音鱼",《周礼·天官·序官》把"又音御"注在"音鱼"之后。唐颜师古注《汉书·扬雄传》"渔,合韵音牛助反",反映唐代"渔"只能读平声,注去声只是"合韵"。《文选》卷二《西京赋》:"逞欲畋䱴,效获麋麖。"李善注:"《说文》曰:䱴,捕鱼也。音鱼。"从韵文看,王维《东山诗》:"宛是野人也,时以渔父鱼。"野,也同音,渔,鱼同音;这是一种修辞手法,其中"鱼"叶平声,"渔"亦当为平声。从字书看,《玉篇》《广韵》不管捕鱼的"渔"写成什么,都遵从后代读法,全注成平声(《玉篇》鱻部:"鱻,言居切,捕鱼也。与'渔''歔'同。"也是注平声)。《集韵》作"捕鱼"讲的"渔"的几个异体字,平声里全收了;去声收有"敔渔"两个字形,这是采用了《经典释文》的读法,间接地反映了古读。

【雨】

1

原始词,义为下雨,动词,王矩切(上声,*ᶜɣĭwa/ᶜjĭu)。滋生词,义为天上把液体或固体降到某一固定地域,动词,王遇切(去声,*ɣĭwaᵒ/jĭuᵒ)。"雨"的变调构词,贾昌朝、马建忠、周祖谟、唐纳、周法高、唐作藩均有著录。《群经音辨·辨字音清浊》:"雨,天泽也,王矩切。谓雨自上下曰雨,下王遇切。"贾氏之说,可订正者有二事:一是去声读法是及物动词,可带目的宾语或目的补语;有时候后面不出现目的宾语或目的补语,但实际上隐含着目的地。这个"雨"不仅指下雨,举凡下雪,下冰雹,甚至其他物质,都是"雨"的对象。二是"雨"读上声时可以是动词,指下雨,而去声读法词义上跟原始词的动词用法词义相近,应是原始词的动词用法直接滋生出来的,而不是作名词用的"雨"直接滋生出来的。《马氏文通·实字》卷之五:"'雨'字,上读名字,所雨也。去读无主动字。《诗·小雅·大田》:'雨我公田。'"所谓"无主动字",即是"无属动字",马氏在"无属动字"里说:"然有见其行而莫识所自者,则谓之无属动字。"他举了这样的例子:"《公·隐九》:'三月癸酉,大雨震电。'又:'庚辰,大雨雪。''雨''电''雪'三字,皆天变也,然莫识变之所由起,故无起词;无起词,则动之行无所属矣。"可见马氏是把凡"雨"作动词用者,都视为无属动字。这种处理是不妥当的。周祖谟把"雨"的变调构词归入"因意义不同而变调者"的"意义别有引申变转,而异其读"一类,又有按语:"案雨,水从云下也,引申凡物之如雨下降者,亦谓之雨,读为去声。如《诗》'雨雪其雱',《左氏·文公三年·经》'雨螽于宋',是也。《诗·大田》'雨我公田,遂及我私',雨亦音去声。"唐纳归入"原始词是名词性的,滋生词是动词性的"一类。并释原始词词义为"rain"(天上下的雨),滋生词词义为"to rain"(下雨;及物动词,如"雨粮食")。周法高把原始词处理为自动式,滋生词处理为他动式。他的意见是正确的,《汉语史稿》(中册)早已归入"由内动转化为外动,外动变去声"一类,为周氏所本。周氏加注说:"案:'雨'作名词或用作自动式时,如字读上声;后跟宾语时,则读去声。上声的'雨'除了隶名词外,大概还可兼隶动词吧!"

《玉篇》雨部:"雨,于矩切,云雨也。"不收去声音义。《广韵》王矩切:"雨,《元命包》曰:阴阳和为雨。《大戴礼》云:天地之气和则雨。《说文》云:水从云下也。"王遇切:"雨,《诗》曰:雨雪其雱。"仅示例,不释义。《集韵》王矩切:"雨,《说文》:水从云下也。"王遇切:"雨,自上而下曰雨。"

2

"雨"读上声作名词和动词(义为"下雨")用,读去声作及物动词用,有些材料反映得很明显。一、两种不同的"雨"在相近的位置上使用,名词用法注上声,滋生词注去声。《诗·小雅·大田》:"有渰萋萋,兴雨祁祁。雨我公田,遂及我私。"笺:"天主雨于公田,因及私田尔。"音义:"兴雨,如字。本或作'兴云',非也。"又:"雨我,于付反。注内'主雨'同,一本主作'注',雨如字。"按,如作"注",则"注雨"为动宾结构,"雨"名词,故读"如字"。二、两种不同的"雨"在相近的位置上使用,原始词不注音,滋生词注去声。《左传·隐公九年·经》:"三月癸酉,大雨震电。庚辰,大雨雪。"音义:"雨雪,于付反。传同。"三、对上下文中同一个"雨"字有不同的理解,注音不同。《左传·成公十六年·经》:"春,王正月,雨木冰。"音义:"雨木冰,如字。《公羊传》云:雨而木冰也。旧于付反。"按,据旧音,"雨木"为动宾结构,故读去声。陆德明不著人姓,只云"旧",是因为他认为旧音浅陋。《谷梁传·成公十六年》:"春,王正月,雨木冰。"音义:"雨木,如字。或于付反,非也。"

"雨"作"下雨"讲读上声,此音义习见,古人注古书,一般不注音。《经典释文》给"雨"注音41次,只有2次是注上声,除上文所引《诗·小雅·大田》"兴雨祁祁"的"雨"外,《礼记·檀弓上》:"礼不讳嫌名,二名不徧讳。"注:"为其难辟也。嫌名,谓音声相近,若禹与雨,丘与区也。"音义:"禹与雨,并于矩反。一读雨于许反。"按,"禹""雨"中古音已混同,然据郑注,二者音虽近而不同。疏:"今谓'禹'与'雨'音同而义异,'丘'与'区'音异而义同。此二者各有嫌疑,'禹'与'雨'有同音嫌疑,'丘'与'区'有同义嫌疑,如此者不讳。若其音异义异,全是无嫌,不涉讳限。必其音同义同,乃始讳也。"我们认为孔颖达疏不合郑玄原意,郑氏明言"禹""雨"只是"音声相近",不是音声相同。黄侃述、黄焯编《文字声韵训诂笔记·声韵学笔记·韵之分合次序及标目字之异同》云:"《释文》禹与雨并于矩反(原注:麌),一读雨音于许反(原注:语)……此可证语,麌……定有不同。(原注:《曲礼上》'礼不讳嫌名',[嫌者,相似而不同也]郑注嫌名谓音声相近,若禹与雨,丘与区也。)"这个说法是对的。大概在郑玄的方言中,"禹"归麌韵,"雨"归语韵。就汉代到晋代人注音的口气看,"禹""雨"也似乎有别。《说文》雨部:"霃,雨皃。方语也。从雨,禹声。读若禹。""雨""霃"显为同源字,可能是汉代有些方言中,语韵的"雨"读成了麌韵字,所以另造"霃"字。从另一方面看,这不正说明当时方言中仍然有"雨""禹"有别的情况吗?因为《礼记·曲礼上》郑注"禹与雨"情况特殊,故陆氏特地给上声注音。

以下是"雨"作"天上把液体或固体降到某一固定地域"讲读去声的用例。"雨"后面可带所降物的宾语。《诗·邶风·终风》:"终风且霾。"传:"霾,雨土也。"音义:"雨土,于付反。"《小雅·采薇》:"今我来思,雨雪霏霏。"音义:"雨雪,于付反。"《礼记·月令》:"行秋令,则天时雨汁,瓜瓠不成。"注:"毕好雨汁者,水雪杂下也。"音义:"雨汁,于付反,下音执。注同。谓雨雪杂下也。"《左传·文公三年·经》:"雨螽于宋。"注:"自上而降,有似于雨。"音义:"雨,于付反。注及传同。"《公羊传·桓公八年》:"冬十月,雨雪。"音义:"雨雪,于付反。"《谷梁传·隐公九年》:"庚辰,大雨雪。"音义:"雨雪,于付反。"《尔雅·释天》:"风而雨土为霾。"音义:"雨土,音芋。下'雨霓',注'雨雪'同。"《史记·孝景本纪》:"秋,衡山雨雹,大者五寸,深者二尺。"正义:"雨,于付反。"《汉书·元帝纪》:"乃者已丑地动,中冬雨水,大雾。"注:"中读曰仲。雨音于具反。"《王莽传》:"真定,常山大雨雹。"注:"雨音于具反。"《文选》卷七司马相如《子虚赋》:"获若雨兽,掩草蔽地。"李善注:"言所在众多,若天之雨兽。雨,于具反。"有的带处所宾语,即"雨"(去声)所达到的处所。《周礼·冬官·匠人》注引《孟子》:《诗》云:'雨我公田,遂及我私。'"音义:"雨我,于付反。"《汉书·萧望之传》:"(《诗》)又曰:'雨我公田,遂及我私。'"注:"雨音于具反。"有时候,处所词语不直接作"雨"的宾语,而是作介词"于"或"乎"的补语。《公羊传·僖公三十一年》:"不崇朝而徧雨乎天下者,唯泰山尔。"音义:"雨乎,于付反,又如字。"有时候,处所词语不出现,但隐含着。《史记·秦始皇本纪》:"大雨雪,深二尺五寸。"正义:"雨,于遇反。"试比较《谷梁传·文公三年》:"雨螽于宋。"音义:"雨螽,于付反。下同。下音终。"《礼记·檀弓下》:"岁旱,穆公召县子而问然。曰:'天久不雨,吾欲暴尫而奚若?'"注:"尫者面乡天,觊天哀而雨之。"音义:"不雨,于付反。注及下同。"注中把处所宾语给补出来了,"之"表面上指对象,实指处所。"雨"还可作定语。《谷梁传·庄公七年》:"我知恒星之不见,而不知其陨也。我见其陨而接于地者,则是雨说也。"音义:"是雨,于付反。"总之,读去声的"雨"占居的是及物动词的语法位置。

"雨"的变调构词,当来自上古。"雨"的滋生词是个及物动词,很难用于韵脚字,偶尔可找到用例。汉代"雨"入韵 10 多次,绝大多数是原始词及名词用法入韵,叶上声,只有 1 例是名词用法叶去声,傅毅《洛都赋》叶"雾,雨('奋袂生风雨')",是例外。滋生词入韵1次,叶去声,《淮南子·说林》:"几易助也,湿易雨也。"其中"助,雨"相叶,"雨"指雨之,"湿易雨也",指潮湿了,雨就容易下到上面去。魏晋韵文中,"雨"作名词和不及物动词用,共入韵25次,均叶上声;作及物动词用1次,叶去声。王粲《七释》之五:"弦不虚控,矢不徒注。僵禽连积,陨鸟如雨。"其中"注,雨"相叶。《汉书·司马相如传》:"获若雨兽,揜中蔽地。"注:"言获杀之多,如天雨兽也。雨音于具反。"又上文所举《文选》司马相如《子虚赋》李善注,可知"陨鸟如雨"隐含宾语"鸟",此处"雨"正叶去声。大约六朝后期,"雨"的去声读法在口语中逐渐消失了。所以,尽管《经典释文》分别"雨"上去二读甚严,但也有把去声读法注成上声的例子。《诗·邶风·北风》:"北风其凉,雨雪其雱。"音义:"雨雪,于付反,又如字。下同。"《出车》:"今我来思,雨雪载塗。"音义:"雨雪,于付反,又如字。"《信南山》:"上天同云,雨雪雰雰。"传:"雰雰,雪貌。"音义:"雨雪,于付反,崔如字。"这里之所以把"雪"注成如字,还有一种可能是把"雨雪"理解为名词性并列结构。下面的例子只能认为六朝后期去声的"雨"已读成上声了。《公羊传·庄公七年》:"如雨者何?如雨者,非雨也。非雨,则曷为谓之如雨?不脩《春秋》曰:'雨星,不及地尺而复。'"音义:"雨星,于付反,一音如字。下注'雨星'同。"《文公三年》:"秋,楚人围江。雨螽于宋。雨螽者何?死而坠也。"音义:"雨螽,于付反。下及注同。一音如字。螽音终。"滋生词"雨"之所以由去声读成上声,跟这个词在口语中的消失有关,它所表达的概念,很早就有被其他结构取代的趋势。例如阮籍《清思赋》:"雷师奋而下雨。"左思《蜀都赋》:"应鸣鼓而兴雨。"顾恺之《凤赋》:"与八风而降时雨。"在此情况下,去声一读消失是必然趋势。《史记正义》《汉书注》给"雨"的滋生词只注去声,只是反映了读书音。

《汉语大字典》yù 的第一个义项是"降雨",欠妥。其举例为《史记·仲尼弟子列传》"他日,月宿毕,竟不雨"。这个例子中,"雨"是不及物动词,应读上声。编纂者大概认为只要是作动词用,不管它是"降雨"义还是其他词义,都读去声。

【下】

1

原始词,义为自然地从高处往低处,动词,胡雅切(上声,* ^{c}ɣea/^{c}ɣa)。滋生词,义为强制性地使从高处往低处,使处在下位,下达,下行,常接表示对象的词语,动词,胡驾切(去声,* ɣea^o/ɣa^o)。"下"的变调构词,贾昌朝、马建忠、周祖谟、唐纳、周法高、唐作藩均有著录。《群经音辨·辨字音疑混》:"居卑定体曰下,胡贾切。自上而降曰下,胡嫁切。"贾氏此说,不确切:(1)胡贾切固然包括"居卑定体"一义,但也有作动词用的;而动词用法正是去声读法的原始词。(2)以"自上而降"释胡嫁切一读词义,释义含糊,容易使人误会滋生词词义为"从高处往低处",而这正是原始词词义。《马氏文通·实字》卷之五:"'下'字,上读静字。去读内动字,降也。"而所谓"去读内动字,降也"正是原始词词义。周祖谟把"下"的变调构词归入"因词性不同而变调者"的"区分形容词与动词"一类,这是采用贾昌朝之说。唐纳归入"原始词是名词性的,滋生词是动词性的"一类,其释原始词词义为"below"(下面),滋生词词义为"to put down, lower"(放下,降低)。周法高把原始词看作方位词,滋生词看作他动式。

《玉篇》上部："下,何雅切,《易》曰:'化成天下',下者,对上之称也。《说文》曰:底也;《诗》云'下武为周',笺云:下犹后也;《礼记》曰'揖让而升,下而饮',郑玄曰:下,降也;杜预注《左传》云:下犹贱也;《尔雅》曰:下,落也。又何嫁切,行下也,《易》曰'以贵下贱'是也。"《玉篇》对"下"的音义关系反映得很准确:(1)下面,底下,(2)后面,(3)从高处到低处,(4)下贱,(5)下降,都是读上声;而"行下"义读去声。《广韵》胡雅切:"下,贱也,去也,后也,底也,降也。"胡驾切:"下,行下。"《集韵》亥雅切:"下,《说文》:底也。"亥驾切:"下,降也。"

2

在《经典释文》、《史记》三家注、《汉书》颜注中,只有《经典释文》中同一上下文的"下"有上去兼注的情况,这一则是因为所收古书距六朝时代比《史记》《汉书》成书时代更为遥远,后之识古,不免有歧见;如同今人注古书,同一注家对某一字在上下文中词义难以保证只取唯一的解释。二则因为《经典释文》所收古书在六朝时代本来就有很多注家作注,不免言人人殊;如同今天不同注家注同一部古书,难以保证各家对词义的理解完全一致。总之,《经典释文》给同一上下文中"下"兼注上去,正是对"下"的词义有不同理解。下面对"下"的某些用例作一全面的分析,冀此分离出它上去二读的词义来。例1,《易·乾》:"上下无常,非为邪也;进退无恒,非离群也;君子进德脩业,欲及时也。"音义:"上下,并如字。王肃上音时掌反。"上下并如字,"上"读去声,"下"读上声,义分别为上面和下面;"上"读时掌反,"下"仍读上声,义分别为自然地从低处往高处和从高处往低处。此例"下"虽只有1个读音,但我们也置于此处,说明"上""下"变调构词方式不一样。例2,《谦》:"六四:无不利,㧑谦。"注:"处三之上,而用谦焉,则是自上下下之义也。承五而用谦顺,则是上行之道也。尽乎奉上下下之道,故无不利。"音义:"下下,上遐嫁反,下如字。下句同。"例3,《益》:"自上下下,其道大光。"音义:"下下,上遐嫁反,下如字。"这2例情况相同,第一个"下"读去声,义为强迫自己降低身份去结交,谦逊地对待;第二个"下"名词,下面,指在下位的人。例4,《复》:"休复之吉,以下仁也。"音义:"以下仁也,如字,王肃云:下附于仁。徐户嫁反。"读如字,义为自然地下降到;读去声,义为谦逊地对待。例5,《诗·小雅·角弓》:"莫肯下遗,式居娄骄。"笺:"今王不以善政启小人之心,则无肯谦虚以礼相卑下,先人后己。"音义:"肯下,遐嫁反,注'卑下'同。又如字。"读去声,义为强迫自己降低身份去结交。谦逊地对待;读如字,义为下面,作状语。例6,《礼记·曲礼上》:"礼不下庶人。"音义:"礼不下,遐嫁反,又如字。"读去声,义为强制性地使从高处往低处而达到;读如字,义为自然地降低到。例7,《玉藻》:"凡带,有率,无箴功。"注:"凡带不裨,下士也。"音义:"下士,崔如字,或户嫁反。"读如字,义为自然地降低到;读去声,义为强制性地使从高处往低处而达到。例8,《左传·襄公二十四年》:"程郑问焉,曰:'敢问降阶何由?'"注:"自问降下之道。"音义:"降下,遐嫁反,又如字。"读去声,义为强迫自己降低身份去结交,谦逊地对待;读如字,义为自然地降下。例9,《昭公五年》注:"在明伤之世,居谦下之位,故将辟难而行。"音义:"谦下,如字,又遐嫁反。"读如字,指地位低下；读去声，义为谦虚地对待。例10，《谷梁传·庄公三十年》："秋七月，齐人降鄣。降，下也。"音义："下，遐嫁反，又如字。"读去声，义为强制性地使从高处往低处，指使投降；读如字，义为从高处往低处，指自动地降服于人。例11，《尔雅·释言》："降，下也。"音义："降下，古巷反，下音如字。一音降音户江反，下音户嫁反。"这里"降"读古巷反时，"下"读上声，义为从高处往低处；"降"读户江反时，"下"读去声，义为强制性地使从高处往低处。以上例子，包括了同一上下文中"下"《经典释文》上去兼注的全部用例。可见，"下"读上声，有这样一些词义：(1)下面，特指在下位的人。名词。(2)低下的，下等的。形容词。(3)自动地从高处往低处，下降，降低。动词。"下"读去声，有这样一些词义：(1)强制性地使从高处往低处，使处于下位，下达，下行。动词。(2)强迫自己降低身份去结交，谦逊地对待。

"下"的原始词和滋生词都是动词，上去两读的区别，在于"下"读上声指自动地从高处往低处，读去声指强制性地使从高处往低处。最有力的证据见于《史记索隐》。《史记·项羽本纪》："广陵人召平于是为陈王徇广陵，未能下。闻陈王败走，秦兵又且至，乃渡江矫陈王命，拜梁为楚王上柱国。曰：'江东已定，急引兵西击秦。'项梁乃以八千人渡江而西。闻陈婴已下东阳，使使欲与连和俱西。陈婴者，故东阳令史，居县中，素信谨，称为长者。东阳少年杀其令，相聚数千人，欲置长，无适用，乃请陈婴。婴谢不能，遂强立婴为长，县中从者得二万人。"正义注"未能下"："胡嫁反。以兵威服之曰下。"索隐注"已下东阳"："下音如字。按以兵威伏之曰下，胡嫁反。彼自归伏曰下，如字读。他皆放此。"据此，"未能下"指还没有攻下，"下"读去声，义为使从高处到低处，指使广陵守军投降；"已下东阳"指已经自动地到东阳县任职，"下"读上声，义为从高处往低处，指屈尊下意去任职。古人音注中，从不把"下"的"自动地从高处往低处，下降"一义注成去声。例如《诗经》此义用了7次，都不注去声。《邶风·燕燕》："燕燕于飞，上下其音。"传："飞而上曰上，飞而下曰下。"《雄雉》："雄雉于飞，上下其音。"《王风·君子于役》："日之夕矣，牛羊下来。"又："日之夕矣，牛羊下括。"《小雅·四牡》："翩翩者鵻，载飞载下。"《大雅·凫鹥》："公尸燕饮，福禄来下。"《鲁颂·有駜》："振振鹭，鹭于下。"这些"下"作"自动地从高处往低处，下降"讲，读上声，直到中古仍很习见，不必注音。

以下是"下"作"依社会力量或社会原则强制性地从高处往低处，使处于下位，下达，下行"讲读去声的用例。具体上下文中，词义有不同变体。(1)规格上低于，使处于某人下位。《诗·召南·何彼襛矣·序》："虽则王姬，亦下嫁于诸侯，车服不系其夫，下王后一等。"音义："下王后，遐嫁反。注同。"《周礼·春官·典命》："凡诸侯之适子，誓于天子，摄其君，则下其君之礼一等。"音义："则下，遐嫁反。"《仪礼·士相见礼》注："不受挚于堂，下人君也。"音义："下人，遐嫁反。"《礼记·聘义》注："《大行人》职曰：凡诸侯之卿，其礼各下其君二等。"音义："各下，户嫁反。"(2)使政令下行，下达。《史记·秦始皇本纪》："度不足，下调郡县转输菽粟刍藁。"正义："下，行嫁反……谓下令调敛也。"《汉书·高帝纪》："汉王下令。"注："令，教令也。下音胡嫁反。"《董仲舒传》："法出而奸生，令下而诈起。"注："下音胡亚反。"《儒林传》："诏除下为博士。"注："下除官之书也。下音胡嫁反。"(3)使人下狱。《汉书·武帝纪》："将军已下廷尉，使理正之。"注:"下谓以身付廷尉也……下音胡嫁反。"《律历志》:"寿王候课,比三年下,终不服。"注:"比,频也。下,下狱也,音胡嫁反。"(4)下葬,下棺。《汉书·高帝纪》:"五月丙寅,葬长陵。已下,皇太子群臣皆反至太上皇庙。"注:"苏林曰:'下音下书之下。'郑氏曰:'已下棺也。'师古曰:苏音郑说是也,下音胡亚反。"《霍光传》:"会下还,上前殿。"注:"如淳曰:'下谓柩之入冢。'师古曰:下音胡稼反。"《刘宇传》:"比至下,宇凡三哭,饮酒食肉,妻妾不离侧。"注:"张晏曰:'下,下棺也。'师古曰:比音必寐反,下音胡稼反。"(5)攻克,战胜。《诗·商颂·长发》:"洪水芒芒,禹敷下土方。"笺:"乃用洪水,禹敷下土,正四方。"音义:"下土,遐嫁反。"(6)强迫自己降低身份去结交,谦逊地对待。《易·屯》:"以贵下贱,大得民也。"音义:"下贱,遐嫁反。"《书·洪范》传:"汝当安汝颜色以谦下人。"音义:"下人,遐嫁反。"《诗·小雅·天保序》:"君能下,下以成其政,臣能归美以报其上焉。"笺:"下下谓《鹿鸣》至《伐木》,皆君所以下臣也。"音义:"下下,俱户嫁反。注'下下'及'下臣'同。"按,《序》中两"下"字皆动词,后一个"下"不当解为名词("在下位的人"),如是名词,则当读为上声。《礼记·学记》注:"就谓躬下之。"音义:"躬下,户嫁反。"《左传·宣公十二年》:"其君能下人,必能信用其民矣。"音义:"能下,遐嫁反。"《公羊传·庄公十三年》注:"桓公不辞微者,欲以卑下诸侯。"音义:"卑下,遐稼反。"《谷梁传·隐公三年》注:"京房易传曰:……君怀谦虚下贤受谏任德,日食之灾为消也。"音义:"下贤,遐嫁反。"《论语·颜渊》:"夫达也者,质直而好义,察言而观色,虑以下人。"音义:"以下,遐嫁反。注同。"《老子》六十一章:"故大国以下小国,则取小国。小国以下大国,则取大国。"音义:"以下,遐嫁反。"《庄子·人间世》："是皆脩其身,以下伛拊人之民,以下拂其上者也。"音义："以下,遐嫁反。"《汉书·高帝纪》："魏相国建城侯彭越勤劳魏民,卑下士卒。"注："下音胡稼反。"《李广传》："善骑射,爱人,谦让下士。"注："下音胡亚反。"《王莽传》："清静乐道,温良下士。"注："下音胡嫁反。"

由此看来,"下"读上声和去声,都可作动词。去声的"下"应处理为及物动词,可带对象及处所宾语,上声的"下"应处理为不及物动词,当它后面带处所名词时,可处理为补语,或用作使动。

"下"的变调构词由来已久。《汉书·高帝纪》："五月丙寅,葬长陵。已下,皇太子群臣皆反至太上皇庙。"注引苏林："下音下书之下。"从韵文看,"下"的滋生词很少入韵,但两汉时代也有个别用例。汉代,"下"作"下来,往下走"和"下面"讲均叶上声,无例外。作"强制性地施加到上面"叶去声。蔡琰《悲愤诗》叶"骂,下('或便加棰杖,毒痛参并下')"。"下"的上去构词,至晚中晚唐以后就已趋于消失,因为那时全浊上声已读成去声了。宋代"下"只读去声,所以《群经音辨》要把"下"的上去两读放到《辨字音疑混》里去分辨。但是"下"的上声读法现代仍有方言保留着。根据温昌衍《客家方言的特征词》(载《汉语方言特征词研究》,厦门大学出版社,2001年,259页)："('下')……客家方言里有三种音:(1)ha^1(阴平),这多是作为方位词和动词(某些动词义)时的语音,来源于上声的'胡雅切',声调属'浊上归阴平'。(2)ha^6(阳去),这多是作为量词时的语音(方位词、动词文读场合也为此音)。(3)ha^3(阴上),这是'下(取下)'的语音,应来源于上声的'胡雅切',但未像别的浊上语音归阴平或去声而是留在上声,也可能是一种辨义的需要。

内部12点一致。例外是兴宁,为阴平调;龙川、博罗无此说。如梅县:ha³,石城:ha³。赣语部分点(安逸、樟树、萍乡)同此,萍乡音:ha³(魏刚强1998,119页'下帐子(取下蚊帐)')。部分点为阳去:南昌:ha⁶(据熊正辉1994,53页);宜丰:ha⁶;吉安:ha⁶。"

宋王观国《学林》也分辨"下"的上去两读,但完全颠倒事实。卷一"上下"条:"上,时量切,又时掌切。下,胡驾切,又胡雅切。上字时量切,下字胡驾切者,定位之上下也。上字时掌切,下字胡雅切者,升降之上下也……所谓下下者,降已以接下也。前下字胡雅切,后下字胡驾切。"王氏这段议论,其误有三:一、依古人惯例,"下"的胡雅切是如字,此以胡驾切为如字,非是。二、"定位之上下"及"升降之上下"古人都读上声,王氏以为"下"读去声是"定位之上下",误。三、依古注,"下下"的前一个"下"字是去声,后一个"下"字是上声,王氏正好颠倒了事实。这说明,宋代"下"上升已完全读成了去声。

《汉语大字典》以"下"的上去两读为自由变读,不合于古,因滋生词汉语史上从未读上声。《汉语大词典》以为,"下"的名词性用法古读上声,是也;但又把凡动词用法都看成是上去自由变读,不妥。又有的人认为"下"的所有上声读法都读去声,其上去之别只是名动之别,也是失察。

【白】

1

原始词,义为白色,跟"黑"相对,名词,傍陌切(短入,*beăk/

bɐk)。滋生词,义为涂上白色而使器物放白光,动词,步化切(长入,＊beǎk/baº,《集韵》)。"白"的变调构词,未见于诸家著录。但《群经音辨·辨字同音异》:"白,西方色也,旁陌切。白饰使光也,蒲霸切,《礼》'共白盛之蜃',亦如字。"这实际上反映出"白"是变调构词的。

《玉篇》白部:"白,步陌切,西方色也;明也;告语也;白屋,茅屋也。"《广韵》傍陌切:"白,西方色也;又告也,语也。"两部字书均不收"白"的去声一读。《集韵》薄陌切:"白,《说文》:西方色也。"步化切:"白,西方之色。"把原始词词义放到滋生词读音下,误;但也反映了后代不能分辨"白"原始词和滋生词的事实。

2

《经典释文》给"白"作注3次,其中注音只有1次。"白"作"白色"讲读入声,中古习见,古人注古书一般不注音。《庄子·人间世》:"瞻彼阕者,虚室生白。"注:"夫视有若无,虚室者也。虚室而纯白独生矣。"音义:"虚室生白,崔云:白者,日光所照也。司马云:室比喻心,心能空虚,则纯白独生也。"这是白色的"白",不注音,只注上下文的含义。《天下》:"以此白心,古之道术有在于是者。"音义:"白心,崔云:明白其心也。白或作任。"疏:"以此教迹,清白其心,古术有在,相传不替矣。"则"白心"之说,是用作使动,不是使动构词。

《经典释文》给"白"注音1次,正是用来给滋生词注音。《周礼·地官·掌蜃》:"掌蜃掌敛互物蜃物,以共闉圹之蜃;祭祀共蜃器之蜃,共白盛之蜃。"注:"祭祀共蜃器之蜃":"饰祭器之属也。《郊人》职曰：'凡四方山川用蜃器。'《春秋·定十四年》：'秋，天王使石尚来归蜃。'蜃之器以蜃饰，因名焉。郑司农云：'蜃，可以白器，令色白。'"注"共白盛之蜃"："盛犹成也。谓饰墙使白之蜃也。今东莱用蛤，谓之叉灰云。"音义："又白器，如字，刘薄霸反。"由此可见，《群经音辨》以为"白"的去声一读是给"共白盛之蜃"的"白"注音，那是错误的，至少不合前人音注。今按，"白盛"之"白"是名词作状语，不是动词；刘昌宗只给"白器"的"白"注音，注中"令色白"。经文中"白盛"，注中"使白"的"白"没有注音。或作"白色"讲，或作"变成白色"讲，都不是作"涂上白色而使器物放白光"这一滋生词词义，仍读入声。

据上面论述看来，至少刘昌宗音系中，"白"是变调构词的。那么这种变调构词是汉语口语的反映还是刘昌宗人为做出的分别呢？应该是前者。这里有一个原则：除非有坚强的证据来论证"白"这种构词现象在上古至六朝时期的口语中不存在；否则，这些由古注家所反映出来的实实在在的音义区别，我们不能因为自己的失察，或者盲目接受清人的个别学说，就轻易地断定是经师人为制造出来的区别。要知道，所谓"经师人为"说，是在上古声调研究刚起步时提出的学说，支持这一学说的证据是极不充分的；更何况，如果因为某一字的不同音义六朝时期才见于经师音注就断定它的音义之别是六朝经师人为制造的区别，那么岂止是滋生词音义，即使是原始词音义也可以认为是六朝经师人为制造的分别；而事实上，这是荒谬的结论。能否从词义上入手，认为周秦两汉时代"白"本身没有"涂上白色而使器物放白光"这一固定义位，从而认为"白"的这一动词用法只是临时活用，从而否定"白"上古没有变调构词,中古的去声一读也只是经师主观制造的区别呢？这种想法无疑是一种没有根据的猜测。可能有人会据"白"作"白色"讲和作"涂上白色而使器物放白光"这两个词义各自出现的频率,从而认为后者只是一种语法上的活用。这也是没有说服力的,易福成先生《孙子兵法谓词句法和语义研究》(北京大学博士学位论文,1999年,未刊)第四章《活用/兼类问题初探》中正确地指出:"经常提到的频率标准不能令人满意,不能给我们提供新的思索,只是不得已而为之。虽然现有的先秦文献语言资料非常丰富,但也不代表语言里所有的例句或可能出现的例句,在这样的情况下,频率绝不能作唯一的确定活用/兼类之别的标准。"与某些人的观点相反,如果某一个字所记录的词义我们没法断定它是否为一个固定义位,而这一词义中古注家用一个特定的读音跟该字的其他义位区别开来,我们就承认该义位上古是一个固定义位;而不是凭不可靠的标准,先验地假定该义位上古只是临时性用法,再来论证其特定读音是经师人为。像"白"这个字,其"涂上白色而使器物放白光"一义已见上古人使用,中古相反很难找到用例,凭什么认定它的去声一读是中古才出现的呢？从语音来说,"白"原始词和滋生词上古音分别是 * beăk: * beăk,只是声调有别;中古音分别是 bɐk: baʰ,连韵母也相差甚远。这种现象其实反映出"白"的变调构词产生于上古,不产生于中古。到了六朝后期,"白"的滋生词在口语中消失了,所以陆德明把如字音置于破读音之前,并且在破读音之前冠以刘昌宗的姓氏。

【获1】

1

原始词,义为猎获;由此词义扩大,泛指获得,得到,动词,胡麦切(短入, *ɣoǎk/ɣwæk)。滋生词,特指争抢着得到某物,动词,胡化切(长入, *ɣoāk/ɣwaᶜ,《集韵》)。"获1"的变调构词,未见于诸家著录。

《玉篇》犬部:"获,为麦切,得也;辱也;婢之贱称也;莛也。"《广韵》胡麦切:"获,得也。"均不收去声一读;又《玉篇》以"为"字(喻三)作"获"(匣母)的切上字,反映了喻三归匣的事实。周祖谟《万象名义中之原本玉篇音系》已证"等韵喻母三等字玉篇实与匣母为一类。音读当为 x 之浊音 ɣ"。《集韵》胡陌切:"获,《说文》:猎所获也。"胡化切:"获,争取也。"胡故切:"获,争取也,《礼》'毋固获'。"胡故切一读,大概是来自六朝以前方音,跟胡化切义同,可置不论。

2

"获"作"获得"讲读入声。《易·无妄》:"无妄之灾,或系之牛,行人之得,邑人之灾。"注:"是有司之所以为获,彼人之所以为灾也。"音义:"为获,如字。或作穫,非。"

"获"作"争抢着取得某物"讲读去声。《经典释文》只出现1次,注去声。《礼记·曲礼上》:"毋抟饭,毋放饭,毋流歠,毋咤食,毋齧骨,毋反鱼肉,毋投与狗骨,毋固获。"其中"毋固获"注:"为其不廉也。欲专之曰固,争取曰狋。"音义:"固狋,并如字。徐云:郑横霸反,专之曰固,争取曰狋。一音护。"所谓"一音护",是为《集韵》胡故切之所本。"固狋"是动词性并列结构,疏:"毋固狋者,专取曰固,争取曰狋。与人共食,不可专固独得及争取也。卢植云:固狋取之,为其不廉也。"

"狋1"的变调构词,当来自上古。滋生词词义,六朝已非习义,缺乏变调构词的语言条件。从语音上说,"狋"原始词和滋生词的上古音分别是 *ɣoǎk: *ɣoāk,中古音分别是 ɣwæk:ɣwaᵒ;上古音只有声调之别,中古音连韵母都相差甚远,有的方言滋生词读成 ɣuᵒ,是例外音变,韵母差得更远。这表明,"狋1"的变调构词应产生于只有声调之异的上古,而不是中古。徐邈能据郑玄注,推出"争取曰狋"的"狋"为"横霸反",说明至晚在东晋的某些方言或文人读音中,"狋"还保留了去声一读。《经典释文》注去声之前,先注成入声,正说明六朝后期文人读音中,已经把这一滋生词读成入声,按"狋"的习见读音来读古书了。

【狋2】

1

原始词,义为猎获;由此词义扩大,泛指获得,得到,动词,胡麦切(短入, *ɣoǎk/ɣwæk)。滋生词,特指射中目标,动词,胡化切(长入, *ɣoāk/ɣwaᵒ,《集韵》)。"狋2"的变调构词,未见于诸家著录。

《玉篇》《广韵》《集韵》对"狋"的音义反映,见"狋1"。《玉篇》

《广韵》均未收"获"的去声一读;《集韵》去声读法均未收"获2"滋生词词义。

2

"获"作"获得"讲读入声,例见"获1"。以下是"获"作"射中目标"讲读去声的用例。《周礼·春官·司常》:"凡射,共获旌。"注:"获旌,获者所持旌。"音义:"获旌,如字,李一音胡霸反。"李即东晋李轨,云"一音",则李音前有所承。疏:"谓若大射,服不氏唱获所持之旌,三侯皆有获旌也。"按,《玉篇》以"旌也"释"获",当来自三《礼》,以三《礼》用例来看《玉篇》这一释义,可知以"旌也"释"获",不科学。唱获,有时仅用"获"字来表达。《夏官·服不氏》:"以旌居乏而待获。"注:"玄谓待获,待射者中,举旌以获。"以获,指来唱获。何谓"唱获"?《仪礼·大射》:"获者坐而获,举旌以宫,偃旌以商;获而未释获。"其中"坐而获"注:"坐言获也。"又"举旌以宫,偃旌以商"注:"再言获也。"又"获而未释获"注:"但言获,未释筹。"则"唱"指大声喊。《乡射礼》:"获者坐而获。"注:"射者中,则大言'获'。获,得也。射,讲武田之类,是以中为获也。"这里不仅指出"射中"一类跟"猎获"一义的词义关系,而且解释了"唱获"的"获"的词义为"射中"。

由"射中"一义词义构词,义为唱获者,指行射礼时专司喊箭射中目标的人,名词。《周礼·冬官·梓人》:"张五采之侯,则远国属。"注:"《射人》职曰:'以射法治射仪,王以六耦射三侯,三获三容,乐以《驺虞》,九节九正。'"音义:"三获,如字,下皆同。或音胡化反。"其中"容"指唱获者用以防箭的蔽障物。"三获三容",指三个唱获者共有三个容,每人一个,用以避箭。获,唱获者。《夏官·射人》疏:"言容者,据唱获者容身于其中,据人而言。"正是这个意思。

"获2"的变调构词,当来自上古。六朝时代,滋生词已成古语词,缺乏音变构词的语言条件。从语音来说,"获2"原始词和滋生词上古音分别是 * ɣoăk : * ɣoāk,中古音分别是 ɣwæk : ɣwaᵊ。上古只有声调之异而中古连韵母也不同。这表明,"获2"的变调构词来自上古,不来自中古。又《仪礼·大射》:"授获者退立于西方,获者兴,共而俟。"注:"古文获皆作护,非也。"以去声字"护"记录"获2"的滋生词,从一个侧面反映了"获2"的变调构词。

"获2"滋生词的去声读法在口语中消失,至迟东晋已然。李轨"一音胡霸反",显然是引用了别的经音的音,那么他本人口语音中,"获"已不读去声了,只是他读经书时,才采用旧音。刘昌宗,一说晋人,他已把滋生词的去声注成入声。《周礼·夏官·射人》:"三获三容。"音义:"三获,如字,刘胡伯反。"陆氏意在表明,给"获"注如字不是他个人臆断,刘昌宗已这样注。而刘氏之所以给人人习知的"获"注入声,只有一种可能,那就是"三获"的"获"不必读去声。《仪礼·乡射礼》注:"容谓之乏,所以为获者御矢也。"音义:"获者,如字,刘胡檗反。下文同。"这种音注,跟上面《射人》的言外之意是一样的。《周礼·冬官·弓人》注:"大夫,士射侯,矢落不获。"音义:"获,刘胡檗反(按,十三经本讹作'获,相檗反')。"也是跟上文的言外之意相同。上面所举例子中,"获2"滋生词或者不注去声;或者在注去声之前,先注入声。不管是"射中目标"义,还是"唱获者"义,都是如此。后者如,《仪礼·大射》:"命曰:'毋射获! 毋猎获!'"陆氏不注音,反映出"唱获者"一义读成入声的事实。这些都表明,至晚东晋以后,"获"的去声一读在口语乃至读书音中都已消失了。

【获3】(滋生词作"攫")

1

原始词,义为猎获,动词,胡麦切(短入,* ɣoǎk/ɣwæk)。滋生词,义为装有机关的捕大兽的木笼,也叫柞攫,名词,字作"攫",胡化切(长入,* ɣoāk/ɣwaᵓ,《集韵》)。"获3"的变调构词,唐纳、周法高均有著录。唐纳把"获3"的变调构词归入"原始词是动词性的,滋生词是动词性的"一类,并释原始词词义为"to catch, get"(猎获,获得);滋生词词义为"trap"(捕捉机),字作"攫"。周法高归入"非去声或清声母为动词,去声或浊声母为名词或名语"一类,其释义是:"获:得也,胡麦切(入声,* gʷwâk/rwɛk 'to catch, get')。攫:机槛,胡化切,见《集韵》(去声,gʷwâg/rwaᵓ 'trap')。案《礼记·中庸》:'驱而纳诸罟攫陷阱之中。'《释文》卷十四826:'攫:胡化反。《尚书传》云:捕兽机槛。'"

《玉篇》犬部:"获,为麦切,得也;辱也;婢之贱称也;旌也。"为麦切音同胡麦切。手部:"攫,黄路切,擎攫也,一曰布攫也。又乙获切。"音义均与柞攫字无关。《广韵》胡麦切:"获,得也。"胡郭切:"攫,柞攫,阱浅则施之。"而"攫"未见收入去声,反映后代音读的变化。《集韵》胡陌切:"获,《说文》:猎所获也。"而"攫"有三读,胡化切:"攫,机槛。"胡谷切:"攫,捕兽机槛也,《书》'杜乃攫'徐邈读。"黄郭切:"攫,捕兽机槛。"入声读法反映了后起读音的变化。

2

"获"作"猎获"讲读入声。《淮南子·说林》:"的的者获。"其中的"获"跟"射"叶短入。司马相如《子虚赋》:"观士大夫之勤略,均猎者之所得获。"其中的"获"跟"略"及"轹,若,藉,尬,伏,藉,泽"叶短入,均可以为证。(按,两汉韵文中,"获"入韵6次,作"猎获";获得"讲入韵3次,均叶入声或短入;作"猎获物","战利品"讲入韵3次,均叶去声或长入,颇可玩味。)

以下是"擭"作"装有机关的捕大兽的木笼"讲读去声的用例。《书·费誓》:"杜乃擭,敜乃穽。"传:"擭,捕兽机槛,(按,十三经本'槛'讹作'檻')当杜塞之。"音义:"擭,华化反,徐户覆反。"徐邈户覆反为《集韵》胡谷切的来源,段玉裁以为"覆"为"覈"字之讹。疏:"《周礼·冥氏》掌'为阱擭以攻猛兽',知穽,擭皆是捕兽之器也。槛以捕虎豹,穿地为深坑,又设机于上,防其跃而出也;穽以捕小兽,穿地为深坑,入必不能出其上,不设机也。穽以穿地为名,擭以得兽为名,擭亦设于井中。"疏云"擭以得兽为名",是说它跟"获"同源,来自于"猎获"的"获"。《周礼·秋官·雍氏》:"凡害于国稼者,春令为阱擭沟渎之利于民者,秋令塞阱杜擭。"注:"擭,柞鄂也,坚地阱浅,则设柞鄂于其中。秋而杜塞阱擭;收刈之时,为其陷害人也。"音义:"擭,胡化反,柞鄂也。"《礼记·中庸》:"驱而纳诸罟擭陷阱之中。"音义:"擭,胡化反。《尚书》传云:捕兽机槛。"

"获3"的变调构词,当来自上古。《逸周书·周祝解》叶"擭('故虎之猛也,而陷于擭'),诈",正是长入自叶。上古时代,田猎在先民生活中占有重要地位,为语言中产生这种变调构词提供了社会条件。名词用的"获"上古已经产生了,"獲"字当是去掉"犬"字加上"手"字作偏旁产生的"获"的一个后起字。《说文》:"攫,擘攫也。一曰:布擭也。一曰:握也。从手,蒦声。"与"机攫"字无关,当是造字形体偶同,不必看作"攫"假借为"机攫"的"攫"。"获:攫"之别,正反映了上古语词音义分化的事实,而"攫"应是变调构词后为滋生词专造的字。中古"攫"的"机攫"义已非习义,没有变调构词的社会条件。又"获:攫"上古音分别是＊ɣoǔk:＊ɣoāk,只有声调之别,中古音分别是 ɣwæk:ɣwaᵓ,韵母相差甚远,也说明"获 3"的变调构词产生于上古,不是产生于中古。至晚晋代开始,就已经有人把"机攫"的"攫"读成入声了,如徐邈。但是陆德明把徐邈音放到去声读法之后,可见六朝后期读书音中,仍收去声为常。《集韵》去入兼收,《广韵》只收入声,可见至晚北宋读书音中已以入声读法为常。

宋王观国《学林》卷二"攫"字条,在列举了《书·费誓》,《周礼·雍氏》和《冥氏》,《礼记·中庸》的有关经文及旧注,陆德明《音义》之后,有这样的话:"观国案,《广韵》去声:'攫,胡化切,木名也,'入声:'攫,胡郭切,柞攫也,阱浅则施之。'以此考之,则阱攫之攫,当音胡郭切;其胡化切者,乃木名也。陆德明诸经音义皆误矣。"王观国此说,轻诋古人。其误有二:一、缺乏历史观点,执《广韵》"柞攫"字只读入声的事实来否定陆德明的去声读法,以为"陆德明诸经音义皆误",此说大误。二、错看字形。《广韵》"攫"只收胡郭切一读,胡化切无"攫"字,但有"檴":"亦木名。又胡郭切。"胡郭切:"檴,檴落,木名。"王氏显然是把胡化切的"檴"误看成"攫",因而致讹。清孙文昱《学林考证》、俞樾《读王观国学林》都没有拈出此条,因特作订正。

【忘】

1

原始词,义为使经历的事物不再存留在记忆中,动词,武方切(平声,*₋mĭwaŋ/₋mĭwaŋ,《广韵》巫放切"忘"下注"又音亡")。滋生词,特指无意识地让经历的事物不再存留在记忆中,遗忘了,忘记了(想记忆起来却难以记忆起来),是一种病症,动词,巫放切(去声,* mĭwaŋᵖ/mĭwaŋ)。"忘"的变调构词,贾昌朝有著录。《群经音辨·辨彼此异音》:"意遣曰忘,无方切。意昏曰忘,无放切。"所谓"意遣",指有意识地,自动地把经历的事物(往往是令人不愉快的)在记忆中消失掉;所谓"意昏"指经历的事物(往往是值得记住的)无意识地,被动地在记忆中消失掉了。贾说有理,且合旧音。

《玉篇》心部:"忘,无方切,不忆也;《说文》曰:不识也。又无放切。"去声不释义。《广韵》武方切不收"忘",但巫放切云:"忘,遗忘。又音亡。"《集韵》武方切:"忘,《说文》曰:不识也。"无放切:"忘,弃忘也。"

按,《同源字典》已证"亡:忘"同源。"亡"是失去,滋生出"忘",指有意识地使经历的事物在记忆中失去,仍读平声,其间发展脉络十分清楚。关键问题是,"忘"的原始词是什么时候开始从"亡"中滋生出来的,是上古就发展成一个独立的义位呢?还是从中古开始成为一个独立的义位? 显然"忘"的平声一读上古就已经从"亡"中裂变出来了。字形可以作证。《说文》已有"忘"字,心部:"忘,不识也。从心,亡声。"我们见到的《诗经》中,"忘"出现13次。但直到中古,"亡""忘"还出现有异文的情况,例如《诗·大雅·假乐》:"不愆不忘。"《说苑·建本》引作"不愆不亡"。王引之《经义述闻》卷五"曷维其亡"条也举了一些"亡""忘"异文的例子,卷三十二"经文假借"条亦云:"借忘为亡,而解者误以为遗亡之亡。"又云:"借亡为忘,而解者误以为灭亡之亡,又以为既葬曰亡。"直到六朝还有这种情况。既然直到六朝"亡""忘"还有异文和假借的情况,我们能否据此认为直到六朝时代"忘"的原始词还没有从"亡"中分化出来,或者说还没有完全分化出来呢?不能,从假借方面说,王引之之所以说有人误把"忘"(亡)的上下文词义理解错了,就在于对"忘""亡"的不同词义张冠李戴了,他是因声求义,不限形体。这说明,王引之认为,不管写作"忘"还是写作"亡",从语言的角度说,词义是不同的,不能把"忘"(也写作亡)"亡"(也写作忘)的词义混淆。可见王氏认为"忘:亡"的词义在上古已经分化了,字形的差别在其次,不很重要。能否从异文方面论证"忘"(平声)还未从"亡"中分化出来成为单独的义位呢?这种见解成立的大前提是:凡一个词从另一个词中分化出来,并且写成不同的汉字,如果某一时代记录这两个词的两个字有异文的情况,那么这个词还未分化成熟。这个大前提不可能成立。例如"受:授"在先秦是两个不同的字,《礼记·少仪》:"受立,授立,不坐。"《孟子·离娄上》:"男女授受不亲。"清楚地表明"授予"和"接受"不能合并为一个义位,而是不同的义位。但是"授予"的"授"直到唐代还有人仿古作"受",《韩非子·外储说左上》:"因能而受官。"葛洪《神仙传·沈羲》:"有三仙人,羽衣持节,以白玉简青玉介丹玉字受羲,羲不能识。"一本作"授"。韩愈

《师说》:"师者,所以传道受业解惑也。"《文章轨范》《古文眉诠》《唐宋文醇》等选本作"授"。另一方面,"接受"的"受"直到汉代还有人写作"授",《周礼·秋官·司仪》:"登,再拜授币,宾拜送币。"注:"授,当为受。主人拜至,且受玉也。"(按,《汉语大词典》讹作"天官")音义:"授币,依注授音受。"荀悦《申鉴·俗嫌》:"关者所以关藏呼吸之气,以禀授四气也。"如果我们拘泥于这种用字情况,那岂不是说"授予"的"授"直到汉唐还没有从"接受"的"受"中分化出来?类似的例子还有很多,都有力地表明,从异文来断定同源词的词义分化尚未成熟,是没有说服力的。我们的看法是。"亡:忘"的词义分化周秦时代就已经成熟了,这是不容置疑的事实。

2

从古注看,"忘"平去构词是毫无疑问的。"忘"是十分习见的字,如果它没有辨义的异读,注家不会给它注音。上下文中,注家有时注平声,有时注去声,有时平去兼注,只能认为,注家心目中,"忘"平去意义有别。《经典释文》中,"忘"注音16次,正反映出它是平去构词的。

"忘"读平声,泛指"使经历的事物不再存留在记忆中"。《经典释文》注音7次。《诗·小雅·沔水》:"心之忧矣,不可弭忘。"笺:"我念之忧,不能忘也。"音义:"弭忘,弥氏反,止也。下音亡。"《礼记·檀弓上》:"子夏既除丧而见,予之琴,和之而不和,弹之而不成声,作而曰:'哀未忘也。先王制礼,不敢不制焉。'"音义:"未忘,音亡。"《庄子·大宗师》:"泉涸,鱼相与处于陆,相呴以湿,相濡以沫,不知相忘于江湖。"音义:"相忘,音亡,下同。"指把江湖的水忘掉。

《天运》亦有此文，音义同，不举。《尔雅·释言》："弃，忘也。"音义："忘，音亡。"十三经本脱此音义。疏："心遗忘。《小雅·谷风》云：'弃我如遗。'"《释训》："勿念，勿忘也。"音义："忘，音亡。下同。"十三经本脱此音义。疏："念即不忘也。"慧琳《一切经音义》卷八十九："忘倦，上音亡，顾野王云：不忆也。"上面注音，"忘"都注成"音亡"。能否据此以为，古注家是读忘为亡，解为"失去"或者"止，停止，止息"呢？解为"止，停止，止息"见于《经义述闻》卷五，理由并不充足，难以作为一个固定的义位。至于解为"失去，遗失"，从而以为"忘"破读为亡，进而否定"忘"已从"亡"中分化出来，恐怕是求之过深。观上文经文及注疏，这里的"忘"都是指心理行为，"忘"不当破为亡；充其量，最多只能认为古注家借助"忘，音亡"这种注音方式揭示"亡：忘"词义之间的联系。

"忘"读去声，特指一种病态，义为"该记住的东西无意识地忘记了，记不起来了"。《经典释文》注音7次。《周礼·秋官·司刺》："壹宥曰不识，再宥曰过失，三宥曰遗忘。"注："遗忘，若间帷薄，忘有在焉，而以兵矢投射之。"音义："遗忘，音妄。注同。"这是叙述原谅过失杀人者的理由。遗忘，指记忆障碍而误杀人，是一种病态。《礼记·王制》注引此文，音义同，不再举。《礼记·学记》："虽终其业，其去之必速。"注："学不心解，则忘之易。"音义："则忘，亡亮反。"这是把遗忘掉所学知识看作一种病态。《左传·隐公七年》："壬申，及郑伯盟，歃如忘。"注："忘，不在盟。"音义："如忘，亡亮反。服虔云：如，而也。"疏："当歃血之时，如似遗忘物然……服虔云：如，而也。临歃而忘其盟载之辞，言不精也。"临歃而突然遗忘了盟载之辞，这也被视为一种病态。《左传后序》："不知老叟之伏生或致昏忘,将此古书亦当时杂记,未足以取审也。"音义:"昏忘,亡亮反。"人老糊涂了,记忆衰退,忘掉了史实,这是一种病态。《左传·哀公元年》音义亦有"昏志,亡亮反",但经及注中皆无此词,阮元以为当删。《庄子·达生》:"上而不下,则使人善怒;下而不上,则使人善忘;不上不下,中身当心则为病。"音义:"而不下则使人善怒下而不上则使人善忘,亡尚反。李云:阳散阴凝,故怒;阴发阳伏,故忘也。"这无疑是指阴阳不调而形成的一种健忘症。《列子·周穆王》:"宋阳里华子,中年病忘,朝取而夕忘,夕取而朝忘。在塗则忘行,在室则忘坐,今不识先,先不识今。"音义:"忘,音望。"显然指遗忘症。

有 2 例《经典释文》兼注如字和破读,那是因为对同一个"忘"在上下文中的词义有不同理解。《诗·卫风·伯兮》传:"谖草令人善忘。"笺:"忧以生疾,恐将危身,故忘之。"音义:"善忘,亡向反,又如字。"据郑笺,"善忘"当是一种病态,故以去声置前;但又可理解为泛指遗忘,故又注如字。《礼记·曲礼上》注:"耄,惛忘也。"音义:"忘,亡亮反,又如字。"解同前例。两例均以去读为佳,故置平声之前。不过,由此注可知"忘"读平声中古习见,故注"如字"。中古韵文也反映出这种事实。李荣《隋代诗文用韵与广韵的又音》"壹"中说:"隋代韵文忘字押平声的四见,没有押平声的……'忘'字北京读去声,很多方言读阳平。"

就韵文说,"忘"的原始词早期有很多入韵的例子,《诗经》入韵 9 次,全取原始词词义;两汉入韵 31 次,亦均取原始词词义。所以不能据此否定上古汉语"忘"是变调构词的。从词义来说,"忘"的滋生词词义上古已出现,如果没有坚强的理由来证明"忘"的滋生词是读平声,就应该承认其变调构词产生于上古。魏晋韵文中,"忘"叶平声43次,全取原始词词义;叶去声1次,正取滋生词词义。嵇康《卜疑》叶"放,尚,让,忘('游心皓素,忽然坐忘',指忘掉一切,主要包括把不该忘记的东西也忘得一干二净),怅,壮,亮,相,抗,怏"。中古时期,"忘"的滋生词又写作"妄",《庄子·盗跖》:"今子独无意焉,知不足邪?意知而力不能行邪?故推正不忘邪?"音义:"故推正不忘邪,忘或作妄。言君臣但推寻正道不忘,故不用富贵邪?为智力不足,故不用邪?"又"忘"可假借为妄。《左传·哀公二十七年》注:"礼不备也,言公之多妄。"音义:"多忘,亡亮反,本又作妄。"这些都说明"忘"中古口语中有去声一读。由"亡"滋生出"忘";"忘"变成原始词,继续滋生出新词,声调发生了变化。不然,我们只能认为去声一读是例外音变造成的。这不合事实。

最晚宋元时代起,"忘"的变调构词在口语中消失了,有的方言保留了平声读法,有的方言保留了去声读法。《广韵》武方切下没有"忘",但巫放切"忘"下注"又音亡"。而前此《切韵》系韵书,平声阳韵是收有"忘"的。《笺注本一》(斯二〇七一)武方反:"忘,又武放反。"《王仁昫刊谬补缺切韵一》(伯二〇一一)平声阳韵"亡"字及反切已脱,但武方反的地位有"忘,遗。又武放反。又不记"。《王仁昫刊谬补缺切韵二》(北京故宫博物院藏)武方反:"忘,遗。又武放反。不记曰忘。"《裴务齐正字本刊谬补缺切韵》(北京故宫博物院旧藏)武方反:"忘,相忘。又武访反。"不过《广韵》可能是在阳韵"亡"小韵遗脱了"忘"字,因为"亡"下云:"武方切。十二。"而《广韵》只收有十一个字,周祖谟《广韵校本》改"十二"为"十一",我们认为不确切。作"十二"是,但脱落了"忘"字。《中原音韵》江阳部,

"忘"兼收于平声阳和去声,可能反映的是广大北方话的读法,不一定同一处方言"忘"既读平声阳又读去声,但"忘"的两读不区别词义,这是可以肯定的。因为《元曲选·音释》中就把不少原始词注成去声。《汉宫秋》三折:"便休题贵人多忘。"音释:"忘,去声。"《伍员吹箫》二折:"这等冤仇,教我怎生忘得!"音释:"忘,去声。"《元曲选》只给"忘"注去声,我们认为,反而证明当时的基础方言中"忘"读平声,所以提醒人们,"忘"不要按常音读平声,应读去声。

【霜】(滋生词又作"霜")

1

原始词,义为靠近地面的空气在温度降到摄氏零度以下时,所含水气的一部分附在地面上或靠近地面的物体上,凝结成的白色结晶体,名词,色庄切(平声,*$_c\int$aŋ/$_c\int$aŋ)。滋生词,义为霜降到地面杀伤生物,动词,色壮切(去声,$\int$aŋ°,《集韵》)。"霜"的变调构词,未见于诸家著录。

《玉篇》雨部:"霜,所张切,露凝也。"《广韵》色庄切:"霜,凝露也。"均不收滋生词音义。《集韵》师庄切:"霜,《说文》:丧也,成物者。"色壮切:"霜霜,實霜杀物也,或从仌。"所收异体字,述古堂影宋钞本作"霜",然据"或从冰"一语,当作"霜"。

2

"霜"的原始词音义十分习见,古人注古书,一般不注音。但"霜"的滋生词很难找到用例。《汉语大字典》"霜"未收去声一读,但 shuāng 的第九个义项是："霜降杀物。《集韵·漾韵》：'霜，寔霜杀物也。'"不列书证。按，《旧唐书·高宗纪下》："是岁，天下四十余州旱及霜、虫，百姓饥乏，关中尤甚。"其中，"霜"正是"寔霜杀物"义；而"虫"亦读去声，义为虫食物。韩道昭《五音集韵》漾韵："霜霜（按当作'霜'），色壮切，寔（按，当作'寔'）霜杀物也。"这实际上来自《集韵》。《正字通》雨部所释很有启发性："霜，疏庄切，音双，《说文》：霜，丧也，成物者；《广韵》：凝露也……又漾韵丧去声，晋潘岳《马敦诔》：'马生爰发，在险弥亮。精贯白日，猛烈秋霜。'叶下'壮，犷'。"按，魏晋韵文中，"霜"原始词多次入韵，均叶平声。滋生词入韵1次，潘岳《马汧督诔》叶"亮，霜（'精冠白日，猛烈秋霜'），壮，犷"，正叶去声。"秋霜"是一个歧义结构：一、定中结构，秋天之霜，仍读"霜"为平声，如曹丕《大墙上蒿行》叶"尝，凉，卬，霜（'白如积雪，利如秋霜'），央，殃，祥，光，阳，钢，良，堂，凉，倡，商，肠，魴，康，筋，忘"。二、状中结构，秋天陨霜杀物，据张自烈所云，潘岳《马汧督诔》"猛烈秋霜"当解为猛烈如秋天陨霜杀物。《康熙字典》雨部："霜……又《集韵》《类篇》并色壮切，音孀。陨霜杀物也。或作霜。晋潘岳《马汧督诔》：'马生爰发，在险弥亮。精贯白日，猛烈秋霜。'"看来，《康熙字典》也认为"猛烈秋霜"的"霜"是陨霜杀物义。我们不能认为"霜"的滋生词音义是中古人主观造出的，潘岳的作品有反映，《集韵》《类篇》《五音集韵》《正字通》《康熙字典》都有记录，应当前有所承，而且有口语基础；尤其是其滋生词有后起字"霜"（字书多讹作"霜"），这决不是人为造的字，不是字书编者造出来的，而是有人用来记录此滋生词音义后，被字书收录进来的。本写作"霜"，后讹作"霜"或"孀"，讹变宋代已开始，至明清便习非成是,《正字通》水部:"潃,霜字之讹,旧注杀物,与霜义近,改色壮切,霜去声,非。"这种处理当然是不对的。《康熙字典》水部:"潃,《字汇》:色壮切,霜去声,杀物也。"

【上】

1

原始词,义为位置在高处的,上面,高位,名词,时亮切(去声,*ziaŋ°/ziaŋ°)。滋生词,义为登上,从低处到高处,动词,时掌切(上声,*ᶜziaŋ/ᶜziaŋ)。"上"的变调结构,贾昌朝、马建忠、周祖谟、唐纳、周法高、唐作藩均有著录。《群经音辨·辨字音疑混》:"居高定体曰上,是亮切。自下而升曰上,时掌切。"贾氏把去读置前,上读置后,是他看出前人注音以去读为如字,上读为破读。《马氏文通·实字》卷之五:"'上'字,上读内动字,升也。《易·需》:'云上于天。'去读静字。又《文言》:'本乎天者亲上。'"但马建忠目的在于确定上去二读的词性之别,不在于找出哪一个是原始词,哪一个是滋生词。周祖谟把"上"的变调构词归入"因词性不同而变调者"的"区分动词与形容词"一类,释义采用贾昌朝的。唐纳归入"原始词是动词性的,滋生词是名词性的"一类,并释原始词词义为"to ascend"(登上,上升),滋生词词义为"above, top"(上面,顶部),上声是原始词,去声是滋生词。周法高把上声看作原始词,他动式;去声看作滋生词,方位词,其释义是:"上:自下而升曰上,时掌切(上声,ᶜziang 'to ascend');居高定体曰上,时亮切(去声,ziang° ('above, top')。"不难看出,关于词义的滋生关系,周法高采用了唐纳之说,而释义则兼采贾昌朝和唐纳之说。唐纳和周法高之所以把上声看作原始词,去声看作滋生词,是从变调构词的普遍性规律出发来处理问题的。对此,我们比较赞同前人的说法,把去声读法看作原始词,上声读法看作滋生词。理由是,一、据《殷虚甲骨刻辞类纂》,甲骨文中"上"组成"上子""上甲""上䰞""上下""下上""上帝"等名词性结构,其他用法19次,也是名词性的,没有动词性用法,《甲骨文字典》中也不列动词性用法。可以认为,在殷商时代,"上"只能作名词,还没有发展出动词用法。二、先秦两汉古书中,"上"作名词和动词用都很常见,但名词用法更常见。把"上"的动词用法看成由名词用法滋生出来的,比较容易解释这种现象。三、《说文》上部:"上,高也。"许慎实际上已经把名词用法看成原始词了。四、中古人注音,都把"上"的去声读法看成"如字",上声看成破读。五、变调构词中,上声读法是原始词,去声读法是滋生词,这是普遍现象,但也要承认例外。况且这种例外是可以解释的:因为原始词本身是去声,其滋生词可以由去声变成非去声。

《玉篇》上部:"上,市让切。《说文》云:高也。又居也。《易》曰:本乎天者亲上。《虞书》曰:正月上日;孔安国曰:上日,朔日也。《老子》曰:太上下知有之;王弼曰:太上,大人也。《汉书》云:望于太上;如淳曰:太上,犹天子也。又市掌切,登也,升也。"这是把去声摆在上声之前。《广韵》时亮切:"上,君也,犹天子也。"时掌切:"上,登也,升也。"《集韵》时亮切:"上,君也。"是掌切:"上,《说文》:高也。此古文上,指事也。一曰:升也。"

2

"上"的变调构词,有的音注材料反映得很明显。一、古人对同一上下文中"上"兼注异读,不但不能证明其上去二读是自由变读,反而能更进一步证明二读是区别词义的。《易·小过》:"飞鸟遗之音,不宜上,宜下,大吉。"注:"飞鸟遗其音声,哀以求处上,愈无所适,下则得安,愈上则愈穷,莫若飞鸟。"音义:"不宜上,时掌反。注同。下及(按,'及'当为衍文)文'不宜上',上六注'上亦'(按,'亦'当依卢文弨校为'极')同。郑如字,谓君也。"读上声,义为从低处到高处;郑玄理解为国君,是名词义"位置在高处的"的引申义,读去声。《汉书·五行志》:"请皇后就宫,鬲闭门户,毋得擅上。"注:"擅上,谓辄至御所也,上音时掌反。一曰:擅,专也。上谓天子也,读如本字。勿令皇后专固天子。"很明确地把读上声的"上"理解为"从低处到高处",把读去声的"上"理解为"天子"。《经典释文》中,还有些"上"兼注上去而不释义,下面全部列出。《易·乾》:"上下无常,非为邪也;进退无恒,非离群也;君子进德脩业,欲及时也。"音义:"上下,并如字,王肃上音时掌反。"这里"下"读上声。有两解:一种"下"作"在下位者"讲,"上"读去声,作"在上位者"讲;一种"下"作"从高处往低处"讲。"上"读上声,作"从低处往高处"讲。"上下"与"进退"并举。王肃是解"上下"为动词性结构。《井》:"木上有水,《井》。君子以劳民劝相。"注:"木上有水,《井》之象也。上水以养,养而不穷尽也。"音义:"木上,如字,师又时掌反。"读去声,义为上面;周弘正读上声,训为从低处往高处(则断句为"木上,有水")。《涣》:"《涣》,'亨',刚来而不穷,柔得位乎外而上同。"注:

"四以柔得位乎外而与上同。"音义:"而上,如字,又时掌反。"读去声,"上同"是状中结构,"上"名词作状语;读上声,"上同"是连动结构,"上"动词。《小过》:"密云不雨,已上也。"注:"阳已上,故止也。"音义:"已止也,并如字。上又时掌反,注同。郑作尚,云:庶几也。"读去声,止于上;读去声,已经从低处往高处。疏取后说:"已上者,释所以密云不雨也。以艮之阳爻已上于一卦之上而成止,故不上交而为雨也。"《书·洪范》:"水曰润下,火曰炎上。"音义:"上,时掌反,又如字。下同。"读上声,训为炎而上;读去声,"炎上"为动宾结构。《诗·周颂·闵予小子》笺:"陟降,上下也……念此君祖文王,上以直道事天,下以直道治民。"音义:"上下,时掌反,又如字。"读上声,动词;读去声,名词用作动词,对待上天。《礼记·月令》:"天气上腾,地气下降。"音义:"上腾,时掌反,又如字。下'上泄'同。"读上声,从低处往高处;读去声,名词作状语,向上。《乐记》:"是故德成而上,艺成而下,行成而先,事成而后。"注:"先谓位在上也,后谓位在下也。"音义:"而上,如字,或时掌反。"读如字,名词作动词,处在上位;有人读成上声,从低处往高处走。以读去声为妥,因此处跟人的运动无关,而是"德成"后相应的职事,疏:"是故德成而上者,则人君及主人之属是也。"此例也反映出"上"的上去两读本质上不仅仅限于区分词性,词义起关键作用。《左传·桓公十六年》注:"上淫曰烝。"音义:"上淫,时掌反,一音如字。"读上声,"上淫"为连动结构;读去声,"上淫"为状中结构。《僖公二十九年》注:"诸侯大夫上敌公侯,亏礼伤教。"音义:"上敌,时掌反,又如字。"读上声,从低处往高处;读去声,名词作状语,向上,对上。《文公三年》注:"俱还上,成拜礼。"音义:"还上,时掌反,又如字。"读上声,从低处往高处走;读去声,上位,指阶的高处。《哀公七年》:"周之王也,制礼,上物不过十二。"注:"上物,天子之牢。"音义:"上物,如字,一音时掌反。注同。"读去声,上等的;读上声,送上,敬献。《公羊传·文公九年》注:"连成风者,但问尊卑体当绝,非欲上成风使及僖公。"音义:"欲上,时掌反,又如字。"读上声,使从低处往高处;读去声,名词用作动词,使动,使居尊位。《论语·乡党》:"上如揖,下如授。"集解:"郑曰:'上如揖,授玉宜敬;下如授,不敢忘礼。'"音义:"上,时掌反,又如字。注同。"读上声,义为从低处往高处;读去声,义为上处,用作状语。相应地,"下"分别解为"从高处往低处"和"低处",两读都是上声,不注。按,《仪礼·聘礼》注:"上如揖,下如授。"音义:"上如,示掌反。"只注上声。《庄子·山木》:"一龙一蛇,与时俱化,而无肯专为;一上一下,以和为量。"音义:"一上,如字,又时掌反。"上去之别,实为名动之辨。由这些同一个"上"字在同一上下文中兼注异读看,"上"的确是以上去区别词义的,当"上"作"位置在高处的,上面,高位"及"居于上位,处于高处"讲时,读去声;作"从低处往高处,上升"和"使从低处往高处,送上"讲时读上声。

二、当相邻的上下文中读上声的"上"和读去声的"上"都出现时,古人常只注读上声的"上",读去声的"上"不注。例如,《易·谦》:"天道下济而光明,地道卑而上行。"音义:"而上,时掌反。下注'上承''上行'同。"这里"上行""上承"都是连动结构。而注又云:"处下体之极,履得其位,上下无阳,以分其民。"又云:"居谦之世,何可安尊?上承下接,劳倦于谦也。"又云:"处三之上,而用谦焉,则是自上下下之义也。承五而用谦顺,则是上行之道也。尽乎奉上下下之道,故无不利。"这里,注中"上下无阳"的"上","之上"

的"上","自上"的"上","奉上"的"上"都不注,是读去声。又如,《诗·曹风·鳲鸠》传:"鳲鸠之养其子,朝从上下,莫从下上,平均如一。"音义:"下上,时掌反。"而"从上"的"上"读去声,不注音。《周礼·地官·小司徒》注:"一家男女七人以上,则授之以上地。"音义:"七人以上,时掌反。"七人以上的"上",是"从低处往高处"一义的抽象用法,注上声;而上地的"上"是形容词,是名词用法词义构词的产物,上等的。

以下是"上"作"位置在高处的,上面,高位"讲读去声的用例。《书·禹贡》:"厥赋惟上上错。"传:"上上,第一。"音义:"上,如字,赋第一。"《诗·郑风·大叔于田》:"两服上襄,两骖雁行。"笺:"襄,驾也。上驾者,言为众马之最良也。"音义:"上襄,并如字。"这里"上"义为"上等的",是名词"上"词义构词所产生的词。《郑风·东门之墠》传:"栗,行上栗也。"音义:"行上,并如字。行,道也。《左传》云:斩行栗。"《谷梁传·隐公三年》:"大上,故不名也。"注:"居人之大,在民之上,故无所名。"音义:"大上,并如字。"《尔雅·释天》:"春为苍天,夏为昊天,秋为旻天,冬为上天。"注:"言时无事,在上临下而已。"音义:"上,时兼反。"

以下是"上"作"登上,从地处往高处"讲读上声的用例。《易·需》:"云上于天,《需》。"音义:"云上,时掌反,干宝云:升也。"《书·尧典》:"荡荡怀山襄陵。"传:"襄,上也。"音义:"襄上,时掌反。"《诗·邶风·雄雉》:"雄雉于飞,下上其音。"音义:"下上,时掌反。"《仪礼·士相见礼》:"若父则游目,毋上于面,毋下于带。"音义:"毋上,时掌反。"指目光由低到高。《礼记·曲礼上》:"奋衣由右上。"音义:"右上,时掌反。下'犬马不上下'注'而上车'同。"《左传·成公十六年》:"甚嚻,且尘上矣。"音义:"尘上,时掌反。"《庄子·逍遥游》:"抟扶摇而上者九万里。"音义:"而上,时掌反。注同。"《尔雅·释鸟》注:"竦翅上下。"音义:"上下,时掌反。"《史记·扁鹊仓公列传》:"蹶上为重。"正义:"时掌反。蹶,逆气上也。"《汉书·郊祀志》:"后五年,始皇南至湘山,遂登会稽,并海上。"注:"附海而上也……上音时掌反。"

也可以带处所宾语。《周礼·秋官·朝士》注:"郑司农云……若今时无故入人室宅庐舍,上人车船。"音义:"上人,时掌反。"《礼记·问丧》:"入门而弗见也,上堂又弗见也。"音义:"上堂,时掌反。"《左传·襄公二十三年》注:"跳上献子车。"音义:"上献子,时掌反。"《公羊传·庄公元年》:"于其乘焉。"注:"于其将上车时。"音义:"将上,时掌反。"《庄子·盗跖》:"孔子再拜趋走,出门上车。"音义:"上车,时掌反。"《尔雅·释木》注:"齐人谚曰:上山斫檀,榽橀先殚。"音义:"上山,时掌反。"《史记·秦始皇本纪》:"二十八年,始皇东行郡县,上邹峄山。"正义:"上,时掌反。"《汉书·郊祀志》:"其秋,上雍,且郊。"注:"雍地形高,故云上也,音时掌反。"

又用作抽象义。《礼记·礼器》:"礼之薄厚,与年之上下。"音义:"上下,时掌反。"《庄子·在宥》:"人心排下而进上。"注:"排之则下,进之则上。"音义:"进上,时掌反。注及下同。"

"以上"是一个固定结构,表示位置、次序或数目等在某一点之上;又写作"已上"。"上"是由"从低处往高处"虚化来的。《易·系辞上》:"故神无方而易无体。"注:"自此以上,皆言神之所为也。"音义:"以上,时掌反。"《书·泰誓下》传:"众士,百夫长已上。"音义:"已上,上音以,下时掌反。"《诗·周南·汉广》传:"六尺以上曰马。"

音义:"以上,时掌反。下文同。"《谷梁传·僖公二年》:"此中知以上乃能虑之。"音义:"以上,时掌反。"《论语·雍也》:"中人以上,可以语上也;中人以下,不可以语上也。"音义:"以上,时掌反。注'可上'同。"《尔雅·释诂》注:"自穆穆已上皆美盛之貌。"音义:"已上,时掌反。"《史记·秦始皇本纪》:"秦人六百石以上夺爵,迁。"正义:"上音时掌反。"注意,"'上'+动词性结构"古人多把"上"理解为动词,如"上行""上附""上同""上升""上僭""上入""上腾""上进""上敌""上浮"的"上"大都读上声。

由"上"的"登上,上升,从低处往高处"这一动词义词义构词,使从低处往高处,送上,进献;属使动构词。《尚书序》:"悉上送官,藏之书府。"音义:"悉上,时掌反。"《周礼·秋官·大司寇》注:"报之者,若上书能诣公府言事矣。"音义:"上书,时掌反。"

"上"的变调构词当来自上古。从注音看,最早反映"上"变调构词的是王弼。《易·井》:"巽乎水而上水,《井》。"注:"音举上之上。"音义:"而上水,时掌反。注及下注'上水'皆同。"疏:"嫌读为去声,故音之也。"口语中的分别要早一些。《诗经》"上"入韵6次,《鄘风·桑中》叶"上,上,上",是"上面"义,但均为"送我乎淇之上矣"遥韵;《陈风·宛丘》叶"汤('子之汤兮',音义:'之汤,佗郎反,荡也,旧他浪反。'),上('宛丘之上',上面),望(声望)",可处理为去声自叶;《小雅·頍弁》叶"上('施于松上',上面),怲('忧心怲怲',音义:'怲怲,兵命反,忧盛满也。'),臧",可处理为平去叶韵。《大雅·大明》叶"上('赫赫在上',上面),王,方",可处理为平去叶韵。而滋生词"上"没有入韵。汉代韵文"上"的上去二读反映得很清楚。《淮南子·原道》叶"怳,往,景,上('扶摇抮抱羊角而上')","从低处往高处"一义叶上声。《易林·谦之蒙》叶"上,让('下背其上,盗明相让')",杜笃《论都赋》叶"上('《禹贡》所载,厥田惟上'),望,畼","在上者"和"上等的"叶去声。魏晋韵文中,傅咸《小语赋》叶"象,上('晨登蚁埃,薄暮不上'),酿,党",支遁《咏怀》之三叶"往,上('感物思所托,萧条逸韵上'),仰,响,长,爽",郭元祖《王子乔赞》叶"爽,响,上('浮丘感应,接手俱上'),往",无名氏《淫豫歌》叶"象,上('瞿唐不可上')",都是"从低处往高处"义叶上声。陶潜《感士不遇赋》叶"上('嗟乎！雷同毁异,物恶其上'),妄,谤,亮",谢万《嵇中散赞》叶"上('邈矣先生,英标秀上'),相",郭元祖《仇生赞》叶"向,壮,亮,上('北山之上')",潘尼《赠司空掾安仁》叶"上('人亦有言,人恶其上'),敬,竟,病",郭璞《江赋》叶"镜,映,上('绿苔鬖髿乎研上'),泳",又《山海经图·不死国赞》叶"上('有人爰处,员丘之上'),命,竟",都是"位置在高处的,上面,高位"义叶去声。

至晚中晚唐以后,"上"的上声读法开始读成去声,跟滋生词读音相混了,因为全浊上声变去声是从那时开始的。到了北宋,上声已读成去声了,所以贾昌朝要把"上"的上去两读放到《辨字音疑混》一门来辨析。现代汉语方言中,仍有方言保留"上"的两读的区别。根据温昌衍《客家方言的特征词》(载《汉语方言特征词研究》,厦门大学出版社,2001年,258页):"在客家方言里,'上'有两种平常语音:阴平的 $soŋ^1$(梅县、石城音,下同),多是作为动词时的语音,来源于'时掌切',声调是'浊上归阴平'。阳去的 $soŋ^6$,这多是表方位时的语音……阴上的 $soŋ^3$,也来源于'时掌切',是作为动词表'安装、安上'义时的语音(按:普通话也有这种读法,只用于'上声'一词),但并未像别的浊上语音归阴平或去声而是留在上声,可能是一种辨义的需要。内部12点同次(例外3点是南雄、龙川、于都,读入阳去)。例如'上鞋(把鞋帮鞋底缝在一起)'(有的地方写作异体词'绱鞋')之'上':梅县音 soŋ³、石城音 soŋ³、长汀音 ʃoŋ³。赣语部分点(安义、樟树、萍乡)同此,例如萍乡,'上鞋子(把鞋帮鞋底缝在一起)'之'上',为阳去的 sõ⁶,也有人说阴上的 sõ³(据魏钢强1998,307页)。部分点为阳去。例如南昌:soŋ⁶(据熊正辉1994,220页,原作'绱鞋子');宜丰:son⁶;吉安:soŋ⁶。"这种现象,一方面说明"上"的上去二读别义有实际口语的基础,另一方面说明有些配对词在共同语中消失了,但在方言中可以保留下来。

由于"上"的上去两读不易分辨,所以后人不免理解出错。宋王观国《学林》卷一"上下"条云:"上,时亮切,又时掌切。下,胡驾切,又胡雅切。上字时亮切,下字胡驾切者,定位之上下也。上字时掌切,下字胡雅切者,升降之上下也。"说明宋人要了解"上""下"的两个读音,需要分辨。不过王观国认为"上""下"的变调构词是同类型的,是错误的:"下"作"定位之上下"和"升降之上下"都读上声,而"上"作"定位之上下"讲读去声,作"升降之上下"讲读上声。

《汉语大字典》把"上"字上去两读的词义都注成时亮切(仅把上声调的"上"注成时掌切),不合于中古以前的语言事实。

【长1】

1

原始词,义为两端之间距离大,与"短"相对,形容词,直良切

(平声，*₋dĭaŋ/₋dĭaŋ)。滋生词，义为长度，名词，直亮切(去声，* dĭaŋᶜ/dĭaŋᶜ)。"长1"的变调构词，贾昌朝、周祖谟、唐纳、周法高、唐作藩均有著录。《群经音辨·辨字音清浊》："长，永也，持良切，对'短'之称。揆长曰长，下持亮切，长几分几寸是也。"为各家所本。周祖谟把"长1"的变调构词归入"因词性不同而变调者"的"区分形容词用为名词"一类。唐纳归入"原始词是动词性的，滋生词是名词性的"一类，并释原始词词义为"to be long"(两端之间距离大)。滋生词词义为"length"(长度)。周法高把原始词看作形容词，滋生词看作他动式。我们认为，把滋生词看作他动式不妥。有些作"长度"讲的"长"只能处理为主语，例如《史记·管晏列传》："晏子长不满八尺，身相齐国。"《淮南衡山列传》："今彗星长竟天，天下兵当大起。"《天官书》："秦始皇之时，十五年彗星四见，久者八十日，长或竟天。"

《玉篇》长部："长，直良切，永也，久也，常也。又知两切，主也。又除亮切，多也。"《广韵》直良切："长，久也，远也，常也，永也。"直亮切："长，多也。"去声读法均不收"长度"一义。《集韵》仲良切："长，《说文》：久，远也。"直亮切："长，度长短曰长。一曰：馀。"

2

古人音注，对"空间距离大""时间跨度远"均读平声。《尔雅·释诂》："永，羕，引，延，融，骏，长也。"音义："长，直良反。"《书·君陈》："其尔之休，终有辞于永世。"传："非但我受多福而已，其汝之美名亦终见称颂于长世。"音义："长世，上如字。"有时候，上下文中同一个"长"可作不同理解，所以会兼注平上二读。《诗·小雅·蓼萧》:"蓼彼萧斯,零露湑兮。"传:"蓼,长大皃。"音义:"长大,如字,又张丈反。"《小雅·斯干》:"哙哙其正。"传:"正,长也。"音义:"正长,王丁丈反,崔直良反。"疏:"王肃云:宣王之臣,长者宽博,哙哙然;少者闲习,哕哕然。"崔灵恩之所以注"直良反",是因为接受了郑笺的说法,以为"正,昼也",取昼长夜短之意。《汉书·司马迁传》:"《易》著天地阴阳四时之行,故长于变。"注:"以变化之道为常也,长读如本字;一曰:长谓崇长之也,音竹两反。"

以下是"长"作"长度"讲读去声的例证。《诗·卫风·伯兮》:"伯也执殳,为王前驱。"传:"殳长丈二而无刃。"音义:"长丈,如字,又直亮反。"《仪礼·士冠礼》注:"素韠,白韦韠,长三尺,上广一尺,下广二尺。"音义:"长三,直亮反。凡度长短曰长,直亮反。度广狭曰广,古旷反。他皆放此。"《丧大记》注:"柄长五尺。"音义:"柄长,直谅反,又如字。后放此。"《左传·庄公二十八年》注:"广充幅长寻曰旐。"音义:"长寻,直谅反,又如字。"

尽管我们目前还没有找到"长"作"长度"讲读去声的直接反映口语的材料,但是也没有找出该读法是经师人为的直接证据。从尊重故训旧音的角度出现,应承认该读法反映了六朝中期以前的口语现象。"长"这一滋生词的去声读法,至晚六朝后期已读成平声了,去声一读只保留在读书音系统中。《周礼·天官·凌人》注:"汉礼器制度,大槃广八尺,长丈二尺,深三尺,漆赤中。"音义:"凡度长短曰长,直亮反;度浅深曰深,尸鸩反;度广狭曰广,光旷反;度高下曰高,古到反。相承用此音。或皆依字读。后放此。"可见,"长,深,广,高"的去声读法,到六朝后期,只是读书人承用前代读法而已,有的读书人干脆读成"如字"音了。《经典释文》对"长"的滋生词,有时只注去声读法,占大多数;有时兼注平声和去声。后者中,平声在前,去声在后的,仅2例;去声在前,平声在后的,共7例。这些情况只能说明,至晚六朝后期,"长"作"长度"讲,原来的去声已读成平声了。

【长2】

1

原始词,义为两端之间距离大,形容词,直良切(平声,* $_c$ɖɩɑŋ/ɖɩɑŋ)。滋生词,义为多余,多余的,形容词,直亮切(去声,* ɖɩɑŋ^c/ɖɩɑŋ)。"长"读直亮切,包括了两个词:在"长1"中是"长度"义,在"长2"中是"多余,多余的"义。"多余,多余的"一义不可能是"长度"一义滋生出来的,"长度"一义也不可能是"多余,多余的"一义滋生出来的。这两个义位分别都是"长"的"两端之间距离大"一义滋生出来的;换言之,"长1"和"长2"的直亮切负载的是两个同形词,或同音词。

"长2"的变调构词,未见于诸家著录。《玉篇》《广韵》《集韵》对"长"平去两读的反映,见"长1"。三部字书都反映出了"长2"滋生词的音义。

2

"长"作"两端之间距离大"讲读平声,例见"长1"。以下是"长"作"多余,多余的"讲读去声的用例。《后汉书·孝桓帝纪》:"其舆服制度有逾侈长饰者,皆宜损省。"注:"长音直亮反。"《桓荣传》:

"初,荣受朱普学章句四十万言,浮辞繁长,多过其实。"注:"长音直亮反。"《宋均传》:"时府下记,禁人丧葬不得侈长。"注:"长音直亮反。禁之不得奢侈有余。"《晋书·陶侃传》:"臣常欲除诸浮长之事,遣诸虚假之用,非独臣身而已。"音义:"浮长,直亮反。"《王恭传》:"恭曰:'吾平生无长物。'"音义:"长,直亮反。"《白居易集》卷二十九《把酒》:"此外皆长物,于我云相似。""长"下自注:"去声。"《全唐诗》卷四百三十八白居易《得微之到官后书备知通州之事怅然有感因成四章》之四:"通州海内恓惶地,司马人间冗长官。""长"下原注:"去声。"又《夏日闲放》:"资身既给足,长物徒烦费。""长"下原注:"音丈。"按,"丈"读去声。韩愈《岳阳楼别窦司直》叶"让,放,状,向,长('幽怪多冗长'),妨,壮,两(去声,原文是'轰辁车万两'),旷,帐,砀,怆,障,傍,上,益,亮,纩,况,漾,涨,望,畅,怅,恙,酿,唱,酱,忘,王(去声,原文是'志欲干霸王'),亢,谤,妄,仗,诳,将,当(去声,原文是'但惧失宜当'),葬,浪,谅,创,丧,尚,相,饷,访",陆龟蒙《记事》叶"放,上,畅,上,饷,向,纩,丈,望,王,状,壮,唱,况,浪,丧,怅,恙,诳,并,漾,创,尚,旷,脏,忘,酱,谤,量,长('图书筐簏外,关眼皆剩长'),仰,强,跄,酿,益,幌,亮",都是叶去声。慧琳《一切经音义》卷六十七:"盈长,又作赢,同,弋成反。下除亮反……长,剩(按,原讹作'乘')也。"卷七十:"长取,除亮反,谓盈长也,亦余剩也。"卷八十一:"长脮,上除亮反,《文字典说》云:长,剩长也。"以上"长2"滋生词可以作定语,又可跟其他形容词如"侈""繁""浮""盈"(或作赢,借为赢)"冗"组成形容词性并列结构。有的形容词可带宾语,"长"也是,《汉书·高帝纪》:"十年夏五月,太上皇后崩。"晋灼注:"明此长'夏五月太上皇后崩'八字也。"此"长"

还可作状语,《西京杂记》卷四:"(真元菟)至二十四日哺时死。其妻曰:'见真算时长下一算,欲以告之。'"

"长2"的变调构词当来自上古。从词义说,"长2"滋生词词义上古已出现。《吕氏春秋·观世》:"此治世之所以短,而乱世之所以长也。"注:"短,少;长,多也。"魏晋韵文中,"长"作"两端之间距离大"和"时间跨度远"讲均叶平声,例甚多,不备举。作"多余,多余的"讲只入韵1次,叶去声,陆机《文赋》叶"量,状,匠,让,相,当,旷,亮,怆,壮,畼,诳,放,长('要辞达而理举,故无取乎冗长')"。《经典释文》所注直亮反,直谅反都是给"长度"一义注的音,所以不能说陆德明不同意"长"作"多余,多余的"讲读去声。从旧注看,"长"的"长度"一义六朝后期口语中已由去声读成平声,去声只保留在读书音中。唐代以后,很多读书人把"长度"一义读成平声,所以《史记》正义及索隐,《汉书》颜注,《后汉书》李注对"长度"一义均不出注。"长2"滋生词的去声读法,消失的时间比"长1"的去声读法消失的时间要晚,唐人音注还在为"多余,多余的"一义注去声。杜甫《秋雨叹》之二:"阑风伏雨秋纷纷,四海八荒同一云。"其中"伏"为"仗"之讹字,"仗""长"并直亮切,是"长"的借字。《九家集注杜诗》:"伏,一作长。"《苕溪渔隐丛话·后集》卷八:"《东皋杂录》云:'杜诗阑风伏雨秋纷纷,伏乃仗字之误;阑珊之风,冗长之雨也。'"仇注:"《英华》作长,去声;荆公作仗。"此读宋代仍保留。杨万里《过八尺遇雨》:"节里无多好天色,阑风长雨余残年。""长"下原注:"去声。"陆游《初夏杂咏》:"踽踽飘零客,悠悠剩长身。"《寓叹》:"事外痴顽老,人中剩长身。"《病小减复作》:"一身真剩长,两月抱沉绵。"元明时代,《中原音韵》"长"兼收于平声阳和上声,去声无"长"字,这可能反映"长 2"滋生词在部分北方方言中消失的事实。应该承认,这一用法在部分北方方言中仍有保留,《元曲选·音释》可以为证。《三虎下山》二折:"那妮子闲言长语,我只作耳边风。"音释:"长音仗。"《破家子弟》三折:"你却怎生背地里闲言落可便长语。"音释:"长音丈。"《两团圆》楔子:"却要说这等闲言长语做什么那?"音释:"长音丈。"《鲁斋郎》三折:"不识羞闲言长语,他须是你儿女妻夫。"音释:"长音丈。"《范张鸡黍》一折:"你这等闲言长语,当的什么?"音释:"长音丈。"《渔樵记》一折:"见人呵,闲言长语三十句。"音释:"长音丈。""长 2"的变调构词应是战国以后才出现的,唐宋以后仍习用,近代以后使用大受限制。现代汉语普通话中,《现代汉语词典》"长"的 cháng 下第五个义项:"(旧读 zhàng)多余;剩余:~物。"可见已习惯于读成阳平了。但是在现代汉语方言中,"长 2"原始词和滋生词的读音区别仍有方言保留着。据李如龙《考求方言词本字的音韵论证》:"有些字或古代有异读,或现代有异读,一般人不明底细也另写别字。例如'长'在《广韵》有直良、直亮两个反切,前者注'久也,远也,常也,永也',后者注:'多也'。闽方言延用了这两个读音,读去声:tuoŋ²(福州),tioŋ²(厦门)表示'余剩',许多人就不知道这个字的本字也是'长'。"

《汉语大字典》把"多余;剩余"一义注成 zhàng,甚是;又在该音下照抄《集韵》"度长短"一语,不举书证,欠妥。其实"度长短"一义,用今天的话说,就是"长度",古人是用动词性短语给名词用法释义。《汉语大字典》在 cháng 下注的第一个义项是:"凡空间、时间距离较大者。"在此义项下分述指空间的意思,说"又指长度"。指长度一义跟所列义项古人读音不同,是不同的词,"长度"一义应从此义项中剔除出来,连同例句一起,归并到"度长短"一义中,"度长短"一语今人不易明白,可径说"长度"。如果从今读,可注 cháng;如果从旧读,也可注 zhàng。《汉语大词典》"长"的 zhàng 音第一个义项是"多,多余";cháng 音第一个义项是:"指在空间的两端之间距离大。"分列的"(1)同'短'相对"下云:"亦指长度。"分列的"(2)高"下云:"亦指高度。"其实"长度"和"高度"当合并为"长度",应另立义项,因为跟形容词"长"声调不同。

【王】

1

原始词,义为帝王,名词,雨方切(平声,* ₄ɣĭwaŋ/ ₄jĭwaŋ)。滋生词,义为做帝王,称王,动词,于放切(去声,* ɣĭwaŋʰ/ jĭwaŋʰ)。"王"的变调构词,贾昌朝、马建忠、周祖谟、唐纳、周法高、唐作藩均有著录。《群经音辨·辨字音清浊》:"王,君也,于方切。君有天下曰王,于放切。"为各家所本。《马氏文通·实字》卷之二:"'王'字:名用,平声。《诗·大雅·皇矣》'王此大邦',动字,去读。"周祖谟把"王"的变调构词归入"因词性不同而变调者"的"区分名词用为动词"一类。唐纳归入"原始词是名词性的,滋生词是动词性的",并释原始词词义为"king"(帝王),滋生词词义为"to be king; to be king of"(做帝王)。周法高归入"非去声或清声母为名词,去声或浊声母为动词或名谓式"一类。按,如果认为"之"只能作宾语,那么称王的"王"宜处理为及物动词,只是它带的宾语限于指处所的名词性成分。《史记·秦始皇本纪》:"燕王东收辽东而王之。"正义:"王,于放反。"可以为证。

《玉篇》王部："王,禹方切,《说文》云:天下所归往也……蔡邕《独断》云:皇子为王。"未收去声一读。《广韵》雨方切："王,大也。君也。《字林》云:三者,天地人也,一贯三为王,天下所法。"于放切："王,霸王,又盛也。"《集韵》于方切："王,《说文》:天下所归往也。"于放切："王,兴也。"

2

"王"的变调构词,有的材料反映得很明显。《史记·张仪列传》："今三川,周室,天下之朝市也,而王不争焉,顾争于戎翟,去王业远矣。"正义未注前一个"王",后一个"王"下注："去王远矣。王音于放反。"《汉书·高帝纪》："信对曰:'项羽背约而王君王于南郑。'"注："上王,音于放反。"

以下是"王"作"帝王"讲读平声的用例。《书·说命中》："树后王君公,承以大夫师长。"音义："后王,于方反。"疏："后王谓天子也。"《周礼·天官·序官》："惟王建国,辨方正位,体国经野,设官分职,以为民极。"音义："惟王,如字。干宝云:王,天子之号,三代所称。"

以下是"王"作"做帝王,称王"讲读去声的用例。《易·系辞下》："古者包牺氏之王天下也,仰则观象于天,俯则观法于地。"音义："之王,于况反。"《书·西伯戡黎》传："文王率诸侯以事纣,内秉王心,纣不能制。"音义："王心,于况反。下注'宜王者'同。"《诗·周颂·昊天有成命》笺："文王,武王受其业,施行道德,成此王功。"音义："王功,于况反。"《礼记·祭义》："是故至孝近乎王,至弟近乎霸。"音义:"乎王,于况反。"《左传·成公二年》:"四王之王也,树德而济同欲焉;五伯之霸也,勤而抚之,以役王命。"音义:"四王,夏禹,殷汤,周文王,武王也。之王,于况反。"《公羊传·僖公三十一年》注:"周公……制礼作乐,致太平,有王功。"音义:"王功,于况反。"《论语·宪问》集解:"马曰……禹及其身,稷及后世,皆王。"音义:"世皆王,于况反。"《庄子·逍遥游》注:"今言王德之人而寄之此山。"音义:"王德于况反。本亦作至。"《史记·秦始皇本纪》:"燕王东收辽东而王之。"正义:"王,于放反。"《张仪列传》:"今三川,周室,天下之朝市也,而王不争焉,顾争于戎翟,去王业远矣。"索隐:"去王远矣。王音于放反。"《列子·说符》:"汤武爱天下,故王。"音义:"于况反。"

由此词义构词,义为使做帝王,使称王。《礼记·大传》:"追王大王亶父,王季历,文王昌。"音义:"追王,于况反。"《汉书·高帝纪》:"信对曰:'项羽背约而王君王于南郑。'"注:"上王,音于放反。"

"做帝王,称王"义词义构词,义为胜过别人,动词。《庄子·德充符》:"彼兀者也,而王先生,其与庸亦远矣。"音义:"而王,于况反。李云:胜也。崔云:君长也。"疏:"王,盛也。"进一步词义构词,义为兴旺。《周礼·天官·疾医》注:"察其盈虚休王,吉凶可知。"音义:"休王,往况反。"《左传·僖公十五年》注:"或取于时日王相以成其占。"音义:"王相,于况反,下息亮反。"《庄子·养生主》:"神虽王,不善也。"注:"雄心神长王,志气盈豫。"音义:"虽王,于况反。注同。"后起字为暀,已见《说文》,俗字为旺。

值得注意的是,"素王"的"王"古人全注成去声。《春秋序》:

"说者又以仲尼自卫反鲁,脩《春秋》,立素王,丘明为素臣。"音义:"素王,于况反,下'王鲁''素王'同。"疏:"案孔舒元《公羊传本》云:……麟是帝王之瑞,故有素王之说。言孔子自以身为素王,故作《春秋》,立素王之法;丘明自以身为素臣,故为素王作左氏之传。"《庄子·天道》:"以此处上,帝王天子之德也;以此处下,玄圣素王之道也。"音义:"素王,往况反。注同。"按,指注:"有其德为天下所归,而无其爵者,所谓素王自贵也。"据此,"素王"可视为状中式复合词。

从音注材料看,最早反映"王"有去读的是晋人。《方言》卷十二:"屑,怪,狯也。"郭璞音义:"怪,王相。"即音王相之王,考"王相"之"王"读去声。《左传·僖公十五年》注:"凡筮者,用《周易》,则其象可推。非此而往,则临时占者,或取于象,或取于气,或取于时日王相以成其占。"音义:"王相,于况反,下息亮反。"疏:"阴阳书以为春则为木王,火相,土死,金囚,水休,时日旺相谓此也。"《周礼·春官·保章氏》:"保章氏掌天星,以志星辰日月之变动。"疏:"五星更王相休废,其色不同,王则光芒,相则内实。"李崇兴等《元语言词典》:"【旺相】wàng xiàng 旺盛。《张生煮海》三白:'只要火气十分旺相,一时间将此水煎滚起来。'"今湖北黄州话有"王相"一词,指房屋亮堂,家庭兴旺,读阳去。据《经典释文》所引,徐邈,刘昌宗对"做帝王,称王"的"王"都只注去声,其中徐氏"于况反"见引10次,例如《礼记·经解》:"义与信,和与仁,霸王之器也。"音义:"霸王,徐于况反。"刘氏"于况反"见引2次。这当然不是经师人为。

两汉韵文中,"王"作名词用及作"朝拜天子"讲均叶平声,例甚多,不备举。叶去声1次,义为"做帝王",《淮南子·泰族》:"纣有南面之名,而无一人之德,此失天下也。故桀纣不为王,汤武不为放。"其中"王,放"叶去声。魏晋韵文中,"王"作名词用及作"朝拜天子"讲均叶平声,例甚多,不备举。"王"叶去声5例,作"做帝王,称王"讲2次,曹植《殷汤赞》叶"仰,王('放桀鸣条,南面以王'),偿,相",左思《蜀都赋》叶"障,防,向,王('刘宗下辇而自王'),向,量";作"兴盛,旺盛"讲3次,桓伟《兰亭》叶"尚,王('宣尼邀沂津,萧然心神王'),唱,畅",无名氏《穆帝哀策文》叶"让,尚,王('体有示无,德克神王')",苏彦《邛竹杖铭》叶"杖,畅,亮,当,匠,王('君子是扶,逍遥神王')"。以上例子表明,"王"的变调构词来自上古,到魏晋时代犹保存于口语之中。

"王"的去声读法在口语中消失可能是六朝后期。这从《经典释文》给同一上下文中"王"兼注平去二读看得很清楚。《经典释文》给这种"王"兼注平去,有两种情况:一是对"王"有不同理解。当"王"作定语时,兼注平去的例子较多。《书·仲虺之诰》传:"能以成王业。"音义:"王业,上如字,又于况反。"十三经本脱此音义。《武成》:"至于大王,肇基王迹。"音义:"王迹,上于况反,又如字。注'王业''王功'同。"《诗·豳风·七月·序》:"《七月》,陈王业也。"音义:"王业,于况反,又如字。下同。"《大雅·绵》笺:"至大王而德益盛,得其民心,而生王业。"音义:"王业,于况反,亦如字。后'王业'同。"《仪礼·乡饮酒礼》注:"以兴王业。"音义:"王业,如字,刘于况反。"《燕礼》注:"以兴王业。"音义:"兴王,如字,又于况反。"《乡射礼》注:"以成王业。"音义:"成王,如字,刘于况反。"另外,"王业"还见于多处。《礼记·王制》音义:"《王制》弟五,如字,徐于况反。卢云:汉文帝令博士诸生作此篇。"《左传·僖公二十二年》注:"惜其有

第一章 古代汉语变调构词词表

王德而无王佐也。"音义:"王德,于况反,又如字。下'王佐'同。"这种作定语的"王"有时只注去声。例如《诗·豳风·狼跋·序》笺:"终立其志,成周之王功。"音义:"王功,于况反。"《大雅·下武·序》笺:"继文王之王业而成之。"音义:"王业,于况反。"我们认为,这些作定语的"王"以读去声为佳,早期注家,如刘昌宗即只注去声。"王者"也兼注平去。《诗·商颂·长发》笺:"《礼记》曰:'王者禘其祖之所自出。'"音义:"王者,于况反,又如字。"《礼记·檀弓下》注:"春秋……嫁于王者之后乃服之。"音义:"王者,如字,徐于况反。"《乐记》:"王者功成作乐,治定制礼。"音义:"王者,如字,徐于况反。"《左传·文公六年》:"古之王者知命之不长,是以并建圣哲。"音义:"王者,如字,一音于况反。"《经典释文》中,凡是注了音的"王者"的"王"都是平去兼注,当然以读去声为佳,早期注家如徐邈,只注去声。有时"王"不出现在定语位置上,平去兼注,其中有的也可作不同理解。《诗·大雅·下武》:"永言配命,成王之孚。"笺:"欲成我周家王道之信也。"音义:"成王,如字,又于况反。"《周颂·昊天有成命》:"二后交之,成王不敢康。"音义:"成王,王如字,徐于况反。"《礼记·缁衣》:"《大雅》曰:'成王之孚,下土之式。'"音义:"成王,如字,徐于况反。"二是反映了六朝后期口语中"王"滋生词由去声读成平声的事实。《书·仲虺之诰》:"能自得师者王,谓人莫己若者亡。"音义:"者王,徐于况反,或如字。"《咸有一德》传:"非天私商而王之,佑助一德,所以王。"音义:"而王,于况反。下'以王'同。或如字。"《旅獒》:"惟乃世王。"传:"天子乃世世王天下。"音义:"世王,如字,又于况反。注同。"《诗·大雅·皇矣》:"王此大邦,克顺克比。"笺:"王,君也。王季称王,追王也。"音义:"王此,如字。郑云:

君也。徐于况反。"按,郑笺"君也",是动词义;又十三经本"于"讹作"子"。《礼记·中庸》:"王天下有三重焉,其寡过矣乎?"音义:"王天下,于况反,又如字。"疏:"言为君王有天下者有三种之重焉。"《春秋序》:"吾乃今知周公之德与周之所以王。"音义:"以王,于况反,又如字。"《左传·昭公二年》:"吾乃今知周公之德与周之所以王。"音义:"所以王,于况反,周弘正依字读。"周弘正,陈人,陆德明师。值得注意的是,"王"作"做帝王,称王"讲《经典释文》从来都不只注平声,要么只注去声,要么平去兼注。而且他倾向于注成去声,上举《左传·昭公二年》音义,他的老师周弘正把"所以王"的"王"注成平声,他也是放在去声之后;把去声读成平声,有时他不直接冠以作音人之姓氏,而曰"或",正如《条例》所云:"其'或音''一音'者,盖出于浅近。"还需指出,据《经典释文》所引,早期注家如徐邈和刘昌宗,都不把去声注成平声,不过破读音都出自徐刘二氏,说明六朝早期口语中仍保留去声读法。

"王"的去声读法在口语中消失较早,但书面语中(特别是读古书时)维持得很久。宋代如,《易·系辞下》:"古者包牺氏之王天下也。"朱熹注:"王,于况反。"王安石《金陵怀古》:"山水寂寥埋王气,风烟萧飒满僧廛。"元代如,《中原音韵》江阳部,"王"兼收于平声阳和去声。《元曲选·气英布》一折:"怀王约道,先入关者王之。"音释:"王,去声。"《隔江斗智》二折:"汉家王气已将近,鼎足三分各自雄。"音释:"王,去声。"明清时代,尽管《韵略汇通》"王"在江阳部只收入下平(阳平),但不能证明当时读书音中"王"不读去声。《现代汉语词典》:"王 wàng 古代称君主有天下:~天下。"也承认"王"的去声读法还保留在读书音中。

不少人不承认"王"的"做帝王,称王"一义是一个固定的义位,把此义的"王"看作名词活用为动词,不妥。古人既以声调的转换把这一词义跟名词用法区分开来,正说明"王"的"做帝王,称王"一义实际存在于当时口语中;而且此义还发展出另外一些用法。从古书用例看,《孟子》中"王"作动词用,达30次,"王者"出现9次;《吕氏春秋》中"王"作动词用,达63次。中古以后,"王"的动词用法逐步减少,例如《世说新语》中没有"王"单独作动词的用例,而组成"王霸"1次,"王者"3次。上古汉语中,"做帝王,称王"的"王"无论如何应作为一个单独的词看待,不能作为名词活用为动词。还应注意,"王"平去两读本质上是用来构词的,不仅仅用来区别词性。"王"的"朝见天子"一义是"帝王"一义词义构词的产物,尽管此义是动词用法,但仍读平声,向熹先生《诗经词典》把"朝见(天子)"一义注成去声,于古无征,当从平声。

【黄】(滋生词后作"潢")

1

原始词,义为黄色,名词,胡光切(平声,*$_c\gamma uaŋ/_c\gamma uaŋ$)。滋生词,义为用黄檗汁染纸,词义扩大指染纸,动词,字作"潢",乎旷切(去声,*$\gamma uaŋ^?/\gamma uaŋ^?$)。"黄"的变调构词,未见于诸家著录。

《玉篇》黄部:"黄,胡光切,中央色也。"水部:"潢,后光切,潢汙也,《说文》曰:积水池也。又胡旷切,染潢也。"《广韵》胡光切:"黄,中央色也。"乎旷切:"潢,《释名》曰:染书也。"《集韵》胡光切:"黄,《说文》:地之色也。"胡旷切:"潢,《释名》:染纸也。"

2

"黄"作"黄色"讲读平声,此音义中古习见,古人注古书,不注音。现在研究滋生词的情况。

"潢"字上古已出现,指积水池。《说文》水部"潢,积水池也。从水,黄声。"《左传·隐公三年》:"潢汙行潦之水,可荐于鬼神。"这个意义跟"装潢"的"潢"没有关系。"装潢"的"潢"本来是一个单音词,后来才跟"装"字组合,形成"装潢"一词。作为单音词的"潢"原来的词义是"用黄蘖汁把纸染成黄色",然后扩大指给纸染色。根据古人记载,古时是用黄蘖树的茎制成的染料来染纸的。宋曾慥《类说·雌黄》:"古人写书皆用黄纸,以蘖染之,所以辟蠹,故曰黄卷。"染纸的"潢",是黄色的"黄"的滋生词。这一点,前人早有认识。上举《广韵》《集韵》"潢"的去声注语中都引用了《释名》。由引文可知,最早收录作"染纸"讲的"潢"字的,是《释名》。今本《释名》不见此词,可能是在流传过程中连同训释语一起脱落了。至于《广韵》《集韵》引文小有差异,应该另有原因,这里不必强作推测。总之,我们应该相信,所谓"染书也""染纸也",是从《释名》中引用来的。"潢"作"染纸"讲显然是在纸张发明以后,在黄色的"黄"的基础上分化出来的一个新词。我国汉代就发明了造纸术。大概在东汉末,随着染纸工艺的发展,产生了作"染纸"讲的"潢"一词。《释名》收录了该词,正是及时地反映了当时新兴的语言现象。就《释名》一书的性质看,它以"染书"或"染纸"来解释"潢",应该是有所谓的。因为早先的纸张是染成黄色的,所以我们认为,《释名》拿"染书"或"染纸"来解释"潢",其实就是指出了染纸的"潢"来自黄色的"黄"。明确指出"染纸"的"潢"来自黄色的"黄"的,是唐代张戬《考声切韵》。慧琳《一切经音义》卷八十六:"装潢,上侧霜反。《考声》云:装,饰也。下黄旷反。《考声》云:潢,染黄色也。案今修饰经书置缥轴也。"后来朱骏声《说文通训定声》也持跟刘熙、张戬相同的看法。《壮部》第十八"潢"的"假借"一目说:"又为黄。《广韵》引《释名》:潢,染色也。"拿现代的术语来分析,可说朱骏声认识到"染纸"的"潢"跟黄色的"黄"是同源词,"黄"是原始词,"染纸"的"潢"是滋生词;这是十分正确的。只是朱氏以为"染纸"的"潢"是"黄"的假借,则大可不必:染纸是要用黄檗汁儿的,所以"染纸"的"潢"从水,是个会意兼形声字,"黄"既是意符,又兼声符。染纸的"潢"是"黄"的后起分化字,这个字跟先秦早已出现的"潢池"的"潢",是分别为不同的词造的字,造字的结果是两字字形相同。

有人以为,"装潢"的"潢"是"潢池"的"潢"滋生出来的,见于明方以智《通雅·器用》。这种观点的理由是:"潢,犹池也。外加缘,则内为池,装成卷册,谓之装潢。潢(原注:'去声')即表背也。"这种说法是拘泥于汉字字形而做出的,不符合事实。我们知道,"装潢"的"潢"跟"染纸"的"潢"同义;研究"装潢"的"潢"的词素义,不能不联系作"染纸"讲的"潢"的词义。上面的说法明显地割断了这两种意义之间的关系。把"装潢"的"潢"看作是"潢池"的"潢"滋生出来的,还忽略了古人还有"潢治"一类说法,而"潢治"分别是动词性词素组成的并列复合词。复合词的词义不等于组成该复合词的词素义。认为"装潢"的"潢"来自"潢池"的"潢",其实是误把"装潢"一词的词义当作"染纸"的"潢"的词义;同样,也不能因为古人还有"装裱""装褙""装治""装池""装襈"诸词,就推定"装潢"的

"潢"是裱褙的意思。事实上,认为"装潢"的"潢"来自"潢池"的"潢",只有在"装潢"一词中才能进行推测;可是"装潢"一词是中古才出现的,而"潢"作"染纸"讲却产生于上古后期。以后起的双音词"装潢"去推测早期的单音词"潢"得名的理据,同时又运用错误的方法,难免在材料的处理上捉襟见肘。上述引文,一则说"潢,犹池也",这是把"潢"看成名词性词素;再则说"潢即表背也",这又是把"潢"看成动词性词素。这两种处理意见不可能捏合在一起。"潢"从来没有"表背"的意思。《考声切韵》《现代汉语词典》都把"装潢"的"潢"处理为"染纸"的意思,十分正确。由这种分析可知,"装潢"一词由两个动词性词素组合而成,其意思有二:一、装饰物品使美观(原指书画,今不限);二、物品的装饰。"一""二"可以看作两个不同的词,"装潢"中"潢"仍是"染纸"的意思。

以下是"潢"作"用黄檗汁把纸染黄"讲的部分用例。《齐民要术》卷三《杂说》专门谈到染纸之法,"染潢及治书法"云:"凡打纸欲生,生则坚厚,特宜入潢。凡潢纸灭白便是,不宜太深,深则年久色暗也。人浸檗,熟即弃滓,直用纯汁,费而无益。檗熟后,漉滓捣而煮之,布囊压讫,复捣煮之。凡三捣三煮,添和纯法者,其省四倍,又弥明净。写书,经夏然后入潢,缝而绽解。其新写者,须以熨斗缝熨而潢之。不尔,人则零落矣。豆黄特不宜浥,浥则全不入潢矣。"又"雌黄治书法"云:"凡雌黄治书,待潢讫治者佳;先治,人潢则动。"又"潄生衣绢法"云:"若黏纸写书,入潢则黑矣。"

"潢"作"染纸"讲原只读去声。上引《玉篇》《广韵》《集韵》都是这样。又《龙龛手镜》水部:"潢,音黄,积水池也。又去声,染潢也。"《正字通》水部:"潢……又漾韵恍去声,以浆染纸也。"从《集韵》开始，又把"染纸"的"潢"收入上声，户广切："潢，一曰染纸也。"应是例外音变，但不知何据。《类篇》是直接承《集韵》而来，水部云："潢，姑黄切，水涌光也。又胡光切，《说文》：'积水也。'又户广切，水深广貌。又胡旷切，《释名》：'染纸也。'文一，重音三。"(《类篇》引《说文》"积水也"应是"积水池也"的脱文，这是沿《集韵》胡光切"潢"字引文而误)《类篇》在户广切下没有收"染纸"一义，跟《集韵》处理不完全相同。直到《康熙字典》，水部云："又《广韵》《集韵》并胡旷切，音瑝，《释名》：'染纸也。'"也只读去声。由《考声切韵》和《通雅》，可知"装潢"的"潢"古代也读去声。也许是受汉字偏旁的影响，今天人们都把装潢的"潢"读成平声（当然也可能受"潢池"的"潢"读音影响），《现代汉语词典》注成阳平，这是从俗从众。

【解1】（滋生词后作"懈"）

1

原始词，义为分解动物的肢体，词义扩大为对纠结，聚集在一起的东西进行分解，动词，佳买切（上声，*ᶜke/ᶜkai）。滋生词，义为懈怠，松懈，动词，后写作"懈"，古隘切（去声，*keᵒ/kaiᵒ）。"解1"的变调构词，未见于诸家著录。但《群经音辨·辨字同音异》："解，判也，工买切。解，散也，户买切。解，堕也，音懈。"包括了"解1"的变调构词。

"解"字既涉及变调构词，又涉及变声构词。张守节《史记正义·发字例》："解，佳买反，除结缚也。又核买反，散也。又佳债反，怠堕也。又核诈反，缝解。"核买反的"散也"一义从佳买反的"除结缚也"一义直接滋生出来,是变声构词;核诈反的"缝解"一义从核买反的"散也"一义直接滋生出来,是变调构词。佳债反的"急墯"一义直接从佳买反的"除结缚"一义滋生出来,也是变调构词。《易·解》疏:"然'解'有两音,一音古买反,一音胡买反。'解'谓解难之初,'解'谓既解之后。"这可以帮助我们从古买反和胡买反的词义对比中,看出古买反一读的词义特点:它强调"分解"这一动作行为,不强调分解的结果。

《玉篇》角部:"解,谐买居买二切,缓也,释也,说也,散也。又谐懈切,接巾也(按,'巾'当作中)。又古隘切,署也,《吴都赋》云'解署棋布',言非一。"心部:"懈,古卖切,倦也,懒也,怠也。"又:"懯,古械切,古文解。"《广韵》佳买切:"解,讲也,说也,脱也,散也。"古隘切:"懈,懒也,怠也。"《集韵》举蟹切:"解,《说文》:判也。以刀判牛角。"居隘切:"懈,《说文》:怠也。或书作懯。"

2

古注中,上下文中同一个"解"字有时兼注异读,绝大多数都是因为古注家对"解"有不同的理解,跟佳买切形成异读的部分用例如下。一、兼注佳买,古隘,胡懈三切者。《史记·吕太后本纪》:"留侯子张辟彊为侍中,年十五,谓丞相曰:'太后独有孝惠,今崩,哭不悲,君知其解乎?'"正义:"解,纪卖反,言哭解惰,有所思也。又音户卖反,解,节解也。又纪买反,谓解说也。"可见分析,解释事物的道理一义,读纪买切;懈怠一义读纪卖切;"节解"一义读户卖切。二、兼注佳买,胡买,胡懈三切。《礼记·经解》音义:"《经解》第二十六,郑云:《经解》者,以其记六艺政教得失。解音佳买反,徐胡卖反,一音蟹。"读佳买反,解释;徐邈胡卖反,关键部分;一音蟹,分解开了。三、兼注佳买,胡买二切。《诗·召南·江有汜》笺:"歌者,言其自悔过以自解说也。"音义:"解,革买反,又闲买反。说,始拙反,又音悦。"当"说"读始拙反时,"解"读革买反,解说,解释说明;当"说"音悦时,"解"读闲买反,解说,疏散和畅了。《周礼·春官·龟人》注:"治龟骨以春,是时乾解不发伤也。"音义:"乾解,音蟹,一音佳买反。"《礼记·表记》:"故仁者之过易辞也。"注:"辞犹解说也。"音义:"犹解,古买反,徐又音蟹。"《左传·文公三年》注:"闻晋师起而江兵解,故晋亦还。"音义:"兵解,音蟹,又佳买反。"《宣公四年》:"宰夫将解鼋。"音义:"将解,如字,又音蟹。"《襄公二十年》注:"莒数伐鲁,前年诸侯盟督扬以和解之。"音义:"和解,古买切,又户买切。"《公羊传·隐公五年》注:"弟子未解其言大小缓急。"音义:"未解,户买反,或佳买反。"《谷梁传·文公三年》注:"楚国有难,则江围自解。"音义:"自解,音蟹,又古买反。"《成公元年》:"相与立胥闾而语,移日不解。"音义:"不解,古买反,又音蟹。"《庄子·徐无鬼》:"大一通之,大阴解之。"音义:"解之,音蟹。下同。又佳买反。"《礼记·檀弓下》:"苟无礼义忠信诚悫之心以涖之,虽固结之,民其不解乎?"音义:"不解,佳买反,旧胡买反。"这里读见母上声,强调"分解"这一动作行为;读匣母上声,强调"已解"。四、兼注佳买,胡懈二切。《礼记·内则》:"衣裳绽裂。"注:"绽犹解也。"音义:"犹解,胡卖反,又佳买反。"《左传·僖公二十八年》:"使曰以曹为解。"注:"以灭曹为解故。"音义:"为解,户卖反。注同。又古买反。"这里读见母上声,强调"分解"这一动作行为;读匣母去声,义为"出现裂缝""缝隙(这里可译为突破口)"。由这些例证看来,"解"的四种读音词义不同。

"解"作"对纠结,聚集在一起的东西进行分解"讲读见母上声,这一行为动作的涉及对象可以是具体的,也可以是抽象的。不同上下文中,可能会有不同的词义变体。《易·噬嗑》注:"聪不明,故不虑恶积至于不可解也。"音义:"可解,佳买反。"《解》注:"处于险中,知险之情,以斯解物,能获隐情也。"音义:"斯解,佳买反。"《解》:"解而拇,朋至斯孚。"音义:"解而,佳买反。"《解》注:"君子之道,解难释险。"音义:"解难,佳买反。"《解》注:"将解荒悖而除秽乱者也。"音义:"将解,佳买反。"《解》:"公用射隼,以解悖也。"音义:"以解,佳买反。"《礼记·丧服四制》:"始死,三日不怠,三月不解。"注:"不怠,哭不绝声也。不解,不解衣而居。"音义:"不解,佳买反。"又《丧服四制》注:"不解,不解衣而居,不倦息也。"音义:"不解衣,古买反。"《左传·庄公二十六年》注:"故传不复申解,但言传事而已。"音义:"申解,居蟹反。"《论语序》音义:"集解,佳买反。何晏集孔安国,马融,包氏,周氏,郑玄,陈群,王肃,周生烈义,并下己意,故谓之《集解》。"《庄子·大宗师》注:"故明己之无异于金,则所系之情可解。"音义:"可解,如字。下同。"《徐无鬼》:"以不惑解惑。"注:"夫惑之不可解,故尚大不惑。"音义:"惑解,佳买反。"《诗·小雅·楚茨》笺:"有解剥其皮者,有煮熟之者。"音义:"解剥,上佳买反,下邦角反。"《礼记·檀弓上》注:"解时人之惑。丧冠缩缝,古冠耳。"音义:"解,佳买反。"《少仪》注:"鼎肉,谓牲体已解,可升于鼎。"音义:"已解,上如字,又音异。下庚亨反。"《左传》音义:"《春秋经传集解》,佳买反。旧夫子之经与丘明之传各卷,杜氏合而释之,故曰《经传集解》。"《史记·周本纪》:"周知其不可解,必入于秦。"正义:"解音纪买反。代言周若知楚疑亲秦,其计定不可解免,周必亲于秦也。"《秦始皇本纪》:"秦王觉之,体解轲以徇。"正义:"纪买反。"《礼书》:"天子诛错以解难。"正义:"上纪买反,下乃惮反。"《樗里子甘茂列传》:"是韩楚之怨不解而交走秦也。"集解:"己买反。"《樊郦滕灌列传》:"臣恐天下解,心疑大王也。"正义:"纪买反。至此为绝句。"《酷吏列传》:"自以为不复收,于是解脱,诈刻传出关归家。"索隐:"上纪买反,下音他活反。谓脱钳釱。"

以下是"解"作"懈怠,松懈"讲读见母去声的用例。《易·乾》注:"失时则废,解怠则旷。"音义:"解怠,佳卖反。"《书·仲虺之诰》:"德日新。"传:"日新,不懈怠。"音义:"懈,工债反。"《诗·卫风·氓》:"靡有朝矣。"笺:"己亦不解惰。"音义:"不解,音懈。"《魏风·陟岵》:"夙夜无已。"笺:"无已,无解倦。"音义:"无解,音介。"《桧风·素冠》笺:"时人皆解缓。"音义:"解,佳卖反。"《周礼·天官·小宰》注:"不解于位也。"音义:"不解,佳卖反。"《仪礼·乡饮酒礼》注:"为有解惰,立司正以监之。"音义:"解惰,古卖反。"《礼记·内则》:"勿逆勿怠。"注:"恃其孝敬之爱,或则违解。"音义:"解,佳卖反。下'解倦'同。"《左传·襄公二十六年》:"不敢怠皇。"注:"不敢怠解自宽暇。"音义:"怠解,佳卖反。"《公羊传·隐公三年》注:"解缓不能以时葬。"音义:"解缓,古邂反,又古卖反。"《论语·颜渊》集解:"王曰:言为政之道,居之于身,无得解倦。"音义:"懈倦,古卖反。"《史记·张耳陈余列传》:"今独王陈,恐天下解也。"正义:"解,纪卖反。言天下诸侯见陈胜称王王陈,皆解堕不相从也。"《汉书》颜注,均把此义的"解"注音成"懈",例如《郊祀志》:"皇帝孝顺,奉承圣业,靡有解怠。"注:"解读曰懈。"《贾山传》:"臣恐朝廷之解弛,百官之堕于事也。"注:"解读曰懈。"《王莽传》:"予永惟匪解,思稽前人。"注:"解音曰懈。"其后起字"懈"或"懸",汉代均已出现。《说文》心部:"懈,怠也。从心,解声。"唐韵:"古隘切。"《释名·释疾病》:"懈,解也,骨节解缓也。"可见汉以前"懈"已出现。《列子·说符》:"宋人有好行仁义者,三世不懈。"音义:"古卖反。""懸"见于汉碑。《隶释·巴郡太守张纳碑》:"夙宵在公,匪懸于职。"

  《经典释文》中,"解1"的注音中有一些讹字,校勘如下。《书·大禹谟》:"汝惟不怠。"传:"汝不懈怠。"音义:"懈,于卖反。"通志堂本及十三经本皆讹,"于"当作"工"。《益稷》:"屡省乃成,钦哉!"传:"无懈怠。"音义:"懈,佳卖反。"十三经本"佳"讹作"隹"。《周礼·地官·大司徒》:"则民不怠。"注:"则民不解怠。"音义:"不解,佳买反。"按,通志堂本讹,"买"当作"卖"。《礼记·月令》:"行春令,则煖风来至,民气解惰。"音义:"气解,古买反。"通志堂本及十三经本皆讹,"买"当作"卖"。《左传·文公二年》:"《鲁颂》曰:'春秋匪解。'"音义:"匪解,佳卖反。"十三经本讹作"户卖反"。《襄公二十三年》:"子无懈矣。"音义:"无解,徒卖反。"按,通志堂本"徒"当作"佳",十三经本"佳"讹作"隹"。

  "解1"的变调构词当来自上古。《文选》卷四左思《蜀都赋》:"百果甲宅。"李善注:"《周易》曰:'百果草木皆甲坼。'郑玄曰:'木实曰果,皆读如人倦之解,解谓坼呼。'"胡克家《文选考异》卷一:"案,'之解'当作'解之',各本皆倒。'皆'字复举,下以七字为一句。"今不从。据郑玄注,至晚东汉"解"已上去构词。从韵文看,《诗经》中"解1"原始词不入韵,滋生词已入韵。《大雅·韩奕》叶"解('夙夜匪解'),易,辟",《鲁颂·閟宫》叶"解('春秋匪解'),帝",

《商颂·殷武》叶"辟,绩,辟,适,解('稼穑匪解')",均叶长入或短入,不叶上声。两汉韵文"解(懈)"入韵6次,有5次作"解",均叶上声,义为"分解",例如蔡邕《释诲》叶"弛,陁,解('君臣土崩,上下瓦解')",无名氏《古诗》叶"绮,尔,被,解('著以长相思,缘以结不解'),此"。叶去声1次,义为"松懈",扬雄《元后诔》叶"地,帝,懈('弘汉祖考,夙夜匪懈')"。魏晋韵文中,滋生词入韵1次,叶去声,傅玄《明堂享神歌》叶"懈('经始明堂,享祀匪懈'),帝"。北宋时代,"解1"滋生词还没有发生例外音变,《广韵》《集韵》"懈"均只收入见母去声。到了《中原音韵》,皆来部"解"兼收入上声和去声,声母均为[k],但去声的"解"不是松懈的"懈",因为中古以来,松懈的"懈"已规范为"懈"了。《中原音韵》时代更是如此;而"解"和"懈"又读[x]去声,此时,"解"是中古胡买切但全浊上声变去声而变来的,义为"理解,晓悟","懈"才是松懈义。这说明"解1"滋生词至晚在元代已由见母去声例外音变为[x]去声。

很多人以为松懈的"懈(解)"古读匣母,这是误会。高本汉的处理是矛盾的,在《中国音韵学研究》第一卷《古代汉语》第三章《古音字类表》的《声母表》中,把"懈"收入见母,这是对的。他在第四卷《方言字汇》的蟹摄作注:"'懈'古音 kɑi,安 zɑi,在其他方言读的好像古音是 ɣɑi。"没有注意到例外音变产生的时代,中古以前,松懈的"懈"只读见母,不读匣母,光凭现代方言往上推是不够的。高氏在《中上古汉语音韵纲要》第二章《上古声母》中说:"我们现在又在这里发现:'见'中古 kien(看见)和 ɣien(被看见,出现),'解'中古 kɑi(解开)和 ɣɑi(懈怠),'干'中古 kɑn(盾)和'扞'ɣɑn(扞卫),等等。如果我们把以上推导出的上古 g'认作是中古(的起源(k

〈看见〉:g'〈出现〉,k〈解开〉:g'〈懈怠〉,k〈盾〉:g'〈扞卫〉),那么这些字就自然而漂亮地排列在上述带送气浊塞音交替的一大类里了。"(聂鸿音译,齐鲁书社,1987年)我们认为,至少,把"懈"中古音和上古音的声母处理成[ɣ]和[g']是错误的,应该是[k],"解:懈"不是"不送气清塞音和送气浊塞音之间的音转",而只是上声和去声之间的音转。《汉语大字典》把"松懈"一义收入"解"的胡买切,胡懈切,不合于古,而且跟同词的"懈"注音不一致。《汉语大词典》也把"通'懈'"一义放到"解3[xiè《广韵》胡懈切,去卦,见。又胡买切,上蟹,匣。]"一字条,不妥,可单立一字条:"解4[xiè《广韵》古隘切,去卦,见。]"

【解2】

1

原始词,义为分解动物的肢体,词义扩大指对纠结,聚集在一起的东西进行分解,动词,佳买切(上声,*ᶜke/ᶜkai)。滋生词,义为解除,消除,除掉,特指向鬼神祈祷消除灾祸,动词,古隘切(去声,*keᵒ/kaiᵒ)。"解2"的变调构词,未见于诸家著录。

《玉篇》《广韵》《集韵》对"解"的见母上声和见母去声读法的反映,见"解1"。《玉篇》有古隘切,但未解释"解2"滋生词词义。《广韵》古隘切和《集韵》居隘切都有"除也"一义,这是"解2"滋生词词义。

2

"解"作"分解动物的肢体"和"对纠结,聚集在一起的东西进行分解"讲读上声。《文选》卷四十一孔文举《论盛孝章书》:"向使郭隗倒悬而王不解,临难而王不拯,则士亦将高翔远引,莫有此北首燕路者矣。"注:"居蟹切。"详细的讨论见"解1"。

以下是"解"作"解除"讲的例证。《易林·蒙之咸》:"忧祸解除,喜至庆来。"特指向鬼神祈祷消除灾祸。《公羊传·隐公四年》注:"巫者,事鬼神祷解以治病请福者也。"音义:"祷解,下古卖反,又古买反。"《庄子·人间世》:"故解之以牛之白颡者,与豚之亢鼻者,与人有痔病者,不可以涉河。"注:"巫祝解除,弃此三者,必妙选骍具,然后敢用。"音义:"故解,徐古卖反,又佳买反。注同。向古邂反。"《汉书·外戚传》:"太后自养视,数祷祠解。"注:"解音懈。"按,"祠解"也可说成"解祠"。《史记·孝武本纪》:"古者天子常以春秋解祠,祠黄帝用一枭破镜。"《文选》卷四十二应休琏《与广川长岑文瑜书》:"昔夏禹之解阳盱,殷汤之祷桑林。"李善注:"《淮南子》曰:'禹为水,以身解于阳盱之河;汤苦旱,以身祷于桑林之祭。'高诱曰:'为治水解祷,以身为质。解读解除之解。'"慧琳《一切经音义》卷十六:"解奏,古卖反。贾注《国语》:'解,除也。'……案,解奏,野外祭神也。"

"解2"的变调构词,当来自上古。《楚辞·九章·悲回风》叶"解('居戚戚而不可解'),缔",这是"解除,消除"义叶长入例。《淮南子·脩务》:"是故禹之为水,以身解于阳盱之河。"注:"为治水解祷,以身为质。解读解除之解。"这是读去声,祭祀名。大约六朝时代,

"解2"的滋生词有的方言读成上声了,所以前面所引《经典释文》2例都在去声之外兼收上声。

【解3】

1

原始词,义为分解动物的肢体,词义扩大指对纠结,聚集在一起的东西进行分解,动词,佳买切(上声,* ^{c}ke/^{c}kai)。滋生词,义为托辞,借口,辩解的理由,名词,古隘切(去声,* ke^o/kai^o)。"解3"的变调构词,未见于诸家著录。《玉篇》《广韵》《集韵》对"解"见母音义的反映见"解1",三部字书都没有反映出"解3"滋生词词义。

2

"解"作"分解动物的肢体"和"对纠结,聚集在一起的东西进行分解"讲的例证,见"解1"。以下是"解"作"托辞,借口,辩解的理由"讲读去声的用例。《公羊传·僖公五年》:"郑伯逃归不盟。其言逃归不盟者何?不可使盟也。"注:"时郑伯内欲与楚,外依古不盟为解。"音义:"为解,古卖反。"《宣公六年》:"赵盾曰:'彼何也?夫畚曷为出乎闺?'呼之不至。曰:'子大夫也,欲视之,则就而视之。'赵盾就而视之,则赫然死人也。"注:"顾君责己以视人,欲以见就为解也。"音义:"为解,佳卖反,又如字。"《庄公元年》:"秋,筑王姬之馆于外。何以书?讥。何讥尔?筑之,礼也;于外,非礼也。于外何以非礼?筑于外,非礼也。"注:"于,远辞也。为营卫不固,不以将嫁于雠国除讥者,鲁本自得以雠为解,无为受命而外之,故曰非礼。"音义:"为解,古卖反。"按,"解2"的滋生词上古已出现。《汉书·灌夫传》:"将军乃肯幸临况魏其侯,夫安敢以服为解!"注:"解谓辞之也,若今言分疏矣。"我们认为,"解3"的变调构词产生于上古;据上引《公羊传·僖公六年》音义,陆德明兼注上声如字,可能六朝后期至少有部分方言"解3"滋生词已读成上声了。

【解4】

1

原始词,义为纠结,聚集在一起的东西已经分开了,动词,胡买切(上声,$*^c\gamma e/^c\gamma ai$)。滋生词,特指出现了缝隙,动词;进一步词义构词,缝隙,裂缝,名词,胡懈切(去声,$\gamma e^\circ/\gamma ai^\circ$)。"解4"的变调构词,未见于诸家著录。

《玉篇》角部:"解,谐买居买二切,缓也,释也,说也,散也。又谐懈切,接巾(按,'巾'为'中'之讹字,详下)也。又古隘切,署也。"把"谐买""居买"并置在一起,不能反映出二者的词义之别;离开具体上下文,也难知"接中"为何意。《广韵》胡买切:"解,晓也。"胡懈切:"解,曲解。"《集韵》下买切:"解,晓也,散也。"下解(这个"解"读去声,这也说明"解"的见母去声一读中古很习用)切:"解,散也。"上去二声都以"散也"释义,并不明确。

"解4"的原始词是由"解1""解2""解3"的原始词滋生出来的,属变声构词。相对于"解1""解2""解3"的原始词来说,"解4"的原始词是滋生词。"解"读$*^cke/^ckai$,义为"对纠结,聚集在一起的东西进行分解";读$^c\gamma e/^c\gamma ai$,义为"纠结,聚集在一起的东西已经分开了",词义滋生线索很清楚。《群经音辨·辨字音清浊》:"解,释也,古买切。既释曰解,胡买切。"为各家所本。周祖谟认为,"古代书音中亦有不变调而仅变声纽者,实亦与文法或意义有关",其中就有"解"字。周法高认为,"解"见母上声是非既事式,匣母上声为既事式。据他所收例字,清声母为非既事式,浊声母为既事式这一类型的清浊转换构词的例子相当多。有"见""系""著""属""折""解"。《易·解》:"解,利西南。"音义:"解,音蟹,《序卦》云:缓也。震宫二世卦。"疏:"解者,卦名也。然'解'有两音:一音古买反,一音胡买反。'解'谓解难之初,'解'谓既解之后。《象》称'动而免乎险',明解众难之时,故先儒皆读为解(文按,指见母);《序卦》云:'物不可以终难,故受之以《解》。解者,缓也。'然则解者,险难解释,物情舒缓,故为解(文按,指匣母)也。"已明确地反映出"解"见母上声和匣母上声之别,及其词义滋生关系。

2

《经典释文》中,上下文的同一个"解"字有兼注佳买和胡买二切,以及兼注佳买,胡买和胡懈三切的例子,从中可以看出胡买一切的词义特点,这在"解 1"已经讨论过了。有 1 例是兼注胡买切和胡懈切,《庄子·齐物论》:"万世之后,而一遇大圣。知其解者,是旦暮遇之也。"音义:"其解,音蟹,徐户解反。"音蟹,义为已明白;徐户解(去声)反,义为事物的关键。还有 1 例是兼注胡买切和古隘切,《庄子·列御寇》:"(列御寇)曰:'夫内诚不解,形谍成光。'"音义:"不解,音蟹,司马音懈。"音蟹,义为分散开;司马音懈,义为松懈。

以下是"解"作"纠结,聚集在一起的东西已经分开了"讲读上声胡买切的用例。《易·困》注:"以困而藏,困解乃出。"音义:"困解,音蟹。"《尚书序》:"天下学士,逃难解散。"音义:"解,音蟹。"《诗·唐风·绸缪》:"见此邂逅。"传:"邂逅,解说之貌。"音义:"解,音蟹。说,音悦。"《小雅·何人斯》:"俾我祇也。"笺:"女行,反入见我,我则解说也。"音义:"解说,音蟹。"按,"说"音悦,上文已言:"说也,音悦。下同。"《頍弁》:"庶见说怿。"笺:"则庶几其变改,意解怿也。"音义:"解怿,音蟹。"《周礼·地官·草人》注:"勃壤,粉解者。"音义:"粉解,胡买反。下同。"《冬官·序官》注:"泐谓石解散也。"音义:"解散,音蟹。"《礼记·月令》:"蚯蚓结,麋角解,水泉动。"音义:"角解,音蟹。"《文王世子》:"王季复膳,然后亦复初。"注:"忧解。"音义:"忧解,胡买反。"《左传·襄公二十九年》:"必三年而后能纾。"注:"纾,解也。"音义:"纾解,音蟹。"《公羊传·文公十五年》注:"此致者,喜祸患解也。"音义:"解也,户买反。"《庄子·养生主》:"动刀甚微,謋然已解。"音义:"已解,音蟹。"《大宗师》:"此古之所谓县解也。"音义:"县解,音蟹。下及注同。向云:县解,无所系也。"《田子方》:"吾形解而不欲动。"音义:"形解,户买反。"《徐无鬼》:"市南宜僚弄丸,而两家之难解。"音义:"解,音蟹。"以上例证,有的用于抽象意义,往往指从困难的境地(包括心境)中解脱出来了。也可以带宾语。《易·贲》注:"观天之文则时变可知也,观人之文则化成可为也。"音义:"解天,音蟹。"阮元校勘记:"闽监,毛本同,岳本,宋本,古本,足利本二观字作'解',古本为作'知'。《释文》出'解天,音蟹'。下同。"《解》注:"《解》之为义,解难而济厄者也。"音义:"解之为义,音蟹。下'以解来复'同。"有1例涉及校勘。《左传·庄公九年》:"及堂阜而税之。"注:"解夷吾缚于此。"音义:"解,嫌蟹反。"黄焯汇校:"解,嫌蟹反。○嫌,宋本同。何校本北宋本作姑,是也。卢从注疏本改嫌蟹作古买。"如果这个"解"强调"已解",那么宋本和通志堂本作"嫌蟹反"不为错。

由"纠结,聚集在一起的东西已经分开了"一义词义引申,义为"理解了,懂得了,明白了,晓悟"。《左传·桓公十三年》:"楚子辞焉。"注:"不解其旨,故拒之。"音义:"不解,户买反。"《襄公十七年》注:"晏子为大夫而行士礼,其家臣不解,故讥之。"音义:"不解,音蟹。"《公羊传·桓公二年》注:"为取恣意辞也,弟子未解,故云尔。"音义:"未解,音蟹。"《论语·八佾》集解:"孔曰:'孔子言绘事后素,子夏闻而解。'"音义:"解,音蟹。"《子罕》集解:"颜渊解,敬语之而不惰;余人不解,故有惰语之时。"音义:"颜渊解,音蟹。"《先进》集解:"言回闻言即解,无发起增益于己。"音义:"即解,音蟹。"《先进》集解:"门人不解,谓孔子言为贱子路,故复解之。"音义:"不解,音蟹。"《宪问》集解:"以其不能解己之道。"音义:"不解,音蟹。本今作不能解。"《子张》集解:"则于所习者不精,所思者不解。"音义:"不解,音蟹。"

由此词义构词,意思是能、会。助动词。张相《诗词曲语辞汇释》卷一"解(一)"条:"解,犹会也;得也;能也。"张氏所举早期的例子如,陶潜《九日闲居》诗:"酒能祛百虑,菊解制颓龄。"崔颢《雁门胡人歌》:"解放胡鹰逐塞鸟,能将代马猎秋田。"李如龙《考求方言词本字的音韵论证》:"'会、不会'在闽方言中的读法:福州 a°,ma°;泉州 ᶜue,ᶜbue;潮阳 ᶜoi,ᶜmoi。一般人都误解其本字就是'会'

（'不会'是合音，写为'狯'）。会，黄外切，各点声韵母的对应都没有问题，但在分阴阳上的泉州、潮阳话里，声调通不过，这个十分常用的动词在闽方言里声韵地位相当一致，其本字应是'解'。《广韵》蟹韵胡买切：'解，晓也'。和它同一小韵的'蟹'在各地闽方言大体同音：福州 a⁰，泉州 ᶜhue，潮阳 ᶜhoi（匣母字读 h 是常例，读零声母是变例）。这个胡买切在普通话应折合为 ɕie⁰，就是'解数'的'解'。白居易诗：'水能性淡为吾友，竹解心虚即我师'。韩愈句：'不解文字饮，惟能醉红裙'，解都是能的意思。"

以下是"解"作"出现了缝隙"讲读胡懈切的用例。《礼记·内则》："衣裳绽裂。"注："绽犹解也。"音义："犹解，胡卖反，又佳买反。"读胡卖反，义取出现了缝隙。《谷梁传·僖公二十七年》："十有二月，甲戌，公会诸侯盟于宋。"注："地以宋者，则宋得与盟，宋围解可知。"音义："围解，如字，又胡懈反。"十三经本脱此音义。楚，陈，蔡，郑，许诸国联合攻宋，鲁僖公调停，最后宋国和诸侯在宋地结盟。"宋围解"即诸侯对宋国的包围阵营已经分裂了。

由此词义构词，义为裂缝，缝隙。张守节《史记正义·发字例》："解，佳买反，除结缚也。又核买反，散也。又佳债反，怠堕也。又核诈反，缝解。"其中"缝解"同义并列，正指裂缝，缝隙。《玉篇》角部："解，谐买居买二切，缓也，释也，说也，散也。又谐懈切，接巾也。"按，"接巾"即"接中"之讹。《周礼·冬官·弓人》："今夫茭解中有变焉，故挍。"注："茭解谓接中也。"音义："解，户卖反。"《汉语大字典》《汉语大词典》均举此例释为"物体相连接的地方"，欠妥。"物体相连"是"茭"的词义，"解"指弓隈跟弓箫角的缝隙，贾疏云："言'茭解中'，谓弓隈与弓箫角接之处……取弓隈与箫角相接名茭也。"《左传·僖公二十八年》:"使曰以曹为解。"注:"以灭曹为解故。"音义:"为解,户卖反。注同。又古买反。"读户卖反,义为缝隙,事物的关联处;以曹为解,即以曹国为突破口。引申指关节,骨骼相连接的地方。《庄子·养生主》:"导大窾。"注:"节解窾空,就导令殊。"音义:"节解,户卖反。"《汉书·贾谊传》:"屠牛坦一朝解十二牛,而芒刃不顿者,所排击剥割,皆众理解也。"注:"解,支节也,音胡懈反。"又指关键部分。《礼记·经解》音义:"《经解》第二十六,郑云:《经解》者,以其记六艺政教得失。解音佳买反,徐胡卖反,一音蟹。"徐邈胡卖反,事物的关键部分。《史记·吕太后本纪》:"留侯子张辟彊为侍中,年十五,谓丞相曰:'太后独有孝惠,今崩,哭不悲,君知其解乎?'"正义:"解,纪卖反,言哭解惰,有所思也。又音户卖反,解,节解也。又纪买反,谓解说也。"音户卖反,事物的关键部分。今成语有"无懈可击",懈是解的借字,取"漏洞,缝隙"义。

《中原音韵》中,皆来部去声"解"与"懈械薤獬"同空,读[x-]。至少有部分读去声的"解"是来自中古读上声的[ɣ-],义为"理解了,懂得了,明白了,晓悟",属全浊上声变去声。《元曲选·谢天香》二折:"留待柳耆卿,他自解关节。"音释:"解音械。"《来生债》三折:"大道的事着你世人不解。"音释:"解音械。"《风光好》一折:"因而感怀,成十二字,书于此处,料无有解者。"音释:"解音械。"《蝴蝶梦》四折:"谁想有这一解。"音释:"解音械。"《丽堂春》三折:"则这春风一枝花解语。"音释:"解音械。"《忍字记》三折:"出言解长神天福,见性能传佛祖灯。"音释:"解音械。"《东坡梦》二折:"身虽在东土居,心自解西来意。"音释:"解音械。"《留鞋记》楔子:"世人谁解求凰曲。"音释:"解音械。"《度翠柳》三折:"老婆婆不解的我这其中意。"音释:"解音械。"现代汉语普通话中,这个"解"已读成 jiě。《现代汉语词典》"解"的 jiě 单字条目,第五个义项是"了解,明白"。《汉语大字典》《汉语大词典》把此义放到古买切这一反切里,不妥;现代闽方言此义的"解"的读音仍符合胡买切的音变规律,没有发生例外音变。

【平】(滋生词后作"评")

1

原始词,义为平均,均衡,形容词,符兵切(平声,* ₀bǐeŋ/₀bǐeŋ)。滋生词,义为经过商讨而评定,以便达到均衡和公正,动词,皮命切(去声,* bǐeŋᵓ/bǐeŋᵓ,《集韵》)。后起字作"评"。"平"的变调构词,贾昌朝、唐作藩均有著录。《群经音辨·辨字音清浊》:"平,均也,蒲兵切。品物定法曰平,蒲柄切,郑康成说《礼》'质剂,今时月平'。"为唐作藩所本。

《玉篇》亏部:"平,皮并切,成也,正也,齐等也,和也,易也,直也,舒也,均也。"言部:"评,皮柄切,平言也。又音平。"《广韵》符兵切:"平,正也,和也,易也。"皮命切:"评,平言。"符兵切:"评,评量。亦评事,大理寺官,唐初置,十二员。"《集韵》蒲兵切:"平,《说文》:语平舒也。"皮命切:"平,平物贾也,汉谓之'月平'。"又皮命切:"评,订也。"蒲兵切:"评,《博雅》:评,订平也。"把"评"读成平声,反映的是后起读音现象,原来是读去声。

2

"平"作"平均,均衡"讲自古以来一直读平声,中古人注古书,一般不注音。以下是"平"作"经过商讨而评定,以便达到均衡和公正"讲读去声的用例。《周礼·天官·大宰》:"陈其殷,置其辅。"注:"郑司农云:殷,治律;辅,为民之平也。"音义:"之平,音评。"疏:"'辅为人之平'者,谓置辅是平断此。"疏改"民"为"人",是避唐讳。《小宰》:"七曰听卖买以质剂。"注:"质剂,谓市中平贾,今时月平是也。"音义:"月平,刘音病。"《地官·司市》:"以质剂结信而止讼。"注:"郑司农云:质剂,月平。"音义:"月平,皮命反。下'月平'同。"疏:"解以为月平,若今之市估文书。"按,"月平"义取"按月平定市价"。《周礼·天官·小宰》前引文孙诒让正义:"月平者,汉时市价盖每月评定贵贱,若今时朔望为长落也。"从内部结构说,"月平"是状中结构合成词;从功用说,"月平"是名词,相当于"质剂",义为每月根据集市物品优劣而定出的价格表,是一种公文。字又作"评"。《左传·哀公二十五年》注:"虽知其为君间,不审察,私共评之。"音义:"共评,音平,又音病。"《庄子·天下》注:"案此篇较评诸子。"音义:"评,音病。"《尔雅·释言》:"赋,量也。"注:"赋税,所以评量。"音义:"以评,音病。"疏:"郭云'赋税,所以评量',《方言》云:平均,赋也。燕之北鄙,东齐北郊,凡相赋敛,谓之平均。是评量也。"《经律异相》卷三十一《祇域为柰女所生舍国为医》:"今在园中楼上,诸王但自评议,应得者取,非我所制。"音义:"评议,上字音平病。"

由此词义构词,指一种官名,是廷尉的属官,掌平决刑狱。《礼记·王制》:"成狱辞,史以狱成告于正,正听之。"注:"史,司寇吏也。

正于周,乡师之属。今汉有平正丞,秦所置。"按,"平正丞"当为"正平丞"之倒乙,观音义及疏可知。音义:"正平,皮命反。"疏:"云'今汉有正平丞,秦所置'者,按《汉书·百官公卿表》:'廷尉,秦官,掌刑辟,有正,左右监……宣帝地节三年初置左右平。'郑见古有正,连言平耳。"《文选》卷十六潘安仁《闲居赋》:"逮事世祖武皇帝,为河阳怀令,尚书郎廷尉平。"李善注:"臧荣绪《晋书》曰:'岳出为河阳令,转怀令。'"又注:"臧荣绪《晋书》:'岳频宰二邑,勤于政绩,调补尚书郎,迁廷尉平,为公事免官。'《汉书》曰:'宣帝初置廷尉左右平,秩皆六百石。'平,皮命反。"字又作"评"。《晋书·职官志》:"廷尉,主刑法狱讼,属官有正、监、评,并有律博士员。"

"平"变调构词,远自汉代即已如此。《周礼·秋官·序官》:"萍氏下士二人,徒八人。"注:"《尔雅》曰:'萍,蓱,其大者蘋。'读如小子言平之平。"表明汉代"平"有辨义的异读。《淮南子·时则》:"是故上帝以为物平。"高注:"平,正,读评议之评也。"此"评"读去声。汉代韵文中,"平"叶平声共38次,均非滋生词词义;叶去声3次,均取滋生词词义。《淮南子·主术》叶"平('衡之于左右,无私轻重,故可以为平',经过商讨评定后立的标准),正,命",班固《奕旨》叶"行(去声),倖(上声,跟去声合叶),争(去声),平('虽有雌雄,未足以为平也')",无名氏《桓帝初京都童谣》叶"平,姓('游平卖印自有平,不辟豪贤及大姓')"。至晚六朝后期,"平"的滋生词已读成平声了。上引例中,陆德明就给滋生词的"评"兼注平声一读。《玉篇》《广韵》均不收"平"的去声一读;"评"则兼收平声。

《汉语大字典》"平"去声一读只是抄撮《集韵》释义,不举书证,欠妥;又《汉语大字典》《汉语大词典》不收"平"的"官名"一义,亦不当。

【名】

1

原始词,义为人的名;名称,名词,武并切(平声,* $_c$mYeŋ/$_c$mYeŋ)。滋生词,义为给人起名,命名,称名,动词,弥正切(去声,* mYeŋ^o/mYeŋ^o,《集韵》)。"名"的变调构词,贾昌朝、唐纳、周法高、唐作藩均有著录。《群经音辨·辨字音清浊》:"名,目也,绵并切。目诸物曰名,绵政切。"为各家所本。唐纳把"名"的变调构词归入"原始词是名词性的,滋生词是动词性的"一类,并释原始词词义为"name"(名字,名称),滋生词词义为"to name"(命名)。周法高归入"非去声或清声母为名词,去声或浊声母为动词或名谓式"一类。唐纳的释义具有启发性,英语的"name"和"to name"跟汉语"名:名"的词义滋生相平行;英语的"name"和"to name"不仅仅用来区别词性,而且构成不同的词。汉语的"名:名"也是这样。

《玉篇》口部:"名,弥成切,号也。《书》曰:名言兹在兹。"未收去声一读。言部:"詺,名聘切,詺譜也。"《广韵》武并切:"名,名字。《春秋说题》曰:名,成也,大也,功也,号也。《说文》曰:自命也。"未收去声一读。弥正切:"詺,詺目。或单作名。"《集韵》弥并切:"名,《说文》:自命也。"弥正切:"詺名,目诸物也。"

2

"名"作"人的名;名称"讲自古习见,中古人注古书,很少注音。

《老子》十四章:"视之不见,名曰夷;听之不闻,名曰希;搏之不得,名曰微。"音义:"名,武征反。"这是指事物的名称,平声。

以下是"名"作"给人起名,命名,称名"讲读去声的用例。《书·金縢》:"公乃为诗以贻王,名之曰《鸱鸮》。"音义:"名,如字,徐亡政反。"《礼记·祭统》:"夫鼎有铭。铭者自名也。"音义:"自名,如字,徐武政反。"《左传·桓公二年》:"异哉君之名子也!夫名以制义。"音义:"君之名子,如字,或弥政反。"《文公十一年》"以命宣伯"注:"得臣侍事而名其三子,因名宣伯曰侨如,以旌其功。"音义:"而名,如字,或亡政反。"《昭公七年》:"康叔名之,可谓长矣。"音义:"康叔名之,如字,徐武政反。"《昭公三十二年》:"昔成季友,桓之季也,文姜之爱子也。始震而卜,卜人谒之,曰:'生有嘉闻,其名曰友,为公室辅。'及生,如卜人之言。有文在其手,曰友,遂以名之。"音义:"名之,如字,又武政反。"《列子·汤问》:"大禹行而见之,伯益知而名之,夷坚闻而志之。"音义:"名,弥正反。与'铭'同。"《晋书·庾纯传》:"臣不服罪自引,而自忿怒,厉声名公,临时詻讛,遂至荒越。"音义:"名公,舞聘反。相名目也。"字又作"詺"。慧琳《一切经音义》卷九十七:"詺我,名併反,《考声》:詺,名也。"梁慧皎《高僧传·译经下·求那跋摩》:"咸见一物,状若龙蛇,可长一匹许,起于尸侧,直上冲天,莫能詺者。"按,《出三藏记集》、《开元录》"詺"作"名"。

由"名"的滋生词又作"詺",且"詺"只读去声,可知"名"在口语中确有去声一读。去声一读大概在六朝后期口语中消失了,所以《经典释文》给"名"的滋生词注音6次,无一例外地把平声读法放在去声读法之前。"詺"字因为字形分化了,反而把去声一读保留下来了。

【生】

1

原始词,义为长出来,生出来,动词,所庚切(平声,*ʃeŋ/ˌʃeŋ)。滋生词,特指人和其他哺乳动物生下仔,爬行动物和鸟类、鱼类产卵,动词,所敬切(去声,*ʃeŋʰ/ʃeŋʰ/ʃeŋʰ)。"生"的变调构词,贾昌朝、唐纳、唐作藩均有著录。《群经音辨·辨字音清浊》:"生,育也,所庚切。谓育子曰生,色庆切,郑康成说《礼》貉吏掌养兽谓'不生乳于圈槛'。"为唐纳、唐作藩二家所本。唐纳把"生"的变调构词归入"滋生词用在复合结构中"一类,并释原始词词义为"to give birth; to be born"(生下来,出生),滋生词跟原始词词义相同,只是用在"双生"(twins)这一复合结构中。不难看出,唐纳对"生"平去两读的作用的看法,跟贾昌朝仅从词义方面去寻求区别,是大不相同的。我们认为贾说是对的。

《玉篇》生部:"生,所京切,产也,进也,起也,出也。"未收去声一读,但以"生"归庚韵三等(*cʃeŋ/ˌʃeŋ),跟《广韵》"所庚切"归入庚韵二等不同。《广韵》所庚切:"生,生长也。《易》曰:天地之大德曰生。"去声所敬切收有"生",但不释义,且注又音为"所京切"。《集韵》师庚切:"生,《说文》:敬也,象草木生出土上。"所庆切:"生,产也。"

据《广韵》"生"所庚切和所敬切,《集韵》师庚切和所庆切,平声为庚韵二等,去声为映韵三等,韵母不同(ˌʃeŋ:ʃeŋʰ),不属于我们所谓变调构词的范围。但"生"的平去两读原来应只是声调之别,韵母是相同的。即使是中古音系,很多人都认为"(生)平:生(去)"是四声相承的。江永《四声切韵表》认为"生省甦摵"相承,"甦生"均为所敬切;邵荣芬《切韵研究》"生"平去两读声母韵母均为[ʃiɑŋ],"生省生索"四声相承。去声的[-ɤ-]介音也许是后来增生的,《玉篇》"生"平声为[ʃeŋ],[-ɤ-]介音也应是受声母影响而增生的,《广韵》映韵"生"又音所京切,邵荣芬说,《切三》《王一》《王二》《王三》"生"平声都是"所京反"。均为三等,都可以看作是增生了[ɤ]介音。总之,"生"的平去两读原来只有声调之异。

2

唐纳认为"生"平去两读词义无别,只是用来区分"双生"这一复音结构时,才读去声,不符合事实。"生"作"长出来,生出来"讲读平声。《说文》生部:"生,进也,象草木生出土上。"唐韵:"所庚切。"

《经典释文》给"生"注了3次去声。《左传·昭公十一年》:"其僚无子,使字敬叔。"注:"字,养也,似双生。"音义:"双生,如字,或一音所敬反。"这是指人生子,"生"作状语中心语。《周礼·秋官·貉隶》注:"不言阜藩者,猛兽不可服,又不生乳于圈槛也。"音义:"生,如字,刘色敬反。"这是指兽下仔,"生乳"组成动词性并列结构。《论语·微子》:"周有八士:伯达,伯适,仲突,仲忽,叔夜,叔夏,季随,季騧。"集解:"包曰:周时四乳生八子,皆为显士,故记之尔。"音义:"生,所幸反,又如字。"按,"幸"在中古是上声字,此字无疑是某个去声字的讹字。这也是指人生子,"生"和"八子"组成动宾结构。

《经典释文》给"生"的滋生词注去声3次,都兼注平声,去声一读似乎有人为之嫌。不能这样看问题。兼注平声,反映"生"的去声一读在口语中已消失了,至少很多六朝后期方言中是如此,不能因此证明其去声一读是某些经师人为地创造出来的。某一字兼注如字以外的读音,和如字以外的读音是经师人为这一论断,没有必然联系。现湖北省黄冈市的黄州区和团风县、蕲春县等地还保留有滋生词读音,阴去或去声,但词义范围缩小了,指爬行动物和鸟类,鱼类产卵。足证"生"的变调构词有口语基础,也足证唐纳认为滋生词仅用在"双生"这一复合结构中的看法是不合事实的。

《汉语大字典》《汉语大词典》把"生"的所庚切和所敬切看成自由变读,不妥:随着去声读法的消失,滋生词可以读成原始词的音;但汉语史上,"生"的原始词从未读成去声。

【钉】

1

原始词,义为钉子,用以贯物使坚固,其质金属或竹木,名词,当经切(平声,*｡tieŋ/｡tieŋ)。滋生词,义为以钉钉物,把钉子捶打进别的东西,动词,丁定切(去声,*tieŋᵎ)。"钉"的变调构词,马建忠、唐作藩有著录。《马氏文通·实字》卷之二:"'钉'字:名也,平读。动字,以钉钉也,去读。"为唐作藩所本。

《玉篇》金部:"钉,的苓切,又都定切。"《广韵》当经切和丁定切均收有"钉",均不释义。大概"钉"平去两读当时习见于口语中,所以两部字书均不释义。《集韵》当经切:"钉,《说文》:鍊鉼黄金。郭璞曰:鹤骱矛,江东呼为铃钉。一曰:铁钱。"又丁定切:"钉,黄金也。"跟变调构词无关。《龙龛手镜》金部："钉，音丁，铁丁也。又去声，钉拴物也。"才正确反映了"钉"的变调构词。《正字通》金部："钉，当经切，音丁，钉物具也……又敬韵音订，以钉钉物也，凡制器用，金木竹为钉，锐其首椎入附著之。"

2

"钉"作"钉子"讲古读平声，此音义中古习见。徐君蒨《别义阳郡》之二叶"亭，星，青，钉（'故留残粉絮，挂看箔簾钉'）"，可见"钉"中古有平声一读。此诗见《玉台新咏》卷九，吴兆宜注："《正字通》：钉音丁，钉物具也。《魏略》：王凌试索灰钉。"

"钉"的滋生词至晚晋代已产生。《三国志·魏志·武帝纪》"引用荆州名士韩嵩，邓义等"裴松之注引晋卫恒《四体书势序》："[梁鹄]以（勤）[勒]书自效。公尝悬著帐中，及以钉壁玩之。"《晋书·卫瓘传》："魏武帝悬著帐中，及以钉壁玩之，以为胜宜官。"音义："钉，丁定反。"《宣五王传》："前后爱妾死，既敛，辄不钉棺。"音义："钉，丁定反。"《全唐诗》卷六百三十七顾云《池阳醉歌赠匡庐处士姚岩杰》叶"兴，性，病，醒，钉（'肺枯似著韝炉扇，脑热如遭锤凿钉'）"，正叶去声。辽希麟《续一切经音义》卷八"钉橛"注："上丁定反，《考声》：'以丁钉本也。'"金元好问《续夷坚志》卷二"王增寿外力"条："太和末，官括驼，增寿作诡计，钉驼足令跛。""钉"下自注："去声。"《中原音韵》庚青部，"钉"兼收于平声阴和去声。《元曲选·曲江池》三折："常拼着枷稍上长钉钉。"音义："钉，去声。""钉"的变调构词一直沿用至今。

古字书"钉"平去两读由于大多释义不明确，对后人注音有消极影响。张永言主编《世说新语辞典》给"钉子"的"钉"注丁定切,不妥,应改为当经切。

【比1】

1

原始词,义为把人或物排在一起进行比较,比拟;类同于,类似于,动词,卑履切(上声,* ^{c}pǐei/^{c}pi)。滋生词,义为类别,例子,惯例,先例,名词,必至切(去声,* pǐei^o/pi^o)。"比1"的变调构词,未见于诸家著录。

《玉篇》比部:"比,必以切,类也,方也,校也,并也。又脾至切,近也,亲也,吉也,阿党也,备也,代也。又步之,毗吉,必至三切。"没有很好地反映"比1"的滋生词。《广韵》卑履切:"比,校也,并也。"必至切:"比,近也,併也。"《集韵》补履切:"比,并也。"必至切:"比,《说文》:密也。二人为从,反从为比。"

《群经音辨·辨字同音异》:"比,密也,毗至切。比,方也,必以切。比,和也,蒲之切。比,次也,蒲必切。比,朋也,必一(按,当作'二',日本汉学家水谷城先生已从畿辅本校为'二',可从)切。"收音义虽多,但没有收必至切一读。这里不专门讨论并母和帮母之间的语音转换的构词现象,也不专门讨论并母内部通过语音的转换而构词的现象,仅讨论"比"读帮母时的变调构词规律。

2

"比"在同一上下文中,《经典释文》、《史记》三家注、《汉书》颜

第一章 古代汉语变调构词词表

注都有兼注异读的情况。据我们分析,这种兼注异读的情况,正好说明不同读音词义本来是不同的。下面作一分析。

一、兼注卑履切和必至切。一种情况是,反映了"比1"滋生词读音消失了,读成原始词读音的事实。《书·立政》传:"言主狱当求苏公之比。"音义:"之比,必二反,又如字。"《礼记·学记》:"九年知类通达。"注:"知事义之比也。"音义:"之比,必履反,一音必利反。"《左传·文公元年·经》注:"僖十一年,王赐晋侯命,亦其比也。"音义:"其比,必利反,又如字。"《僖公二十八年·经》:"诸侯遂围许。"注:"会温诸侯也。许比再不至,故因会共伐之。"音义:"比再,如字,王俾利反。"此"比"名词作状语,依例;王元规仍读去声。《汉书·食货志》:"自是后有腹非之法比,而公卿大夫多谄谀取容。"注:"比,则例也,读如字,又音必寐反。"另一种情况是,反映了对"比"在上下文中的词义有不同理解。《史记·商君列传》:"吾说君以帝王之道比三代。"索隐:"比三,比者,频也。谓频三见孝公,言帝王之道也。比音必耳反。"正义:"比,必寐反。说者以五帝三王之事比至孝公,以三代帝王之道方兴。"司马贞解为"依照旧例多次施行某动作"之"比",读必耳反;张守节解为"比至"之"比",读必寐反。二说都很难把上下文讲通。

二、兼注卑履切和毗至切。反映了对上下文中"比"的词义有不同理解。读上声,义为比较,较量;读去声,义为"摆在一起""偏袒,偏向自己人"等。《易·比》:"《比》,吉。"音义:"比,毗志反。卦内并同。《彖》云:辅也。《序卦》云:比,比也。子夏传云:地得水而柔,水得地而流,故曰比。徐又甫履反。"疏:"比吉者,谓能相亲比而得,具吉。"《周礼·春官·占人》:"凡占筮,既事,则系其币以比其命。"音义:"以比,毗志反。一音必履反。"《夏官·大司马》:"建太常,比军众,诛后至者。"注:"比或作庀。郑司农云……庀,具也。玄谓……比校次之也。"音义:"比军,必履反。注同。或毗志反。刘方旨反。"疏:"后郑不从,以为校比次之者,凡物有数者,皆须校次乃知具不,故不从具也。"《礼记·乐记》:"郑卫之音,乱世之音也,比于慢也。"注:"比犹同也。"音义:"比於,毗志反,犹同也。注同。又如字。"《庄子·天道》:"礼法度数,刑名比详,治之末也。"音义:"比详,毗志反。下同。一音如字,云:比较详审。"《达生》:"汝得全而形躯,具而九竅,无中道夭于聋盲跛蹇,而比于人数,亦幸矣。"注:"又得预于人伦,偕于人数,庆幸矣。"音义:"而比,如字,又毗志反。"《渔父》:"先生不羞,而比之服役而身教之。"音义:"而比,如字,谓亲见比数也。又毗志反。"《史记·张丞相列传》:"吹律调乐,入之音声,及以比定律令。"正义:"比音鼻。或音必履反,谓比方也。"《平津侯主父列传》:"晏婴相景公,食不重肉,妾不衣丝,齐国亦治,此下比于民。"索隐:"比音鼻,比者,近也。小颜音比方之比。"《汉书·任敖传》:"吹律调乐,入之音声,及以比定律令。"注:"如淳曰:'比音比次之比。谓五音清浊,各有所比,不相错入,以定十二律之法令于乐官,使长行之。或曰,比谓比方之比,音必履反。'臣瓒曰:'谓以比故取类,以定法律与条令也。'师古曰:'依如氏之说,比音频二反。'"《公孙弘传》:"晏婴相景公,食不重肉,妾不衣丝,齐国亦治,亦下比于民。"注:"比,方也。一曰,比,近也,音频寐反。"以上两读,各自在上下文中词义变体不同,但基本区别很清楚:读卑履切,重在指把不同的对象放到一起作比较,以便决定是否类同;读毗至切,重在指让不同的对象紧挨在一起,以形成一个整体。

三、兼注卑履切和毗必切。《史记·田敬仲完世家》:"田乞及常所以比犯二君,专齐国之政。"索隐:"比如字,又频律反。二君即悼公,简公也。僖子废晏孺子,鲍牧以乞故杀悼公,而成子又杀简公,故云田氏比犯二君也。"这里"比"读如字,义为比较,较量,特指比照旧例多次施行某动作,《吕太后本纪》:"孝惠崩,高后用事,春秋高,听诸吕,擅废帝更立,又比杀三赵王,灭梁,赵,燕以王诸吕,分齐为四。"索隐:"比一音如字,比犹频也。"读频律反,义为(紧挨着的)次序,作状语,依次。《天官书》:"或从正月旦比数雨。"索隐:"比音鼻律反。数音疏矩反。谓以次数日以候一岁之雨,以知丰穰也。"《广韵》毗必切:"比,比次。"这里"比次"是并列的名词性结构。《群经音辨·辨字同音异》:"比,次也,蒲必切。"均可为证。

四、兼注必至切和毗至切。读必至切,名词,类别;读毗至切,摆在一起,紧挨着。《周礼·地官·司约》注:"地约,谓经界所至田莱之比也。"音义:"之比,毗至反,又必二反。"

五、兼注卑履切,毗至切和毗必切。读卑履切,义为比并,并在一起(经过比较);读毗至切,义为紧挨在一起,摆在一起;读毗必切,义为次序。《庄子·齐物论》:"地籁则众窍是已,人籁则比竹是已。"音义:"比竹,毗志反,又必履反,李扶必反。注同。"李轨扶必反,"比竹"义为排列有序的竹子。

六、兼注卑履切,必至切和毗至切。读卑履切,义为比较;读必至切,义为类别,同类的人或物;读毗至切,义为紧挨在一起,摆在一起,偏袒。《诗·唐风·椒聊》:"彼其之子,硕大无朋。"传:"朋,比也。"笺:"无朋,平均,无朋党。"音义:"朋比,王肃,孙毓,申,毛必履反,谓无比例也。一音必二反。郑云:不朋党,则申,毛作毗至反。"按,"无"可带名词性宾语,也可带动词性宾语,故可读必履,亦可读必二。陆氏以为郑笺是补充毛传,故据笺以为毛传读毗至反。《礼记·中庸》:"《诗》曰:'德輶如毛,毛犹有伦。'"注:"伦犹比也……言毛虽轻,尚有所比,有所比则有重。"音义:"犹比,必履反。下同。或音毗至反,又必利反,非也。"按,"有"可带名词性宾语,亦可带动词性宾语。

七、兼注卑履切,毗至切和匹婢切(通"庀")。读卑履切,义为比并在一起作比较;读毗至切,义为摆在一起,紧挨着;读匹婢反,通"庀",备办,治理。《周礼·春官·大胥》:"比乐官,展乐器。"注:"比犹校也。杜子春云:次比乐官也。郑大夫读比为庀,庀,具也,录具乐官。"音义:"比乐,郑如字,下同,比校也。杜毗志反,次比也。郑大夫匹婢反,具也。"

八、兼注毗至切和毗必切。读毗至切,紧挨着;读毗必切,次序。《礼记·投壶》:"请宾曰:'顺投为入,比投不释,胜饮不胜者。'"注:"比投,不拾也。"音义:"比投,毗志反,频也。徐扶质反。注同。"徐邈扶质反,名词作状语,依(紧挨着的)次序。

《说文》:"比,密也。"唐韵:"毗二切。"这是把"紧挨着,靠近"一义看作本义。上述诸音义,其间的构词情况是:(1)原始词,义为紧挨着,靠近,动词,毗至切(去声, * bȉeiᵒ/biᵒ);滋生词,义为(紧挨在一起的)次序,名词,毗必切(入声, * bȉĕt/bȉĕt)。(2)原始词,义为紧挨着,靠近,摆在一起,动词,毗至切(去声, * bȉeiᵒ/biᵒ);滋生词,义为紧挨着放在一起进行比较,类同于,类似于,动词,卑履切(上声, * ᶜpȉei/ᶜpi)。相对于"比次"的"比"来说,"比方"的"比"是滋生

第一章 古代汉语变调构词词表 217

词。(3) 原始词,义为紧挨着放在一起进行比较,类同于,类似于,动词,卑履切(上声,*ᶜpĭei/ᶜpi);滋生词,义为类别,例子,惯例,先例,名词,必至切(去声,*pĭeiᶜ/piᶜ)。相对于"比例""比类"的名词"比"来说,"比方"的"比"是原始词。

以下是"比"作"紧挨着放在一起进行比较"讲读卑履切的例证。《诗·大雅·皇矣》:"王此大邦,克顺克比。比于文王,其德靡悔。"传:"慈和遍服曰顺,择善而从曰比。"音义:"比,必里反。"疏:"能择人之善者,从而比之,言其德可以比上人也。"又疏:"服虔云:比方损益古今之宜而从之。杜预曰:比方善事使相从。二说皆不得以解此。何者?彼唯说文王,不言比方他人,故服、杜观传为说。此以王季比文王,当谓择善而从之,以比方之也。"《礼记·缁衣》:"子曰:'下之事上也,身不正,言不信,则义不壹,行无类也。'"注:"类谓比式。"音义:"比式,如字,比方法式。"疏:"无有比类,言行之无恒,不可比类也。"《聘义》:"故天子制诸侯,比年小聘,三年大聘。"注:"比年小聘,所谓岁相问也。"音义:"比年,必履反。"按,这里的"比年"指比照上一年,含有"每一年"的意思,不能误会"比"是"每"的意思。《左传·桓公二年》:"五色比象,昭其物也。"注:"车服器械之有五色,皆以比象天地四方,以示器物不虚设。"音义:"色比,并是反。"《文公七年》:"葛藟犹能庇其本根,故君子以为比。"注:"谓诗人取以喻九族兄弟。"音义:"为比,必尔反。"作比较。《老子》五十五章:"含德之厚,比于赤子。"音义:"比,必履反。"有时重在指类同于,类似于。《史记·乐书》:"郑卫之音,乱世之音也,比于慢矣。"正义:"郑音好滥淫志,卫音促速烦志,并是乱世音。虽乱而未灭亡,故比慢也。比,必以反。"《天官书》:"太白白,比狼。"正义:

"比,卑耳反,下同。比,类也。"《司马穰苴列传》:"身与士卒平分粮食,最比其羸弱者。"正义:"比音卑耳反。"引申指诗六艺之一。六义指风,雅,颂,赋,比,兴。《毛诗序》:"一曰风,二曰赋,三曰比。"音义:"曰比,必履反。"疏:"比云见今之失,取比类以言之,谓刺诗之比也。"

以下是"比"作"类别,同类的人或事物,例子,惯例,先例"讲读必至切的例子。《周礼·地官·载师》注引《汉书·食货志》:"农民户一人已受田,其家众男为余夫,亦以口受田如比。"音义:"如比,徐方二反。"《秋官·士师》注:"郑司农云:八成者,行事有八篇,若今时《决事比》。"音义:"事比,必利反。"《礼记·文王世子》注:"伦谓亲疏之比也。"音义:"之比,必利反。"《左传·僖公三年》注:"小国而加兵于大国,如息侯伐郑之比。"音义:"之比,必二反。"《谷梁传·隐公十一年》注:"不地,不书路寝之比。"音义:"之比,必利反。"《史记·吕太后本纪》集解引苏林:"春秋听臣子以称君父,妇人称主,有'主孟啗我'之比,故云公主。"索隐:"比音必二反。"《汉书·陈汤传》:"参妻欲为侯求封,汤受其金五十斤,许为求比上奏。"注:"比,例也,音必寐反。"《孔光传》:"以《尚书·盘庚》殷之及王为比,中山王宜为嗣。"注:"兄终弟及也。比音比寐反。"又"等比"同义连用。《礼记·服问》注:"列,等比也。"音义:"等比,必利反。""等比"可作宾语、主语、定语等。《汉书·张敞传》:"后恽坐大逆诛,公卿奏:恽党友不宜处位,等比皆免。"注:"比,例也,音必寐反。"此作状语。《外戚传》:"见翁须与歌舞等比五人同处。"注:"比音必寐反。"《元后传》:"太后怜弟曼蚤死,独不封,曼寡妇渠供养东宫,子莽幼孤不及等比。"注:"比音必寐反。"又可说"比类",《汉书·楚元王传》:"若乃群臣,

第一章 古代汉语变调构词词表

多此比类,难一二记。"注:"比音必寐反。"比,类同义。《五行志》:"是故天下有物,视春秋所举与同比者。"注:"比,类也,音必寐反。"《左传·襄公二十六年》:"文子言于晋侯曰。"注:"言于,比类宜见讨。"音义:"于比,必利反。"此作状语。

"比1"的变调构词,当来自上古。我们今天见到的最早的反映"比1"变调构词的音注,是徐邈作的。徐氏音注,既有上声方履反,又有去声方二反,分别见《周礼·天官·宫正》及《地官·载师》音义。从词义上说,"比1"滋生词词义大约出现于战国时代,《礼记·王制》:"疑狱,氾与众共之。众疑,赦之,必察小大之比以成之。"注:"已行故事曰比。"音义:"比,必利反。注同,例也。"可以推测,"比1"的变调构词产生于战国时代。这一滋生词词义,晋宋时代仍沿用,张万起《世说新语词典》中,"比"作"辈,类。指某一类人、某一类东西"讲在《世说新语》中用了7次。至晚六朝后期,"比1"的去声一读在口语中已读成上声了,《经典释文》把"比1"滋生词绝大多数注成去声,但也有少数几例上去兼注,《汉书》颜注几乎把滋生词都注成去声,也有1例上去兼注,并见前面"兼注卑履切和必至切"所引。但是唐人读书音中,"比1"滋生词的去声读音还顽强地保留了下来。且不说《汉书》颜注,《后汉书》李贤注也是如此。《刘般传》附《刘恺传》:"司徒杨震,司空陈褒,廷尉张皓议依光比。"注:"比,类也……比音庇。"《何敞传》:"使百姓歌诵,史官纪德,岂但子文逃禄,公仪退食之比哉!"注:"比音庇。"《陈宠传》附《陈忠传》:"忠略依宠意,奏上二十三条,为《决事比》。"注:"比,例也,必寐反。"但这只是书面语中读音的事实,口语中已消失了。

【比 2】

1

原始词，义为把人或物排在一起进行比较，类同于，类似于，动词，卑履切（上声，* ᶜpʰiei/ᶜpi）。滋生词，义为到了或接近某一时间，介词，必至切（去声，* pʰieiᶜ/piᶜ）。"比 2"的变调构词，未见于诸家著录。《玉篇》《广韵》《集韵》对"比"帮母上声和去声读法的反映见"比 1"，《玉篇》没有很好地反映"比"的去声读法；《广韵》去声的"近也"，大概是"比 2"滋生词词义；《集韵》去声引《说文》"密也"，这本是并母去声的词义，置于帮母去声，反映宋时全浊声母清音化的事实。

按，汉语的介词大多由动词变来，如"方"本指两船并行，引申指两车并行，虚化为介词，指正在某一时间；"当"本指两两相当，虚化为介词，指处于某时某地。"比 2"的滋生词从原始词分化出来以后，声调也发生了变化。"比 2"的滋生词和"比 1"的滋生词之间没有直接的词义发展关系，它们都分别从"把人或物排在一起进行比较，类同于，类似于"一义滋生出来。

2

"比"作"把人或物排在一起比较，类同于，类似于"讲读帮母上声，例见"比 1"。以下是"比"作"到了或接近某一时间"讲读帮母去声的用例。带名词性宾语，《礼记·祭义》："孝子将祭，虑事不可以不豫，比时具物，不可以不备，虚中以治之。"注："比时犹先时也。"音义:"比时,必利反,徐甫至反。注同。"《公羊传·文公六年》注:"比时使有司先告朔。"音义:"比时,必利反。"比时,指临近规定的做某事的时节。当"比"带名词性宾语时,可以看出它含有"近似于,接近于"的意味,跟原始词的关系易于看清楚一点。还可以带主谓结构组成的宾语,《汉书·王莽传》:"比皇帝加元服,委政而授焉。"注:"比音必寐反。"作宾语的主谓结构之间可以加"之",有人看作名词性结构,《左传·定公十三年》:"齐侯曰:'比君之驾也,寡人请摄。'"音义:"比君,必利反。"更多地是带动词性宾语。《仪礼·士相见礼》:"大夫则辞退下。比及门,三辞。"音义:"比及,必利反。"按,通志堂本作毗志反,误。《既夕礼》:"比奠,举席扫室聚诸窔。"注:"比犹先也。"音义:"比奠,必二反。注同。"《礼记·檀弓上》:"孟献子禫,县而不乐,比御而不入。"注:"可以御妇人矣,尚不复寝。"音义:"比御,必利反。下'比及'同。"《檀弓下》注:"《杂记》曰:'君于卿大夫,比葬,不食肉;比卒,哭不举乐。'"音义:"比葬,必利反。下同。"《曾子问》:"自蒉比至于殡,自启至于反哭,奉帅天子。"音义:"比至,必利反。"《丧服小记》:"远葬者,比反,哭者皆冠。"音义:"比反,必利反。"《杂记下》:"诸侯出夫人,夫人比至于国,以夫人之礼行。"音义:"比至,必利反。"《左传·庄公十二年》:"比及宋,手足皆见。"音义:"比及,必利反。"《昭公二十八年》:"比置三叹,既食使坐。"音义:"比置,必利反。"《论语·先进》:"比及三年,可使有勇,且知方也。"音义:"比及,必利反。下同。"《史记·高祖本纪》:"自度比至皆亡之,到丰西泽中,止饮,夜乃解纵所送徒。"正义:"比,必寐反。"《汉书·食货志》:"比盛暑,陇尽而根深。"注:"比音必寐反。"《翟方进传》:"比惊救之,已皆断头。"注:"比音必寐反。"《列子序》:"比乱,正与为扬州刺史。"音义:"必利反。"由"比"组成的介宾结构,多放在动词性结构或主谓结构的前面,偶尔也有相反的情形。《汉书·王莽传》:"皇帝幼年,朕且统政,比加元服。"注:"比至平帝加元服以来,太后且统政也。比音必寐反。"

"比2"的变调构词,最早的注音,包括原始词和滋生词,都是徐邈作的,滋生词见《礼记·祭义》所引"徐甫至反",当前有所承。从词义来说,当出现于上古。中古注家,此滋生词从不注成别的音,说明直到中古,仍只读去声。元明时代,此音义仍有保留。据李崇兴等《元语言词典》,"比及"等词仍使用,"比"单用亦有"比及"义。《中原音韵》齐微部,"比"兼收于上声和去声,其中除来自中古毗至切的"比"外,可能还有"比及"的"比"。"比2"滋生词的读音在口语中消失,应是较晚的事。

段玉裁在《说文注》"比"下说:"今韵平上去入四声皆录此字,要'密'义足以括之。其本义谓相亲密也,余义'俌也''及也''次也''校也''例也''类也''频也''择善而从之也''阿党也',皆其所引伸。"又说:"按四声俱收,其义本一,其音强分耳。"段玉裁注意到"比"字不同音义之间有相同的意义成分"密",这对我们正确认识"比"的不同音义之间的意义上的关联有帮助。他在分析时强调词义的概括性,这是对的。关键问题是,概括词的义位,不能是概括者外在地加上去的;词的义位是不同时代的语言使用者共同规定的,概括者只能被动地揭示不同时代的语言使用者对某一词的某一义位的规定性,既不能主观地把同一义位分成几个义位,也不能主观地把不同的义位合并成一个义位。当然,人们在概括义位时难免有分歧意见,但是"比"字人们既然"四声俱收",而且词义有别,这是古人共同规定的,怎么能说"其义本一"呢?又怎能据此证明"其音强分"呢?要证明古人"四声俱收,其义本一,其音强分",必须用科学的方法,大量的材料证明古人口语中"比"确定不存在着语音的分别,是古人人为地分出来的。我们看到的事实是,"比"平上去入四声词义有别。有的分别从今人的眼光看比较细微,但不能以今律古。古人用不同的读音把不同的词义分别摆在那里,要证明这种分别是主观的,非客观的,以这些不同的词义之间有共同的成分"密"来作证据,是不科学的;没有其他的可靠依据,光凭这个证据来以义证音,就不可靠;况且音义的结合,本质上是任意的,所以段氏并没有证明"比"字"其义本一,其音强分"。应该承认"比"的不同音义是客观地存在于古语之中。如果主观地把不同的义位硬性规定为一个义位,并进而认定不同义位之间的语音转换是人为造出来的,那么整个汉语史上的音变构词中配对词的原始词和滋生词的语音区别将会取消,清代不少人就曾这样主张;从现代语言学的角度说,这是错误的看法,不合事实。

【结】(滋生词后作"髻")

1

原始词,义为把细长条状的东西交叉组织起来,编结,动词,古屑切(短入,＊kiĕt/kiet)。滋生词,特指在头顶或脑后把头发交叉组织起来盘成各种形状,编结成发髻,动词,后作"髻",古诣切(长入,＊kiĕt/kieiˀ)。"结"的变调构词,唐纳、周法高有著录。唐纳把"结"的变调构词归入"原始词是动词性的,滋生词是名词性的"一类,原始词作"结",释义为"to tie"(打结,编结);滋生词作"髻",释义为"knot in hair,'bun'"(发髻)。为周法高所本。周法高归入"非去声或清声母为动词,去声或浊声母为名词或名语"一类,其释义是:"结:缔也,古屑切(入声,kiet/kiet 'to tie');绾发,一作髻,古诣切(去声,kied/kiei ('knot in hair "bun"'))。"

《玉篇》糸部:"结,古姪切,要也。"髟部:"髻,居济切,发结也。"《广韵》古屑切:"结,缔也。"古诣切:"髻,绾发。"这两部字书,都只收"结"的入声读法,都把"结"的滋生词音义放到"髻"字里,反映了后代的用字规范。《集韵》吉屑切:"结,《说文》:缔也。"吉诣切:"紒髻结,束发也。或作髻结。"全面反映了滋生词的不同写法。

按,滋生词的"结"也有作动词用者,唐纳和周法高二家没有注意到。我们认为滋生词中的动词用法是由原始词变调构词而来,属特指构词,特指构词是变调构词的一条重要途径。而"发髻"的"髻"是动词用法取得原始词资格后,进一步词义构词而变来的。

2

"结"作"把细长条状的东西交叉组织起来,编结"讲读入声,中古习见,古人注古书,此义一般不注音。

由此义特指构词,义为"在头顶或脑后把头发交叉组织起来,编成各种发髻",读去声。《史记·郦生陆贾列传》:"陆生至,尉他魋结箕倨见陆生。"索隐:"魋,直追反。结音计。谓为髻一撮似椎而结之,故字从结。且案其'魋结'二字,依字读之亦得。"揭示了此义跟"编结"的"结"的关系。《汉书·李广传》:"后陵,律持牛酒劳汉使,博饮,两人皆胡服椎结。"注:"结读曰髻。一撮之髻,其形如椎。"《西南夷传》:"此皆椎结,耕田,有邑聚。"注:"结读曰髻,为髻如椎之形也。"以上"魋(椎)结"都是状中结构。字亦作"紒"。《仪礼·士冠礼》:"将冠者采衣,紒,在房中,南面。"注:"紒,结发。古文紒为结。"音义:"紒,音计。后同。"《士丧礼》注:"髺发者,去笄纚而紒。"音义:"而紒,音计。下同。"《礼记·檀弓上》:"鲁妇人之髽而吊也,自败于台鲐始也。"注:"时家家有丧,髽而相吊。去纚而紒曰髽。"音义:"而紒,音计。"《奔丧》注:"去纚大紒曰髽。"音义:"大紒,音计。"

词义构词,义为"在头顶或脑后交叉组织起来盘成各种形状的头发,发髻",名词。《后汉书·南蛮西南夷列传》:"为仆鉴之结,著独力之衣。"注:"结之髻。"字又作"髻"。《左传·襄公四年(按,周法高"四"误作"五")年》:"国人逆丧者皆髽,鲁于是乎始髽。"注:"髽,麻发合结也。遭丧者多,故不能备凶服,髽而已。"音义:"合髻,音计。本又作结,又作紒,音同。"又作"紒"。《周礼·天官·追师》注:"编,编列发为之,其遗像若今假紒矣,服之以桑也。"音义:"假紒,音计。"《仪礼·丧服》:"髽,露紒也。"音义:"露紒,音计。下同。"引申指马紒。《诗·小雅·采薇》:"四牡翼翼,象弭鱼服。"传:"象弭,弓反末也,所以解紒也。"笺:"弭,弓反末彆者,以象骨为之,以助御者解辔紒宜滑也。"

"结"的变调构词,无疑反映了口语。宋元嘉时民歌《读曲歌》:"梳头入黄泉,分作两死计。"其中"计"谐音双关,谐音"髻"(参陈望道《修辞学发凡》第五篇《积极修辞一》七《双关》,游国恩《论吴声歌曲中的子夜歌群》《再论吴声歌曲中的子夜歌群》称这种谐音双关为"声比""谐声")。由李商隐《李夫人三首》之三叶"髻('两股方安髻'），替"，正叶去声。从词义来说，"结"的滋生词词义上古已出现，且后起字"紒"等上古也产生了，所以应该认为"结"的变调构词出现于上古。其滋生词进一步滋生出来的"发髻"的"髻"一直沿用至今，但字作"髻"，故一般人感觉不到它是从"结"中滋生出来的。

有些方言中，"发髻"一义在滋生过程中韵母也发生了变化。字作"丯"。《说文》："丯，簪结。"唐韵："古拜切。"《广韵》古拜切："丯，簪结。"《集韵》居拜切："丯，《说文》：簪结也。一曰：覆髻也。"情况可能是，上古有些方言中，由"编结"之"结"滋生出动词（义为"编结发髻"）时，不仅仅声调有变化，韵母也不同，即＊kiět：＊keāt。所以由＊keāt 词义构词，义为"系马尾"，字作"驔"，古书假"介"为之，如《左传·成公二年》："不介马而驰之。"注："介，甲也。"指披上甲。段玉裁不同意杜注。《说文》："驔，系马尾也。"段注："此当依《玉篇》作'结马尾'，《广韵》作'马尾结也'。结即今之髻字。《太玄》曰：'车軨马驔，可以周天下。'范注：'軨，辖系。驔，尾结也。'《释文》：'驔音介，马尾髻也。'按，远行必髻其马尾。驔与丯音义同。《诗》曰：'駉介。'《左传》曰：'不介马而驰。'疑'介'即古文驔。"段氏把《左传·成公二年》"不介马"的"介"释为驔有他的道理的，但他说得不肯定。所以最近汪少华先生进一步申明杜注，详细的讨论可参汪少华《中国古车舆名物考辨》（商务印书馆，2005年，86—102页）二《考辨》"（四）'驔'与'介马'考辨"。"驔"与"丯"同音，古音均为＊keāt。这说明，"结"的音变构词是复杂的。不能因为有了"丯驔"读＊keāt 的例子，就否定"结：结髻驔"的变调构词。

【尘】

1

原始词,义为附着在物体上或飞扬着的细土,灰尘,尘土,名词,直珍切(平声,*$_c$dĭen/$_c$ɖĭen)。滋生词,义为污染,弄脏,动词,直刃切(去声,*dĭen^c/ɖĭen^c,《集韵》)。"尘"的变调构词,贾昌朝、周法高、唐作藩均有著录。《群经音辨·辨字音清浊》:"尘,土也,池珍切。土污曰尘,直吝切,郑康成曰'拜手坋尘'。"为各家所本。周法高把"尘"的变调构词归入"非去声或清声母为名词,去声或浊声母为动词或名谓式"一类。

《玉篇》土部:"尘,除仁切,尘埃。"《广韵》直珍切:"尘,《说文》本作麤,鹿行扬土也。"两部字书均未收"尘"的去声一读,反映了六朝后期以后"尘"的滋生词的去声读法在口语中消失的事实。《集韵》池邻切:"尘,《说文》:鹿行扬土也。"直刃切:"尘,土污也,郑康成曰'拜手坋尘'。"去声一读采用了《群经音辨》的研究成果。

2

"尘"作"附着在物体上或飞扬着的细土,灰尘,尘土"讲自古以来即很习用,中古人注古书,一般不注音。不仅如此,古人还拿它作注音字给其他字注音。例如,《诗·豳风·东山》笺:"古者声寘,填,尘同也。"音义:"寘填尘,依字皆是田音,又音珍,亦音尘。"《经典释文》注"如字"1次,那是为了区别异文。《庄子·大宗师》:"芒然彷徨乎尘垢之外,逍遥乎无为之业。"音义:"尘垢,如字。崔本作塚均,云:塚音壥,均,垢同,齐人以风尘为逢堁。"

"尘"作"污染,弄脏"讲读去声,《经典释文》只注音1次。《仪礼·燕礼》:"主人宾右奠觚答拜,降盥。"注:"主人复盥,为拜手坌尘也。"此"坌尘"为同义连用。音义:"尘,如字,刘直吝反。"疏:"言复盥者,前盥为洗爵,此盥为污手。"

由《经典释文》给"尘"滋生词注音仅1次,而且在注去声之前,还兼注平声,能否据此认为去声一读是刘昌宗人为造出来的呢? 不能。语言符号音义结合之间的关系是不可论证的,"尘"作"污染,弄脏"讲"刘直吝反"一音明明白白摆在那里,凭什么认为这一去声读法是刘昌宗人为造出来的呢? 除非刘氏同时同地的人有材料指出他造出去声一读,实际口语或读书音中没有此读,否则后人凭什么认定他是人为区分出"尘"的去声一读呢? 这种证明刘宗昌人为区分"尘"去声读音的材料不可能找出来。其他种种证据都不免隔靴搔痒。如果因为"尘"现代只有平声读法,没有去声读法,就认定去声是人为的,那就是缺乏历史观点;现代口语中"尘"不作"污染,弄脏"讲,古书上的用例是不是那些用此义的人造出的词义呢? 如果因为陆德明读如字就断定刘昌宗去声一读是刘氏人为的,那也是缺乏历史观点;同一上下文中同一个字,不同注家注音不同,原因是多方面的,可能的解释也是多方面的,凭什么推定刘氏去声读法是他自己造出来的,而不能是其他原因? 照这种逻辑推下去,也可以得出这种荒谬的结论:刘昌宗的音有口语基础,陆德明"如字"一读是陆氏人为地造出来的,因为大前提是:凡一字兼注异读,则其中一读反映口语,另一读是人为的。为了证明"直吝反"一读是人为的,有人可能会提出这样的证据:《经典释文》给注音的经典及其注解中,"尘"作"污染,弄脏"讲肯定不止《仪礼·燕礼》郑注这一例,而其他地方动词"尘"不注音,所以这一处注去声是刘昌宗人为的。例如《庄子·逍遥游》:"是其尘垢秕糠,将犹陶铸尧舜者也。"音义:"尘垢,古口反。尘垢犹染污。"这里"尘"是动词,陆氏不注去声,所以刘昌宗注去声是刘氏主观分出的。这也是没有说服力的。陆氏已经指明,读"直吝反"是采用了刘昌宗的音,刘氏只给三《礼》注音,何况三《礼》经注中所有的动词"尘"他也没有必要一一注音。凭时代稍晚的陆德明的注音是不能推断更早的刘昌宗的注音来自人为而非承自前代口语的,因为这不符合语言符号的本质特点。同样,《经典释文》给注音的经典及其注解中,"尘"作"灰尘,尘土"讲有多处,注如字的只有《庄子·大宗师》一处,我们当然不能说:注如字是陆德明人为的,实际口语中"尘"不读直珍切。

"尘"的变调构词当来自上古。从词义说,其滋生词词义上古已出现;从韵文说,"尘"在《诗经》中仅入韵1次,正好是"污染,弄脏"一义入韵,《小雅·无将大车》叶"尘('祇自尘兮',朱熹集传:'言将大车,则尘污之'),疧('祇自疧兮',音义:'疧兮,都礼切,病也。')",可以看作上去合叶。六朝早期,"尘"的去声一读还有保留,至少读书音中还保留着,所以刘昌宗注成"直吝反"。到了六朝后期,"尘"的去声一读在口语中已消失得无影无踪,所以陆德明吸收刘昌宗音时,摆在"如字"一读的后面,而且别的地方出现的作"污染,弄脏"讲的"尘"陆氏不注去声。

【陈】

1

原始词,义为把物品摆出来供人看,动词,直珍切(平声,*₀dĭen/₀ɖĭɐn)。滋生词,特指战争中摆开阵势,动词;由此滋生词取得原始词资格,词义构词指作战队伍的行列或组合方式,战阵、阵势,名词,直刃切(去声,* dĭenᵒ/ɖĭɐnᵒ)。滋生词的名词用法,后来写作"阵"。"陈"的变调构词,贾昌朝、周祖谟、唐纳、周法高、唐作藩均有著录。《群经音辨·辨字音清浊》:"陈,列也,池珍切。成列曰陈,直刃切。"为各家所本。周祖谟把"陈"的变调构词归入"因词性不同而变调者"的"区分动词用为名词"一类中,不妥:一是把"战阵"一义看作由"陈列"一义直接滋生出来,不如看作由"战争中摆开阵势"一义直接滋生出来,后者也读去声;二是把"陈"的平去之别看作动名之别,忽视了"陈"读去声古代也有动词用法。唐纳归入"滋生词具有变狭的意义"一类,并释原始词词义为"to line up, arrange"(排成行列,排列),滋生词词义为"to line up in battle order"(战争中摆开阵势),符合事实。周法高归入"非去声或清声母为动词,去声或浊声母为名词或名语"一类,分类采用了周祖谟之说;中文释义采用了贾昌朝的表述;英文释义,原始词径采唐纳说,滋生词则改为"line of battle"(战阵),其实唐纳滋生词释义是对的。

《玉篇》阜部:"陈,除珍切,列也,布也。"又列异体:"陣,古文。"未收去声一读。攴部:"敶,除珍丈刃二切,列也。亦作陈。"大概是把名动两词性的"敶"都用"列也"来解释。车部:"軙,直邻切,古陈字。"𨸏部:"敶,直珍切,列也。"对"陈"的变调构词反映得很不明确。《广韵》直珍切:"陈,陈列也,张也,众也,布也,故也。"又:"敶,古文,《说文》本直刃切,列也。"直刃切:"敶,列也。"又:"陈,上同,见经典。""阵,俗,今通用。"《集韵》池邻切:"陈陣,《说文》:宛丘,舜后妫满之所封。一曰:布也。一曰:堂下径。"又:"敶敕,列也。或作敕。通作陈。"直刃切:"敶陈阵,《说文》:列也。或省。亦作阵。"

《说文》𨸏部:"陈,宛丘,舜后妫满之所封。从𨸏,从木,申声,㚬,古文陈。"跟陈列的"陈"形同音同,意义毫无关系。陈列的"陈"写作"陈",可能是假借,也可能如《集韵》所说,是省写。《说文》攴部:"敶,列也。从攴,陈声。"唐韵:"直刃切。"《说文解字系传》攴部:"敶,列也。从攴,陈声。臣锴曰:古书军敶字多如此。迟慎反。"按,《广韵》说"《说文》本直刃切",大徐本和小徐本都把《说文》的"敶"注成去声,当有所本。按古人理解,《说文》的"列也"是指军队列阵,许慎是把"敶"字的本义理解为军队摆开战阵。古人之所以认为《说文》的"敶"应理解为军队摆开战阵,不是泛指陈列,理由可能有三:一是《说文叙》说到,同一部首的字的排列原则是"方以类聚,物以群分",而"敶"的位置在《说文》中正与作战有关。二是门部"𨴱"下云:"读若军敶之敶。"则"敶"是军敶字。三是古军敶字多写作"敶"(见小徐本徐锴语)。

《说文》有可能把"军队摆开阵势"一义当作"敶"的本义。但从变调构词的立场看,我们把"陈列"一义当作原始词词义,把"军队摆开阵势"一义当作滋生词词义。汉语由词义变狭而变调构词,这是变调构词的一条重要途径;两个词义上古都是常用义,平声读法往往是原始词,去声读法往往是滋生词,这也是通则,所以贾昌朝等人都把平声读法摆在前面,去声读法摆在后面。段玉裁《说文注》:"《韩诗》:'信彼南山,惟禹敶之。'《尔雅》:'郊外谓之田。'李巡云:'田,敶也。'谓敶列种谷之处。敶者,敶之省。《素问》注云:'敶,古敶字。'是也。此本敶列字,后人假借陈为之,陈行而敶废矣。亦本军敶字,雨下云'读若军敶之敶'是也,后人别制无理之阵字,阵行而敶又废矣。"把"陈列"义置前,"军阵"义置后,反映了段氏把"陈列"义作本义看。不过段氏似乎把《说文》"敶,列也"的释义看作是"军阵",名词用法,不合许慎原意。王力先生主编《古代汉语》,在常用词中,也把"陈列"义作为"陈"这一个词的本义。

2

"陈"的变调构词,《经典释文》反映得很清楚。先看反映原始词和滋生词音义有别的一个典型例子。《左传·成公十六年》:"子反命军吏察夷伤,补卒乘,缮甲兵,展车马,鸡鸣而食,唯命是听。晋人患之。苗贲皇徇曰:'蒐乘补卒,秣马利兵,脩陈固列,蓐食申祷,明日复哉!'"其中"展车马"杜注:"展,陈也。"音义:"展陈,如字。"这个"陈"义为陈列。"脩陈"音义:"脩陈,直觐反,又如字。"读去声,义为战阵;读如字,义为所陈之物,即兵车。以上"陈"平去两读正表明它是平去别义的。

"陈"作"战阵"讲读去声,没有人怀疑。《汉语大字典》把这一义的"陈"歧为"军队行列"和"阵法,部队作战时的战斗队形"二义,不合词义概括性原则,亦无必要。王宁先生《训诂学原理·训诂学与语言学·先秦汉语实词的词汇意义与语法分类》中,谈到"关于词汇意义与语法功能一致性的测查",重点分析了"陈"字,以《左传》

为例,结合《经典释文》,把"陈"的变调构词系列分为五个词项。其中"军阵,阵列"这一词项读去声,"阵法"这一词项读平声,两个词项都是名词。这两个词项分别举出《桓公五年》"鱼丽之陈",《成公十六年》"在陈而嚣",《成公十六年》"脩陈固列",《昭公元年》"为五陈以相离",《昭公二十三年》"敦陈整旅"这 5 例作为两个词项分项的证据,之所以把"阵法"这一词项跟"军阵,阵列"分开,是因为她认为,据《经典释文》,"军阵,阵列"读去声,"阵法"读平声:"《经典释文》对这组'陈'大部分也给'直觐反'的注音,而'鱼丽之陈'与'五陈'不注音,大约是把它们释作'陈法'的缘故。'脩陈固列'的'陈',注'直觐反'又注'或如字',也是或以此'陈'为'陈法'。"如果"陈"作"阵法"讲确实读平声,当然应该另立一个"词项",因为此义与"军阵,阵列"义声调不同。但是王先生的分析跟《经典释文》有出入。《成公十六年》"脩陈"的"陈",陆氏兼注"又如字",我们理解,是指所陈列的兵车,动词用作名词,不当理解为"阵法",上文已说过。其他两例,"鱼丽之陈"和"五陈"的"陈",肯定读去声。《桓公五年》:"郑子元请为左拒,以当蔡人,卫人。"注:"拒,方陈。"音义:"方陈,直觐反。下文'之陈'及注同。"所谓"下文'之陈'及注同",是指传:"曼伯为右拒,祭仲足为左拒,原繁,高渠弥以中军奉公,为鱼丽之陈。"注:"此盖鱼丽陈法。"其中"鱼丽之陈""陈法"的"陈"读去声,跟"方陈"的"陈"读音同。《昭公元年》:"乃毁车以为行,五乘为三伍。"注:"魏舒先自毁其属车为步陈。"音义:"步陈,直觐反。下文'五陈''未陈'同。"所谓"下文'五陈''未陈'同",指传:"为五陈以相离,两于前,伍于后,专为右角,参为左角,偏为前拒,以诱之。翟人笑之。未陈而薄之,大败之。"其中"为五陈以相离"

"未陈而薄之"的"陈"读去声,跟"步陈"的"陈"读音同。所谓"阵法",只是"军阵,阵列"一义的语义变体,跟后者的词义关系十分明显,跟平声读法的词义没有直接关系。"军阵,阵列"一义一直在口语中读去声,如果有读平声的"阵法"一义,词义的发展就会令人费解。

"陈"的"战争中列阵,布阵"一义是从"陈列"一义滋生出来的,读去声,不读平声。唐纳将此义处理为去声,王宁将"战争中列阵,布阵"和"军阵,阵列"二义都处理为去声,无疑是正确的。周法高明知唐纳把"战争中列阵,布阵"一义处理为去声,却不采用,是因为惑于后代的读音习惯,对《经典释文》中"陈"字的注音缺乏全面深入的分析。下面再来看《经典释文》中"战争中列阵,布阵"和"军阵,阵列"二义都读去声的典型用例。《周礼·夏官·大司马》:"中春,教振旅,司马以旗致民,平列陈,如战之陈……;中夏,教茇舍,如振旅之陈……;中秋,教治兵,如振旅之陈……;中冬,乃陈车徒,如战之陈,皆坐。群吏听誓于陈前,斩牲,以左右徇陈。……左右陈车徒,有司平之。……既陈,乃设驱逆之车,有司表貉于陈前。……及战,巡陈眡事而赏罚。""列陈"下音义:"列陈,直觐反。下'之陈''可(按,依经文,当作"乃"。通志堂本及十三经本皆作"可")陈''陈前''徇陈''行陈''巡陈'皆同。余以意求之。"按,"行陈"见郑注:"乡师又巡其行陈。"这里,"乃陈"的"陈"义为战争中布阵,其他的"陈"义为军阵,阵势,都是去声。只有"陈车徒""既陈"的"陈"没注音,但要"以意求之",正说明"陈"是变调构词的;这两个"陈"义为陈列,不注音,是读平声。《左传·僖公三十三年》:"阳子患之,使谓子上曰:'吾闻之:"文不犯顺,武不违敌。"子若欲战,则吾退舍,子济而陈,迟速唯命。'"注:"欲辟楚,使渡,成陈而后战。"音义:"而陈,直觐反。注同。"经文中"陈"动词,注文"陈"名词。《成公十六年》:"甲午晦,楚晨压晋军而陈。军吏患之。范匄趋进,曰:'塞井夷灶,陈于军中而疏行首。'"注:"疏行首者,当陈前决开营垒为战道。"音义:"而陈,直觐反。下及注皆同。""而陈""陈于军中"的"陈",动词;"当陈前"的"陈",名词。《襄公十八年》:"晋人使司马斥山泽之险,虽所不至,必旆而疏陈之。"注:"疏建旌旗为陈示众也。"音义:"疏陈,直觐反。注同。""疏陈之"的"陈",动词;"为陈"的"陈",名词。《襄公二十五年》:"请以其私卒诱之,简师,陈以待我。"注:"简阅精兵,驻后为陈。"音义:"陈以,直觐反。注同。""陈以"的"陈",动词;"为陈"的"陈",名词。《襄公二十六年》:"楚晨压晋军而陈,晋将逃矣。"音义:"而陈,直觐反。下'成陈'并注同。"按指下文"若塞井夷灶,成陈以当之"及注:"塞井夷灶以为陈。""而陈"的"陈",动词;"成陈""为陈"的"陈",名词。《定公十四年》经注:"於越,越国也。使罪人诈吴乱陈,故从未陈之例书败也。"音义:"乱陈,直觐反。下同。""乱陈"的"陈",名词;"未陈"的"陈",动词。以上材料,均可证明"陈"作"战争中列阵"和"军阵,阵列"讲都读去声。

《经典释文》给"陈"的原始词和滋生词共注音73次。注平声如字只有1次,上文已举。平去兼注7次,只注去声的有65次。

平去兼注的7次,没有别的原因,是反映对上下文的"陈"的词义有不同理解。《左传·成公十六年》"脩陈"的"陈"上文已分析过了,下面分析另外6例。《书·武成》:"既戊午,师逾孟津。癸亥,陈于商郊,俟天休命。"传:"谓夜雨止毕陈。"音义:"陈于,上直刃反。

注同。徐音尘。"读去声,义为布战阵;徐邈平声,义为陈示。《诗·大雅·大明》笺:"殷盛合其兵众,陈于商郊之野。"音义:"陈于,如字,又直刃反。"十三经本脱此音义。解同上。《常武》:"王谓尹氏,命程伯休父,左右陈行,戒我师旅。"音义:"左右陈,如字。徐直觐反。行,户刚反,列也。"读平声,义为陈列,摆出;徐邈去声,义为布战阵。疏取前说:"使此司马令其士众左右陈力而为行。"《仪礼·既夕礼》:"若就器,则坐奠于陈。"音义:"于陈,如字,刘直吝反。下同。"这里"于陈"的"陈"是名词。读如字,动词用作名词,所陈列之处;读去声,阵列。《左传·桓公九年》:"斗廉衡陈其师于巴师之中,以战,而北。"注:"衡,横也。分巴师为一部,斗廉横陈于其间以与邓师战。"音义:"陈,直觐反。注同。又如字。"读去声,布战阵;读平声,陈列。《僖公二十二年》:"声盛致志,鼓儳可也。"注:"儳岩未整陈。"音义:"整陈,直觐反,一音如字。"读去声,义为布战陈;读如字,义为陈列,布列。

《汉语大字典》把"布战阵"一义看作是"阵法,部队作战时的战斗队形"一义的近引申用法,且合列为一个义项,不妥。从词义发展看,"布战阵"(去)一义应是由"陈列"(平)一义直接滋生出来的;"军阵,阵列"一义又是由"布战阵"一义词义构词而直接滋生出来的。《经典释文》只注去声的65次中,动词用法注了30多次,名词用法近30次,可见"陈"作动词取"布战阵"讲上古和中古都是一个固定的义位。

以下是"陈"作"战争中摆开阵势"讲读去声的用例。《书·牧誓》传:"癸亥夜陈,甲子朝誓。"音义:"夜陈,直刃反。"《诗·大雅·常武》笺:"兵未陈而徐国已来告服,谓善战者不陈。"音义:"未陈,直

第一章 古代汉语变调构词词表 237

刃反。下同。"《左传·庄公十一年》:"公御之,宋师未陈而薄之。"音义:"未陈,直觐反。"《僖公二十二年》:"既陈而后击之,宋师败绩,公伤股。"音义:"既陈,直觐反。"《僖公二十八年》:"己巳,晋师陈于莘北。"音义:"陈于,直靳切。"《成公二年》:"癸酉,师陈于鞌。"音义:"师陈,直觐反。"又《成公二年·经》注:"皆陈曰战。"音义:"陈,直觐反。"十三经本"直"讹作"宜"。《昭公五年》:"莒人来讨,不设备。叔弓败诸蚡泉,莒未陈也。"音义:"未陈,直觐反。"《定公四年》:"乃济汉而陈,自小别至于大别。"音义:"而陈,直觐反。下文及注同。"《谷梁传·庄公八年》:"故曰:善陈者不战。"音义:"善陈,直觐反。下文皆同。"《老子》六十七章注:"夫慈以陈则胜,以守则固,故能勇也。"音义:"以陈,直忍反。"按,"忍"当为"刃"之讹。《史记·吴太伯世家》:"楚亦发兵拒吴,夹水陈。"正义:"音阵"。

"布战阵"的"陈"取得原始词资格后,进一步词义构词,指军阵,阵列,名词,去声。《诗·小雅·六月》笺:"二者及元戎皆可以先前启突敌陈之前行。"音义:"敌陈,直觐反。"《周礼·夏官·戎右》:"戎右……传王命于陈中。"音义:"陈中,直慎反,刘直吝反。"两切语实同音。《礼记·祭义》:"战陈无勇,非孝也。"音义:"战陈,直觐反。"《左传·成公七年》:"与其射御,教吴乘车,教之战陈,教之叛楚。"音义:"战陈,直觐反。"《昭公二十一年》注:"鹳,鹅,皆陈名。"音义:"皆陈,直觐反。"《公羊传·僖公二十二年》:"请迨其未毕陈而击之。"音义:"毕陈,直近反。下及注同。"按,此"毕"如作副词,则"陈"为动词;十三经本"近"作"觐",较好。《谷梁传·僖公二十二年》:"既出,旌乱于上,陈乱于下。"音义:"陈乱,直觐反。"此义后人写作"阵"。这是六朝出现的俗字。《颜氏家训·书证》:"《苍》《雅》

及近世字书,皆无别字,唯王羲之《小学章》,独阜傍作车。"《玉篇》阜部:"阵,直镇切,师旅也。本作陈。"六朝时就有人用"阵"来改先秦古书中"陈"字的。《论语·卫灵公》:"卫灵公问阵于孔子。"集解:"孔曰:军陈,行列之法。"音义:"问阵,直刃反。注同。本今作陈。"唐王建《饮马长城窟行》叶"近,尽,阵('不见阴山在前阵')",正叶去声。

"陈"的变调构词当来自上古。上古时代,"布战阵"和"军阵,阵列"的意义都大量出现。《说文》门部"閞"下云:"读若军阞之阞。"唐韵:"直刃切。"反映了"陈"有平去两读。中古以后,"陈"的"布战阵"一义逐步在口语中读成平声;但由此义变来的"战阵,军阵"一义沿用了下来,读成去声,其规范用字是"阵"。"陈"的"布战阵"一义及其读音在口语中的消失,至晚元代已然:《中原音韵》真文部"陈"只收入平声阳,去声只收"阵",不收"陈"。

【牵】(滋生词后作"縴")

1

原始词,义为拉着使行走或移动,牵引,动词,苦坚切(平声,*₋kien/₋kien)。滋生词,义为拉船及牲口等的绳索,名词,苦甸切(去声,kienᵒ),后起字作"縴"。"牵"的变调构词,马建忠、唐作藩有著录。《马氏文通·实字》卷之二:"'牵'字:挽舟索也,通'縴',名也,去读。《易·夬》'牵羊悔亡',引也,动字,平读。"为唐作藩所本。

《玉篇》牛部:"牵,口田切,引前也,又挽也,速也,连也。"未收去声一读,可能是当时滋生词音义还未出现。《广韵》苦坚切:"牵,引也,挽也,连也。"苦甸切:"牵,牵挽也。"此"牵挽"应指牵物前进的绳索。《集韵》轻烟切:"牵,《说文》:引前也。"轻甸切:"牵,挽也。"此"挽"义当同《广韵》的"牵挽"。

2

"牵"的原始词上古已出现。《书·酒诰》:"肇牵车牛,远服贾,用孝养厥父母。"《易·夬》:"九四:臀无肤,其行次且,牵羊悔亡。"《周礼·春官·肆师》:"凡师不功,则助牵主车。"此词古时已读平声。《公羊传·僖公二年》:"虞公抱宝牵马而至。"音义:"牵马,本又音挈,音同。"所谓"音同",即读苦坚切。潘岳《西征赋》叶"贤,边,烟,前,牵('商法焉得以宿,黄犬何可复牵')",正是平声。

"牵"的滋生词可能是唐代出现的。《切韵》系韵书,《王仁昫刊谬补缺切韵一》(伯二〇一一)苦见反,《王仁昫刊谬补缺切韵二》(北京故宫博物院藏)苦见反,《裴务齐正字本刊谬补缺切韵》(北京故宫博物院旧藏)苦见反,均未收"牵"滋生词的各种字形;最早反映"牵"滋生词的是《唐韵残卷》(蒋斧印本),"苦甸反"下云:"牵,挽也。"并在小韵首字"倪"下云:"二。加一。"可见"牵"是新增字。唐刘禹锡《观市》诗:"马牛有縴,私属有闲。"这个"縴"是后起字,跟上古已出现的义为"恶絮"的"縴"同形。《集韵》无贩切:"繳,引舟縴。"字也作"撻",明徐光启《农正全书》卷十八:"簸头竖置偃木,形如初月,上用秋千索悬之。复于排前植一劲竹,上带撻索,以控排扇。"又作"缱",跟"缱绻"字同形,明宋应星《天工开物·舟车·杂舟》:"来往不凭风力,归舟挽缱多至二十余人。"也有仍写作"牵"的用例。《增韵》霰韵:"牵,挽舟索,一名百丈。"宋杨万里《衔命郊劳使客船过崇德县》:"水面光浮赤玉盘,也应知我牵夫寒。"其中"牵"下自注:"去声。"《汉语大字典》《汉语大词典》,滋生词写作"牵"时,都以明高启《赠杨荥阳》诗"渡河自撑篙,水急船断牵"为证,书证时代稍晚。《中原音韵》先天部,"牵"兼收于平声阴和去声。去声读法的"牵",同音字只有"遣",没有收滋生词的其他分化字。"牵"的变调构词,一直保留至今,但用字有新的规范,"牵"作动词,只记录原始词词义及其引申义,读 qiān;《现代汉语词典》:"纤(縴)qiàn 拉船用的绳子:～绳。"

【引1】(滋生词又作"纼")

1

原始词,义为拉着使行走或移动,牵引,动词,余忍切(上声,＊ᶜȵen/ᶜjɪɐn)。滋生词,特指出殡时牵引灵柩,动词;由此滋生词取得原始词资格,词义构词指牵引灵柩的绳子,名词,羊晋切(去声,＊ȵenᵒ/jɪɐnᵒ)。"引1"的变调构词,贾昌朝、唐纳、周法高、唐作藩均有著录。《群经音辨·辨字音清浊》:"引,曳也,以忍切。曳车之绋曰引,余刃切(按,原书后一'刃'误作'忍')。"为各家所本。今按,"曳车之绋"非由"曳也"一义直接滋生而来,而是由"用绳子牵引灵柩"一义滋生来的,贾氏没有注意到"引1"的滋生词有动词用法。唐纳把"引1"变调构词归入"滋生词具有变狭的意义"一类中,并释原始词词义为"to draw, drag"(拉,牵引),滋生词词义为"(1) to pull coffin ropes"(用绳子牵引灵柩),"(2) ropes for pulling hearse"(牵引灵柩的绳子)。其中"(1)"正是滋生词词义,"(2)"是

"(1)"词义构词的产物。其说甚确。周法高把"引1"的变调构词归入"非去声或清声母为动词,去声或浊声母为名词或名语"一类,中文释义采用贾昌朝说,英文释义采用唐纳的"(2)",处理得没有唐纳妥当,因为"引1"读去声时,动词用法难以回避。

《玉篇》弓部:"引,余忍以振二切,《说文》云:开弓也。"没有反映出"引1"滋生词词义。《广韵》余忍切:"引,《尔雅》曰:长也。《说文》曰:开弓也。"羊晋切收有"引",但不释义。《集韵》以忍切:"引,《说文》:开弓也。一曰:导也。"置于准韵而不置于轸韵。羊进切:"引,牵车绋也。一曰:曲引。"置于稕韵而不置于震韵,均与《广韵》韵属不同。

2

"引"作"牵引"讲读上声。《尔雅·释诂》:"引,长也。"音义:"引,以忍反。"十三经本脱此音义。指牵引使长。疏:"引者,《汉书·律历志》云:'十丈曰引。引者,信也。'颜师古曰:'信读曰伸,言其长。'"

以下是"引"作"出殡时牵引灵柩"讲读去声的用例。《礼记·曾子问》:"曾子问曰:'君之丧既引,闻父母之丧,如之何?'"音义:"既引,以刃反。下皆同。"《谷梁传·宣公八年》:"雨不克葬。葬既有日,不为雨止,礼也。雨不克葬,丧不以制也。"注引徐邈:"礼:先迁柩于庙,其明昧爽而引,既及葬日之晨,则祖行,遣奠之礼设矣。"音义:"而引,以刃反,又如字。"都指出殡时牵引灵柩,读去声。《汉语大字典》不收这一特指义,是其疏。

由此词义构词,义为牵引灵柩的绳子。名词。《周礼·地官·大司徒》:"大丧,帅六乡之众庶,属其六引,而治其政令。"注引郑司农:"六引,谓引丧车索也。六乡主六引,六遂主六绋。"音义:"六引,如字,又音胤。"《礼记·檀弓下》:"吊于葬者,必执引;若从柩,及圹,皆执绋。"注:"示助之以力。车曰引,棺曰绋。"音义:"执引,音胤。注同。车索。"《杂记上》:"其终夜燎,及乘人,专道而行。"注:"乘人,谓使人执引也。"音义:"执引,以刃反,一音余刃反。"《杂记下》:"大夫之丧,其升正柩也,执引者三百人,执铎者左右各四人。"注:"綍,引同耳,庙中曰綍,在塗曰引。"音义:"执引,以慎反。注同。"《丧大记》:"四綍二碑。"注:"在椁曰綍,行道曰引,至圹将窆又曰綍。"音义:"曰引,音胤。"字又作"纼"。《周礼·天官·小宰》:"以官府之六联,合邦治。"注引郑司农:"司徒帅六乡之众庶属其六纼。"音义:"六纼,徐音胤,刘音引。本或作引。"按,《汉语大字典》于"纼"的这一词义引元人戴良的作品为书证,失之于晚;又以此义属直引切,误:"纼"只是在作"穿在牛鼻上以备牵引的绳子"讲才读直引切。《汉语大词典》于"纼"的这一词义引唐人柳宗元及明人何景明的作品为书证,仍失之于晚。以此义属直引切,其误同《汉语大字典》;把此义看作"穿在牛鼻上以备牵引的绳子"(即该词典所谓"牛鼻绳")的引申义,亦误。

"引1"的变调构词当来自上古。因为滋生词词义是上古出现的,在上古社会生活中很重要,到中古只是一种形式。事实上,人引灵柩的仪式至晚东汉已形同虚设了。《仪礼·既夕礼》:"设披,属引。"注:"引,所以引柩车,在轴輴曰绋。古者人引柩,《春秋传》曰'坐引而哭之三'。"音义:"引音胤,又如字。注'引,所以引'同。后'属引'皆放此。"按,注中"引,所以引柩车"的两个"引"一名一动,均读去声。疏:"言古人引,则汉以来不使人引也。"很难想象,"引¹"会在引灵柩的仪式形同虚设时或更后的时代才变调构词指"引灵柩"及"引灵柩的绳索"。恰恰相反,据《经典释文》看,"引"滋生词的两个意义有时收去声一读时还兼注"如字","纼"下又引刘昌宗"如字"一读,说明至晚六朝中后期时,"引1"的滋生词已读成原始词的音了。

《汉语大字典》《汉语大词典》把"引"的上去两读看成自由变读,不妥:汉语史上,"引"的原始词从未读成滋生词的音,即去声。

【引 2】(滋生词作"靷")

1

原始词,义为拉着使行走或移动,牵引,动词,余忍切(上声,*ᶜʎen/ᶜjǐen)。滋生词,义为拉马前行的皮带,前端系在马脖子的皮套上,后端系在车轴上,名词,字作"靷",羊晋切(去声,*ʎenᵒ/jǐenᵒ)。"引 2"的变调构词,未见于诸家著录。

《玉篇》弓部:"引,余忍以振二切,《说文》云:开弓也。"在上去二读后笼统引用《说文》释义,易于使人误解二读为自由变读。革部:"靷,余振切,以引轴。"《广韵》余忍切:"引,《尔雅》曰:长也。《说文》曰:开弓也。"羊晋切:"靷,引轴。"《集韵》以忍切:"引,《说文》:开弓也。一曰:导也。"羊晋切:"靷,驾牛(按,似当作'马')具,在胸曰靷。"

2

"引"作"拉着使行走或移动,牵引"讲读上声,例证见"引1"。以下是"靷"作"拉马前行的皮带"讲读去声的例证。《诗·秦风·小戎》:"游环胁驱,阴靷鋈续。"传:"靷,所以引也。"音义:"靷,音胤。"此用十三经本,通志堂本作:"靷,之忍反。"黄焯汇校:"宋本同。段云,宋毛诗宋注疏皆作音胤,岳本作音酳,此作之忍反,皆宋人避讳改之耳。焯案之字为以之误,何校本之作以,是也。"《左传·僖公二十八年》:"晋车七百乘,韅靷鞅靽。"音义:"靷,以刃反,在胸曰靷,《说文》云:引(按,原文脱'引'字)轴也。"《哀公二年》:"邮良曰:'我两靷将绝,吾能止之,我,御之上也。'驾而乘材,两靷皆绝。"音义:"两靷,以刃反。"疏:"古之驾四马者,服马夹辕,其颈负轭,两骖在旁,挽靷助之,《诗》所谓'阴靷鋈续'是也。《说文》云:靷,引轴也。"《后汉书·方术列传》:"宪乃当车拔佩刀以断车靷。"注:"靷,在马胸,音胤。"

《经典释文》给"靷"注音3次,皆读去声;李贤《后汉书注》亦为去声。说明六朝时是去声,唐代亦不读上声,《切韵》系韵书,《笺注本一》(斯二〇七一)"靷"不见于余轸反;《王仁昫刊谬补缺切韵一》(伯二〇一一)"靷"不见于余轸反;《王仁昫刊谬补缺切韵二》(北京故宫博物院藏)"靷"不见于余畛反,见于与晋反;《裴务齐正字本刊谬补缺切韵》(北京故宫博物院藏)"靷"不见于余轸反,见于与晋反。可以推断,"靷"上声一读最早见于宋代韵书。《广韵》余忍切:"靷,《说文》曰:引轴也。"《集韵》以忍切:"靷,《说文》:引轴也。"为什么到了宋代就又读成上声?原因有二:一、社会生活变化了,口语中不必仔细分辨"靷"这个词,有"靷"的马车当然是贵族的坐车,"靷"在口语中使用频率不高,不容易在口语中保持原有的读音。二、"靷"的读音跟宋太祖赵匡胤的"胤"同音,需要改读,所以《广韵》《集韵》兼收上声,《诗·秦风·小戎》"靷"也被宋人改了。《说文解字系传》:"靷,引轴也。从革,引声。臣锴曰:所以前引也。"朱翱反切:"矢引反。"声母和声调都改了。大徐本《说文》反切:"余忍切。"只改变了声调。《中原音韵》注重反映口语的用词用字,真文部,"引"只收入上声,去声不收"靷"字。

【引3】(滋生词作"敒")

1

原始词,义为拉着使行走或移动,牵引,动词,余忍切(上声,*^{c}ʎien/^{c}jǐěn)。滋生词,义为奏乐时用以引导大鼓的小鼓,名词,字作"敒",羊晋切(去声,*ʎien^o/jǐěn^o)。"引3"的变调构词,未见于诸家著录。

《玉篇》弓部:"引,余忍以振二切,《说文》云:开弓也。"在上去二读后笼统地引用《说文》释义,易于使人误解二读为自由变读,注义不全。申部:"敒,弋振切,小鼓,在大鼓上,击之以引乐也。"《广韵》余忍切:"引,《尔雅》曰:长也。《说文》曰:开弓也。"羊晋切:"敒,小鼓,在大鼓上,击之以引乐。亦作䩐。"《集韵》以忍切:"引,《说文》:开弓也。一曰:导也。"羊进切:"䩐,《说文》:击小鼓引乐也。"上声以忍切:"䩐,击小鼓以引乐。"反映了后起读音,可能也是宋人读古书时,避赵匡胤讳而改读。还有别的原因,详下。

2

"引"作"拉着使行走或移动,牵引"讲读上声,例证见"引1"。以下是"棘"作"奏乐时用以引导大鼓的小鼓"讲读去声的用例。《周礼·春官·大师》:"下管,播乐器,令奏鼓棘。"注:"郑司农云:下管,吹管者在堂下。棘,小鼓。先击小鼓,乃击大鼓。小鼓为大鼓先引,故曰棘。棘读为道引之引。玄谓:鼓棘,言击棘,《诗》云:'应棘县鼓。'"音义:"鼓棘,音胤,小鼓也。道,音导。引之引,并音胤。"疏:"欲令奏乐器之时,亦先击棘,导之也。"字又作"田"。《诗·周颂·有瞽》:"应田县鼓。"笺:"田,当作棘。棘,小鼓,在大鼓旁,应鞞之属也。声转字误变作田。"音义:"田,毛如字,大鼓也。郑作棘,音胤,小鼓也。"疏:"以经传皆无田鼓之名,而'田'与'应'连文,皆在悬鼓之上。应者,应大鼓,则田亦应之类。《大师》职云:'下管,播乐器,令奏鼓棘。'注云:'为大鼓先引。'是古有名棘引导鼓,故知田当为棘,是应鞞之属也。"《说文》作"敒",云:"敒,击小鼓引乐声也。从申,柬声。"唐韵:"羊晋切。"

由郑众读棘为道引之引,结合《经典释文》,可证汉人已读"棘"为去声。"棘"在汉代已是僻词,则"棘"读去声,应出现在汉代以前。《集韵》编者惑于后代读音,把"道引之引"读成上声,因此把"棘"也兼收入上声以忍切,不合于古。又《集韵》他冬切:"棘,鼓声远闻。"不知何据。《汉语大字典》只收"棘"的他冬切一读(无书证),不收羊晋切的"小鼓"一义,是个疏忽。

【引4】

1

原始词,义为拉着使行走或移动,牵引,动词,余忍切(上声,*^{c}ʎen/^{c}jǐen)。滋生词,义为牵引而使原来的事物延长而不间断,动词,羊晋切(去声,*ʎen^c/jǐen^c)。"引4"的变调构词,未见于诸家著录。《玉篇》《广韵》《集韵》对"引"上去两读的反映,见"引1",三部字书都收有去声一读,但都没有反映"引4"滋生词词义。

2

"引"作"拉着使行走或移动,牵引"讲读上声,例证见"引1"。

以下是"引"作"牵引而使原来的事物延长而不间断"讲读去声的用例。《诗·鄘风·载驰》:"控于大邦,谁因谁极?"传:"控,引。极,至也。"《说文》:"控,引也。从手,空声。《诗》曰:'控于大邦。'"段注:"引者,开弓也。引申之,为凡引远使近之称。"控于大邦,指卫国一直致力于延续跟大国的友好关系,使邦交相续不断。谁因谁极,指(到了危急关头)可以依靠哪个诸侯,到哪个诸侯那里(寻求援助)呢。这两句可视为许穆夫人抱怨的话。音义:"引,夷忍反,又夷刃反。"《周礼·春官·大师》注引郑司农:"楝读为道引之引。"音义:"道,音导。引之引,并音胤。"这里"道引"本汉时习语,《周礼·夏官·大仆》:"王出入,则自左驭而前驱。"注:"前驱,如今道引也。"则"道引"之"引"指牵引而不间断地使对象到达终点。《尔雅·释训》:"子子孙孙,引无极也。"注:"世世昌盛,长无极也。"音义:"引,余忍余慎二反。引,长多也。"十三经本脱此音义。引无极,指牵引下去,代代相连,没有尽头。

由此滋生词词义构词,义为(1)古代一种文体,歌曲的一种,有序奏之意,萧统《文选序》:"篇辞引序,碑碣志状,众制锋起,源流间出。"李善注本"引"下注:"以进反。"又叫"曲",《文选》卷十八马季长《长笛赋》:"故聆曲引者,观法于节奏,察度于句投。"李善注:"引,亦曲也。"魏嵇康《琴赋》:"曲引向兰,众音将歇。"《集韵》羊晋切:"引……一曰:曲引。"大概得名于牵引而使延长义。(2)后代子孙,字作"胤"。《玉篇》肉部:"胤,余振切,嗣也。"《广韵》羊晋切:"胤,继也,嗣也。"《集韵》羊进切:"胤,《说文》:子孙相承续也。"《书·尧典》:"胤子朱,启明。"音义:"胤,引信反,马云:嗣也。"《诗·大雅·既醉》:"君子万年,永赐祚胤。"传:"胤,嗣也。"音义:"胤,羊刃反,嗣也。"《春秋序》:"本乎其始,则周公之祚胤也。"音义:"胤也,以刃反。"《尔雅·释诂》:"胤,继也。"音义:"胤,羊忍反,又以刃反。"十三经本脱此音义。按,兼注"羊忍反",不排除宋人避讳改音的可能性。《集韵》思忍切:"胤,《尔雅》:继也。"读"思忍切",也不排除后人避讳改音的可能性。

"引4"的变调构词当来自上古。到了六朝后期,其滋生词开始读上声了,所以《经典释文》所注3例,有2例上去兼注,且以上声置前,去声置后。但是上面所举,由"引4"滋生词取得原始词资格后,词义构词,所构成的两个名词,中古都只读去声。但作为"一种文体,歌曲的一种"的"引",至少元代去声读法已消失了,《中原音韵》真文部,"引"只有上声一读,无去声读法;而"后代子孙"的

"胤",今天还只读去声。

【水】(滋生词作"氺""脉")

1

原始词,义为池,江,河,湖,海中的无色,无味,无臭的液体,名词,式轨切(上声,*ᶜɕiwəi/ᶜɕwi)。滋生词,义为水肿病,名词,后起字作"氺""脉",释类切(去声,*ɕiwəiᶜ/ɕwiᶜ)。"水"的变调构词,未见于诸家著录。

《玉篇》水部:"水,尸癸切,津流也。《礼记》曰:'水曰清涤。'《仪礼》所谓玄酒也。"氺部:"氺,尸类切,病也。"《广韵》式轨切:"水,《说文》曰:准也,北方之行也。《释名》曰:水,准也,准乎物也。"释类切:"氺,病貌。"《集韵》数轨切:"水,《说文》:准也,北方之行也。"式类切:"氺,肿病。"

2

"水"作"池,江,河,湖,海中无色,无臭,无味的液体"讲读上声,此音义习见,中古人注古书,一般不注音。《尔雅·释水》音义:"《释水》第十二,尸癸反。《尚书·洪范》:'五行:一曰水,水曰润下。'《说文》云:'水,北方之行。象众泉并流,著微阳之气也。'《白虎通》云:'水,准也,言水之平均而可准法也。'"

"水(氺,脉)"作"水肿病"讲上古即有用例。字作"水",作"氺",在《黄帝内经》中都能找到用例,前者如《素问·平人气象论篇》:"颈脉动喘疾欬曰水,目裹微肿如卧蚕起之状曰水……面肿曰风,足胫肿曰水。"《水热穴论篇》:"故肺为喘呼,肾为水肿。"王冰注:"肾为水肿者,以其主水故也。"后者如《灵枢·四时气》:"风水肤胀,为五十七痏……徒㽷,先取环谷下三寸,以铍针针之。已刺,而箭之,而内之,而复之,以尽其㽷,必坚,来缓则烦悗,来急则安静,间日一刺之,㽷尽乃止。"其中"风㽷"下旧注:"音水,病貌。"马莳注:"㽷即水,以水为疾,故加以疾之首。"玄应《一切经音义》卷十一:"㽷,水肿,肿病也。经文作㽷,脎二形。"蒋礼鸿《敦煌变文字义通释》(上海古籍出版社,第四次增订本)第二篇《释容体》列有"㽷病水病"一条,释为"肿病"。江蓝生、曹广顺《唐五代语言词典》也收有"水病""㽷病","水病"条释为"水肿病",注明"又作'㽷病'"。例子是:"《变文集》卷三《茶酒论》:'茶吃只是胃疼,多吃令人患肚,一日打却十杯,肠胀又同衙鼓。若也服之三年,养虾蟆得水病报。'又《燕子赋》:'养虾蟆得㽷病,报你定无疑。'"这说明,从上古到中古,"水"的滋生词一直活跃在汉语口语中。

从词义来说,应该假定"水"的变调构词上古已出现,其滋生词直到中古的隋唐时代仍只读去声,《玉篇》如此;《切韵》系韵书,最早收录"㽷"字的,可能是《裴务齐正字本刊谬补缺切韵》(北京故宫博物院旧藏),释泪反:"㽷,病也。"未收入上声。直到《广韵》《集韵》均如此。大约宋代开始,"㽷"由去声变成上声了,《龙龛手镜》肉部:"脎,俗,音水。"疒部:"㽷,音水,㽷病也。"均只收入上声,不收入去声。《正字通》疒部:"㽷,输芮切,音税,病也。"注去声,是沿袭旧字书的处理方式,不一定反映张自烈口语中"㽷"读去声。

《汉语大字典》月部"脎":"shuǐ《龙龛手鉴》肉部:'脎,俗。音水。'《字汇补》肉部:'脎,见《金镜》。'"不释义。大概是不知道"㽷"

"脉"记录的是同一个词,所引的几部字书都没有释义,所以也就不释义。

【衣】

1

原始词,义为上衣,引申指衣服,名词,於希切(平声,*ʔiĕ/ʔiəi)。滋生词,义为穿衣服,动词;由此词义构词,即使动构词,使穿衣,提供衣服给人穿,动词,於既切(去声,*ʔiĕʰ/ʔiəiʰ)。"衣"的变调构词,贾昌朝、马建忠、周祖谟、唐纳、周法高、唐作藩均有著录。《群经音辨·辨字音清浊》:"衣,身章也,於希切。施诸身曰衣,於既反。"为各家所本。《马氏文通·实字》卷之二:"'衣'字:名则平读,动字去读。"周祖谟把"衣"的变调构词归入"因词性不同而变调者"的"区分名词用为动词"一类。唐纳归入"原始词是名词性的,滋生词是动词性的"一类,并释原始词词义为"clothing"(衣服),滋生词词义为(1) to wear (clothe)(穿衣服)(2) to clothe(给穿衣服,供给衣服)。就词义发展的规律看,(2)是由(1)变来的。周法高归入"非去声或清声母为名词,去声或浊声母为动词或名谓式"一类。

《玉篇》衣部:"衣,於祈切,上曰衣,下曰裳。衣者,隐也,又依也,所以形躯依也。又於气切,以衣被人也。"《广韵》於希切:"衣,上曰衣,下曰裳。"於既切:"衣,衣著。"此同义动词连用。《集韵》於希切:"衣,《说文》:依也。上曰衣,下曰裳。"於既切:"衣,服之也。"

2

"衣"的变调构词,有些材料反映得很明显。《仪礼·士昏礼》注:"纁裳者,衣缁衣。"音义:"衣缁衣,上於既反,下如字。"《觐礼》:"侯氏裨冕。"注:"裨冕者,衣裨衣而冠冕也。"音义:"衣裨衣,上於既反,下如字。下'衣此衣'放此。"《谷梁传·宣公九年》:"或衣其衣,或衷其襦。"音义:"衣其衣,上於既反,下如字。"以上"衣"读平声,名词;读去声,动词,穿衣。《史记·晋世家》:"太子帅师,公衣之偏衣。"正义:"上衣去声,下衣如字。"以上"衣"读平声,名词;读去声,使穿衣,给人提供衣服穿。原始词和滋生词分别颇严。

除非涉及词义的理解易于造成混乱,否则注家不给上下文中作名词用的"衣"注音。《诗·郑风·丰》:"衣锦褧衣。"音义:"褧衣,苦迥反,禅也。下如字。"因为上面还有一个"衣",所以才给下面的"衣"注音。

以下是"衣"作"穿衣服"讲读去声的用例。《诗·周南·葛覃》传:"庶士以下各衣其夫。"音义:"各衣,於既反。"各衣以其夫,此直接作谓语。《召南·绿衣》笺:"大夫以上衣织。"音义:"衣织,於既反。下音志。"此带宾语。《仪礼·士丧礼》:"皮弁服。"注:"皮弁,所衣之服也。"音义:"所衣,於既反。下'所衣'同。"此组成"所"字结构。《汉书·食货志》:"货谓布帛可衣,及金刀龟背。"注:"衣音於既反。"此用于助动词之后。《鲍宣传》:"唐尊衣敝履空。"注:"衣音於既反。著敝衣蹑空履也。"带宾语"敝"。《后汉书·樊宏列传》附《樊准列传》:"悉留富人守其旧土,转尤贫者过所衣食。"注:"衣音於既反,食音飤。"此与"食"动词并列。也可用于比喻。《后汉书·王符传》："其有小疵，勿彊衣饰。"注："衣饰，谓装饰以成其过也。衣音於气反。"

由此动词用法词义构词，义为使穿衣服，给人提供衣服穿；是使动构词。《诗·小雅·斯干》："载衣之裳，载弄之璋。"音义："载衣，於既反。"《左传·襄公二十七年》："衣其尸，枕之股而哭。"音义："衣其，於既反。"《汉书·韩信传》："解衣衣我，推食食我。"注："上衣於既反，下食读曰飤也。"《董仲舒传》："生五谷以食之，桑麻以衣之。"注："食读曰飤，衣音於既反。"《主父偃传》："始吾贫时，昆弟不我衣食，宾客不我内门。"注："衣音於既反，食读曰飤。"词义范围扩大，义为覆盖。《易·系辞上》注："衣被万物，故曰显诸仁。"音义："衣，於既反。"《系辞下》："古之葬者，厚衣之以薪，葬之中野。"音义："厚衣，於既反。"《周礼·春官·序官》"巾车"注："巾犹衣也。"音义："犹衣，於既反。下同。"《公羊传·定公元年》："仲几之罪何？不襄城也。"注："若今以草衣城是也。"音义："草衣，於既反。"按，通志堂本，十三经本"於"并讹作"于"，诸家失校。《尔雅·释器》："竹前谓之御，后谓之蔽。"注："以簟衣軾。"音义："簟衣，於既反。下同。"《史记·周本纪》："纣走，反入登于鹿台之上，蒙衣其珠玉，自燔于火而死。"正义："衣音於既反。《周书》云：甲子夕，纣取天智玉琰五，环身以自焚。"应该把"衣"的使动用法看作一个固定义位，不是词类活用。因为"覆盖"义由它发展而来。如果"衣"的使动用法只是一个临时性意义，或只是结构关系使然，就不会引申出"覆盖"这一固定义位。跟"衣"平行的"食"作"吃东西"讲读入声（<短入），作"使吃东西，提供东西给人吃"讲读去声（<长入），可与"衣"对比；两者的使动用法都是由一般动词变来，但使动的"衣"是词义构词

的方式变来的,使动的"食"是音变构词的方式变来的。

《经典释文》中,有些"衣"字兼注平声和去声。这反映了对上下文中"衣"的词义有不同理解,跟去声读法的消失无关,更不能以此证明去声一读是经师人为。现在把这些用例全部分析一遍。《书·康诰》:"今民将在祇遹乃文考,绍闻衣德言。"音义:"衣,如字,徐於既反。"此"衣"指依顺,不是"穿衣"义,徐邈读去声,是因为他以为此义是"穿衣"义发展来的。《诗·郑风·丰》:"衣锦褧衣,裳锦褧裳。"音义:"衣锦,如字,或一音於既反。"读如字,"衣锦褧衣"是判断句,"衣"主语;读去声,"衣锦褧衣"是动宾结构,"衣"动词。《礼记·曾子问》注:"方色者,东方衣青,南方衣赤,西方衣白,北方衣黑。"音义:"衣青,於既反,又如字。下同。"情况同《诗·郑风·丰》。《文王世子》:"鸡初鸣而衣服,至于寝门外。"音义:"衣服,徐於既反,又如字。"读去声,"衣服"是动词性并列结构;读平声,"衣服"是主谓结构,服衣于身。《玉藻》:"若有疾风,迅雷,甚雨,则必变,虽夜必兴,衣服冠而坐。"音义:"衣服,於既反。下'衣布'同。又如字。"情况同《文王世子》。《杂记下》注:"丧以要绖代大带也,麻不加于采,衣采者不麻,谓弁绖者必服吊服是也。"音义:"衣采者,於既反。又如字。"情况同《诗·郑风·丰》。《内则》:"鸡初鸣,咸盥漱,栉,縰,笄,总,衣,绅。"注:"衣绅,衣而著绅。"音义:"衣绅,如字,又於既反。注同。"读如字,因为"衣"跟名词并列着用;读去声,是看作动词。疏:"郑恐经云'衣绅'谓衣著此绅,故云衣而著绅,谓加玄端绡衣而后著绅带。"据注疏,经文"衣绅"应断开,十三经本不断,易致误解。

"衣"的变调构词,当反映了口语;去声一读,绝非经师人为。

奇怪的是,有人承认"衣"的"穿衣服""使穿衣服,提供衣服给人穿"在古代都曾是固定的义位,存在于口语中,跟后代不同;为什么就不能承认作动词的"衣"在古代口语中跟名词读音不同呢?现代口语中,"衣"不作动词用,古代却可以;现代口语中,"衣"不读去声,为什么古代一定要跟现代一样,"衣"只能读平声呢?在语音和词义问题上都应始终贯彻历史的观点,词义上不应以今律古,语音也应如此。《老子》三十四章:"万物恃之以生而不辞,功成不名有,衣养万物而不为主。"音义:"衣,於既反。河上作'爱'也。"衣养万物,覆养万物;亦可作"爱",爱养万物。版本之所以有如此之歧,且有歧解,关键是"衣""爱"古韵母近,声母声调同,并为影母去声。又韩愈《履霜操》:"儿寒何衣,儿饥何食?"其中"衣,食"叶去声。太田辰夫《中国语历史文法》第二部分中论《词类的转换和破读》云:"'衣'作名词时读平声,作动词时读去声,这似乎是人为的,但是,在敦煌俗文学中,像'意锦还乡'那样,就以去声的'意'来充当'衣'(见 p.2564)。我认为恐怕破读这种现象是在实际语言中存在的。"(见蒋绍愚、徐昌华译本,北京大学出版社,1987年)杜甫《云安九日郑十八携酒陪诸公宴》:"地偏初衣裌,山拥更登危。"据徐琳等《白语简志》,白语汉借词中,剑川"上衣"[ji^{55}],显然借自汉语平声的"衣";"穿衣服"[ji^{42}],显然借自汉语去声的"衣"。大理"上衣"[ji^{35}],显然借自汉语平声的"衣","穿衣服"[ji^{32}],显然借自汉语去声的"衣"。都说明"衣"平去构词来自口语。

"衣"平去构词,当来自上古。因为汉代以后口语中,"衣"逐步受"著"挤压,处于衰退的趋势。《史记·司马相如列传》:"著犊鼻裈。"其中"著"不是典型的"穿著"义,但有发展为"穿著"的基础。

《礼记·曲礼上》:"就屦,跪而举之。"注:"就,犹著也。"《古诗为焦仲卿妻作》:"著我绣袷裙,事事四五通。"《吴越春秋·句践入臣外传》:"越王服犊鼻,著樵头。"《仪礼·丧服》"布总箭笄髽"注:"盖以麻者,自项而前交于额上,却绕紒如著幓头焉。"《古陌上桑》:"脱帽著帩头。"《列异传》:"梦见一人,以白越单衫与之,言曰:'汝著衫污,火烧便洁也。'"晋《著布谣》:"著布袙腹,为齐持服。"《企喻歌》:"前行看后行,齐著铁裲裆。"例甚多,不备举。魏晋以后口语中,"著"有取代"衣"之势;后来又有"穿"字来参加竞争,在此情况下,"衣"的滋生词怎么会由词义构词变成变调构词?汉河上公本《老子》以"爱"代"衣",也说明"衣"的去声一读出现在汉代以前。我们今天见到的最早给"衣"注去声的是徐邈,如此看来,徐氏只是被动地记录下语言事实而已。

东晋陶潜《桃花源记》讲到,武陵郡有一个捕鱼人,很偶然地闯进了桃花源。桃花源有一个与世隔绝的村落,没有战祸,没有徭役,"其中往来种作,男女衣着,悉如外人。黄发垂髫,并怡然自乐。"很多人把这里的"衣着"理解为名词,相当于现代汉语的"衣着"。这是不对的。"衣着"本是动词性的并列结构,"衣"和"着"都是动词性语素。"衣着"连用,大约始于汉魏之际,《汉书·司马相如传上》"被斑文"注引张揖:"被,谓衣着之也。"可见张揖的时代已有"衣着"一词,是动词。大约宋代,"衣着"才发展出名词用法,例如杨万里《正月十九日五更诣天庆观雪,闻都下尺雪旬日,而毗陵三四微雪而已》:"尚觉烛光欺病眼,旋添衣着试春寒。"东晋的陶潜"衣着"不可能是名词,只能是动词。"男女衣着,悉如外人"是说男女穿衣戴帽的这一行为跟外边的人一样。详细的讨论见拙作《〈桃花源记〉"男女衣着"的"衣着"怎么解释?》(载《文史知识》2000年第7期)一文。

有人以为"衣"作动词,义为"穿衣服""使穿衣,给人衣服穿"是名词活用为动词。其说不妥。从语音上说,古人既以去声一读来跟动词用法结合,则动词用法跟名词用法自当为不同的词;临时的活用,古人不会用声调的变化固定下来。从词义上说,古代表达"穿衣服"这一概念,主要是用"服"和"衣"这两个词,"著"是上古后期才出现的,"穿"是中古才出现的。上古表达"穿衣服"这一概念,"衣"比"著"更常见,"服"作动词不视为活用,"衣"为什么要看作活用?又"覆盖"一义是"使穿衣,提供衣服给人穿"一义直接发展来的,后者又是"穿衣服"一义直接发展来的。如果承认"覆盖"一义是一个固定义位,那么就要解释:临时性的词义"穿衣服"怎会发展出临时性的词义"使穿衣,提供衣服给人穿",而后面这个临时性词义又怎能发展出固定的义位"覆盖"?从语法上说,临时性的活用,活用作他类词时,很难具有他类词的典型词的全部语法分布。但是去声"衣"却可以具有典型动词的全部语法分布。而且古书中"衣缁衣""衣裈衣""衣其衣""衣之偏衣""解衣衣我"这种用法,是其他真正属于活用的词很难具有的用法。从使用频率说,先秦至两汉"衣"作动词用数量巨大。根据郭锡良先生《古汉语词类活用浅谈》所作统计,除去"布衣""紫衣""衣服"等固定词语不算外,"衣"《尚书》动词2次,名词6次;《论语》动词5次,名词8次;《左传》动词14次,名词19次;《墨子》动词17次,名词18次;《庄子》动词25次,名词13次;《孟子》动词9次,名词4次;《荀子》动词10次,名词22次;《韩非子》动词28次,名词30次。以上动词共有

110次，占38%；名词共有177次，占62%。所以郭锡良先生说，"单用时动词用例占了接近百分之四十，即使加上所有固定词语的用例，动词用例也占20%以上，这就很难说是临时活用了"。另外，据《诗经词典》，"衣"作名词38次，作动词5次；据《老庄词典》，"衣"未见作名词的例，作动词1次；据《吕氏春秋词典》，"衣"作名词67次（另有4次见于"衣服"一词），作动词33次。上古文献中，"衣"作动词的次数少于名词，这是事实，但它的使用次数还是很多的，显然不能证明"衣"是名词活用为动词。上古"穿衣服"这一概念主要由"衣"表达。《诗经》由"服"表达这一概念共4次；《吕氏春秋》"服"作"穿，佩戴"讲共18次，作"穿衣服"讲只2次。"衣"作动词用例少于名词用法，只是由于动词出现的机会少于名词，况且不同的词在古书中出现的次数本来就会有不同，不能以此作为"衣"名词活用为动词的证据。正是由于"衣"作动词用的机会少于名词用法，而且又有"著""穿"等对它进行有力排挤，所以平声读法在现代口语中得以保留，而去声读法只见于文读。

从文献资料看，动词"衣"在共同语的口语中消失掉，至晚元代已出现。《中原音韵》齐微部，"衣"只收入平声阴，不收入去声。但元明的戏曲中，也有"转文"的情形，《元曲选·秋胡戏妻》三折："如今衣锦荣归，见母亲走一遭去。"音释："衣，去声。"《诤范叔》二折："早则是冒雪冲寒冻欲僵，这便咱衣锦还乡。"音释："衣，去声。"现代汉语中，"衣"作动词用已消失，但作为词素还活在一些复合词中，这时"衣"也读成平声，例如"衣著"，今作名词，义为身上的穿戴，包括衣服、鞋、袜、帽子等；从来源说，"衣"和"著"都是动词性词素，"衣"本读去声。《全宋诗》卷一〇〇二黄庭坚三三《读方言》：

"壁虫忧寒来,催妇织衣著。""衣"下自注:"去声。""著"下自注:"斫音。"今天"衣著"的"衣"读阴平。《现代汉语词典》:"衣 yì〈书〉穿(衣服);拿衣服给人穿。"可见今天"衣"读去声,只用于书面上的文言词语。

【委】

1

原始词,义为聚集,动词,於诡切(上声,* ˤIwəi/ˤIwe)。滋生词,义为聚集起来的禾米薪刍等财物,用来供养人或赒济人,喂养牲畜等,名词,於伪切(去声,* ˤIwəiʰ/ˤIweʰ,《集韵》)。"委"的变调构词,未见于诸家著录。但《群经音辨·辨字同音异》:"委,随也,於彼切。委蛇,行可从迹也,於非切,《诗》'委蛇委蛇'。委,牢米薪刍之名也,於伪切,《礼》有'委积'。"反映出"委"有辨义的异读,但没有表明"委"上去二读之间词义上的关联。

"委"的上去两读,跟"积"的入(<短入)去(<长入)两读正好在词义发展上有相平行之处。"委"读上声,"积"读入声,都指聚集。"积"读去声,特指聚集财物;词义构词,指聚集起来的财物,特指聚积起来的禾米薪刍等财物,供人取食及喂养牲畜。后一义跟"委"的名词用法散文则通,对文则别。古人在道路上设"委""积",每隔30里所聚的牢米薪刍诸物叫委,每隔50里所聚的牢米薪刍诸物叫积。"积"拥有的牢米薪刍诸物,分量大于"委"。

《玉篇》女部:"委,於诡切。委属也。弃也。曲也。"未收滋生词音义。《广韵》於诡切:"委,委曲也。亦委积。又属也;弃也;任也。"去声於伪切未收"委"字。《集韵》邬毁切:"委,《说文》:委随也。一曰:弃也;任也;安也。"於伪切:"委,委积,牢米薪刍之总名。"以上《玉篇》不收"委"的去声一读,《广韵》把"委"的"委积"一义放到上声,都反映了后代所起的变化。《集韵》反映了滋生词音义。

2

《经典释文》"委"的这一滋生词词义及其进一步发展出来的词义共注音14次。

"委"作"聚集"讲读上声,此音义中古习见,古人注古书,一般不注音。

《经典释文》给"委"的"聚集起来的牢米薪刍等"一义注音共11次。其中,有9次只注去声。《诗·大雅·公刘》:"迺积迺仓。"笺:"邠国乃有疆埸也,乃有积委及仓也。"音义:"积委,上子智反,下於伪反。"疏:"乃有委积及仓者,美其己聚之物而能散之。"按,疏中"委积"当为"积委"之倒乙。《崧高》:"王命召伯,彻申伯土疆,以峙其粻。"笺:"峙其粮者,令庐市有止宿之委积,用是速申伯之行。"音义:"委,於伪反。积,子赐反。"《周礼·天官·宰夫》:"凡朝觐,会同,宾客,以牢礼之法,掌其牢礼委积,膳献,饮食,宾赐之飧牵,与其陈数。"注:"委积,谓牢米薪刍给宾客道用也。"音义:"委积,上於伪反,下子赐反。此二字相连皆同此音。"《地官·序官》:"委人中士二人,下士四人,府二人,史四人,徒四十人。"注:"主敛甸稍刍薪之赋,以共其委积者也。"音义:"委人,乌伪反。注同。"疏:"案其职云:掌敛野之赋敛薪刍,凡疏材木材,凡畜积之物。故郑云主敛甸稍薪刍之赋共与遗人在道以供宾客。"《仪礼·聘礼》:"关人问从者几人。"注:"欲知聘问;且为有司,当共委积之具。"音义:"委积,上於伪反,下子赐反。后放此。"《礼记·月令》:"藏帝藉之收于神仓,祇敬必饬。"注:"重粢盛之委也。"音义:"之委,纡伪反。"疏:"委谓委积之物。重此粢盛委积之物,故内于神仓。"《明堂位》注:"虞帝上孝,令藏粢盛之委焉。"音义:"之伪,于伪反。又作'积',子赐反。"按,通志堂本和十三经本皆作"于",当为"纡"之讹。疏:"委谓委积。"又十三经本"子"讹为"丁"。《昏义》:"以审守委积盖藏。"音义:"委,於伪反。积,子赐反。"还有1例,见下文。

"委"的这一滋生词义,还有1例上去兼注,上声一读反映了六朝后期口语中滋生词已由去声变成上声的事实。《诗·小雅·甫田》:"乃求千斯仓,乃求万斯箱。"笺:"成王见禾谷之税委积之多,于是求千仓以处之,万车以载之。"音义:"委积,如字,又於伪反。"还有2例干脆注上声。《公羊传·桓公十四年》:"御廪者何?粢盛委之所藏也。"注:"黍稷曰粢,在器曰盛。委,积也。"音义:"委之,于鬼反。注同。积也,子赐反。"按,"于"当作"纡"。《汉语大字典》把此例作为"委"的"累积;堆积"一义的例证,不妥,比照上文《礼记·月令》及《明堂位》郑注,此"委"显然为名词。《庄公二十八年》:"君子之为国也,必有三年之委。"注:"古者三年耕,必余一年之储;九年耕,必有三年之积。"音义:"之委,於鬼反。"这两例只注上声,反映了破读音消失的事实。《汉书·鲍宣传》:"三辅委输官不敢为奸。"注:"委输,谓输委积者也。委音迂伪反,输音式喻反。"委,名词,作状语。可见唐代读书音中还保留有去声一读。

"委"由"聚集起来的用来供养赒济人或喂养牲畜的牢米薪刍

等"一义构词,指用聚集起来的牢米薪刍等来赒济供养人或喂养牲畜。《周礼·天官·小宰》:"二曰教职,以安邦国,以宁万民,以怀宾客。"注:"怀亦安也。宾客来,共其委积,所以安之。"音义:"其委,於伪反。下'赒委'同。积,子赐反。"按,此"委积"是名词性结构,不是此处所列词义的例证,值得注意的是"下'赒委'同"几个字,指《小宰》:"丧荒,受其含襚币玉之事。"注:"《春秋传》曰:口实曰含,衣服曰襚。凶荒有币玉者,宾客所赒委之礼。"疏:"云'凶荒有币玉者,宾客所赒委之礼'者,案《小行人》云:若国凶荒则令赒委之。彼谓王家赒委诸侯法,此谓诸侯赒委王家法也。"此"赒委"为同义动词连用,指把聚积起来的牢米薪刍等用来接济人,供人食用或饲养牲畜。

由此动词义词义引申,义为喂养牲畜,扩大指喂养动物。《诗·小雅·鸳鸯》:"乘马在厩,摧之秣之"笺:"古者明王所乘之马系于厩,无事则委之以莝,有事乃予之谷。"音义:"则委,纡伪反,犹食也。"《公羊传·昭公二十五年》:"且夫牛马维娄,委己者也。"注:"委食己者。"音义:"委己,于伪反。注同。己音纪。"按,"于"当作"纡"。《列子·黄帝》:"有役人梁鸯者,能养野禽兽,委食于园庭之内。"音义:"於伪反。"后起字为"萎"。《说文》:"萎,食牛也。从艸,委声。"唐韵:"於伪切。"这里"萎"跟枯萎字同形。"萎"不仅指食牛,段注:"下文云'以谷萎马',则牛马通称萎。"《说文》:"蔌,以谷萎马置莝中。"正用"萎"的"喂养牲畜"义。字又作"餧"。《广雅·释诂三》:"餧,食也。"《礼记·月令》:"田猎罝罦,罗罔,毕翳,餧兽之药,毋出九门。"音义:"餧,於伪反。"《汉书·张耳陈余传》:"今俱死,如以肉餧虎,何益?"注:"餧,飤也,音於伪反。"慧琳《一切经音义》

第一章　古代汉语变调构词词表　263

卷十一:"餧狐狼,上威位反。《韵英》云:饮(按,当作'飤')牛也。《考声》云:与食也。从食,委声也。或作'萎'。"卷三十四:"身餧,於伪反,顾野王云:以物散与鸟食也。《广雅》:餧亦飤。飤音寺也。《说文》从食委声也。"卷四十三:"餧此,於伪反。《三苍》:餧,飤也。《说文》作'萎,食牛也'。《广雅》:萎,飤也。"卷九十四:'糜餧,上音眉,下威伪反。《广雅》云:餧,飤也。飤音寺。从食,从委,委亦声也。"这里揭示出"餧"是"委"发展来的,是个会意兼形声字。后来"冻馁"的"馁"讹作"餧",跟"餧飤"字同形。后起字又作"餵"。《齐民要术·杂说》:"(牛)经冬加料餵。"又作"喂"。元方回《估客乐》:"养犬喂肉睡氆毹,马厩驴槽亦丹臒。"

由"委"滋生词发展出来的"喂养动物"一义后起字有"萎""餧""餵""喂"等字形,在《玉篇》《广韵》《集韵》中有反映。《玉篇》艸部:"萎,於危切。《说文》於伪切,食牛也。"食部:"餧,奴罪切,饥也;一曰:鱼败为餧。又於伪切,餧饲也。"《广韵》於伪切:"餧,餧饭也。""萎,萎牛。"《集韵》於伪切:"萎餧,《说文》:食牛也。"由"委"的滋生词发展出来的"喂养动物"一义今口语中只读去声,可以推知,"委"的滋生词在上古口语中只读去声。后来,"聚集起来的用来赒济人或喂养牲畜的禾米薪刍等"及其滋生词词义"用聚集起来的禾米薪刍等来赒济人或喂养牲畜"二义在口语中消失了,但由后一词义引申出的"喂养动物"一义及其去声一读保留了下来。上述在后代口语中消失掉的二义,既已成为古语,所以后人就有可能拿后代"委"字的常用读音去读这两个词义。从史料看,"委"的这两个义位由去声读成上声至晚六朝后期已然。《经典释文》给"委"滋生词及其发展出来的新义注音14次,有2次只注上声,1次上去兼注,上声读法正反映滋生词的上二义去声读法消失的事实。慧琳《一切经音义》给上二义中的名词义注释 2 次,1 次注上声;1 次不注,大概也是上声。卷二十八:"委儋,丁甘反。委,积也。儋,荷也。谓委积相儋负也。"卷四十六:"委物,纡诡切。《周礼》'少曰委,多曰积'是也,是积聚也。"

《汉语大字典》"委"字列有 wèi 一音,来自《集韵》於伪切,该音下只收"委积"一语。"喂养牲畜"一义《汉语大字典》释为"喂牛马",以为是通"萎",放到上声 wěi 音下。从古注及今音看,"喂牛马"的"委"应放到 wèi 音下。

【回 1】(滋生词又作"汇")

1

原始词,义为旋转,动词,户恢切(平声,*$_c$ɣuəɣ/$_c$ɣuəi)。滋生词,义为环绕,动词,又作"汇",胡罪切(上声,*^{c}ɣuəɣ/^{c}ɣuəi)。"回 1"的变调构词,唐纳有著录。他把"回 1"的变调构词归入"滋生词是表效果的"一类中,并释原始词词义为"to return"(返回),滋生词词义为"to go around, go by way of"(环绕)。唐纳以"to return"释原始词词义,欠妥,因为"回"作"to return"讲是中古以后才出现的,"to go around, go by way of"上古已出现,后者不可能是前者滋生出来的。又唐纳以滋生词为去声,不对,应读上声。

《玉篇》口部:"回,胡瑰切,回转也。又邪也。"不收上声一读。匚部未见汇字。《广韵》户恢切:"回,违也。转也。邪也。"胡罪切:"汇,回也。"《集韵》胡隈切:"回,《说文》:转也。一曰:邪也。"户赗切:"回,绕也,《春秋传》'右回梅山'徐邈读。"又:"汇,《说文》:器也。一曰:回也,《夏书》'东汇泽为彭蠡。'"《群经音辨·辨字同音异》:"回,曲也,户恢切。回,绕也,胡猥切,《春秋传》'右回梅山',又如字。"

2

《经典释文》给"回"注音2次,一平一上。平声义为旋转。《尔雅·释水》:"过辨,回川。"注:"旋流。"音义:"回,又作洄,户恢反。"十三经本脱此音义。疏:"回,旋也,言川水之中有回旋,而流者名过辨。"

"回"作"环绕,回绕"讲读上声。《左传·襄公十八年》:"蔿子冯,公子格率锐师侵费滑,胥靡,献于,雍梁,右回梅山,侵郑东北,至于虫牢而反。"音义:"右回,如字,徐胡猥反。"右回梅山,向右环绕梅山。字又作"汇"。《书·禹贡》:"东汇泽为彭蠡。"传:"汇,迴也,水东迴为彭蠡大泽。"音义:"汇,徐胡罪反,韦空为反。"《汉书·地理志》:"南入长汇,东汇泽为彭蠡。"注:"汇,回也。又东廻而为彭蠡泽也。汇音胡贿反。"

现代汉语中,"回(汇)"不作"环绕,回绕"讲,上声读法也消失了。"回"的破读音义的消失,可能上声读成平声在前发生,后来词义也消失了,所以《经典释文》注"回(汇)"的上声读法,还兼注平声。《汉书》颜注只注上声,可能是保留旧读。

《汉语大字典》把"回"的"运转""回绕"二义位合并为一个义项,不妥:古人既以声调来区别这两个义位,岂可主观合并?

【回 2】(滋生词又作"迴")

1

原始词,义为旋转,动词,户恢切(平声,*₋ɣuəi/₋ɣuɒi)。滋生词,义为曲折,曲绕,回曲,形容词,胡对切(去声,*ɣuəiº/ɣuɒiº,《集韵》)。"回 2"的变调构词,未见于诸家著录。

《玉篇》口部:"回,胡瑰切。回转也。又邪也。"辵部:"迴,胡雷切,转也。迴避也。"未收去声音义。《广韵》户恢切:"回,违也。转也。邪也。"胡对切:"迴,曲也。"《集韵》胡隈切:"回,《说文》:转也。一曰:邪也。"胡对切:"回迴,曲也,《汉书》'多阪回远'颜师古读。或作迴。"

2

"回"作"运转,旋转"讲读平声,《尔雅·释水》的用例见"回 1"。慧琳《一切经音义》卷二十二:"信乐不回,回音迴,《说文》曰:回,转也。今此谓信乐无转动也。"

"回"作"曲折,曲绕,回曲"讲读去声。《汉书·食货志》:"郑当时为渭漕回远,凿漕直渠自长安至华阴。"注:"回,曲绕也,音胡内反。"《沟洫志》:"抵蜀从故道,故道多阪,回远。"注:"回音胡内反。"《李广传》:"东道稍回远,大军行,水草少,其势不屯行。"注:"回,邈也,曲也,音胡悔反。"《赵充国传》:"充国及长史董通年以为'武贤欲轻引万骑,分为两道出张掖,回远千里'。"注:"回谓路迂曲也,音胡内反。"《酷吏传》:"此人虽有百罪,弗法;即有避回,夷之,灭其宗。"注："避回，谓不尽意捕击也。回音胡内反。"《匈奴传》："单于出塞，到休屯井，北度车田卢水，道里回远。"注："回音胡内反。"字又作"㙙"，《集韵》胡对切："㙙，地形回屈。"

"回 2"的滋生词古人造有后起字"㙙"，这是变调构词后的产物，可见其变调构词有实际口语作基础。"回 2"的滋生词上古已出现，词义是这样，其声调转换也应出现于上古。中古字书，《玉篇》未收去声一读，可能反映当时口语中去读已消失，《广韵》《集韵》去声读法可能是为了存旧音。《中原音韵》齐微部，"回"只收入平声阳。

《汉语大字典》不给"回"的"曲折，曲绕，回曲"义另立义项，是把此义并入"运转；回绕"一义项中，殊为不妥。结合"回 1""回 2"可知，这个"回"实际上记录了三个不同音义的词。必须描写"回"的古音义的具体事实，不能轻易合并义项，也不能轻易分立义项。

【出】

1

原始词，义为从里面到外面，出来，动词，赤律切（短入，* t͡ɕʰĭwət/t'ĭuɚ）。滋生词，义为使从里面到外面，使出来，尺类切（长入，* t͡ɕʰĭwət/t'wiᵇ）。"出"的变调构词，马建忠、唐纳、周法高、唐作藩均有著录。《马氏文通·实字》卷之五："'出'字，《正韵》云：'凡物自出则入声，非自出而出之则去声，然亦有互用者。'此内外动之别也。"唐纳把"出"的变调构词分为两对。一对归入"滋生词是表致使的"一类，并释原始词词义为"to emerge"（出现、出来），滋生词词义为"to put out"(使出来)。一对归入"滋生词用在复合结构中"一类,并释原始词词义为"to emerge"(出现、出来),以为滋生词构成"出日"这一结构,释义是"the rising sun"(正在升起的太阳)。唐纳把"出"的变调构词拆成两对,不妥,下文再讨论。周法高以为"出"原始词是动词,滋生词是使谓式。

《玉篇》出部:"出,尺述切。去也。见也。进也。远也。又尺季切。"去声未释义。《广韵》赤律切:"出,进也。见也。远也。"尺类切收有"出",但未释义。《集韵》尺律切:"出,《说文》:进也。"尺伪切:"出,出也,《诗》'杲杲出日'。"尺伪切,寘韵;尺季切,尺类切,均至韵,以寘韵字注"出"的反切,反映了后代方言至寘合流的事实。

2

"出"作"从里面到外面,出来"讲读入声,此音义习见,古人注古书,一般不注音。

《经典释文》中"出"作"使从里面到外面,使出来"讲,读成昌母者,有以下三种注音方式:一、只注去声。《书·微子》:"父师,少师,我其发出狂。"传:"我念殷亡,发疾出狂。"音义:"出,尺遂反。"《诗·小雅·雨无正》:"匪舌是出,维躬是瘁。"传:"哀贤人不得言,不得出是舌也。"音义:"是出,尺遂反。音毳(按,前面可能脱'一'或'或')。"《老子》三十五章:"乐与饵,过客止,道之出口,淡乎其无味。"音义:"道之出,尺类反。"共3例。二、兼注入声和去声。《易·鼎》:"初六:鼎颠趾,利出否。"注:"处鼎之初,将在纳新施颠以出秽。"音义:"利出,徐尺遂反,或如字。注及下同。"《书·顾命》:"兹既受命还,出缀衣于庭。"音义:"出,如字,徐尺遂反。"《诗·小雅·宾之初筵》:"由醉之言,俾出童羖。"音义:"俾出,如字,徐尺遂反。"《礼记·檀弓上》:"予乡者入而哭之,遇于一哀而出涕。"音义:"而出,如字,徐尺遂反。"《左传·襄公九年》:"古之火正,或食于心,或食于咮,以出内火。"音义:"以出,如字,徐尺遂反。"《谷梁传·哀公十四年》注:"孔子……又曰:'凤鸟不至,河不出图。'"音义:"不出,如字,又赤遂反。"《论语·尧曰》:"犹之与人也,出纳之吝,谓之有司。"音义:"出,尺遂反,又如字。注同。内,如字,又音纳。注同。本今作'纳'。"三、只注入声。《诗·小雅·都人士》:"其容不改,出言有章。"音义:"出言,如字。"比较《大雅·板》:"出话不然,为犹不远。"音义:"出话,如字,徐尺遂反。"如果把"言"理解为名词,则"出"可读去声。《大雅·烝民》:"出纳王命,王之喉舌。"笺:"出王命者,王口所自言,承而施之也。"音义:"出纳,并如字。纳亦作'内',音同。"可以这样看,"出"原来是变调构词的,后来去声读法消失,读成原始词的音,即入声读法。"一"是保留旧读;"二"既保留旧读,又反映后起读音现象,即滋生词读音消失现象;"三"只反映滋生词读音消失后的后起读音现象。

可能在有些方言中,"出"作"使从里面到外面,使出来"讲不单纯采取变调构词的方式,而是读成 * t'ɪwət/ȶ'wiʔ,声母是彻母,不是昌母。《易·离》:"六五:出涕沱若,戚嗟若,吉。"音义:"出,如字,徐尺遂反,王嗣宗敕类反。"王弼读彻母。《书·益稷》:"在治忽,以出纳五言。"传:"又以出纳仁义礼智信五德之言施于民以成化。"音义:"出,如字,又敕遂反。注同。"《诗·卫风·伯兮》:"其雨其雨,杲杲出日。"音义:"出日,如字,沈推类反。"跟陆德明一样,沈重也是彻母和昌母并收,《小雅·出车》音义:"出车,如字,沈尺遂反。"《周礼·秋官·朝士》注:"玄谓同货财者,富人畜积者多时收敛之,乏时以国服之法出之。虽有腾跃,其赢不得过此,以利出者与取者。过此则罚之。"音义:"出者,尺遂反,刘敕类反,又如字。"《玉篇》《广韵》均不收"出"的彻母去声一读,是以昌母去声为标准音。《集韵》兼收旧音,故敕类切:"出,自中而外也。"

上下文中,同一个"出"有时可以解作"废黜,贬退",跟滋生词形成兼注的情况。《左传·襄公十四年》:"晋侯曰:'卫人出其君,不亦甚乎?'"音义:"出其君,如字,徐出音黜。"《襄公二十年》:"孙林父,甯殖出其君。"音义:"出其君,如字,徐音黜。"《昭公十一年》:"卫蒲、戚实出献公。"音义:"实出,如字,徐音黜。"《昭公三十一年》:"吾子何故出君。"音义:"出君,如字,又敕律反。"读如字,反映了作"使从外面到里面,使出来"讲的读去声的"出"读成入声(受原始词读音影响)的事实。

"出"的变调构词当来自上古。据《经典释文》,给滋生词注去声的大都见于早期注家,如徐邈注"尺遂反"引用了10次;《论语·子罕》:"凤鸟不至,河不出图。"音义:"不出,如字,旧尺遂反。注同。"都说明陆德明以前的许多注家都只给滋生词注去声。有的是注彻母去声,如《易·离》音义引王弼"敕类反",《周礼·秋官·朝士》音义引刘昌宗"敕类反"等。前人注去声当承自上古。从语音上看,"出"原始词和滋生词中古音分别是 tɕʰɨuĕt : tɕʰwiᶜ,韵母相差甚远;上古音分别是 *tʰɬwət : tʰɬwətˢ,只有声调之别。"出"的变调构词是韵母只有声调之别的上古产生的。"出"的滋生词后来特指构词,字作"秴",义为把粮食卖出去,《广韵》尺伪切,跟尺类切韵母小异；由"秎"的去声读法,知中古以前"出"滋生词也有去声读法,"出：秎"原来都是去声。上古韵文是最直接的证据。《楚辞》叶韵1次,《九章·怀沙》有"羌芳华自中出",可惜下面叶韵的句子缺了。《诗经》入韵1次,是滋生词叶长入,《诗·小雅·雨无正》"匪舌是出","出"叶"瘁",传："哀贤人不得言,不得出是舌也。"音义："是出,尺遂反。"至晚六朝后期,"出"的去声读法消失了,《经典释文》对绝大多数"出"的滋生词词义都是去入兼注；去入兼注的例中,占绝大多数的例又是先入后去,而且还有只给滋生词注"如字"的例子,显示了破读音在口语中的消失。当然,破读在读书音中还有只注去声的情况,上引《诗·小雅·雨无正》注音只有去声,恐怕只考虑到与"瘁"叶韵；《左传·昭公八年》引此诗,音义："是出,如字,又尺遂反。"仍是去入兼注且以入声置前。

上文说过,唐纳把"出日"的"出"看成是"滋生词用在复合结构中"一类,例子是《书·尧典》："寅宾出日,平秩东作。"音义："出日,上尺遂反,又如字。注同。"他把"出日"释为定中结构("the rising sun")。我们认为,这个"出"跟"使从里面到外面,使出来"的"出"是一样的。"寅宾出日"即恭恭敬敬地迎接上天把太阳放出来。"出日"仍为动宾结构,作动词"宾"的谓词性宾语。关键问题是,如果"出"是"使出来"的意思,那么是谁使太阳出来呢？施事是谁？古人认为,"日"之出没,是有意志的"天"决定的；这是原始时代"万物有灵"观念的遗存。古代传说,太阳早晨从东方汤谷出来,傍晚到蒙汜住宿；她坐在龙车上面,龙车由羲和驾驶,具体引导日出日落。"出日"在汉代以后习惯表达法是"日出",主谓结构,不是动宾结构,《史记·五帝本纪》将《尧典》此语改为"敬道日出",可以为证。

【乞】

1

原始词,义为向人乞求,动词,去讫切(短入,* kʰɨət/kʰɨət)。滋生词,义为与人财物,是使动构词,动词,去既切(长入,* kʰɨət/kʰɨəi)。"乞"的变调构词,贾昌朝、周祖谟、唐纳、周法高、唐作藩均有著录。《群经音辨·辨彼此异音》:"取于人曰乞,去讫切。与之曰乞,去既切。"为各家所本。周祖谟把"乞"的变调构词归入"因意义不同而变调者"的"意义有彼此上下之分,而有异读"一类。唐纳归入"滋生词是表致使的"一类,并释原始词词义为"to beg"(乞求),滋生词词义为"to give"(给予)。周法高归入"主动被动关系之转变"的"彼此间的关系"一类,不如唐纳的处理好。

《玉篇》气部:"气,去乙切,求也。《说文》去既切,以为云氣字。"未收去声音义。《广韵》去讫切:"乞,求也。《说文》本作气,音氣。今作乞取之乞。"去既切:"气,与人物也。《说文》曰:云气也。今作乞。"《集韵》欺讫切:"气乞,取也。"去(述古堂本讹作"亡")既切:"乞,与也。或通作气。"

2

"乞"作"向人乞求"讲读入声,此音义古常见,中古人注音,此音义一般不注。《礼记·少仪》:"事君者,量而后入,不入而后量。凡乞假于人,为人从事者亦然。"音义:"乞假,如字,又音氣。"此处"乞假"连用。"乞"作"向人乞求"讲时,"假"上声,"乞"入声;"乞"

第一章 古代汉语变调构词词表

作"与人财物"讲时,"乞""假"并去声。疏取前一说:"凡乞贷假借于人,谓就人乞贷假借。"跟陆德明的倾向性意见一致。《左传·昭公十六年》:"世有盟誓,以相信也,曰:'尔无我叛,我无强贾,毋或匄夺。尔有利市宝贿,我勿与知。'"疏:"六年《传》称'楚公子弃疾之过郑也,不强匄',则'匄'是乞也。乞则可也,唯不得强耳。此言'毋或匄夺',亦谓不得强匄乞夺取也。乞之与乞,一字也,取则入声,与则去声也。"从这两则材料看,"乞"在古代显然是变调构词。

以下是"乞"作"与人财物"讲读去声的用例。《汉书·朱买臣传》:"待诏公车,粮用乏,上计吏卒更乞匄之。"注:"乞音氣。"又同传:"居一月,妻自经死,买臣乞其夫钱,令葬。"注:"乞音氣。"《酷吏传》:"今县官出三千万自乞之何哉?"注:"自谓乞与之也。乞音氣。"《西域传》:"驰言'秦人,我匄若马。'"注:"匄,乞与也……乞音氣。"

"乞"的变调构词当来自上古。现代汉语共同语的"乞"读 qǐ,这是来自入声的"乞"。汉语共同语中,"乞"滋生词的读音(去声)什么时候消失而读成原始词的音呢?可能从宋代已开始。宋袁文《瓮牖闲评》卷四:"诗家用乞字当有二义,有作去声用者,有作入声用者。如陈无己诗云:'乞与此翁元不称。'苏东坡诗云:'何妨乞与水精鳞。'此作去声用也。如唐子西诗云:'乞取蜀江春。'东坡诗云:'乞得胶胶扰扰身。'此作入声用也。"可见"乞"的去入两读词义宋人都在使用,但袁文这样认真地辨析其去入两读,似乎暗示出宋代"乞"去声一读在口语中已消失的事实。《中原音韵》齐微部,"乞"只收入入声作上声,未收入去声,反映出"乞"去声一读在口语中消失的事实。

在现代汉语方言中,有的方言还保留着原始词和滋生词的区别。李如龙《考求方言词本字的音韵论证》中说:"闽方言'给予'和'求取'都可说'乞',和古代汉语一样,同一个字表示相反二义。'乞伊赢去'是'给他赢了','乞其囝'是'要来(或买来)的儿子'。《广韵》未韵去既切:'气,予人物也……今作乞',又迄韵去讫切:'乞,求也。《说文》本作气,音气,今作乞取之乞'。这说明在《说文》时代,'给予'和'乞取'二义都读去声,(文按,我认为这则材料不能证明《说文》时代二义都读去声)到了《广韵》时代有了分工。但唐诗中李白的'好鞍好马乞与人'句中'乞'是'给予',姚合的'不将钱买将诗乞'句中的'乞'则是'求取'之意,这种分工还未必明确。闽方言作'给予'用可读去声也可读入声(福州话 k'ɛiˀ、k'øyʔ₈,厦门话 k'iˀ、k'it₈),作'求取'用只能读入省(如说'乞囝':求子,'乞食':讨饭,'乞雨':祈雨)。有人认为这个乞的本字是'给',给,居立切,见母没有 k'的读法,缉韵也没有 øyʔ、it 的读法,声韵都不相符。"

【粉】

1

原始词,义为白色粉末,名词,方吻切(上声,*ᶜpǐwən/ᶜpǐuən)。滋生词,义为涂上白色粉末来装饰,动词,方问切(去声,* pǐwənᵒ/pǐuənᵒ,《集韵》)。"粉"的变调构词,贾昌朝、周祖谟、周法高、唐作藩均有著录。《群经音辨·辨字音清浊》:"粉,白饰也,夫吻切。所以傅粉曰粉。"为各家所本。用"所以",易使人误会滋生词是名词,贾氏本意实指动词。周祖谟归入"因词性不同而变调者"的"区分名词用为动词"一类。周法高归入"非去声或清声母为名词,去声或浊声母为动词或名谓式"一类。

《玉篇》米部:"粉,甫愤切,可饰面。"《广韵》方吻切:"粉,《博物志》曰:'烧铅成胡粉。'又曰:'纣作粉。'"两部字书均未收去声音义。《集韵》府吻切:"粉,《说文》:博(按,述古堂本作此,当为'傅')面者也。"方问切:"粉,傅也,饰也。"

2

《经典释文》给"粉"注音2次,1上1去。注上声,义为白色粉末。《孝经·卿大夫章》:"非先王之法服不敢服。"郑氏注(已亡佚)音义:"火服粉,方谨反。米,字或作'絑',音同。"结合音义及邢昺《孝经疏》,可推定郑氏原注是引用了《书·益稷》文。原《益稷》有:"日,月,星辰,山,龙,华虫,作会;宗彝,藻,火,粉米,黼,黻,絺绣。"疏引郑玄:"粉米,白米也。"其中"粉米"指贵族礼服上的白色米形绣文,"粉"仍是"白色粉末"义。

注去声,义为"涂上白色粉末来装饰"。《周礼·冬官·慌氏》:"涑帛,以栏为灰,渥淳其帛,实诸泽器,淫之以蜃,清其灰而盝之,而挥之,而沃之,而盝之,而涂之,而宿之。"注:"玄谓:淫,薄粉之,令帛白。蜃,今海旁有焉。"音义:"粉之,如字,刘方问反。"说明滋生词的去声读法直到刘昌宗时还有保留。由陆德明注音,把"如字"摆在去声之前,可见至晚六朝后期,去声一读在口语中已消失了。

【巾】(滋生词又作"帉")

1

原始词,义为佩巾或手巾,擦抹或覆盖用的纺织物,名词,居银切(平声,*˳kǐən/˳kǐĕn)。滋生词,义为用巾来覆盖物品,动词,字作"帉"居觐切(去声,*kǐənᵒ/kǐĕnᵒ,《集韵》)。"巾"的变调构词,贾昌朝、周祖谟、周法高、唐作藩均有著录。《群经音辨·辨字音清浊》:"巾,帨也,居银切。所以饰物曰巾,居吝切,《礼》'巾车'刘昌宗读。"为各家所本。滋生词本为动词,用"所以饰物"为训,没有揭示出其语法作用。周祖谟把"巾"的变调构词归入"因词性不同而变调者"的"区分名词用为动词"一类,并把释义中"所以饰物曰巾"改造成"以巾被之曰巾"。周法高归入"非去声或清声母为名词,去声或浊声母为动词或名谓式"一类,仍采用贾昌朝的释义。

《玉篇》巾部:"巾,几银切,佩巾也。本以拭物,后人著之于头。"未收去声音义。手部:"帉,九毕切,以巾覆物。"《广韵》居银切:"巾,《释名》曰:巾,谨也,二十成人,士冠庶人巾,当自谨修于四教。"亦未收去声音义。居焮切:"帉,覆巾名。"按,《广韵》震焮有别,"帉"本是"巾"相承的去声,大概是"巾"相承的去声字少的缘故,"帉"入焮韵不入震韵,《韵镜》把"帉"作为"巾"去声;《七音略》"巾"亦无相承的去声。《集韵》居银切:"巾,《说文》:佩巾也。一曰:首饰。"居觐切:"帉,以巾覆物谓之帉。"

第一章 古代汉语变调构词词表

2

《经典释文》给"巾"注音9次,有2次很明显地反映出"巾"是变调构词的。《仪礼·士丧礼》:"祝受巾,巾之,由足降自西阶。"注:"巾之,为尘也。"音义:"巾巾,并如字,刘下居觐反。"前一个"巾"是名词,只能读平声,不能读去声;后一个"巾"是动词,这里指用巾遮盖豆、俎、醴、酒以免沾上灰尘,可以读去声。正表明"巾"是变调构词的。

"巾"作"佩巾或手巾,擦抹或覆盖用的纺织物"讲读平声,此音义常见,中古人注古书,一般不注音。

以下是"巾"作"用巾来覆盖物品"讲读去声的用例。《仪礼·士昏礼》:"馔于房中:醯酱二豆,菹醢四豆,兼巾之;黍稷四敦,皆盖。"注:"兼巾之者,六豆共巾也。巾,为御尘。"音义:"巾之,如字,刘居近反。"《既夕礼》:"奠设如初,巾之,升降自西阶。"注:"巾之者,为御当风尘。"音义:"巾之,如字,刘居觐反。"古有"巾车"一官,属春官,"巾"得名于"用巾来覆盖物品"一义,读去声。《周礼·春官·序官》:"巾车,下大夫二人。"注:"巾犹衣也。巾车,车官之长。"音义:"巾,如字,刘居觐反。衣,於既反。"《冢人》:"及葬,言鸾车象人。"注:"鸾车,言巾车所饰遣车也。"音义:"巾车,如字,刘居觐反。"《夏官·服不氏》注:"《大射礼》曰:'命量人巾车张三侯。'"音义:"巾车,如字,刘居佫反。"十三经本"佫"讹作令。《仪礼·大射》:"遂命量人巾车张三侯。"注:"巾车,于天子宗伯之属,掌装衣车者。"音义:"巾车,如字,刘居觐反。后皆放此。"《左传·襄公三十一年》:"巾车脂辖。"音义:"巾车,如字。巾车,掌车官也,刘昌宗《周礼音》居觐反。"

"巾"的变调构词当来自上古。到了刘昌宗时,他的注音还保留着去声一读。但至晚南北朝后期,"巾"的去声读法在口语中已消失了。《经典释文》给"巾"的滋生词注音8次,都兼注"如字",去声读法全为刘昌宗音,但陆德明无一例外地把"如字"读法摆在前面;另一方面,有些滋生词的"巾"陆氏不注音,是读如字,例如《仪礼·少牢馈食礼》:"小祝设盘匜与簞,巾于西阶东。"注:"为尸将盥。"陆不注音;"帉"本是为滋生词专造的字,读去声,《玉篇》《广韵》都只注去声,到了《集韵》,大约编者考虑到"巾"滋生词已读成平声了,所以又把"帉"兼收于居银切,注义亦为"以巾覆物也"。

"巾"的滋生词词义,中古仍在使用。左思《吴都赋》:"吴王乃巾玉辂,韬骍骊,旂鱼须,常重光,摄乌号,佩干将。"陶潜《归去来兮辞》:"农人告余以春及,将有事于西畴。或巾柴车,或棹孤舟,既窈窕以寻壑,亦崎岖而经丘。"柳宗元《平淮夷》二篇:"既巾乃车,环蔡其来。"《说文》"巾"下段玉裁注:"按,以巾拭物曰巾,如以帨拭手曰帨。《周礼》'巾车'之官,郑注:'巾犹衣也。'然《吴都赋》'吴王乃巾玉辂',陶渊明文'或巾柴车,或棹孤舟',皆谓拂拭用之,不同郑说也。陶句见《文选》江淹《杂体诗》注,今本作'或命巾车',不可通矣。"段氏以为"或命巾车"为"或巾柴车"之讹,是有道理的。但他以"帨"来类比,证明"巾"有"以巾拭物"义,不妥,类比是不能处处管用的,"巾"是否有"以巾拭物"这一动词性词义,要用古书用例作证。至少他所举左思及陶潜文章中的两例来作证,以为"以巾拭物"义,不妥。上下文中,"巾"解为"以巾覆物",文从字顺,而且古人确有此义。关于左思《吴都赋》"巾玉辂",《文选》卷五本文下李善注:"《周礼》有'巾车'官。"而"巾车官"的"巾"正是"以巾覆物"义,可见此"巾"李善是解为"以巾覆物",决非"拂拭"义;从上下文中"韬""旌""常""摄""佩"等都含有"装饰"的意味来看,"巾"也应如此,不能解为"拂拭"。陶潜"巾"和"櫂"对举,也应指"以巾覆物",不能解为"拂拭"。《汉语大字典》《汉语大词典》均不立"拂拭"这一义项。但《汉语大字典》不给"巾"的"以巾覆物"一义立义项,不妥;《汉语大词典》立有"包裹;覆盖""给车子装上帷幕"二义项,不妥:"巾"本身没有"给车子装上帷幕"一义,应与上一义项合并,上一义项释义也有问题,"巾"不泛指"包裹;覆盖",其特点是"以巾"来覆盖,"以巾"这一义素应包括到释义中。

【勤1】(滋生词又作"懃""勲")

1

原始词,义为辛劳,劳苦,形容词,巨斤切(平声,$*_c$giən/$_c$gĭən)。滋生词,义为忧虑,忧劳,十分担心,动词,后起字作"懃""勲",渠吝切(去声,$*$giən°/gĭěn°,《集韵》)。按,据《切韵》系韵书看,谆欣(准隐,稕焮)有别,《广韵》《集韵》"勤"入欣韵,《集韵》"勤"去声入稕韵,平去不相承。但《集韵》"勤"平声是渠巾切,"巾"《广韵》真韵,《集韵》谆韵;去声渠吝切,"吝"《广韵》震韵,《集韵》稕韵。就反切来说,《集韵》内部"勤"平去两读是相承的。无论如何,"勤:勤"平去之别原来是不牵涉到韵母的分别的,韵书中的参差情况可能是归韵不同引起的。"勤1"的变调构词,未见于诸家著录。

《玉篇》力部"勤,渠斤切,劳也。"未收去声一读。心部:"懂,渠斤居(大概是'巨'或'其'的讹字)近二切,忧也,烦也,悫也。"《广韵》巨斤切:"勤,劳也,尽也。"又:"懂,忧哀。"并收异体字"懃"。去声未收"勤"等三字,反映了破读消失的事实。《集韵》渠巾切:"勤,《说文》:劳也。"又:"懂懃,忧也。或不省。"渠吝切:"勤懂,忧也,《春秋传》'勤雨'麇氏说。或从心。"

2

"勤1"的滋生词是从原始词发展来的,二者词义相因。"勤"的这种词义发展关系,跟"劳""苦"有平行关系。(1)辛劳,劳苦。《左传·僖公三十二年》:"勤而无所,必有悖心。"《韩非子·五蠹》:"夫耕之用力也劳。"《商君书·外内》:"民之内事,莫苦于农。"(2)忧虑,忧劳,十分担心。《法言·修身》:"圣人乐天知命。乐天则不勤,知命则不忧。"《诗·邶风·燕燕》:"瞻望弗及,实劳我心。"《史记·秦始皇本纪》:"天下共苦战斗不休。"(3)慰劳,慰问。《诗·小雅·采薇·序》:"《出车》以劳还,《杕杜》以勤归。"《吕氏春秋·孟夏》:"劳农劝民。""苦"字单用还未找到作"慰劳"讲的用例,但"劳苦",《史记·萧相国世家》:"汉三年,汉王与项羽相距京索之间,上数使使劳苦丞相。"由身体的辛劳,劳苦,发展到内心的忧虑,忧劳,是很自然的。

"勤"作"辛劳,劳苦"讲自古读平声,中古人注古书,此音义一般不注。《经典释文》给"勤1"的滋生词注音1次,义为忧虑,忧劳,十分担心,去声。《谷梁传·僖公二年》:"冬十二月,不雨。不雨者,勤雨也。"注:"言不雨,是欲得雨之心勤也。明君之恤民。"音义:"勤雨,如字,糜氏音觐。后年同。"所谓"后年同",指《僖公三年》:"三年春,王正月,不雨。不雨者,勤雨也。"

"勤1"的变调构词当来自上古,其滋生词词义上古行用。到了六朝后期,滋生词已读成平声了。《经典释文》对去声读法的处理,是引用三国魏糜信《春秋谷梁注》的直音,并且把后来的平声读法摆在前面。

【勤2】(滋生词作"觐")

1

原始词,义为辛劳,劳苦,勤劳。形容词,巨斤切(平声,*$_c$giən/$_c$gĭən)。滋生词,义为秋天朝见帝王,动词,字作"觐",渠遴切(去声,*giən^o/gĭən^o)。"勤2"的变调构词,未见于诸家著录。

《玉篇》力部:"勤,渠斤切,劳也。"见部:"觐,奇靳切,见也。"按,依《玉篇》音义,"勤:觐"上古音和中古音分别是 *$_c$giən:giən^o,$_c$gĭən:gĭən^o,都只是声调之别。《广韵》巨斤切:"勤,劳也,尽也。"渠遴切:"觐,见也。"平去不相承。《广韵》音系中,大概时音焮震合流,不易判定"觐"归焮还是归震;结果归震,跟"勤"韵母也不同。《集韵》渠巾切:"勤,《说文》:劳也。"渠遴切:"觐,《说文》:诸侯秋朝曰觐,劳王事。""巾",真韵,《集韵》入谆,"勤"入欣;"遴",震韵,《集韵》入稕,"觐"亦入稕。

2

"勤"作"辛劳,劳苦,勤劳"讲自古读平声,中古人注古书,此音义一般不注。

"覲"由"勤"的"辛劳,劳苦,勤劳"一义滋生而来。《说文》见部:"覲,诸侯秋朝曰覲,勤劳王事也。"(此从段注补)《周礼·春官·大宗伯》:"以宾礼亲邦国。春见曰朝,夏见曰宗,秋见曰覲,冬见曰遇,时见曰会,殷见曰同。"注:"朝犹朝也,欲其来之早;宗,尊也,欲其尊王;覲之言勤也,欲其勤王之事;遇,偶也,欲其若不朝而俱至。"此"覲"中古只读去声。《仪礼·覲礼》:"覲礼。"音义:"覲礼,其靳反。"按,"靳"原讹作"覲",此从黄焯校。《礼记·曲礼下》:"天子当依而立,诸侯北面而见天子,曰覲。"音义:"覲,其靳反。"《经解》:"故朝覲之礼,所以明君臣之义也。"音义:"朝覲,其靳反。"《左传·隐公四年》:"石子曰:'王覲为可。'"音义:"王覲,其靳反,见也。"疏:"于王处行覲礼,此事是为可也。"《昭公十六年》:"宣子私覲于子产,以玉与马。"此"拜见"义,音义:"私覲,其靳反。"《谷梁传·隐公八年》注:"王室微弱,无复方岳之会;诸侯骄慢,亦废朝覲之事。"音义:"覲,巨靳反,诸侯春见曰朝,秋见曰覲。"《昭公三(按,十三经本讹作'二')十二年》:"天子微,诸侯不享覲。"注:"覲,见也。"音义:"覲见,其靳反,下贤遍反。下同。""勤2"的滋生词是上古礼制社会产生的一个词,其变调构词无疑出现于上古。滋生词的去声读法今天还沿用。

【坐】(滋生词后作"座")

1

原始词,义为双膝下跪,臀部压在脚后跟上,动词,徂果切(上声,＊ᶜdzua/ᶜdzuɑ)。滋生词,义为座位,座席,名词,徂卧切(去声,＊dzuaᵓ/dzuɑᵓ),后起字作"座"。

"坐"上去两读古代是否属变调构词,北宋以来就有两种不同意见。一种意见认为,"坐"上去两读古代不区别词义。《群经音辨·辨字音疑混》:"右'在'字,'后'字,'坐'字,'聚'字。若此类,字书皆有上去二声。虽为疑混,而《释文》义无他别,不复载之。"据贾说,则"坐"在古代不属变调构词。《汉语大字典》《汉语大词典》都把《广韵》"坐"的上去两读看成自由变读。另一种意见认为,"坐"的上去两读是区别词义的。唐纳把"坐"的变调构词归入"原始词是动词性的,滋生词是名词性的"一类,并释原始词词义为"to sit"(坐着),滋生词词义为"seat"(座位)。周法高归入"非去声或清声母为动词,去声或浊声母为名词或名语",其释义是:"坐:徂果切(上声,ᶜdz'uâ 'to sit');徂卧切,一作座(去声,dz'uâᵓ 'seat')。"经过考察,可以看出,后一种意见是对的。按贾昌朝本意,他是要通过对六朝经师给经书所作的音义,归纳出某一字不同读音的不同意义来。他之所以认为"坐"上去两读不区别词义,从而得出不正确的结论,原因有四:一是贾昌朝所处的时代,全浊上声已变成去声了;这样,"坐"上去两读在宋代已同音。要想排除时音的干扰,弄清"坐"上去两读的词义分别,不那么容易。二是贾氏对《经典释文》中有的"坐"字兼注上去的用意没有弄清,误以为同一个意思在上下文中既可读上声,又可读去声。三是对《经典释文》以外的材料缺乏足够的了解,从而影响了他的结论。四是没有把"坐"作"座位,座席"讲的后起字"座"联系起来考察;而"座"作"座位,座席"讲古人从不注成上声。

中古时代的字书对"坐"的变调构词也反映得不一致。《玉篇》土部："坐,疾果疾卧二切,《公羊传》曰:'食必坐二子于其侧。'幸曰坐。"宋本《玉篇》对顾野王原本有很大修改,上去两读都只记录"坐"的动词用法,必非顾氏原本旧貌。《公羊传·昭公三十一年》："食必坐二子于其侧而食之。"《经典释文》不注音,揆其词义,此"坐"六朝时当读上声。又《玉篇》广部："座,才货切,床座也。"《切韵》系韵书,《王仁昫刊谬补缺切韵》(伯二〇一一)上声哿韵:"坐,徂果反。"未释义。去声箇韵:"坐,在卧反,罪。"又:"座,小床。"《王仁昫刊谬补缺切韵二》(北京故宫博物院藏)上声哿韵:"坐,徂果反。"去声箇韵:"坐,在卧反。"又:"座,小床。"可见后一种韵书"坐"上去两读均未释义。《唐写本唐韵》上声已佚;去声过韵:"座,床座,徂卧反。"又:"坐,被罪。又藏果反。"《广韵》徂果切:"坐,《释名》曰:'坐,挫也,骨节拙屈也。'"徂卧切:"座,床座。"又:"坐,被罪。"《集韵》粗果切:"坐,止也。"(按,此"粗"读从母,《广韵》徂古切;《集韵》中,"脞"和"坐"两小韵对立,前者清母,后者从母)徂卧切:"座,坐具。"又:"坐,《说文》:'止也。从土,从留省,土,所止也。'"由上述字书,可以看出:一、"坐"的上声一读都取"双膝跪下,臀部压在脚后跟上"一义;《集韵》还把此义收入去声,反映了宋代全浊上声已变去声的事实,来自《群经音辨》。只是《群经音辨》旨在归纳六朝经师辨义的异读,但归纳得不准确;《集韵》旨在表现音系,可以反映后起读音现象。二、上述字书都收有"坐"的去声一读,但不收"坐"的"座位,座席"一义,有几部字书"坐"去声一读只收"坐罪"一义,说明几部字书作者心目中,"坐"的去声一读当时书写习惯上是用来记录坐罪的"坐"。三、座位,座席的"坐"当时的规范用字是其后起字"座",而不是"坐",这种用字习惯一直沿用至今。

2

"坐"上去两读词义有别,属变调构词,有的音注反映得很清楚。《诗·小雅·楚茨》:"以享以祀,以妥以侑。"传:"妥,安坐也。"笺:"既又迎尸,使处神坐,而食之,为其嫌不饱,祝以主人之辞劝之。"毛传的"坐"是动词,陆德明不注音;郑笺的"坐"是名词,音义:"神坐,才卧反。"《史记·高祖本纪》:"高祖因狎侮诸客,遂坐上坐,无所诎。"正义:"上在果反,下在卧反。"《汉书·高帝纪》:"吕公者,好相人,见高祖状貌,因重敬之,引入坐上坐。"注:"上坐,尊处也。令于尊处坐。上坐,音才卧反。"颜师古对"坐上坐"的前一个"坐"不注音,是读上声;后一个"坐"径注去声。以上材料都有力地证明,"坐"作"双膝下跪,臀部压在脚后跟上"讲读上声,作"座位,座席"讲读去声。"坐"无疑是上去构词。

有的例句,牵涉到对上下文中词义的不同理解,因而古人兼注上去两读,或者诸家注音互有差异。前者如,《仪礼·士相见礼》:"若不言,立则视足,坐则视膝。凡侍坐于君子,君子欠伸,问日之早晏,以食具告。"后一"坐"字音义:"侍坐,如字,又才卧反。"解为如字,即读上声,动词;侍坐,陪在身边坐着。读才卧反,名词;侍坐,侍奉于座席旁。有时陆德明认为后一说更好。《礼记·曲礼上》:"侍坐于先生,先生问焉,终不对。"音义:"侍坐,才卧反。后放此。"《曲礼上》注:"坐在阳则上左,坐在阴则上右。"音义:"坐在,才卧反,又如字。"读才卧反,指座位,主语;读如字,坐下,动词,"在阳""在阴"分别作补语。《檀弓上》注:"两楹之间,南面乡,明人君听治正坐之处。"音义:"正坐,才卧反,又如字。"读才卧反,"正坐"是动宾结构,端正座席;读如字,"正坐"是状中结构,端端正正地坐着。《左传·昭公二十五年》:"宋公使昭子右坐。"音义:"坐,如字,又才卧反。"读如字,右坐,状中结构,在右边坐着;才卧反,右坐,动宾结构,把座席安排在右边。《礼记·曲礼上》:"御同于长者,虽贰不辞,偶坐不辞。"音义:"偶坐,五口反,配也,一曰副贰也。下才卧反,又如字。"才卧反,偶坐,动宾结构,指座席排在一起;如字,偶坐,状中结构,一同坐着。《经典释文》对"坐"兼注如字和破读,还有另外一种情况,下文再讨论。诸家注音互有差异的,如"便坐"。《史记·万石张叔列传》:"子孙有过,不谯让,为便坐,对案不食。"索隐:"盖谓为之不处正室,别坐他处,故曰便坐。坐音如字。便坐,非正坐处也。"原来司马贞是把"坐"处理为动词,"为便坐"是连谓结构,指安排一个临时性地方坐着。《汉书·张禹传》:"而宣之来也,禹见之于便做。"注:"便坐,谓非正寝,在于旁侧可以延宾者也。坐音才卧反。"《循吏传》:"常选学官僮子,使在便坐受事。"注:"便坐,别坐,可以视事,非正廷也。坐音财卧反。"可见颜师古是把"便坐"看成是一个定中结构,"坐"是名词。比较《史记》《汉书》中的"便坐",可知颜师古的处理是对的,司马贞的处理是错的;但两家的不同处理正可说明"坐"是变调构词的。语言是发展的,汉代以前的语言跟六朝以后的语言有不同;六朝以后的注释家对汉代以前古书中某一个词的词义有不同的理解,因而注上不同的读音,这是完全可以理解的。我们不能因为古注对某一个词兼注上去两读,或者诸家注音互有歧异,就对它在古代实际语言中的音义差别

第一章 古代汉语变调构词词表

采取就事论事的分析方法,以为这是古代汉语中词义还没有分化的表现,或者以为上去两读不区别意义。贾昌朝之所以认为"坐"上去两读在《经典释文》中不区别意义,一个重要的原因,就是惑于《经典释文》中"坐"字兼注上去两读的表面现象;上文所举"坐上坐"这种"坐"字的用法,怎能视为两种不同的"坐"词义没有分化呢?

古注家对于"坐"的如字读法很少注音。上面所举单注如字,或注如字的同时兼注破读的例子,都反映了注家是为了更好地反映上下文中"坐"的词义。

以下是"坐"作"座位,座席"讲读去声的例子。《左传·昭公元年》:"此之谓多矣。若能少此,吾何以得见?"注:"言己坐车多,故出奔。"音义:"己坐,才卧反。"依音义,"坐车"只能理解为拥有座席的马车,不能理解为所乘坐的马车。《昭公二十七年》注:"请安,齐侯请自安,不在坐也。"音义:"在坐,才卧反。"疏:"是齐侯请欲自安,不在其坐,明慢公之甚。"《孝经·开宗明义章》:"子曰:'夫孝,德之本也,教之所由生也。复坐,吾语汝!'"音义:"复,音服。注同。坐,在卧反。注同。""复"读入声是动词,则"复坐"指回到座席上来。《汉书·高五王传》:"帝与齐王燕饮太后前,置齐王上坐,如家人礼。"注:"坐音材卧反。"《曹参传》:"乃反取酒张坐饮。"注:"张设坐席而饮也。坐音才卧反。"《贾谊传》:"有服飞入谊舍,止于坐隅。"注:"坐音才卧反。"

"坐"不仅包括活人的座位,座席,也包括死人的座位,神座。《周礼·地官·遂师》:"大丧,使帅其属以幄帘先。"注:"幄帘先,所以为葬窆之间张神坐也。"音义:"神坐,才卧反。"疏:"谓柩至圹,脱载除节,柩则在地。未葬窆之间,须有凶灵神坐之所。故知大幕之下,宜有幄之小帐;小帐之内,而有帟之承尘,以为神坐也。"《春官·大宗伯》:"以玉作六器,以礼天地四方。"注:"礼谓始告神时,荐于神坐。"音义:"神坐,才卧反。后'神坐'放此。"《大祝》:"四曰周祭。"注引郑司农:"周祭,四面为坐也。"音义:"为坐,才卧反。"《仪礼·特牲馈食礼》注:"以先祖有德,而享于此祭。其坐簋,其余亦以之也。"音义:"其坐,才卧反。"《汉书·武帝纪》:"夏四月,幸不其,祠神人于交门宫,若有乡坐拜者。"注:"如有神人景象向祠坐而拜也。汉注云:神并见,且白且黑,且大且小,乡坐三拜。乡读曰向。坐音才卧反。"

"坐"有时活用为名词,指坐着的人,读上声。此临时义有时跟"座位,座席"一义在上下文中难以区别,《经典释文》对此兼注如字和破读。《礼记·投壶》注:"壶去坐二矢半,则堂上去宾席主人席邪行各七尺也。"音义:"去坐,才卧反,又如字。下同。"读去声,去坐,离开座席;读如字,去坐,离开坐着的宾主。《投壶》:"算多少视其坐。"注:"算用当视投壶者之众寡为数也。"音义:"其坐,如字,又才卧反。注同。"读如字,视其坐,指视坐着的人多少为数;读去声,视其座,指视座席的多少为数。陆德明以前者为佳,故以如字置前。《乡饮酒礼》:"四面之坐,象四时也。"音义:"之坐,才卧反,又如字。"读去声,座席;读如字,指坐着的宾主。孔疏取后一说:"主人东南,象夏始;宾西北,象冬始;僎东北,象春始;介西南,象秋始。四时不离天地阴阳之内,而坐即是宾主介僎之所象也。"《左传·僖公二十八年》:"卫侯与元咺讼,宁武子为辅,针庄子为坐,士荣为大士。"注:"大士,治狱官也。《周礼》:'命夫命妇不躬坐狱讼。'元咺又不宜与君对坐,故使针庄子代卫侯为主。"音义:"为坐,如字,或一音才卧反。"疏:"元咺不宜与其君对坐,故使针庄子代卫侯为坐狱之主。"按,这里"坐狱"的"坐"跟"为坐"的"坐"不是一个词,"为坐"的"坐"跟坐着有关,故可注如字,而"坐狱"的"坐"只能注去声。后人因两种不同的"坐"出现于一处,遂以"坐狱"之"坐"释上文"为坐"之"坐",以致绞绕不清。依音义,此"为坐"的"坐"指代替卫侯而坐的人,故注上声。如依"或一音"理解,"坐"可解为座席,上下文中讲不通;当然,"或一音"的"坐"亦可解为诉讼代理人。但是"或一音"的理解,陆德明不同意。《经典释文·条例》:"其'或音''一音'者,盖出于浅近,示博闻见,览者察其衷焉。"

"坐"的变调构词当来自上古。魏晋宋以前的韵文中,"坐"都叶上声,"座"不见入韵。例如,《礼记·郊特牲》叶"左,坐('坐之起之')",《管子·弟子职》叶"火,坐('执烛隅坐')",蔡琰《悲愤诗》叶"坐('夜则悲吟坐'),可,祸",潘岳《西征赋》叶"马,坐('钳众口而寄坐'),我,可,祸,左,寡,火,下",王廙《春可乐》叶"社,下,酢(按,'酢'入声),坐('交觞乎竝坐'),可",无名氏《月节折杨柳歌·六月歌》叶"火,坐('与郎对榻坐')",都是动词。齐梁陈隋诗文中,有"坐""座"都入韵的用例。"坐"用作动词,共入韵2次,上声。沈约《法王寺碑》叶"我,坐('振锡经行,祇林宴坐'),火,果",陆法和《忏诗之一》叶"可,火,坐('周年天子迭代坐')"。"座"用作名词,共入韵2次,去声,义为座位,座席,床座。张率《河南国献舞马赋应诏》叶"座('清辇道于上林,肃华台之金座'),裹,播",江洪《为傅建康咏红笺诗》叶"作,破,和,裹,座('不值情牵人,岂识风流座')"。由上面韵脚字可知,周秦至魏晋宋韵文中,"坐"都叶上声,都用作动词。我们不能据上面的韵脚字的叶韵状况而不顾及"坐"的词义,认为周秦至魏晋宋的"坐"只读上声,到了齐梁以后才用上去的分别来区分词义。尽管"坐"的名词用法在魏晋宋以前韵文中不入韵,但我们可以由名词"坐"的后起字"座"的出现推定,至晚上古后期,"坐"已上去构词了。"座"当是"坐"上去构词后出现的区别字,汉印和汉熹平石经中已出现。六朝时期应是"座"逐步取代"坐"的"座位,座席"一义而成为记录滋生词的规范用字的时代。由于"座"上古后期以后使用频率逐步加大,"座"词义构词,指坐在座席或座位上。例如《论衡》中"座"共出现5次,有4次均作"座位,座席"讲,只有1次用作动词,《答佞篇》:"座之堂下,食以仆妾之食。"汉字在用字规范中出现少许不规范现象,这是用字规范中必然出现的现象。《汉语大字典》"座"下注意到它在古书中用作动词"坐"的现象:"同'坐'。《正字通·广部》:'座,古作坐,俗作座。'"但引《正字通》作为"座"同"坐"的证据,不妥。《正字通》显然是说,名词"坐",古代作"坐",后来才写作"座"。为了证明"座"用作"坐",《汉语大字典》还引用了《吕氏春秋·长见》的"魏公叔座疾,惠王往问之"1例和唐戎昱《冬夜怀归》《西游记》第一回为例。后2例是可以成立的,但《吕氏春秋·长见》中"魏公叔座疾"的"座",不能作为"座"同"坐"的证据。这个"座"不能解释成"因为",《汉语大字典》大概误把这里的"座"理解为"因为"的"坐"。其实,"魏公叔座疾"的"座",又写作"痤","公叔座"是人名,"公叔"是氏,"座"是名,读cuó。《汉语大字典》还列有两例"座"同"坐"的证据。例1,唐戎昱《冬夜怀归》:"座到三更尽,旧仍万里赊。"例2,《西游记》第一回:"驾座金阙云宫灵霄宝殿。"这两例都可看作是坐在座席或座位上的意思，不必认为同"坐"。总起来说，《汉语大字典》所举"座"同"坐"的证据不典型。

至晚中晚唐开始，"坐"的上去两读开始混淆，因为全浊上声变去声中唐以后已出现。《说文》土部："坐，止也。从土，留省。土，所止也。此与留同意。坐，古文坐。"唐韵："徂卧切。"按，"徂"，陈昌治刻本误作"但"。《说文》的"坐"，据释义，应注成上声。徐铉不引《唐韵》上声而引去声，正说明五代以后"坐"上去两读已混。宋代更是如此，贾昌朝放到《辨字音疑混》中谈，正说明当时上去二读已混，贾氏知道"坐"古书中有上去二读，但不知两读词义有别。可见口语中业已消失的语言现象，要想排除时音干扰，分辨出原有的音义结合关系，何等困难。

【过】

1

原始词，义为经过，人或鸟兽正在某一区域内通过，动词，古禾切（平声，*ₒkuɑ/ₒkuɑ）。滋生词，义为人或鸟兽已经经过位移而离开了某一区域，超过，越过，动词，古卧切（去声，*kuɑᵓ/kuɑᵓ）。"过"的变调构词，贾昌朝、马建忠、周祖谟、唐纳、周法高、唐作藩均有著录。《群经音辨·辨字音清浊》："过，逾也，古禾切。既逾曰过，古卧切。"为各家所本。《马氏文通·实字》卷之五："'过'字，平读内动字，经也。去读外动字，度也，越也。《易·系辞》：'范围天地之化而不过。'又过失也，则名字矣。"周祖谟把"过"的变调构词归入"因词性不同而变调者"的"区分动词用为名词"一类，并沿用了贾昌朝的释义,且加案语:"案过者,经过也,读平声。过失为其引伸义,读去声。"我们认为,贾氏"既逾曰过"的"过"是动词用法,非名词用法;"过失"一义不是由原始词直接发展来的,而是滋生词转换发展来的。唐纳归入"滋生词是表效果的"一类中,并释原始词词义为"to pass"(经过),滋生词词义为"to exceed, surpass"(超过,越过);他还把"过"的变调构词归入"原始词是动词性的,滋生词是名词性的"一类,并释原始词词义为"to pass",滋生词词义为"a faut, excess"(过错,过失)。这两组实可并为一组。周法高归入"去声或浊声母为既事式"一类。贾昌朝之前,已有人揭示"过"平去二读之别。《经典释文·条例》:"莫辩复(扶又反,重)复(音服,反也),宁论过(古禾反,经过)过(古卧反,超过)。"《史记正义·发字例》:"过,光卧反,度也,罪过也。又音戈,经过业,度前也。"张氏是把去声摆在平声之前。

《玉篇》辵部:"过,古货古禾二反,度也,越也。"没有很好地反映"过"的变调构词。《广韵》古禾切:"过,经也。又过所也,《释名》曰:过所,至津关以示之也;或曰:传过也,移所在识以为信也。"古卧切:"过,误也,越也,责也,度也。"《集韵》古禾切:"过,《说文》:度也。"古卧切:"过,越也。"

2

"过"的变调构词,有的材料反映得很明显。《史记·平原君虞卿列传》:"过平原君,平原君曰:'愿卿之论从也。'虞卿入见王。王曰:'魏请为从。'对曰:'魏过。'"前一"过"索隐:"过音戈。"义为前去拜访。后一"过"集解:"过,光卧反。"义为犯错误。

"过"在《经典释文》中有时平去兼注,这是因为对它在上下文的词义有不同理解,不能作为"过"平去自由变读的证据。《诗·卫风·考槃》:"独寐寤言,永矢弗过。"笺:"弗过者,不复入君之朝也。"音义:"弗过,古禾反,注同。崔古卧反。"读古禾反,义为正经过,注同;经文"过"崔灵恩解为越过了,古卧反。《王风·黍离·序》:"周大夫行役,至于宗周,过故宗庙室,尽为禾黍。"音义:"过故,古卧反,又古禾反。"读平声,正经过;去声,越过了。《礼记·三年问》:"今是大鸟兽,则失丧其群匹,越月逾时焉,则必反巡,过其故乡,翔回焉。"音义:"过其,徐音戈,一音古卧反。"读平声,正经过;读去声,越过了。又:"则三年之丧,二十五月而毕,若驷之过隙。"音义:"之过,古卧反,徐音戈。"读去声,越过了;读平声,正经过。《左传·僖公二十五年》:"秦人过析,隈入而系舆人。"音义:"秦人过,古卧反,王音戈。"读去声,越过了;读平声,正经过。《僖公三十二年》:"君命大事,将有西师过轶我。"音义:"过,古禾反,又古卧反。"读平声,正经过;读去声,越过了。《僖公三十三年》:"初,季曰使过冀。"音义:"过冀,古禾反,又古卧反。"读平声,正经过;读去声,越过了。《文公十八年》:"夫人姜氏归于齐,大归也。将行,哭而过市。"音义:"过市,古禾反,又古卧反。"读平声,正经过;读去声,越过了。《宣公十四年》:"华元曰:'过我而不假道,鄙我也。'"音义:"过我,古卧反,一音古禾反。"《成公二年》注:"师还,过卫,故因吊之。"音义:"过卫,古禾反,又古卧反。"《成公十三年·经》注:"伐秦,道过京师,因朝王。"音义:"道过,古禾反,又古卧反。"《成公十六年》:"我师次于督扬,不敢过郑。"音义:"敢过,古卧反,又古禾反。"《襄公二十八年》:"其过此也,君使子展廷劳于东门之外,而傲。"音义:"过此,古禾反,又古卧反。"《昭公六年》:"楚公子弃疾如晋,报韩子也,过郑。"音义:"过郑,古卧反,又古禾反。"《昭公十九年》:"谚曰:'无过乱门。'民有乱兵,犹惮过之,而况敢知天之所乱?"音义:"无过,古禾反。下同。又一音古卧反。"《公羊传·桓公五年》:"此何以书?过我也。"音义:"过我,古禾反,又古卧反。"《谷梁传·隐公七年》注:"夫天子之使过诸侯,诸侯当候在疆场。"音义:"过诸侯,古卧反,又古禾反。"《老子》六十一章:"大国不过欲兼畜人,小国不过欲入事人。"音义:"过,古禾反,又古卧反。"以上这些用例,之所以平去兼注,是因为注家难以弄清,上下文中"过"是强调人及鸟兽的位移出现在某一范围之内呢?还是强调位移的全过程,即位移到某一范围之外呢?这是在阅读古书的过程中不免会出现的情况。这也正好表明:"过"是变调构词的,人们拿平声的"过"和去声的"过"去理解上下文,觉得都能讲通,所以平去兼注;《老子》中的"过"是用于"不过"这一固定结构中,看来注家对"过"原来的词义有不同见解。

以下是"过"作"经过,人或鸟兽从某一区域内通过"讲读平声的例子。也用于抽象意义。这是强调位移还在某一区域内。《左传·庄公十年》:"齐侯之出焉,过谭,谭不礼焉。"音义:"过谭,古禾反。"强调位移还在谭境内。下类推。《僖公十六年·经》:"是月,六鹢退飞,过宋都。"音义:"过,古禾反。"《襄公四年》注:"议其丧制,欲殡不过庙。"音义:"过,古禾反。"《襄公二十二年》:"人有言曰:'唯乱门之无过。'"音义:"无过,古禾反。"《史记·张释之冯唐列传》:"文帝辇过,问唐曰:'父老何自为郎?家安在?'"索隐:"过音戈,谓文帝乘辇,会过郎署。"《扁鹊仓公列传》:"舍客长桑君过,扁鹊独奇之。"正义:"过音戈。"《列子·仲尼》:"行过东里,遇邓析。"音义："过音戈。"《汤问》："昔韩娥东之齐，匮粮，过雍门。"音义："音戈。"特指经过某地拜访某人。《诗·召南·江有汜》："之子于归，不我过。"音义："我过，音戈。"《左传·襄公二十二年》："春，臧武仲如晋，雨，过御叔。"音义："雨过，古禾反。"《史记·张仪列传》："犀首乃谓义渠君曰：'道远不得复过，请谒事情。'"索隐："音戈。言义渠道远，今日以后，不复得更过相见。"《司马相如列传》："田罢，子虚过诧乌有先生，而无是公在焉。"索隐："上音戈。"《列子·黄帝》："杨朱过宋东之于逆旅。"音义："音戈。"

古人"'过'+表示或隐含数量的词语"跟今人"'超过'+表示或隐含数量的词语"表达的意思有些不一样。具体地说，古人"'过'+表示或隐含数量的词语"有两种意思：一是"过"后面表示或隐含数量的词语所达到的范围的极限，是"过"这一位移动词位移之内的范围；二是"过"这一位移动词的位移者位移后处在这一范围之外，这个意思是超过。前者读平声，后者读去声。今天"超过""越过"同于第二种"过"。前者例如，《左传·僖公十七年》："梁嬴孕过期。"注："过十月不产。"音义："过，古禾反。"过期，到了孕满临盆的期限，但还未超过该期限。《史记·秦始皇本纪》："古之帝者，地不过千里。"正义："过音戈。"古人理解为没有超过千里，但包括千里这一极限。《郦生陆贾列传》："一岁中往来过他客，率不过再三过，数见不鲜，无久慁公为也。"此"过他客""再三过"是过访义，"不过再三"指拜访不超过两三次，但包括两三次。现代汉语对这些平声读法往往用"超过"一词去翻译理解。不但"过"后面加表示或隐含表数量的词语是这样，就是加对象语也是古今理解有不同。《史记·外戚世家》："栗姬妒，而景帝诸美人皆因长公主见景帝,得贵幸,皆过栗姬。栗姬日夜怨,谢长公主,不许。"索隐:"过音戈,谓逾之。"皆过栗姬,是说得贵幸的程度已经达到了栗姬受宠的程度,但还没有超过栗姬受宠的程度。所谓"逾之",跟《群经音辨》"过,逾也,古禾切"的"逾"同义,不指"既逾"。后者例如,《左传·隐公元年》:"都城过百雉,国之害也。"音义:"过百,古卧反。后不音者皆同。"过百雉,超过百雉,但不包括百雉,因为"都城"可以达到百雉。疏:"百雉是大都定制,因而三之,则侯伯之城当三百雉。"这种"过"跟现代"超过"同。

以下是"人或鸟兽已经经过位移而离开了某一区域,超过,越过"一义读去声的用例。《尚书序》:"济南伏生,年过九十。"音义:"年过,古卧反。"是说有九十多岁。《礼记·曲礼上》注:"连步,谓足相随,不相过也。"音义:"相过,古卧反。后不音者放此。"《曾子问》:"祭,过时不祭,礼也。"音义:"过,古卧反。"《学记》:"时过然后学,则勤苦而难成。"音义:"时过,姑卧反。"疏:"时过,谓学时已过。"《尔雅·释丘》注:"今齐之营丘,淄水过其南及东。"音义:"过,古卧反。"《释山》注:"岌谓高过。"音义:"过,古卧反。"《史记·魏世家》:"(文侯)客段干木,过其间,未尝不轼也。"正义:"过,光卧反。"《孟尝君列传》:"日暮之后,过市朝者掉臂而不顾。"索隐:"过音光卧反。"

此滋生词取得原始词资格后,词义构词,构成下列词义的新词:(1)犯错误,出现过失。动词。《左传·宣公二年》:"人谁无过?过而能改,善莫大焉。"《论语·学而》:"过则勿惮改。"进一步滋生为错误,过错。名词。《孝经·事君章》:"退思补过。"音义:"退思补过,古卧反。"按,通志堂本及十三经本"卧"均作"祸",黄焯校:"祸,宋本，粤雅本同，蜀本作卧。"作卧，是。《经典释文》"过"作去声，切下字均为"卧"；"祸"上声，非去声。《礼记·乐记》："君子以好善，小人以听过。"音义："以听过，本或作'以圣过'，如字。"按，"过"中古去声读法更常见，故中古人以去声为如字。疏："小人以听过者，小人谓士庶之等，既观武王乐者，以听伏己之愆过也。"《史记·十二诸侯年表》："及至厉王，以恶闻其过，公卿惧诛而祸作。"索隐："过，古卧反。"《列子·天瑞》："此过养乎？此过欢乎？"注："此过误之徒，非理之实当也。"音义："古卧反。"由此词用法进一步词义构词，指摘人犯了错误。《论语·季氏》："求！无乃尔是过与？"《史记·高祖本纪》："闻将军有意督过之。"按，由于中古去声读法很常见，所以注家多注平声，少注去声。(2)甚，太。形容词。《易·乾》注："初则不彰，三则乾乾，四则或跃，上则过亢，利见大人，唯二五焉。"音义："则过，古卧反。诸经内皆同。"疏："上则过亢，谓过甚亢，谓亢极。"

"过"的变调构词，当来自上古。从音注材料看，最早反映"过"平去构词的，是汉高诱。周祖谟先生在《四声别义释例》中，以《淮南子·览冥训》"过归雁于碣石，轶鹖鸡于姑余"高注"过，去也，过读眚过之过"证汉代"过"已平去别义，甚是。稍后有魏王弼，王肃。《易·大过》注："音相过之过。"今十三经本脱王弼此则音注。音义："相过之过，并古卧反。"疏："过谓过越之'过'，非经过之'过'……注'音相过之对'。"正义曰：相过者，谓相过越之甚也，非谓相过从之'过'。"《小过》疏："《大过》卦下注云：'音相过之过。'恐人作罪过之义，故以音之。"按，由于十三经本脱王弼音注，致令音义及疏的被注释词无着落。这则音注说明，王弼时代口语中，"过"是变调构词的。王肃口语中也如此，但他以为《小过》《大过》的"过"字当读平声。《大过》音义:"大过,徐古卧反,罪过也,超过也。王肃音戈。"《小过》音义:"小过,古卧反,义与《大过》同。王肃云:音戈。"至晋,郭璞、徐邈"过"亦两读。《穆天子传》卷二"朱三百裹"郭注:"裹音罪过之过。"《礼记·三年问》:"过其故乡。"音义:"过其,徐音戈,一音古卧反。"《经典释文》所引徐邈音,平去都有。韵文材料更进一步证明"过"的变调构词来自上古。《诗经》"过"入韵2次,见于《召南·江有汜》《卫风·考槃》,义分别为"拜访""经过",均叶平声。《楚辞》入韵1次,《九章·橘颂》:"闭心自慎,终不失过。"与"地"叶去声,义为犯错误。汉代韵文中,"过"叶平声,义为"经过""拜访",2次,杜笃《论都赋》叶"河,过('大船万艘,转漕相过'),沙,和",张衡《西京赋》叶"家,过('击钟鼎食,连骑相过'),加"。叶去声时,义为"越过、渡过""过错""犯错误"。《淮南子·俶真》叶"丽,过('毁誉之于己,犹蚊虻之一过')",《易林·困》叶"卧,过('动而有悔,言行俱过')",扬雄《羽猎赋》叶"破,过('鸟不及飞,兽不得过')",韦孟《讽谏诗》叶"过('兴国救颠,孰违悔过'),霸"。魏晋用例更多,平去音义绝不相混,下面举1例读去声的,王胡之《答谢安》叶"佐,饿,过('各乘其道,两无贰过'),卧"。

现代汉语口语中,"过"只有去声一读,没有平声读法。去声读法是何时占上风的?又是何时把平声读法排挤掉的?可能六朝时代起,去声读法开始占上风。《说文》:"过,度也。"唐韵:"古禾切。"《集韵》也把《说文》释义放到平声。小徐本朱翱反切:"古多切。"可见《说文》是以"经过"一义为本义。段注《说文》想把原始词和滋生词归并为一个词义,这在读音上不能通过,所以他说"分别平去声者,俗说也",以为平去之分是"俗说",无法证实;况且"俗说"也是

"俗语"的反映,哪一个读音不需要语言社会的共同承认呢?到六朝以后,情况不同,陆德明和张守节等都把去声读法处理为如字,说明去声一读比平声更常见。唐宋时代,"过"无疑还可读平声。元代,《中原音韵》歌戈部,"过"仍兼收于平声阴和去声。《元曲选·音释》中,"过"多次出现,但全是平声注音,去声不注音:出现这种情况,大概是当时人习惯读去声,为防止人们把平声读成去声,所以才这样作注;而且滋生词也注成平声,例如《嫁周公》一折:"月过十五光明少,人到中年万事休。"音释:"过,平声。"《盆儿鬼》二折:"他他他千般苦尽受过,才博得钞几何?"音释:"过,平声。"可以推测,元明时代北方共同语中,"过"平声读法渐趋消失,口语中原始词和滋生词的读音已混。这种现象的出现,有语言方面的原因。"过"读平声只有"经过"和"过访"两个基本义,"经过"一义有同义词"经"等,"过访"一义受到"访"字新兴词义"拜访"的挤压,使用有限制。去声的"超过,越过"以及"过错""甚,太"诸义中古很习用;去声读法后来还用在"动+'过'"和"动+'过'+宾"结构中,发展成为动词的形尾,表示情貌。这些都显示"过"的去声读法中古以降有强大生命力。现代汉语口语中,"过"只有去声一读,平声一读的"过访"一义已不用,"经过"一义在单音词中用得少,这是很合趋势的一种发展,去声读法吞并了平声读法。但是平声读法在今天的方言中仍有保留。李如龙先生《论音义相生》中说:"去声的读法在共同语和方言中普遍存在,今多数方言无平声的读法,唯闽方言'顺道停留'和'瓜菜过时不嫩'仍读'过',读为平声,泉州音[kuai˧],福州音(只有后者一义)[kuai˧]。"《汉语大字典》《汉语大词典》以"过"的两读为自由变读,不合于古。

【裹】

1

原始词,义为包裹,缠束,动词,古火切(上声,$*^c$kua/^{c}kuɑ)。滋生词,义为包扎成件的包儿,名词,古卧切(去声,$*$kuaᵓ/kuɑᵓ)。"裹"的变调构词,未见于诸家著录,但有的字书作了反映。

《玉篇》衣部:"裹,古火切,苞也。又古卧切。"去声未释义,是其失。《切韵》系韵书,迄今所见,最早收录"裹"原始词和滋生词音义的,是《唐写本唐韵》。该书平上两声已佚,仅残存部分去声及入声;但上声部分肯定收有"裹",因为前此《切韵》系韵书已在上声收有"裹"。《唐写本唐韵》去声过韵古卧切:"裹,包。又音果。"这里的"包"是名词用法。《广韵》上声果韵古火切:"裹,苞裹,又缠也。"此"苞裹"是动词性用法。去声过韵古卧切:"裹,包也。又音果。"此"包也"是释"裹"的名词用法。《集韵》上声果韵古火切:"裹,《说文》:缠也。"去声过韵古卧切:"裹,包束也。"此"包束也"是释"裹"的名词用法。

2

《说文》衣部:"裹,缠也。"唐韵:"古火切。"这说明"裹"原始词本义是包裹,缠束,动词,读上声。《颜氏家训·书证》:"颗音裹结之裹。"表明"裹"有辨义的异读,这是读上声。

《穆天子传》卷二:"黄金四十镒,贝带五十,朱三百裹。"郭璞注:"裹音罪过之过。"这是去声读法,跟罪过的"过"同音。江洪《为傅建康咏红笺诗》:"且传别离心,复是相思裹。"这里"裹"是名词,义为"包裹";"裹"出现的韵脚字组是"作,破,和,裹,座",正是去声自叶。由作名词用的"包裹"一义词义引申,指花房,也读去声。宋玉《高唐赋》:"绿叶紫裹,丹茎白蒂。"李善注:"裹,犹房也,古卧切。"又张率《河南国献舞马赋应诏》:"望发色于绿苞,伫流芬于柴裹。"这里"裹"出现的韵脚字组是"座,裹,播",正是去声自叶。如果从滋生词词义出现的时代说,"裹"的滋生词读去声至晚战国时代就已经出现了。现代汉语普通话中,"裹"不能单独作名词用,除非用在"大包小裹"这种多少有点类似固定语的结构及其复音词中;与此相应,"裹"的去声读法在口语中也消失了。

【骑】

1

原始词,义为骑马,动词,渠羁切(平声,*$_c$gĭa/$_c$gĭe)。滋生词,义为一人一马,有时侧重指骑马的人,骑士,骑兵;有时侧重指供人骑的马,名词,奇寄切(去声,*gĭaᵒ/gĭeᵒ)。"骑"的变调构词,马建忠、唐纳、唐作藩均有著录。《马氏文通·实字》卷之二:"'骑'字:去读,名也,'车骑''骠骑'之类。平读,动字,跨马也。"唐纳把"骑"的变调构词分成两对配对词。一类归入"原始词是动词性的,滋生词是名词性的"类别中,并释原始词词义为"to ride"(骑马),滋生词词义为"rider"(骑马的人,骑士)。一类归入"滋生词用在复合结构中"类别中,并释原始词词义为"to ride",以为滋生词用在"骑贼"("mounted bandits",骑在马背上的强盗,马贼)。这两种类型,实际上可以概括为一种,下文再讨论。

《玉篇》马部:"骑,巨义切,乘也。又巨宜切。"平声未释义。《广韵》渠羁切:"骑,《说文》:跨马也。"奇寄切:"骑,骑乘。"《集韵》渠羁切:"骑,《说文》:跨马也。"奇寄切:"骑,乘马也。"

2

以下是"骑"作"骑马"讲读平声的用例。《史记·项羽本纪》:"吾骑此马五岁。"正义:"音奇。"泛指跨乘。《史记·魏世家》:"痤因上屋骑危。"索隐:"上音奇。危,栋上也。"

"骑"读去声,指一人一马,有时侧重指骑马的人,骑士,骑兵;有时侧重指供人骑的马。以下是用例。《仪礼·聘礼》注:"既受聘享之礼,行出国门,止陈车骑,释酒脯之奠于軷,为行始也。"音义:"车骑,其义反。"《礼记·曲礼上》:"前有车骑,则载飞鸿。"音义:"车骑,其寄反。"《左传·宣公十二年》注:"见骑贼举绛幡,见步贼举白幡。"音义:"见骑,其寄反。"《史记·项羽本纪》:"于是项王乃上马骑。"正义:"其倚反。凡单乘曰骑。"《汉书·颜安传》:"后以安为骑马令。"注:"主天子之骑马也。骑音其寄反。"按,"马骑""骑马"都是同一名词连用。关于名词"骑"在《史记》中的语法功能,可参看郭芹纳先生《〈史记〉中的"骑"字》(载《训诂散论》,中国社会科学出版社,2002年,9—17页)。

"骑"的变调构词,决非经师人为。魏晋韵文中,"骑"入韵2次,叶平声1次,义为骑马。无名氏《齐王嘉平中谣》叶"驰,骑('其谁乘者朱虎骑',朱虎,楚王曹彪小名)";叶去声1次,义为一人一马。潘岳《闲居赋》叶"施,义,骑('张钧天之广乐,备千乘之万

第一章 古代汉语变调构词词表

骑'),吹,丽",施,吹,并去声。古人骑马之风是周代晚期才出现的,"骑"的变调构词当产生于周代晚期以后。魏晋时代乃沿用已有之语言事实。唐代用例,王力先生《汉语诗律学》第一章第十二节《声调的辨别》:"骑,平声,骑马也,动词。白居易《代书诗一百韵寄微之》:'残席喧哗散,归鞍酩酊骑。'仄声(去),车骑,名词。王维《青龙寺昙璧上人兄院集》:'坐看南陌骑,下听秦城鸡。'刘长卿《酬屈突陕》:'藜杖懒迎征骑客,菊花能醉去官人。'"韵脚字也可为证。唐鲍溶《羽林行》叶"议,事,利,骑('一朝从万骑'),贵,地,次,泪,字",正叶去声。元代,滋生词的去声读法仍有保留。《中原音韵》齐微部,"骑"兼收于平声阳及去声。《元曲选·气英布》四折:"霸王当日渡江东,一骑乌骓百万开。"音释:"骑,去声。"《隔江斗智》二折:"止放小姐一辆翠鸾车,梅香一骑马进来。"音释:"骑,去声。"《连环记》四折:"卓本关西一武骑,自恃雄豪足盖世。"音释:"骑,去声。"《现代汉语词典》中,滋生词已读成了 qí。

《汉语大词典》"骑[2]"所列的前六个义项是:(1)骑的马;(2)指车马;(3)骑兵;(4)骑马的侍从;(5)一人一马;(6)量词。用于马,相当于"匹"。这六个义项从词义概括的角度,可以归并为一个义项,古人把一个骑士和一匹马合称"一骑",不骑马的人或不供人骑的马都不能算一骑,尽管侧重指马时,骑马者不一定在马背上;或侧重指骑士时,马不一定在身边。唐纳先生为"骑贼"单立一类,是认为"骑"是动词,不是名词。他用的例子即上面所举《左传·宣公十二年》杜注中的"骑贼"。大概是看到它与"步贼"对举,而"步"当理解为动词,所以"骑"也是动词。但是"骑贼"和"步贼"对举的事实,却不能证明"骑"一定要理解为动词,何况"骑"也可以理解为名词。"贼"前有名词性修饰语毫不足奇,例如古人有"马贼""山贼""水贼""蜑贼"等说法;名词"骑"作定语也不罕见,例如古人有"骑火""骑奴""骑吏""骑将"等说法。"骑贼"完全可以理解为以骑士的方式出没的强盗,《左传·宣公十二年》杜注,孔疏:"《曲礼》曰:'前有水则载青旌,前有尘埃则载鸣鸢,前有车骑则载飞鸿。'其事与此见贼举幡相似也。""车骑"的"骑"去声,孔疏是把"骑贼"的"骑"理解为名词。古人从来是把名词的"骑"注成去声,"骑贼"的"骑"古人既注成去声,那么"骑"正应理解为名词。事实上,唐纳所分的两类实际上分不开,"滋生词是名词性的"一类中,"骑"也可以用在复合结构中。

【麾】

1

原始词,义为用作指挥的旌旗,名词,许为切(平声,* ₒxǐwa/ₒxǐwe)。滋生词,义为挥动旌旗来召唤人,由此词义扩大,义为指挥,动词,呼恚切(去声,* xǐwaᵒ/xǐweᵒ,《集韵》)。"麾"的变调构词,贾昌朝、周祖谟、唐纳、周法高、唐作藩均有著录。《群经音辨·辨字音清浊》:"麾,旌旗也,许为切。所以使人曰麾,许类切,《春秋传》'周麾而呼'。"为各家所本。周祖谟把"麾"的变调构词归入"因词性不同而变调者"的"区分名词用为动词"一类。唐纳归入"原始词是名词性的,滋生词是动词性的"一类,并释原始词词义为"banner"(旗帜),滋生词词义为"to wave"(挥动)。周法高归入"非去声或清声母为名词,去声或浊声母为动词或名谓式"一类。

《玉篇》手部:"麾,呼为切,指麾也。"未收去声读法。《广韵》许为切:"麾,《说文》曰:旌旗,所以指麾也。亦作撝。"亦未收去声一读。《集韵》吁为切:"麾,《说文》:旌旗,所以指麾。通作'麾''撝'。"呼恚切:"麾,以旌旗示之曰麾。"

2

《经典释文》给"麾"注音8次。其中给名词用法注音4次,均为平声。《礼记·明堂位》:"有虞氏之旂,夏后氏之绥,殷之大白,周之大赤。"注:"绥谓注旄牛尾于杠首,所谓大麾。《书》云:'武王左杖黄钺,右秉白旄以麾。'《周礼》:'王建大旂以宾,建大赤以朝,建大白以即戎,建大麾以田也。'"音义:"大麾,毁皮反。"《左传·桓公五年》:"旜动而鼓。"注:"旜,旃也,通帛为之,盖今大将之麾也,执以为号令。"音义:"麾,许危反。"《成公十六年》:"栾针见子重之旌,请曰:'楚人谓夫旌,子重之麾也,彼其子重也。'"音义:"之麾,许危反。"《谷梁传·庄公二十五年》:"天子救日,置五麾,陈五兵五鼓。"注:"麾,旌幡也。"音义:"五麾,毁为反。"

给动词性用法注音4次,只有1次是平去兼注,其余3次只注平声。《书·牧誓》:"王左杖黄钺,右秉白旄以麾。"音义:"麾,许危反。"《诗·陈风·宛丘》笺:"翳,舞者所持以指麾。"音义:"指麾,毁危反。字又作'撝'。"十三经本脱此音义。《小雅·无羊》:"麾之以肱,毕来既升。"音义:"麾之,毁皮反。"《左传·隐公十一年》:"瑕叔盈又以蝥弧登,周麾而呼曰:'君登矣!'"注:"麾,招也。"音义:"周麾,许危反,又许伪反。"还有1例作动词,字作"撝",也注平声。《易·谦》:"六四:无不利,撝谦。"音义:"撝,毁皮反,指撝也,义与麾同。

《书》云'右秉白旄以麾'是也。"又许慎《说文解字叙》:"比类合谊,以见指㧑。"

《方言》卷二:"楚郑曰䋈。"郭璞音义:"䋈,指㧑。"即音指㧑之㧑。"麾"的变调构词应产生于上古前期,到了汉代口语中,就有方言把滋生词读成平声了。《淮南子·兵略》叶"波,为,麾('故鼓鸣旗麾'),阤",张衡《西京赋》叶"差,离,罴,簴,蛇,麾('洪涯立而指麾'),纚",杜笃《论都赋》叶"祇,麾('搴旗四麾'),奇,螭,披,斯";但《说文解字叙》:"会意者,比类合谊,以见指㧑。"其中"谊,㧑"相叶,可能叶去声。六朝时代,滋生词的去声读法还保留在某些经师的读书音中,所以《经典释文》才可能注去声,但口语中早就读成平声了,所以有 3 例只注平声,另 1 例注去声时,先注平声。

【伐】

1

原始词,义为进攻别人,攻打,攻伐,动词,房废切(长入,* bĭwāt/bĭwɐi⁰,《集韵》)。滋生词,被动构词,义为被攻打,遭到进攻,遭到攻伐,动词,房越切(短入,* bĭwăt/bĭwɐt)。"伐"的变调构词,未见于诸家著录。

《玉篇》人部:"伐,扶厥切,征伐。又自矜曰伐,《书》曰:'汝惟弗伐。'"未收去声一读。《广韵》房越切:"伐,征也。斩木也。又自矜曰伐。"亦未收去声一读。《集韵》房废切:"伐,击也。亦星名。"房越切:"《说文》:击也。从人持戈。一曰:败也。"《集韵》两读均以"击也"释义,不准确。

第一章 古代汉语变调构词词表

《古汉语语法学资料汇编》第一部分甲《词论》三《动字和静字》引王筠《说文句读》:"然动静异读,已萌芽于汉,何劭公与许君同时,其注《公羊》也,曰:'读伐长言之,读伐短言之。'虽因传两言伐云无所区别而为此说,然已为吕忱之先声矣。"王筠的动静之分,还是从词义入手,并不是现代语法意义上的动字和静字。这就显示出"伐"的去入两读应分属于两个不同的义位。《马氏文通·实字》卷之四:"《公羊传·庄公二十八年》谓:'《春秋》伐者为客,伐者为主。'注谓:'伐人者为客,长言之;见伐者为主,短言之;皆齐人语。'是齐人以'伐'字之声短声长,以为外动受动之别。"自马建忠之后,许多人都把"伐"字的音变看成纯语法问题。困难在于,如果把"短言之"的"伐"纯看作区分语法上的被动用法,就得承认汉语中有用音变的方式来区分一般主动句和意念上表示被动的句子。可是这种音变方式我们再也找不出其他的例子。其实,"伐"古人既以语音为别,就应该看成构词问题,"长言""短言"两读就应该据此区分为不同义位,字书中应分别立为不同义项。方光焘《关于古汉语被动句基本形式的几个疑问》(载《方光焘语言学论文集》,商务印书馆,1997年)指出:"我认为何休注中所说的'伐人'和'见伐'是词义的区别,长言、短言并不表现一个词的不同的语法作用。买进的买(上声)和卖出的卖(去声)的声音上的差别,不也是用来区分词义的吗?根据《辞海》的注,'贷'古有去入两声,借入之贷读去声,借出之贷读入声。贷的两种不同读音区分了'借入'、'借出'的不同词义。同样的还有词义不同的'授'和'受',古音也有去声和上声的分别(现在却仅有字形上的差别,而没有语音上的区分了)。我们能说'伐'(长言)、'买'(上声)、'贷'(入声)、'授'(去声)是主动词吗？我们能说，'伐'（短言）、'卖'（去声）、'贷'（去声）、'受'（上声）是被动词吗？"按，上引文"贷"读入声义为借入，读去声义为借出，见本书"贷"字条，方说不确。方光焘以为"伐"的"长言""短言"是区分词义的，其说甚确。

2

以下是"伐"作"进攻别人，攻打，攻伐"讲读去声的例证。《公羊传·庄公二十八年》："《春秋》伐者为客。"注："伐人者为客，读'伐'长言之，齐人语也。"音义："伐者为客，何云：读'伐'长言之，伐人者也。"又《庄公二十八年》："伐者为主。"注："见伐者为主，读'伐'短言之，齐人语也。"音义："伐者为主，何云：读'伐'短言之，见伐者也。"徐彦的疏对何休注的"长言""短言"作了歪曲的理解："解云：谓伐人者，必理直而兵强，故引声唱'伐'，长言之，喻其无畏矣。"又云："解云：谓被伐主，必理曲而寡援，恐得罪于邻国，故促声，短言之，喻其恐惧也。公羊子，齐人，因其俗可以见长短，故言此。"以为齐人语中以为"长言""短言"之由在于表现理直理曲，甚为不辞，但反映徐彦时已不能别此二音。《周礼·夏官·大司马》："以九伐之法正邦国。"注："诸侯有违王命，则出兵以征伐之，所以正之也。诸侯之于国，如树木之有根本，是以言伐云。"音义："九伐，如字，刘扶废反。"《秋官·大行人》："时会以发四方之禁。"注："禁谓九伐之法。"音义："九伐，如字，刘扶废反。"九伐的"伐"，义正指进攻别人，刘昌宗读去声，不读入声，正反映了"长言"读法。

我们知道，中古以后，"伐"的去声一读在口语中逐步消失了，所以无论是"进攻别人"还是"被进攻，遭到攻击"的意思，都读成了入声。按理,《经典释文》碰到这两种意思的"伐",如果是采用当时的习惯读音,就可以不注音。当时陆德明为了保存旧读,碰到"进攻别人,攻打,攻伐"的"伐"在注"如字"的同时,有的还兼注破读,破读音是采用刘昌宗的。至于"伐"作"被攻打,遭到进攻,遭到攻伐"讲本来读入声(来自上古短入),因此不必注音。

由于何休注及刘昌宗音的启示,先秦两汉时期,许多表被动意义的"伐"不应该看作是由上下文语义关系引起的一种意念上的被动用法,而应该看成"伐"字的一个固定的义位。例如,《战国策·东周策》:"秦敢绝塞而伐韩者,信东周也。公何不与周地,发重使使之楚,秦必疑,不信周,是韩不伐也。"不伐,不遭到进攻。《东周策》:"夫齐合,则赵恐伐,故急兵以示秦。"恐伐,担心遭到进攻。"伐"有"被攻打,遭到进攻,遭到攻伐"一义,何休的注有反映,但是今天的人对这个用法太轻视了。事实上,这个词义在上古的用例很多。据宋亚云同志《从〈左传〉的"见""闻""伐"看上古汉语的使动构词和被动构词》(载《语言学论丛》第32辑)一文的研究结果,先秦至两汉"伐"表被动的用法多达几十例,可见何休的注至少在词义上是有充分的事实根据的。

下面抄录宋亚云同志文中搜集到的例证。《左传·昭公十年》:"君伐,焉归?"《庄子·山木》:"直木先伐,甘井先竭。"按,指被砍伐。《战国策·赵策》:"昔者,楚人久伐而中山亡。"《魏策》:"今公又言有难以惧之,是赵不伐,而二士之谋困也。"又:"宋,中山数伐数割,而随以亡。"又:"文台堕,垂都焚,林木伐,麋鹿尽,而国继以围。"按,指被砍伐。《燕策》:"诸侯戴齐,而王独弗从也,是国伐也。"《史记·周本纪》:"秦必疑楚不信周,是韩不伐也。"《晋世家》:"其国且伐,况其故妻乎!"《韩世家》:"今已得之矣,楚国必伐矣。"《赵世家》:"夫物固有势异而患同者,楚久伐而中山亡,今齐久伐而韩必亡。"又:"且齐之所以伐者,以事王也。"正义:"以赵王为事也,而秦必伐之也。"《韩世家》:"今已得之矣,楚国必伐矣。"《苏秦列传》:"诸侯赞齐而王不从,是国伐也;诸侯赞齐而王从之,是名卑也。"《穰侯列传》:"宋,中山数伐割地,而国随以亡。"《田敬仲完世家》:"且夫救赵而军其郊,是赵不伐而魏全也。"《樗里子甘茂列传》:"不识坐而待伐孰与伐人之利?"按,前一"伐"即遭受进攻。《论衡·儒增篇》:"夫能使一人不刑,则能使一国不伐。"出土文献也可以互相印证。《战国纵横家书·苏秦谓齐王章一》:"王弃薛公,身断事,立帝。帝立,伐秦。秦伐,谋取勺(赵),得,功(攻)宋,宋残。是则王之明也。"《须贾说穰侯章》:"宋中山数伐数割,而国隋(随)以亡。"《朱己谓魏王章》:"从林军以至于今,秦七攻魏,五入囿中,边城尽拔,支台随(堕),垂都然(燃),林木伐,麋鹿尽,而国续以围。"《谓燕王章》:"诸侯赞齐而王弗从,是国伐也;诸侯伐齐而王从之,是名卑也。"又:"然则[王]何不以辩士以若说[说]亲,秦必取,齐必伐矣。夫取秦,上交也;伐齐,正利也。尊上交,务正利,圣王之事也。"《苏秦献书赵王章》:"昔者楚久伐,中山亡。"《公仲倗谓韩王章》:"今或得韩一名县具甲,秦韩并兵南乡(向)楚,此秦之庙祀而求也。今已得之,楚国必伐。"由于"伐"的入声读法是一个固定的义位,声调的转换不是在具体语境中用来区分主动被动的语法标志,本身含有"遭受"的义素,所以古人表达"遭受进攻"的概念,径直采用这一义位,很少用表示"遭受"的字眼"见""受""被"等加上"进攻别人"义的"伐"来表达"遭到进攻"这一概念。据我们初步统计,《十三经》

《国语》《老子》《庄子》《荀子》《韩非子》《史记》《论衡》中基本没有"'见'+'伐'""'受'+'伐'""'被'+'伐'"一类的结构。例外只有一个,《左传·僖公二十年》:"君子曰:'随之见伐,不量力也。'"这个"见"是表被动的,这里是用表主动的"伐"前面加"见"的形式表示被动。

"伐"的变调构词由来已久。钱大昕也承认这一事实。《十驾斋养新录》卷四"伐"字条:"《公羊传》'伐者为客''伐者为主',何休曰:'伐人者为客,读"伐"长言之,齐人语也。''见伐者为主,读"伐"短言之,齐人语也。'长言,若今平声;短言,若今入声。《广韵》平声不收'伐'字,盖古音失传者多矣。"他所谓"平声",跟入声相对,这里指去声。钱氏认为"伐"的两读是古音,很有道理。清陈立《公羊义疏》二十五《庄二十八年》:"通义云:'长言者,若今去声;短言者,若今入声矣。'《周官音义》,刘昌宗读'伐'为扶(按,国学基本丛书本'扶'讹作'抉')废反。是伐人之'伐'古皆去声。《诗》曰:'韦顾既伐,昆吾夏桀。'短言之,与'桀'为韵;《六弢》曰:'日中必彗,执斧必伐。'长言之,与'彗'为韵。高诱注《吕氏春秋·慎行篇》:'鬨(按,国学基本丛书本讹作'阋")读近鸿,缓气言之。'彼亦谓'鸿'去声也,气缓则言长。段氏玉裁《说文注》云:'按今人读房越切,此短言也。刘昌宗《周礼》"大司马""大行人""辀人"皆房废切,此长言也。刘系北音。周颙、沈约韵书皆用南音,去入多强为分别,而不合于古矣。'"陈立从上古韵文证"伐"上古变调构词,甚有见地。

"伐"作"遭到进攻"讲上古一定用得很普遍,所以才有可能对原始词"进攻别人"一义的读音产生挤压,使原始词的"长言"读法逐步在口语中消失掉,读成短言。至晚汉代,"长言"读法也只是在部分北方方言中保存着，刘昌宗是六朝早期人，至少在他的读书音中还保留着原始词的去声读法。因为"伐"的变调构词汉人注音明明白白地反映了出来，刘昌宗音注一脉相承，跟段玉裁否定上古有"两声各义"的观点相左，所以段氏说刘昌宗是北音；周颙、沈约"去入多强为分别"，不合于古，是南音。这其实是否定了自己古无两声各义的观点。因为如果北音不是强为分别的话，那么《经典释文》所引刘昌宗音，"巾""高""攻""毛""牧""闻""文""间""难""王""横""环""还""缄""煎""亲""刺""齐""从""宿""算""生""使""足""仰""肉""握""约""兴""畜""白""平""便""缝""旁""饭""粉""把""宾""秉""张""追""转""中""出""唉""沈""除""陈""度""尘""织""祝""种""乘""束""守""说"等就不应承认它们的变调构词非经师人为，这些字刘昌宗是变调构词的。由此可见段氏为了否定上古汉语有变调构词，不惜采用不同的标准，而这些标准有时是互相矛盾的。由《经典释文》给"使遭到进攻，进攻别人"时，注去声，只引刘昌宗音，而且把"如字"读法摆在前面，知六朝后期口语中，去声读法大概消失了。

【观1】

1

原始词，义为有目的地看，观察，动词，古丸切（平声，*$_ckuan/_ckuan$）。滋生词，义为显示给人看，是使动构词，动词，古玩切（去声，*$kuan^ɔ/kuan^ɔ$）。"观1"的变调构词，贾昌朝、唐纳、周法高、唐作藩均有著录。《群经音辨·辨字音清浊》："观，视也，古完切。谓视曰观,古玩切,《易》'大观''童观'。"他说"谓视曰观",不易理解,结合所举例证可知是指"观1"滋生词词义。唐纳把"观1"的变调构词归入"滋生词是表致使的"一类,并释原始词词义为"to look at"(观看,观察),滋生词词义为"to show"(显示)。周法高糅合前二家说,以为破读是使谓式,并认为贾氏拿"谓视曰观"释去声不妥:"观:视也,古完切(平声,kuân 'to look at');使之观曰观,古玩切(去声,kuânʰ 'to show')。"把"观1"的变调构词看成使动构词,是正确的;应该强调的是,滋生词词义是一个固定义位,不仅仅是表示语法功能的不同。

《玉篇》见部:"观,古换切,谛视也。又古桓切。"并没有把"观"的音义之别都反映出来。《广韵》古丸切:"观,视也。"古玩切:"观,楼观。《释名》曰:观者,于台上观望也。《说文》曰:谛视也。《尔雅》曰:观谓之阙。"《集韵》沽丸切:"观,视也。"古玩切:"观,《说文》:谛视也。《尔雅》:观谓之阙。"

2

"观"作"有目的地看"讲读平声。《左传·僖公二十三年》:"曹共公闻其骈胁,欲观,其裸浴,薄而观之。"音义:"欲观,如字。绝句。一读至'裸'字绝句。"《论语·阳货》:"《诗》可以兴,可以观,可以群,可以怨。"集解:"郑曰:观风俗之盛衰。"音义:"以观,如字。注同。"疏:"可以观者,《诗》有各国之风俗盛衰,可以观览知之也。"《史记·十二诸侯年表》:"其辞略,欲一观诸要难。"索隐:"壹观,音官。"《苏秦列传》:"苏秦闻之而惭,自伤,乃闭室不出,出其书徧观之。"索隐:"音遍官二音。按,谓尽观览其书也。"

"观"作"显示给人看"讲读去声。《书·益稷》:"予欲观古人之象。"传:"欲观示法象之服制。"音义:"观,旧音官,又官唤反。"疏:"我欲观示君臣上下以古人衣服之法象。"《周礼·冬官·㮚氏》:"其铭曰:'时文思索,允臻其极。嘉量既成,以观四国。永启厥后,兹器维则。'"注:"以观示四方,使放象之。"音义:"以观,古乱反,示也。又如字。注同。"《左传·昭公五年》:"楚子遂观兵于坻箕之山。"注:"观,示也。"音义:"观,旧音官。注云:示也。读《尔雅》者皆官奂反。注同。"《谷梁传·桓公六年》:"其日以为崇武,故谨而日之,盖以观妇人也。"音义:"以观,古乱反,视也。"观妇人,示意妇人不能行房事。《尔雅·释言》:"观,指,示也。"注:"《国语》曰:'且观之兵。'"音义:"观,施音馆,谢音官。注同。"十三经本脱此音义。《庄子·大宗师》:"彼又恶能愦愦然为世俗之礼,以观众人之耳目哉?"注:"其所以观示于众人者,皆其尘垢耳,非方外之冥物也。"音义:"以观,古乱反,示也。注同。"《天下》:"惠施以此,为大观于天下而晓辩者。天下之辩者相与乐之。"音义:"为大观,古乱反。"

六十四卦之一的"观"卦,实际上是来自"显示给人看"的"观"。《易·观》音义:"观,官唤反,示也,乾宫四世卦。"疏:"观者,王者道德之美而可观也,故谓之观。"《左传·庄公二十二年》:"陈侯使筮之,遇观䷓之否䷋。"按,十三经本"观䷓"讹作"观䷋"。注:"坤下乾上,否。观六四爻变而为否。"音义:"遇观,古乱反。注皆同。"疏引刘炫:"下体坤,坤为地,为众;上体巽,巽为风,为木。互体有艮,艮为门阙,地上有木而为门阙,宫室之象。宫室而可风化,使天下之众观焉,故谓之观也。"观卦之"观"来自观示义,《周易音义》有明言。上举疏"可观"既可以示人;刘炫"使天下之众观焉"也是取观示义。《左传·庄公二十二年》又云:"犹有观焉,故曰其在后乎?"杨伯峻注:"观者,视他人之所为而非在己者也。"《春秋左传词典》释此"观"为"可观者",均不合于古。音义:"有观,古乱反。"说明此"观"不作"有目的地看"讲。今按,此"观"谐音双关,表面指观卦,实意指观示,上下文中指显示给后代看。孔疏说得好:"以卦名观,故因观文以传占也。观者,视他之辞,此宾王之事。若所为筮者身自当有,则不应观他。此卦犹有观焉,观非在己之言,其人观他有之,故知在其子孙也。"

由"显示给人看"一义词义构词,义为宗庙或宫廷大门外两旁的高建筑物,又名阙,名词。前人早就认识到此"观"得名于"显示给人看"的"观"。《诗·郑风·子衿》:"挑兮达兮,在城阙兮。"疏:"《释宫》云:'观谓之阙。'孙炎曰:'宫门双阙,旧章悬焉,使民观之,因谓之观。'"所谓"使民观之",就是显示给百姓看,正是观示义。《礼记·礼运》:"昔者仲尼与于蜡宾。事毕,出游于观之上。"音义:"于观,古乱反。注同。阙也。"疏引孙炎《尔雅·释宫》音义:"宫门双阙者,旧悬法象使民观之处,因谓之观。"唐纳以为观阙的"观"来自"有目的地看"的"观",归入"原始词是动词性的,滋生词是名词性的"一类,且释原始词词义为"to look at",滋生词词义为"a view, mound, tower"(被观察物,土堆,塔)。结合古训材料,可以认为观阙的"观"来自观示的"观",不必认为来自"有目的地看"一义。古人设立观阙,是统治者"悬法象",显示自己的尊贵;上举孙炎对"观"得名的解释即其证。又《释名·释宫室》:"阙,阙也,在门两旁,中央阙然为道也。"王先谦疏证补:"叶德炯曰:'《说文》:阙,门观也。《水经·谷水》注引《风俗通》云:门必有阙者,所以饰门,别尊卑也。'"

　　观阙的"观"读去声。《周礼·天官·阍人》注:"《春秋传》曰:'雉门灾及两观。'"音义:"两观,古唤反。"《秋官·朝士》注:"雉门设两观,与今宫门同。"音义:"两观,古乱反。"《左传·定公二年》经:"夏五月,壬辰,雉门及两观灾。"注:"雉门,公宫之南门。两观,阙也。"音义:"两观,古乱反。注及下同。"疏:"然则其上悬法象,其状魏魏然高大,谓之象魏。使人观之,谓之观也。"《公羊传·昭公二十五年》:"子家驹曰:'设两观。'"注:"礼,天子诸侯台门,天子外阙两观,诸侯内阙一观。"音义:"两观,工乱反。注同。"《尔雅·释宫》:"观谓之阙。"音义:"观,古乱反。"十三经本脱此音义。《汉书·司马相如传》:"且齐东陼钜海,南有琅邪,观乎成山,射乎之罘。"注:"张揖曰:观,阙也。成山在东莱不夜县,于其上筑宫阙。师古曰:观音工唤反。"用作比喻,比喻像观阙一样高大成形的建筑物。《左传·宣公十二年》:"而收晋尸,以为京观。"注:"积尸封土其上,谓之京观。"音义:"京观,古乱反。注及下'京观'同。"《汉书·翟方进传》:"于是乎有京观以惩淫慝。"注:"京,高丘也。观谓如阙形也……观音工唤反。"京观,是把敌人或罪犯的尸体堆积起来封上土的高大建筑物,留给人看以夸耀武力或显示权威。

　　"观1"的变调构词是汉语口语的反映,还是六朝以后经师人为的读音? 不可不作一考辨。钱大昕、段玉裁都认为"观1"的去声读法是经师人为,跟宋魏了翁、清顾炎武之说一脉相承。

　　顾炎武《音学五书·音论》卷下"先儒两声各义之说不尽然"条:"《左传·昭五年》'观兵于坻箕之山',《释文》曰:'观,旧音官。读《尔雅》者皆官唤反。'《周礼·司爟》郑康成'读如予若观火之观',是以'观'为去声。(原注:'晋陆机《为顾彦先赠妇》诗:"浮海难为水,游林难为观。"《晋书·张寔传》永嘉中长安谣曰:"秦川中血没腕,惟有凉州倚柱观。"并作去声。')宋魏了翁论观卦曰:今转注之说,则彖,象为观示之观,六爻为观瞻之观。窃意未有四声反切以前,安知不为一音乎?(原注:'何楷《周易订诂》云:观字本去声,后人读平声,反以去声为转音。')且考诸义,则二字固可一;而参诸《易》《诗》以后,东汉以前,则凡有韵之语,与孙炎、沈约以后,必限以四声,拘以音切者,亦不可同日语也。"

魏了翁说"未有四声反切以前,安知不为一音乎",这是说汉末以前,"观"可能只有一个读音;当然是猜想,不能说明问题:汉末以前"观"是否只有一个读音,要拿材料来证明,光凭猜想是不能解决问题的。他又说"且考诸义,则二字固可一",这种论据,后来段玉裁也提出过。《说文注》"观"下说:"凡以我谛视物曰观,使人得以谛视我亦曰观。犹之以我见人,使人见我皆曰视,一义之转移,本无二音也。而学者强为分别,乃使《周易》一卦而平去错出,支离殆不可读,不亦固哉!"段氏还承认"一义之转移",看法要正确一些。从现代语言学立场看,作为滋生词,既然原始词和滋生词音义不同,就应该承认它们是不同的词。不能因为滋生词是从原始词发展来的,而且二者是使动和非使动之别,就以为"二字固可一""一义之转移,本无二音"。使动和非使动可以构成不同的词,王力先生《同源字典·同源字论·从词义方面分析同源字》中,已指出"貣:贷""赊:贳""买:卖"等词是非使动和使动的对立;英语中,非使动和使动也可以造成不同的词,最明显的例子是形容词加词缀 en 构成另一个表示使动的词,如"large(大):enlarge(使变大)""rich(富有):enrich(使富有)""short(短):shorten(使短)""light(明亮):lighten(使变亮)"。非使动和使动所构成的不同的词,当然可以读成不同的声调。如果像魏、段那样,把凡由一义之转移所构成的不同的词都看作语音一定相同,就等于否定汉语史上有变调构词,这不合事实。从词义方面否定"观"有变调构词,段玉裁在《说文注》"览"下还提出过另外的证据:"以我观物曰览,引伸之,使物观我亦曰览。《史记·孟荀列传》:'为开第康庄之衢,高门大屋,尊宠之。览天下诸侯宾客,言齐能致天下贤士也。'此览字无读去声者,则观字何必釽析其音乎?"以"览"的非使动和使动两用法的不改变读音,来类推"观"的非使动和使动两用法"何必釽析其音",这是不合事实的。非使动和使动的区别,可以采取词义构词的方式,也可以采取音变构词的方式,这要由社会决定。"览"字不改变读音,不能证明"观"也一定不改变读音。索绪尔在《普通语言学教程》第二编《共时语言学》第四章《语言的价值》4"从整体来考虑符号"中说得好:"任何观念上的差别,只要被人们感到,就会找到不同的能指表达出来;如果有两个观念,人们已感到没有什么区别,也会在一个能指里混同起来。"即使人们把两个观念区分开,可以采用原来的语音形式,也可以稍作改变。在这里,是不能类比的,因为符号的音和义没有必然联系。事实上,汉语中配对的词,一方表示非使动,一方表示使动,有些语音有转换,有些语音没有转换。至于魏了翁说"《易》《诗》以后,东汉以前,则凡有韵之语"不必"限以四声,拘以音切",我们只要拿清初迄今的古音学成果来检验,就知道这是不尽合乎上古韵文的实际情况的,因为上古韵文基本同调相押,这是有成就的古音学家谁都承认的事实。如果上古声调是一种音位的话,这种音位肯定有区别词义的作用,不是一种可有可无的,不同声调可以随意换读的东西。所以拿上古声调不拘的理论来否认"观"上古平去构词,没有说服力。

钱大昕企图通过《周易·观卦》音义中,诸家对上下文"观"的"观瞻"和"观示"二义的处理不一致证明"观"原来没有两个读音,因而以为"观"作"观示"讲读去声是经师人为。《十驾斋养新录》卷一"观"字条云:"古人训诂,寓于声音。字各有义,初无虚实动静之分。'好''恶'异义,起于葛洪《字苑》,汉以前无此分别也。'观'有平去两音,亦是后人强分。《易·观卦》之'观',相传读去声。《彖传》'大观在上''中正以观天下',《象传》'风行地上,观',并同此音。其余皆如字。其说本于陆氏《释文》。然陆氏于'观国之光',兼收平去两音;于'中正以观天下'云'徐唯此一字作官音'。是'童观''闚观''观我生''观其生''观国之光',徐仙民并读去声矣。六爻皆以卦名取义,平则皆平,去则皆去,岂有两读之理?而学者因循不悟,所谓是末师而非往古者也。"

钱大昕在这一段话里,首先是指出朱熹《周易本义》跟《经典释文》对"观"字的注音有出入。其实,岂止朱熹和陆德明有不同,经师对《观卦》经文及王弼注文中"观"字的注音已有歧见。这种歧见的出现,并不是说,"观"区别平去是经师人为的,在人为的过程中,有人喜欢读平声,有人喜欢读去声,因而注音不一;而是:诸家在接受"观瞻"义读平声,"观示"义读去声的条件下,对"观"在上下文中的词义有不同理解,因而出现注音不一的情况。出现这种情况是正常的:《周易》文字简古,王弼注也不那么好懂,后人去古已远,师授可能不同,很难保证诸家理解完全一致。如果是这种情况,岂不正说明"观"在某一时期口语中存在着平去别义的现象吗？事实确实如此。试看《周易本义》，"《观》：盥而不荐，有孚顒若"注音："观，官奂反。下'大观''以观'之'观'，《大象》'观'字，并同。"这些"观"都是观瞻义，朱熹解释六爻的"观"字时说："卦以观示为义，据九五为主也；爻以观瞻为义，皆观乎九五也。"朱熹对《观卦》的"观"既作了"观瞻"和"观示"的不同理解，他当然可以给上下文的"观"注上不同的读音。钱大昕说陆德明于"观国之光""兼收平去两音"，正是由于"观"可以作不同理解："观国之光"，"观"读平声，意思是观察国家的礼仪；读去声，意思是向人显示国家的礼仪。这种不同的理解，也是建立在"观"平去两读词义有别的基础上。

钱大昕据音义"以观天下，徐唯此一字作官音"，推定徐邈于"童观""闚观""观我生""观其生""观国之光"的"观"读去声，这不一定正确；即使正确，也不能作为平去两读是经师人为地区别词义的证据。《观卦》中"观"字出现次数多，经文和王弼注加起来共59例，不必一一注音；但又要帮助读者了解每一个"观"字的词义。于是陆氏《周易音义》在此处确定了一个很特别的体例。情况仍然是：注平声，义为观瞻；注去声，义为观示，包括观卦的"观"。没有例外。下面所引音义原文要做一句来理解："'尽夫观盛''故观至''大观在上'（原注：'王肃音官。'文按，这是说王肃读'大观在上'的'观'为平声，王肃解为观瞻，故音官；陆德明解为观示，故音去声。孔疏：'谓大为在下所观。'同于王肃的理解）'以观天下'（原注：'徐唯此一字作官音。'文按，是说徐邈把从'尽夫观盛'到后文'观之盛也'的'观'解为去声，同于陆氏，只有这一处跟陆氏理解不同，徐氏是把'以观天下'解为以此来观察天下之人）'观盥而不荐''观之为道''而以观感''风行地上观''处于观时'(按,十三经本脱'时'字)'君子处大观之时''处大观之时''大观广鉴'(原注:'亦音官。'文按,是说'大观'的'观'又读作官,跟前面'大观'王肃音相照应。读作官时,'大观'指大量地观察;读去声,指显示出强大)'居观之时''为观之主''观之盛也',(文按,十三经注疏本'盛'作'极')从'尽夫观'以下并官唤反。余不出者并音官。"据此,再结合《观卦》音义,则《观卦》中"观"有三种读音情况:一、只读平声,有"王道之可观者""宗庙之可观者""不足复观""观盥而不观荐""吾不欲观之""下观而化""下观而化""观天之神道""观民设教""童观""阚观""童观""童观""童观""阚观""阚观""居观得□□阚观""阚观""观我生""童观""观风""观我生""观我生""□□□""观民之俗""上为观主""将欲自观""乃观民也""观我生""观民""观其生""观我生""自观其道""观其生""为民所观""为天下所观""天下所观之地""观其生""为众观"的"观"。二、只注去声,除"观卦"字外,上引陆氏那一句话中被注音的"观"(旁边注异读的除外)即是。三、平去兼注,有"观国之光""大观在上""以观天下""大观之时""大观广鉴"的"观"。附带说一下,孔颖达疏以为"童观""阚观"的"观"读去,跟陆氏理解不同,六二阚观下注释说:"此童观,冲观皆读为去声也。"由上面的分析可知,徐邈是把《经典释文》中陆德明所注释的从"尽夫观盛"到"观之盛也"之中"以观天下"的"观"读平声,其余读成去声;至于"童观""阚观""观我生""观其生""观国之光"的"观",徐邈是读平声,钱大昕以为徐氏把后面的这些"观"读去声,对《经典释文》恐怕有误解。通过以上分析还可以知道,诸家对上下文中"观"的词义有不同理解,这种不同理解导致的不同音注,不但不能证明"观"的观瞻和观示二义的音读是经师人为的，反而更能证明两声各义是有实际语言作根据的。

至于钱大昕所说"六爻皆以卦名取义，平则皆平，去则皆去，岂有两读之理"，实在没有科学道理："六爻皆以卦名取义"，不能证明爻辞一定要和卦名同词。所谓"平则皆平，去则皆去"，是钱氏的推测，没有可靠依据。即使六爻的"观"在爻辞的作者那里都读平声，也不能证明经师的平去两读没有实际语言作根据。

"观1"的变调构词不但有实际语言为基础，而且有很古的来源。其滋生词读"教""显示给人看"及该滋生词取得原始词资格后，词义构词所产生的"观卦的"观"，"宗庙或宫廷大门外两旁的高建筑物"的"观"现我们都已不用了；况且"显示给人看"一义中古逐步消失，到现代汉语中，"观"已没有这一词义了。处在消失过程中的词义，语言中不可能给它指派一个新的读音。从韵文看，"观1"的滋生词汉代已见入韵，原始词也入了韵，基本上是各依词义和声调分押上去的。以下是两汉"观"作"观瞻"讲叶平声的例。枚乘《七发》叶"湲，延，言，观（'太子能强起观之乎'）"，司马相如《封禅文》叶"传，观（'五三六经载籍之传，唯风可观也'）"，傅毅《七激》叶"泉，山，鲜，观（'子能强起而观之乎'）"，又叶"观（'推义穷类，靡不毕观'），言"，张衡《西京赋》叶"骊，鸾，观（'群窈窕之华丽，嗟内顾之所观'）"，《冢赋》叶"观（'载舆载步，地势是观'），山，安"，王延寿《太尉陈公赞》叶"观（'余庆伊何？兆民其观'），安"。以下是滋生词进一步滋生出来的"观阙"的"观"读去声的用例。梁竦《悼骚赋》叶"衍，观（'虽离谗以鸣邑兮，卒暴诛于两观'，按，'衍'有去声一读）"，王褒《四子讲德论》叶"观（'减膳食，卑宫观'），苑，困，宴"。

第一章 古代汉语变调构词词表 323

魏晋时代韵文,也是"观"作"观瞻"讲叶平声,作"观示"讲叶去声。徐干《车梁椀赋》叶"安,观('大小得宜,容如可观'),盘,颜",邯郸淳《投壶赋》叶"安,观('纷纵奇于施舍,显必中以微观')",曹丕《大墙上蒿行》叶"冠,观('亦自谓美,盖何足观')",欧阳建《临终诗》叶"蛮,盘,患,关,官,端,宽,安,难,观('人情难豫观'),叹,肝,酸,残,环,澜",陆云《悠悠县象》叶"观('乃启遗籍,思予大观'),颜,关,盘,关",张协《七命》之二叶"观('华实代新,承意恣观'),兰,壇",陶潜《庚戌岁九月》叶"端,安,观('开春理常业,岁功聊可观'),还,寒,难,干,颜,关,叹",《归去来兮辞》叶"颜,安,关,观('时矫首而遐观'),还,桓",曹丕《折杨柳行》叶"原,还,言,传,端('百家多迂怪,圣道我所观')",陆机《月重轮行》叶"愆,观('存没将何所观'),叹,叹",曹操《秋胡行》叶"人,观('名山历观'),泉,天",毋丘俭《承露盘赋》叶"焉,端,原,安,观('信奇异之可观'),园,云",应玚《正情赋》叶"安,观('神眇眇以潜翔,恒存游乎所观'),叹,烦",韦诞《景福殿赋》叶"观('于是周览升降,流目评观'),楝,攒,川",阮籍《东平赋》叶"观('靡则靡观'),残,奸,愆,干,原",陆机《秋胡行》叶"端,源,观('命未易观'),叹",《百年歌》叶"愆,观('清水明镜不欲观'),欢,叹",陆云《答孙显世》叶"澜,源,观('在彼焉取,聿来莫观'),园",郭璞《客傲》叶"观('是瞻是观'),盘,连,攀,言,勤"。以上均为"观瞻"义叶平声的用例。陆机《祖德赋》叶"汉,观('解我衣以高揖,正端冕而大观'),焕,旦",陆云《南征赋》叶"乱,旦,观('集率土而贞观'),难",李充《学箴》叶"赞,观('六位时成,离晖大观'),散,乱",曹植《慰子赋》叶"恋,见,叹,观('痛人亡而物在,心何忍而复观')"。以上均为"观示"义叶去声的用例。潘岳《西征赋》叶"乱,叛,算,泮,观('甲卒化为京观')",这是京观的"观"叶去声。

"观1"原始词用法一直沿用到现代汉语。至于其滋生词,就《经典释文》注音来看,"显示给人看"一义常常平去兼注,这就反映出,至晚六朝后期,此义的"观"已开始读成平声了(当然,有的平去兼注反映对上下文词义有不同理解);而由"显示给人看"发展出来的"宗庙或宫廷大门外两旁的高建筑物"一义仍只注去声。这种读音现象,跟后代的读法是一致的。实际上,从魏晋时代开始,由于某些带"观"的词语在口语中消失了,所以,尽管"观"是读去声的"观示"义,其中的"观"已开始读平声。《易·系辞下》:"天地之道,贞观者也。"音义:"贞观,官换反,又音官。"疏:"谓天覆地载之道,以贞正得一,故其功可为物之所观也。"《系辞》后面说:"夫乾确然示人易矣,夫坤隤然示人简矣。"正是对"天地之道,贞观者也"的发挥。在上面所举陆云《南征赋》中,他是把"贞观"的"观"押成去声;恰恰是陆云,他又把"贞观"的"观"押成平声,共2见,《岁暮赋》叶"官,观('天庙既底,日月贞观'),寒,澜,端,颜",《赠汲郡太守》叶"蕃,观('天罔振维,有圣贞观'),闲,官"。这当然反映了"显示给人看"一义在口语中逐步消失的事实,所以到了《经典释文》,自然可以既读平声,又读去声了。

《马氏文通·实字》卷之二:"'观'字:去读,名也,'宫观''京观'之称,卦名同。平读,动字,《书·盘庚》上'予若观火'。"按,"予若观火"置于平读,不典型。《书·盘庚上》:"予若观火,予亦拙谋,作乃逸。"传:"我视汝情如视火。"这是解为观瞻的"观",陆德明不注音,是读平声。但是《周礼·夏官·序官》"司爟"注:"玄谓爟读如'予若观火'之观。今燕俗名汤热为观,则爟火谓热火与?"音义:"司爟,古唤反……若观,古唤反。下同。"可见郑玄是解"观"为热,读去声。

【观2】

1

原始词,义为有目的地看,动词,古丸切(平声,* $_c$kuan/$_c$kuɑn)。滋生词,义为仔细地观赏美好的事物,领略其中的趣味,欣赏,游览,动词,古玩切(去声,* kuan^o/kuɑn^o)。"观2"的变调构词,未见于贾昌朝、马建忠、周祖谟、唐纳、周法高、唐作藩诸家著录。

《玉篇》《广韵》《集韵》对"观"的音义的反映,见"观1"。值得注意的是,这三部字书都把"谛视"一义置于去声,《广韵》《集韵》都注明"谛视"的释义来自《说文》。《说文》:"观,谛视也。"大徐本引唐韵:"古玩切。"小徐本朱翱反切:"古翰反。"何楷《周易订诂》:"观字本去声,后人读平声,反以去声为转音。"(见顾炎武《音论》卷下"先儒两声各义之说不尽然"条所引)何楷之所以说"观字本去声",其中一个重要原因,就是后人给"谛视"一义注上了去声。这种注音显然是有来历的。段玉裁《说文注》在大徐本所引《唐韵》"古玩切"下注释说:"按,'玩'当作'完'。"没有根据。所谓"谛视",就是指仔细地观察,仔细地观赏。据中古以来学者给"谛视"一义所作的注音看,此义绝非"有目的地看"的意思;那样的话,注家就会给它注上平声。所以从变调构词的观点看,假如中古以来学者对《说文》"谛视"义理解不错的话,那么许慎一定是把滋生词的词义看作"观"字的本义了。我们理解,"谛视"一义是"观2"滋生词词义。

2

"观"作"有目的地看"讲,读平声,例见"观1"。"观2"原始词和滋生词的区别,有1例反映得很明显。《史记·高祖本纪》:"高祖常繇咸阳,纵观,观秦始皇。"正义:"包恺曰:上音馆,下音官。恣意,故纵观也。"(文按,"馆",《广韵》以前的音注均为去声,到《集韵》才上去兼收,上声古缓切显系后起读法)纵观,指随意观赏游览;观秦始皇,指有目的地观察秦始皇。正是平去之别。《汉书·高帝纪》:"高祖常繇咸阳,纵观秦始皇。"注:"纵,放也。天子出行,放人令观。观音工唤反。"据颜师古注,"纵观"意指允许人观赏。

以下是"观"作"仔细地观察,观赏美好的事物,领略其中的趣味,欣赏,游览"讲读去声的用例。《书·旅獒》传:"游观为无益,奇巧为异物。"音义:"观,官唤反。"疏:"游观徒费时日,故为无益。无益多矣,非徒游观而已。"《诗·唐风·有杕之杜》:"彼君子兮,噬肯来游。"传:"游,观也。"音义:"观也,古乱反。"《小雅·鹤鸣》:"乐彼之园,爰有树檀。"传:"何乐于彼园之观乎?"音义:"之观,古乱反。下同。"所谓"下同",指笺:"言所以之彼园而观者,人曰有树檀。"《大雅·行苇》:"序宾以贤。"传:"孔子射于矍相之圃,观者如堵墙。"音义:"观者,古乱反,又音官。"疏:"故观射者众,如垣堵之墙焉。"《鲁颂·泮水》:"思乐泮水,薄采其芹。"笺:"言己思乐僖公之修泮宫之水,复伯禽之法,而往观之,采其芹也。"音义:"往观,古乱反,又音官。"《周礼·天官·掌舍》注:"谓王行有所逢遇,若往游观,陈列周卫,则立长大之人以表门。"音义:"游观,工唤反,一音官。"十三经本脱此音义。《地官·司市》注:"市者,人之所交利而行刑之处,君子无故不游观焉。若游观,则施惠以为说也。"音义:"游观,古唤反。下同。或音官。"《囿人》:"囿人掌囿游之兽禁。"注:"囿游,囿之离宫小苑,观处也。"音义:"苑观,古乱反。"《仪礼·聘礼》:"归大礼之日,既受饔饩,请观。"注:"聘于是国,欲见其宗庙之好,百官之富。"音义:"请观,古乱反。下注同。又如字。"《礼制·王制》注:"游谓出入止观。"音义:"止观,古乱反。"《射义》:"孔子射于矍相之圃,盖观者如堵墙。"音义:"盖观,如字,又古乱反。"《左传·襄公三十一年》:"宫室卑庳,无观台榭。"音义:"无观,古乱反。"疏:"言无观望之台榭也。"《庄子·逍遥游》注:"达观之士,宜要其会归而遗其所寄。"音义:"达观,古乱反。"《逍遥游》:"然瞽者无以与乎文章之观,聋者无以与乎钟鼓之声。"音义:"之观,古乱反。"《人间世》:"观者如市,匠伯不顾,遂行不辍。"音义:"观者,古奂反,又音官。"《大宗师》:"夫盲者无以与乎眉目颜色之好,瞽者无以与乎青黄黼黻之观。"音义:"之观,古乱反。"《汉书·张骞传》:"大角氏,出奇戏诸怪物,多聚观者。"注:"聚都邑人,令观看,以夸示之。观音工唤反。"用作使动,使观赏。《礼记·月令》:"后妃斋戒,亲东乡躬桑,禁妇人毋观,省妇使,以劝蚕事。"注:"毋观,去容饰也。"音义:"毋观,古唤反。注同。"指不要梳妆打扮以求人欣赏。

"观"由此滋生词词义构词,义为高台上所筑的台榭之类的房子,或一般的高大华丽的建筑物。有人以为台观的"观"由观阙的"观"发展而来,但是据前人的解释,观阙的"观"得名于观示的"观",例见"观1";而台观的"观",据前人的说法,应理解为得名于观赏的"观"。《释名·释宫室》:"观,观也,于上观望也。"我们理解,刘熙所说的"观"指台观,不是观阙,因为观阙是令人在下面观看,而这个"观"是"于上观望也"。《诗·大雅·灵台》笺:"《春秋传》曰:公既视朔,遂登观台以望。而书,云物为备故也。"音义:"观台,古乱反。下'观台''节观'同。"可见观台是可以登上去观赏景物的。《左传·僖公五年》:"公既视朔,遂登观台以望。而书,礼也。"注:"观台,台上构屋,可以远视者也。"音义:"登观,古乱反。注同。"杜预注清楚地表明,观台是为了人"远视"而修筑的,跟《释名》说法一致。苏鹗《苏氏演义》卷上:"观者,楼观也。又曰观可以于其上望焉。亦曰,观者,谓屋宇之壮观。"我们认为,"谓屋宇之壮观"是指高大华丽建筑物说的,是观台之"观"词义引申的结果。而观阙的"观"主要不是用来登览的。《礼记·礼运》:"事毕,出游于观之上。"这是少见的情况,因为这个"观"指观阙,郑注:"观,阙也。孔子见鲁君于祭礼有不备,于此又睹象魏旧章之处,感而叹之。"孔疏:"出游于观之上者,谓出庙门往雉门,雉门有两观。皇氏云:登游于观之上。熊氏云:谓游目看于观之上。"熊安生大概看到观阙不是用来登览的,所以将此句释为"游目看于观之上",没有必要,但从一个侧面反映观阙是用来观示的。

唐纳认为"观台"的"观"跟"观"的原始词词义是一样的,之所以要读去声,是要把"观台"这一复合结构跟"观"的其他平声用法区别开来。这显然是不妥的。他不知道"观"读去声有"仔细地观察,观赏"的意思,而"观台"的"观"显然取这一音义。但是唐纳有一个很敏锐的观察,那就是,他不把观台的"观"看作是观阙的"观"引申来的。这种做法符合前人的见解。

以下是"观"作"高台上所筑的台榭之类的房子,或一般高大华丽的建筑物"讲读去声的例证。《周礼·夏官·小臣》:"王之燕出入,则前驱。"注:"燕出入,若今游于诸观苑。"音义:"观苑,古唤反。"《礼记·月令》:"可以居高明,可以远眺望。"注:"高明,谓楼观也。"音义:"楼观,古唤反。"《左传·襄公二十三年》:"二妇人辇以如公,奉公以如固宫。"注:"固宫,宫之有台观备守者。"音义:"台观,官唤反。"《哀公十七年》:"卫侯梦于北宫,见人登昆吾之观。"音义:"之观,工唤反。注同。"《公羊传·庄公三十一年》:"筑台于薛。"注:"礼,诸侯之观不过郊。"音义:"之观,工唤反。"《庄子·天地》:"且若是,则其为处危,其观台多物,将往投迹者众。"注:"此皆自处高显,若台观之可睹也。"音义:"观台,古乱反。注同。"用作动词,指筑台榭。《左传·哀公元年》:"器不彫镂,宫室不观。"注:"观,台榭。"音义:"不观,古乱反。注同。"

"观2"的变调构词当来自上古,这从韵文看得很清楚。平声叶韵的例见"观1"。下面是"仔细地观察,观赏美好的事物,领略其中的趣味,欣赏,游览"一义读去声的证据。刘向《九叹·思古》叶"畔,观('临深水而长啸兮,且尚徉而氾观')",傅毅《七激》叶"见,观('俯视去雾,骋目穷观'),衍,蔓"。由此词义构词,指外观,景观,都是供人们欣赏的东西,上古也叶去声。宋玉《登徒子好色赋》叶"见,观('意密体疏,俯仰异观'),眄",扬雄《甘泉赋》叶"观('于是大夏云谲波诡,摧崣而成观',《汉书·扬雄传》注:'观谓形也,音工唤反。'),见,漫,乱",班固《西都赋》叶"烂,观('殊形诡制,每各异观'),宴",王褒《甘泉宫赋》叶"观('其宫室也,仍巘嶪而为观'),远(按,'远'古有去声一读)"。楼观字亦叶去声。张衡《东京赋》叶

"观('其西则有平乐都场示远之观'),汉,焕",王延寿《鲁灵光殿赋》叶"环,观('阳榭外望,高楼飞观'),延",按,环、延均有去声一读。"环"的去读不见于《广韵》,《集韵》有胡关和胡惯二读,后一读注云:"却也,《周官》有环人,刘昌宗读。"古人给"环"注去声很多,仅举1例,《汉书·景十三王传》:"环城过市"。注:"环,绕也,音宦。""延"有去声一读,从中古韵书中即可看出,不举例。有2例是滋生词叶平声,例外。杜笃《论都赋》叶"关,安,观('修理东都城门,桥泾渭,往往缮离观')",崔瑗《东观箴》叶"观('洋洋东观'),官,贯,言,宜,安,虔,干,言,残"。同字为训,也能证明"观2"是变调构词的。被释词和训释词用同一个汉字,则两字读音不同;这一点段玉裁早就指出。他在《说文注》"虚"字下注:"《邶风》'其虚其邪'毛曰:虚,虚也。谓此虚字乃谓空虚,非丘虚也。一字有数义数音,则训诂有此例。"王力先生《汉语史稿》中册《语法发展的一般叙述》中指出:"顾炎武等人否认上古有'读破'。但是依《释名》看来(传,传也;观,观也),也可能在东汉已经一字两读。"罗常培、周祖谟《汉魏晋南北朝韵部演变研究》(第一分册)七《个别方言材料的考察》8《释名》也指出:"取同一字为训,但四声读法不同,如宿,宿也;济,济也;观,观也。"所以,《释名·释宫室》:"观,观也,于上观望也。"正反映出上古"观2"是变调构词的。

从魏晋韵文看,"观2"的滋生词也是读去声,情况同于上古。刘桢《杂诗》叶"散,晏,乱,观('登高且游观'),雁,澜",曹植《鹞雀赋》叶"惋,蒜,唤,观('行人闻之,莫不往观')",《魏德论》叶"畔,观('超天路而高峙,阶清人以妙观'),汉",夏侯湛《长夜谣》叶"观('眄太虚以仰观'),焕",陆云《愁霖赋》叶"散,晏,馆,汉,旦,观

('妙万物以达观')"，《张二侯颂》叶"换，观（'妙世达观'），汉，乱"，郭璞《登百尺楼赋》叶"观（'登百尺以高观'），叹"，张载《濛汜池赋》叶"榦，岸，烂，观（'翔凤因仪而下观'），旰"，曹毗《请雨文》叶"畔，岸，散，晏，叹，观（'斯亦忧勤之极情，而明灵之达观矣'）"，陆机《羽扇赋》叶"榦，观（'审贞则而妙观'），贯，腨，婉，散"，《逸民箴》叶"观（'在昔后帝，齐物达观'），劝，晏，焕，散"。以上都是观赏义的用例。曹植《七启》之四叶"旰，观（'崇景山之高基，迎清风而立观'）"，薛莹《献诗》叶"汉，观（'颇涉台观'），难，乱"，无名氏《永嘉中长安谣》叶"腕，观（'唯有凉州倚柱观'）"。以上都是楼观义的用例。曹植《洛神赋》叶"散，观（'仰以殊观'），畔"，成公绥《隶书体》叶"腕，翰，散，案，烂，观（'一何壮观'），瓫，焕"，左思《魏都赋》叶"贯，半，观（'极风采之异观'），算"，《吴都赋》叶"叹，观（'抑非大人之壮观也'）"，张协《短铗铭》叶"观（'诡制殊观'），烂，乱，玩"，索靖《草书状》叶"彦，宪，变，判，乱，案，散，漫，烂，粲，腕，观（'垂百世之殊观'）"，陆云《为顾彦先赠妇》叶"观（'浮海难为水，游林难为观'），晏，粲，弹，腕，散，赞，焕，贱"。以上是作"外观，景观"讲的用例。例外2次，都是滋生词叶平声，潘岳《橘赋》叶"观（'历览游观'），烂，盘"，王济《平吴后三月三日华林园诗》叶"兰，观（'皇居伟则，芳园巨观'），欢"。

"观2"的滋生词，就《经典释文》注音来说，"仔细地观察，观赏美好的事物，领略其中的趣味，欣赏，游览"一义已平声和去声兼注了，上面所引《经典释文》的例子可以为证。又《左传·昭公四年》："牛又强与仲盟，不可。仲与公御莱书观于公。"注："仲与之私游观于公宫。"音义："观于公，古乱反。注同。又如字。"但隋唐注家仍多注去声,例如《史记·高祖本纪》正义引包恺说是如此,颜师古《汉书注》亦如此。这说明此义读去声六朝后期有消失的迹象,但还有保留。至于台观的"观",《经典释文》从不注平声,此义的去声读法一直保留到现代汉语,这主要是因为它的后起义"道教的庙宇"一义仍在沿用,为去声读法的保留提供了条件。

【遣】

1

原始词,义为派遣,差使,打发,动词,去演切(上声,*ᶜkʰɨan/ᶜkʰɨen)。滋生词,特指行送葬之礼,动词,去战切(去声,*kʰɨanᵒ/kʰɨenᵒ)。"遣"的变调构词,贾昌朝、周祖谟、唐纳、唐作藩均有著录。《群经音辨·辨字音清浊》:"遣,送也,苦演切。送终之物曰遣,苦甸切,《礼》有'遣奠'。"为各家所本。周祖谟把"遣"的变调构词归入"因意义不同而变调者"的"意义有特殊限定而音少变"一类中,可惜滋生词仍采用贾昌朝的释义。唐纳把"遣"的变调构词归入"滋生词用在复合结构中"一类,并释原始词词义为"to send"(派遣),又认为读去声的滋生词"遣"用在"遣车"("carriage for carrying sacrifices to the grave")(运祭品到墓地的马车),"遣奠"(祭品)这两个复合结构中。

《玉篇》辵部:"遣,去善切,送也,去也。又去战切。"去声不释义。《广韵》去演切:"遣,送也,纵也。"去战切:"遣,人臣赐车马曰遣车。"《集韵》去演切:"遣,《说文》:纵也。"诘战切:"遣,祖奠也。"

2

"遣"作"派遣,差使,打发"讲读上声,此音义常见,古人注古书,一般不注音。

"遣"滋生词跟原始词的区别,我国学者一直认为是在词义上,贾昌朝、周祖谟都是这样看的;而唐纳以为原始词和滋生词词义无别,不同的是读去声的"遣"是用在"遣车""遣奠"这两个复合结构中。如果有用来区分特殊的复合结构的音变的现象,那是非常奇怪的。事实上,唐纳所说的这种音变现象在汉语中是没有的。中国学者的意见是对的,唐纳的处理是错的。

"遣"读去声可以作动词,指行送葬之礼。可以单独作定语,《周礼·春官·大史》:"大丧,执法以涖劝防。遣之日,读诔。"注:"遣谓祖庙之庭大奠将行时也。人之道终于此,累其行而读之。"音义:"遣之,弃战反。注同。"可以单独作状语的中心语,《礼记·杂记下》:"曾子曰:'夫既遣而包其余,犹既食而裹其余与?'"注:"言既遣奠而又包之。"按,注原乙倒为"言遣既奠而包之"。音义:"既遣,弃战反。"用在"车"和"奠"前的"遣",也是滋生词的动词用法。《周礼·天官·内竖》:"及葬,执亵器以从遣车。"音义:"遣车,弃战反。后'遣车'皆放此。"《礼记·檀弓上》注:"奠彻谓彻遣奠设祖奠。"音义:"遣奠,弃战反。本或作迁奠,非。"《礼运》注:"上古未有火化,茞孰取遣奠,有火利也。"音义:"遣奠,弃战反。"《谷梁传·宣公八年》注:"及葬日之晨,则祖行遣奠之礼设矣。"音义:"遣奠,弃战反。"词义构词,义为送葬之物,可以单独作宾语。《仪礼·既夕礼》:"书遣于策。"注:"遣犹送也,谓所当藏物茵以下。"音义:"书遣,弃战反。注及下'读遣'并注同。"所谓"'读遣'并注同",指《既夕礼》:"公史自西方东面,命毋哭,主人主妇皆不哭。读遣卒,命哭,灭烛出。"注:"遣者,入圹之物。"

上述例子中,读去声的"遣",动词用法是从上声的"遣"直接滋生出来的,属特指构词,不仅仅用在"遣奠""遣车"中;名词用法又是由读去声的动词用法进一步发展出来的。

【言1】(滋生词作"谚")

1

原始词,义为说,谈论,动词,语轩切(平声,* $_c$ŋiɐn/$_c$ŋɪɐn)。滋生词,义为谚语,名词,字作"谚",鱼变切(去声,* ŋiɐn°/ŋɪɐn°)。按,"言:谚"是原始词和滋生词的关系,如同"语"也有"谈话"和"谚语"两个义位。不过前者是变调构词,后者是词义构词。"言"的滋生词作"谚","言""谚"上古声韵全同,不同在调;到中古,主元音也不同,正说明由"言"滋生出"谚",是在主元音不同以前产生的。"言1"的变调构词,未见于诸家著录。

《玉篇》言部:"言,鱼鞬切,言辞也。我也。问也。《说文》云:直言曰言,论难曰语。"又同部:"谚,鱼建切,传言也。"《广韵》语轩切:"言,言语也。《字林》云:直言曰言,答难曰语。《释名》曰:言,宣也,宣彼之意也。"鱼变切:"谚,俗言。"《集韵》鱼轩切:"言,《说文》:直言曰言。"鱼战切:"谚,《说文》:传言也。古作䜩。"

2

"言"作"说,谈论"讲古读平声,古人注古书,一般不注音。《尔雅·释言》音义:"《释言》第二,鱼鞬反,《诗传》云:直言曰言。《书传》云:言,辞章也。东方朔云:诵诗九万言。谓一字为一言也。《说文》从口从辛声。《左传》云:介之推曰'言,身之文也'。仲尼曰:言以足志,文以足言。《广雅》云:言,从也。此《释言》篇者,释古今之训义。"

以下是"谚"作"谚语"讲的用例。《礼记·大学》:"故谚有之曰:'人莫知其子之恶,莫知其苗之硕。'"音义:"故谚,鱼变反,俗语也。"《左传·隐公十一年》:"周谚有之曰:'山有木,工则度之;宾有礼,主则择之。'"音义:"周谚,音彦,俗言也。"《桓公十年》:"周谚有之:'匹夫无罪,怀璧其罪。'"音义:"周谚,音彦。"《闵公元年》:"且谚曰:'心苟无瑕,何恤乎无家?'"音义:"且谚,音彦。"《宣公十六年》:"谚曰:'民之多幸,国之不幸也。'"音义:"谚曰,音彦。"《昭公三年》:"且谚曰:'非宅是卜,唯邻是卜。'"音义:"谚曰,音彦。"《昭公十三年》:"谚曰:'臣一主二。'"音义:"谚曰,音彦。"《昭公十九年》:"谚曰:'无过乱门。'"音义:"谚曰,音彦。"《定公十四年》"谚曰:'民保于信。'"音义:"谚曰,音彦。"《谷梁传·僖公二年》:"语曰:'唇亡则齿寒。'"注:"语,谚言也。"音义:"谚言,音彦。"字又作"喭",《后汉书·虞诩传》:"喭曰:'关西出将,关东出相。'""言1"的变调构词来自上古,其滋生词作"谚",上古已出现。"言1"的变调构词,一直沿用到现代汉语。

【言 2】（滋生词作"唁"）

1

原始词，义为说，谈论，动词，语轩切（平声，*ŋĭan/ŋĭɐn）。滋生词义为对与死者有关的活人表示同情或慰问，字作"唁"，鱼变切（去声，*ŋĭanº/ŋĭɐnº）。滋生词是从原始词词义特指化发展出来的。"言：唁"上古声韵全同，不同在调；到中古主元音也不同。正说明由"言"滋生出"唁"，是在主元音相同的上古时代出现的。"言2"的变调构词，未见于各家著录。

《玉篇》言部："言，鱼鞭切，言辞也。我也。问也。《说文》：直言曰言，论难曰语。"口部："唁，宜箭切。《谷梁传》云：吊失国曰唁。"《广韵》语轩切："言，言语也。《字林》云：直言曰言，答难曰语。《释名》曰：言，宣也，宣彼之意也。"鱼变切："唁，吊失国。《说文》曰：吊生也。《诗》曰：归唁卫侯。"《集韵》鱼轩切："言，《说文》：直言曰言。"鱼战切："唁殄嗲，《说文》：吊生也。"

2

"言"作"说，谈论"讲读平声的例子，见"言1"。以下是"唁"作"对与死者有关的活人表示同情或慰问"讲读去声的用例。《诗·鄘风·载驰·序》："许穆夫人闵卫之亡，伤许之小，力不能救，思归唁其兄。"音义："唁其，音彦，吊失国曰唁。"《小雅·节南山》笺："天下之民皆以灾害相吊唁。"音义："吊唁，音彦，服虔云：吊生曰唁。"《何人斯》："胡逝我梁，不入唁我？"音义："唁我，音彦。"《礼记·曲礼下》

注:"春秋时,齐侯唁鲁昭公,以遇礼相见。"音义:"唁,音彦,《谷梁传》云:吊失国曰唁。"《左传·闵公二年》注:"许穆夫人痛卫之亡,思归唁之,不可,故作诗以言志。"音义:"归唁,音彦。"《襄公十四年》:"卫侯在郏,臧纥如齐唁卫侯。"音义:"唁卫侯,鱼变反。徐作狋,音唁。吊失国曰唁。"《襄公十七年》:"齐侯使夙沙卫唁之。"音义:"唁之,音彦。"《昭公二十五年》经:"齐侯唁公于野井。"音义:"唁公,音彦,吊失国曰唁。"《昭公二十九年》经:"齐侯使高张来唁公。"音义:"来唁,音彦。"《公羊传·昭公二十五年》:"齐侯唁公于野井。"音义:"唁公,音彦。"《谷梁传·昭公二十五年》:"齐侯唁公于野井。吊失国曰唁。唁公不得入于鲁也。"音义:"唁,音彦,吊失国曰唁。"字除上引《左传·襄公十四年》音义"徐作狋"外,又作"喭",《广韵》"喭"同"唁",《集韵》收有"喭",《晋书·何劭荀粲传》:"妇疾亡,未殡,傅嘏往喭粲,粲不哭而神伤。"有时也写作"言",《庄子·养生主》:"彼其所以会之,必有不蕲言而言,不蕲哭而哭者。"以上例证,均可证"言2"的滋生词读去声。"言:唁"的平去之别后一直沿用到现代汉语。

【言3】

1

原始词,义为说,谈论,动词,语轩切(平声,*$_c$ŋĭan/$_c$ŋĭen)。滋生词,特指告状,诉讼,牛堰切(去声,ŋĭen°,《集韵》)。"言3"的变调构词,未见于诸家著录。

《玉篇》言部:"言,鱼鞬切,言辞也。我也。问也。《说文》云:

直言曰言,论难曰语。"《广韵》语轩切:"言,言语也。《字林》云:直言曰言,答难曰语。《释名》曰:言,宣也,宣彼之意也。"两部字书均未收"言"去声一读。《集韵》鱼轩切:"言,《说文》:直言曰言。"牛堰切:"言,讼也。"反映了滋生词音义。

2

"言"作"说,谈论"讲读平声的例子,见"言1"。以下是"言"作"告状,诉讼"讲的用例。《后汉书·循吏传·许荆》:"人有蒋均者,兄弟争财,互相言讼。"按,"言讼"同义连用。柳宗元《段太尉逸事状》:"谌盛怒,召农者曰:'我畏段某邪?何敢言我!'"敦煌本《搜神记·王道凭》:"经州下辞,言王凭,州县无文可断。"看来,"言3"的滋生词行用于中古。

【研】(滋生词作"砚")

1

原始词,义为研磨,细细地磨,动词,五坚切(平声,*₋ŋian/₋ŋien)。滋生词,义为研墨的文具,引申指磨得光滑的石头,名词,字作"砚",吾甸切(去声,*ŋianᵒ/ŋienᵒ)"研"的变调构词,唐纳有著录。他把"研"的变调构词归入"原始词是动词性的,滋生词是名词性的"一类,并释原始词词义为"to grind"(研磨),滋生词(字作"砚")词义为"inkstone"(砚台)。

《玉篇》石部:"研,午田切,摩也。"又同部:"砚,午见切,石滑,所以研墨。"《广韵》五坚切:"研,磨也。"吾甸切:"砚,笔砚,《释名》

云:砚,研也,研墨使和濡也。"以上两部字书,滋生词都写作"砚",反映了中古时,滋生词字形已规范于"砚"的事实。《集韵》倪坚切:"研,《说文》:䃺也。"又:"摼,《说文》:摩也。"倪甸切:"砚研硱,《说文》:石滑也。或作'研''硱'。"

2

"研"本义是"细细地磨",引申指研究,探讨。《经典释文》给引申义注了音。《诗·大雅·棫朴》:"追琢其章,金玉其相。"笺:"追琢玉使成文章,喻文王为政,先以心研精合于礼义,然后施之万民。"音义:"研,倪延反。"《尔雅序》:"沈研钻极,二九载矣。"音义:"研,五坚反。"

以下是"研(砚)"作"研墨的文具,砚台"讲读去声的用例。《后汉书·班超列传》:"大丈夫无它志略,犹当效傅介子,张骞立功异域,以取封侯,安能久事笔研间乎?"注:"《续汉书》作'久弄笔研乎'。《华峤书》作'久事笔耕乎'。研音砚。"晋湛方生《天晴》叶"扇,研('青天莹如镜,凝津平如研'),眄,见",正叶去声。《晋书·刘弘传》:"弘有干略政事之才,少家洛阳,与武帝同居永安里,又同年,共研席。"音义:"研,音砚。"《载记·刘聪》:"卿赠朕柘弓,银研,卿颇忆否?"音义:"银研,五见反。"唐袁朗《饮马长城窟行》:"惟当事笔研,归去草封禅。"这里"研,禅"叶去声。杜甫《石研诗》叶"羡,研('奉使三峡中,长啸得时研'),见,电,现,面,贱,宴,殿,眄",陆龟蒙和皮日休《开元寺楼看雨联句》叶"电,战,变,练,箭,面,眩,溅,遍,线,旋,倦,片,燕,见,练,殿,研('接思强挥毫,窥词几焚研'),扇,宴,院,鬋,蒨,恋",都叶去声。写作"砚",如陆云《与平原书》:"笔亦如吴笔,砚亦尔。"用作动词,制砚。柳宗元《柳州山水近治可游者记》:"其山多秀石,可砚。"又指光滑的石头。《文选》卷十二郭景纯《江赋》:"紫菜荧晔以丛被,绿苔鬖髿乎研上。"李善注:"《南越志》曰:海藻,一名海苔,生研石上……《说文》曰:'研,滑石也。'研与砚同,五见切。"(按,"滑石"当作"石滑"。)

"研"的变调构词当来自上古。其滋生词"砚"上古已出现,《说文》:"砚,石滑也。从石,见声。"段注:"按字之本义谓石滑不涩。今人研墨者曰砚,其引申之义也。"《说文》"石滑"的意思是什么,还值得研究。段氏在这里没有谈到"砚"的声调。"研"的变调构词,一直沿用至今,滋生词字作"砚"。

【帆】

1

原始词,义为挂在船桅上利用风力使船前进的布篷,动词,符酷切(平声,*₀biwəm/₀biwəm)。滋生词,义为张帆前进,动词,扶泛切(去声,*biwəmᶜ/biwəmᶜ)。"帆"的变调构词,马建忠、唐纳、周法高、唐作藩均有著录。《马氏文通·实字》卷之五:"'帆'字,平读名字,所以使风也。去读内动字,船使风也。"唐纳把"帆"的变调构词归入"原始词是名词性的,滋生词是动词性的"一类,并释原始词词义为"sail"(船帆);滋生词词义为"to raise wind by fanning"(随风飘升),其实这是引申义。周法高归入"非去声或清声母为名词,去声或浊声母为动词或名谓式"一类,其释义是:"帆:船上幔也,符咸切(平声,bʻiwɒm 'sail');船使风也,扶泛切(去声,bʻiwɒmᶜ 'to raise wind by fanning').”

《玉篇》巾部:"帆,扶严扶汎二切,船上帆。与'舩'同。"没有显示出平去二读的词义差别。马部:"飊,扶泛扶严二切。马疾步也。风吹船进也。亦作颿。"《广韵》符芝(原作"咸",从周祖谟校改)切:"帆,船上幔也。亦作颿。"扶泛切:"帆,船使风。"《集韵》符咸(按,亦可改为"芝")切:"帆颿,舟上幔,所以汎风。或作舧,通作颿。"扶泛切:"帆,舟幔也。通作颿。"似以原始词词义置于去声,不当。

2

"帆"作"挂在船桅上利用风力使船前进的布篷"讲读平声。《后汉书·马融列传》:"然后方余皇,连舼舟,张云帆。"注:"帆音凡。"《文选》卷十二郭景纯《江赋》:"鼓帆迅越,趋涨截洞。""帆"下原注:"平。"即平声,这也反映出"帆"有异读。

以下是"帆"作"船使风"讲读去声的用例。晋湛方生《帆入南湖诗》,诗题"帆",动词,原注:"帆,扶泛切。"《元曲选·来生债》三折:"大道的事着你世人不解,则愿的一帆西风,送上我那三岛蓬莱。"音释:"帆,去声。"引申指帆状物随风飘扬。《左传·宣公十二年》:"晋人或以广队不能进,楚人惎之脱扃。少进,马还,又惎之拔斾投衡,乃出。"注:"斾,大旗也。拔旗投衡上,使不帆风,差轻。"音义:"不帆,凡剑反。"

"帆"的变调构词当来自口语。宋周密《齐东野语》卷二十"舟人称谓有据"条:"余生长泽国,每闻舟子呼造帆曰欢,以牵船之索曰弹(原注:'平声')子,称使风之帆为去声,意谓吴谚耳。及观唐乐府有诗云:'蒲帆犹未织,争得一欢成。'而钟会呼捉船索为百丈。

赵氏注云：'百丈者，牵船蔑，内地谓之笪（原注：音弹）。'韩昌黎诗云：'无因帆江水。'而韵书去声内，亦有扶帆（文按，此'帆'当为'泛'之讹字）切者，是知方言俗语，皆有所据。"这则材料说明，"帆"的滋生词的去声读法在唐代及宋代吴地口语中还有保留。早期《切韵》系韵书，《笺注本切韵》（伯三六九四正面）梵韵扶泛反："帆，船上帆。"《王仁昫刊谬补缺切韵二》（北京故宫博物院藏）梵韵扶泛反："帆，船上帆。"《裴务齐正字本刊谬补缺切韵》（北京故宫博物院旧藏）扶泛反："帆，船上帆。"《唐韵残卷》（蒋斧印本）扶泛反："帆，船使风。亦作颿。"都反映了"帆"滋生词音义。大概在北方方言中，"帆"的滋生词至晚元代已消失了，《中原音韵》中，由于"首尾异化"，一些-m尾的唇音声母字（p-、p'-、f-等）混入了-n尾，"帆"即其中之一（参看杨耐思《近代汉语音论》中《近代汉语-m 的转化》一文，商务印书馆，1997 年），但"帆"只入平声阳，不入去声（跟《元曲选·音释》不一致），可以为证。

《汉语大字典》以《释名》对"帆"滋生词词义的训释为证，作为古人对"帆"动词用法的最早例证，甚是。但是书证仅以韩愈《除官赴阙至江州寄鄂岳李大夫》"不枉故人书，无因帆江水"为证，太晚。《汉语大词典》"指旗、帆等物受风吹拂"一义，就举了《左传·宣公十二年》杜注为例，比《汉语大字典》的处理要好。

【三】

1

原始词，义为比二大一个的数目，数词，苏甘切（平声，

ₑsəm/ₑsɑm)。滋生词,义为三次,是表动态的数目,数词,苏暂切(去声, səmᵓ/sɑmᵓ)。"三"的变调构词,贾昌朝、周祖谟、唐纳、周法高、唐作藩均有著录。《群经音辨·辨字音清浊》:"三,奇数也,苏甘切。审用其数曰三,苏暂切,《论语》'三思而后行'。"为各家所本。贾氏说"审用其数曰三",不易令人把握。周祖谟把"三"的变调构词归入"因词性不同而变调者"的"区分数词用为量词"一类,不合量词的特点。唐纳归入"滋生词用作状语"一类,并释原始词词义为"three"(三),滋生词词义为"thrice"(三次),周法高也归入"去声为副词或副语"一类。唐纳和周法高的分析是有问题的:一方面,原始词"三"也可以作状语;另一方面,滋生词"三"不仅仅用来作状语。我们认为,"三"原始词和滋生词都是数词,原始词表一般数目,滋生词表静态数目。滋生词的语法作用相当于"再"。古人为"二"的动态数目另造一个"再",为"三"的动态数目另造一个读去声的"三",正像英语中为"两次"专造一个词"twice",为"三次"专造一个词"thrice"一样。魏克彬(Crispin Williams)先生认为,英语的"thrice",相当于汉语的"三"(去声)。蒲立本(Edwin G. Pulleyblank)在 *Outline of Classical Chinese Grammar*(《古汉语语法纲要》,加拿大 University of British Columbia 出版社,1995 年)的状语部分,论到名词性结构用作状语时也说:"For 'twice' and 'thrice' there are special adverbial forms, zài 再 and sàn 三。"他的话是有道理的。

《玉篇》三部:"三,思甘切。《说文》云:天地人之道也。《老子》曰:道生一,一生二,二生三,三生万物。"未收去声读法。《广韵》苏甘切:"三,数名。"苏暂切:"三,三思。"这是以示例法释义。《集韵》苏甘切:"三,《说文》:天地人之道也,从三数。"苏暂切:"三,参之也,《论语》'三思而后行'。"《辞海》(修订本)列有 sān,sàn 两读,"sān"有两个义项:"数目。二加一所得。""代表多次或多数。""sàn"作为旧读,注为"再三"。这种释文并未抓住"三"的音义特点。

2

《经典释文》给"三"原始词和滋生词共注音 36 次。原始词和滋生词都可以作状语。《礼记·王制》:"其有中士下士者,数各居其上之三分。"注:"各三分之:上九,中九,下九。"音义:"三分,如字。"这是原始词作状语,不能理解为分三次,只能理解为分三份,所以只能读平声。《易·晋》:"昼日三接。"音义:"三,徐息暂反。"这是滋生词作状语的例,所以徐邈注成去声。这两例说明,"三"原始词和滋生词的区别并不在于是不是作状语上,关键是词义不同,前者表静态数目,后者表动态数目。把这两种"三"处理为变调构词最为合适。

"三"作"比二大一个的数目"讲十分习用,古人注古书,一般不注音。以下是"三"作"三次"讲读去声的例证。可以作谓语,《仪礼·士丧礼》注:"成踊三者三。"音义:"者三,息暂反。"《特牲馈食礼》注:"不复饭者三。"音义:"者三,息暂反。"《礼记·杂记下》:"入哭踊三者三。"音义:"三者,息暂反。"按,音义"三者"当作"者三"。《左传·襄公十年》:"队则又县之,苏而复上者三。"音义:"三,息暂反,又如字。"可以作分句,《礼记·檀弓上》:"孔子不应,三,孔子泫然流涕。"音义:"三,息暂反,又如字。"《左传·哀公十四年》:"孔子三日斋,而请伐齐,三。"音义:"伐齐三,如字,又息暂反。"更多的是作状语，《易·讼》："终朝三褫之。"音义："三，息暂反。注同。或如字。"《书·五子之歌》："一人三失。"传："三失，过非一也。"音义："三失，上如字，又息暂反。"《诗·小雅·采薇》："岂敢定居？一月三捷。"笺："一月之中，三有胜功。"音义："三捷，息暂反，又如字。"《礼记·杂记下》："三年之丧，如或遗之酒肉，则受之，必三辞。"音义："三，如字，又息暂反。"《左传·庄公十年》："齐人三鼓。"音义："三，息暂反，又如字。"《论语·公冶长》："季文子三思而后行。子闻之，曰：'再，斯可矣。'"音义："三思，息暂反，又如字。"《庄子·盗跖》："孔子再拜，趋走，出门，上车，执辔三失，目茫然无见。"音义："三失，息暂反，又如字。"又可跟动态数词"再"连用，《易·蒙》："再三渎，渎则不告。"音义："再三，息暂反，又如字。"《礼记·表记》："《易》曰：初筮告，再三渎，渎则不告。"音义："再三，息暂反，又如字。"下面一例值得一说，《左传·僖公二十八年》："距跃三百，曲踊三百。"注："百犹励也。"音义："三百，上如字，又息暂反。百音陌，励也。下放此。"这里"百"是动词，尽力，努力，"三百"仍是状中结构。

"三"的变调构词无疑出现于上古。上古是"三"用作动态数目的最旺盛的时代；魏晋南北朝以后，动量词出现了，动态数词"三"的功能逐渐萎缩。据《经典释文》所引，东晋徐邈还只读去声，例如《礼记·郊特牲》："殷人尚声，臭味未成，涤荡其声，乐三阕，然后出迎牲。"音义："乐三，如字，徐息暂反。"可是到了六朝后期口语中，"三"的去声已读成平声了。《经典释文》给滋生词注音35次，单注去声者只5次，兼注平去者30次。兼注平去的30次中，把平声放在去声之前的有9次，其余21次是把去声放在平声之前。由六朝后期对滋生词读音大量采取平去兼注的事实，可知当时口语中以读平声为常。但是,"三"的去声读法作为一种读书音,一直保留了下来。例如元代,即使戏曲中也有读"三"为去声的例。《中原音韵》监咸部,"三"兼收于平声阴和去声。《元曲选·谢天香》一折:"想当也波时,不三思。"音释:"三,去声。"《三虎下山》三折:"则我这点钢枪可搭搠透他那三思台。"音释:"三,去声。"《隔江斗智》一折:"我这里劝哥哥要三思。"音释:"三,去声。"《抱妆盒》三折:"你畅好是不三思。"音释:"三,去声。"《大闹相国寺》三折:"咱家无三思。"音释:"三,去声。"《冤家债主》二折:"他,他,他则待掐破我三思台。"音释:"三,去声。"明清时代,《韵略汇通》山寒部,"三"兼收于平去,但当时也有人主张把滋生词读成平声,《正字通》一部"三":"又去声勘韵思暂切,《正韵》引《鲁论》'三思''三复',《礼记》'朝于王季日三',《易》'再三渎',《左传》'三鼓',皆有平去二音。按'日三''三渎''三鼓'当读平声。"《现代汉语词典》"三"只收"sān"一读,是从俗从众。

【针】

1

原始词,义为用来缝衣物,刺物或扎刺治病的一种工具,细小而长,一头尖锐,多用金属制成,名词,职深切(平声,* ₀tɕĭəm/₀tɕĭɐm)。滋生词,义为用针来缝衣物,刺物,或扎针治病,动词,之任切(去声,* tɕĭəm°/tɕĭɐm°)。字又作"鍼""鑯""鐵"。"针"的变调构词,未见于诸家著录。

《玉篇》金部:"鍼,之林切。《说文》曰:所以缝也。"又有异体字

"针"。未收去声音义。《广韵》职深切:"针,针线。"又:"鍼,《说文》曰:所以缝也。"之任切有"针",不释义。《集韵》诸深切:"鍼鐵针,《说文》:所以缝也。或从箴,从十。通作箴。"职任切:"针鍼,缝也,刺也。或从葴。"

2

以下是"针(鍼)"作"用来缝衣物,刺物或扎刺治病的一种工具,细小而长,一头尖锐,多用金属制成"讲读平声的用例。《左传·成公二年》:"孟孙请往赂之以执斲,执鍼,织纴,皆百人。"音义:"执鍼,之林反。"按,"执鍼"本指女工,但内部结构是动宾。《庄子·人间世》:"挫鍼治繲,足以餬口。"音义:"鍼,执金反。司马云:挫鍼,缝衣也。"《左传·成公十年》:"药不至焉,不可为也。"注:"达针也。"今本无"也"字,据音义补。音义:"鍼也,音针。"慧琳《一切经音义》卷十九:"铜鍼,下汁深反。《广雅》云:针,刺也。顾野王云:鍼,所以缀也。《说文》:所以缝也。"卷二十四:"鍼孔,执淫反。"卷六十四:"鍼箭,上执林反。"

以下是"针(鍼)"作"用针来缝衣物,刺物,或扎针治病"讲读去声的用例。《庄子·逍遥游》注:"夫物未尝有谢生于自然者,而必欣赖于鍼石,故理至则迹灭矣。"音义:"于针,之鸠反,或之林反。"按,此"针石"为动词性结构;"或之林反",是有人把"针石"理解为名词性结构。慧琳《一切经音义》卷十八:"鍼石,上枕任反。案:鍼者,医工之鍼炙也,不可使分毫差失。"卷二十九:"鍼刺,上执任反。"卷三十四:"鍼,《声类》今作针,同,支谌反。"卷五十四:"鍼钻,上章任反。"卷八十:"鍼脉,上执任反,《说文》:鍼,刺也。"卷九十二:"鍼肓,上执任反。《广雅》云:鍼,刺也。按,鍼肓者,以正法治邪见,如针肓之痼疾也。"

"针"滋生词词义,至晚汉代已产生。《淮南子·说山》:"针成幕,蘖成城,事之成败必由小生,言有渐也。"从词义上说,"针"的变调构词上古已出现。六朝人的去声当前有所承。事实上,"针"的滋生词在六朝口语中已读成平声。《左传·昭公六年》注:"以见鍼戒为惠。"音义:"见鍼,之林反。"杜甫《风疾舟中伏枕书怀三十六韵奉呈湖南亲友》:"乌几重重缚,鹑衣寸寸针。"其中"针"叶平声,韵脚字组"琴,心,侵,参,襟,阴,岑,淫,禽,禁,森,簪,歆,钦,琛,针,琳,砧,吟,沈,金,寻,浔,林,音,镡,崟,浔,駸,临,擒,深,箴,今,任,霖",正说明唐代滋生词已读成平声。

【深】

1

原始词,义为从上到下或从外到里的距离大,形容词,式针切(平声,* ȶi̯əm/ȶi̯ɛm)。滋生词,义为深度,名词,式禁切(去声,* ȶi̯əmᶜ/ȶi̯ɛmᶜ)。"深"的变调构词,贾昌朝、周祖谟、唐纳、周法高、唐作藩均有著录。《群经音辨·辨字音清浊》:"深,下也,式金切,对'浅'之称。测深曰深,下式禁切,'深几寻几仞'是也。"为各家所本。周祖谟把"深"的变调构词归入"因词性不同而变调者"的"区分形容词用为名词"一类。唐纳归入"原始词是动词性的,滋生词是名词性的"一类,并释原始词词义为"to be deep"(深的),滋生词词义为"depth"(深度)。周法高认为原始词是形容词,滋生词为他动式。把滋生词看作他动式,不妥。

《玉篇》水部:"深,式针切。水名。又邃也,远也。又式鸩切。"去声未释义。《广韵》式针切:"深,远也。"式禁切:"深,不浅也。"以"不浅也"释滋生词词义,不妥;但反映出"深"变调构词在口语中消失的信息。《集韵》式针切:"深,《说文》:水出桂阳南平,西入营道。一曰:邃也。"式禁切:"深,度深曰深。"

2

"深"作"从上到下或从外到里的距离大"讲读平声,此音义习见,中古人注古书,一般不注音。

《经典释文》给"深"注音13次,全是给"深度"一义注音。滋生词"深"可以带定语,《周礼·冬官·轮人》:"凡辐,量其凿深以为辐广。"注:"广,深相应,则固足相任也。"音义:"深,尸鸩反。"可以跟表量度的名词并列,《诗·大雅·文王有声》笺:"方十里曰成,洫,其沟也,广深各八尺。"音义:"深,尸鸩反。"可作主语,《礼记·檀弓下》:"往而观其葬焉,其坎深不至于泉。"音义:"坎深,式鸩反。"可以作宾语,《周礼·夏官·土方氏》注:"土地犹度也,知东西南北之深,而相其可居者。"音义:"之深,尸鸩反。"《地官·大司徒》:"以土圭之法测土深,正日景以求地中。"音义:"土深,尸鸩反。"按,通志堂本"尸"讹作"尺"。这些例子中,"深"占居的都是名词的语法位置,所以滋生词"深"不能看成动词。

"深"的滋生词从先秦到魏晋韵文中还没有发现用韵的例子,但是找不出有力的证据说滋生词的去声读法是经师人为:词的音义结合没有必然的联系,某一原始词滋生出某一滋生词可以采取词义构词的方式,也可以采取音变构词的方式,全看社会怎样决定。没有任何可靠证据,凭什么认为"深"的去声一读只是经师主观想出的,而不是经师借助语言中已有的现象来解释上下文中的词义呢?"深"在古代确有变调构词,《广韵》式禁切:"㴱,廕㴱,大屋。"《集韵》式禁切:"㴱,廕㴱,屋深。""廕㴱"当为并列复合词。"深"既然可以滋生出"㴱",当然也就可以滋生出"深度"的"深"。大约六朝中后期,"深"的滋生词开始由去声读成平声了。《周礼·天官·凌人》注:"汉礼器制度,大盘广八尺,长丈二尺,深三尺,漆其中。"音义:"广八尺长丈二尺深三尺,凡度长短曰长,直亮反;度浅深曰深,尸鸩反;度广狭曰广,光旷反;度高下曰高,古到反。相承用此音,或皆依字读。后放此。"《尔雅·释乐》注:"柷如漆桶,方二尺四寸,深一尺八寸。"音义:"深,尺鸩反,或如字。"都透露出六朝中后期滋生词去读消失的事实。颜师古《汉书注》、张守节《史记正义》、司马贞《史记索隐》、李贤《后汉书注》等均不收去声读法。

《汉语大字典》把"深"的平去两读看成自由变读,不妥:汉语史上,从未有人把"深"原始词读成去声。又,"深"作"深浅"的"深"和"深度"的"深",应视为两个不同的词,一般人并不清楚。另外还有这样两种处理意见。一是把这两个词义看成是一个词义,以为作"深浅"和"深度"讲只是上下文的位置引起的,即词义变体。例如李佐丰《文言实词》把名词"深,高,广,长,厚,重"都看成是形态形容词的 A 组,跟普通的 A 组形容词无别。这种看法颇具代表性。现代汉语中,这些词由变调构词退化为词义构词,对作"深度,高度,长度,厚度,重量"讲的"深,高,长,厚,重"跟作形容词的用法应否归同一义位,是否同一个词,有不少争论;其实,联系汉语史来看，这个问题容易解决。还有一种处理是，把"深浅"的"深"和"深度"的"深"看成同一个词的两个义位。这比前一种处理要好些。但古人既以语音的转换区分"深"的两义，自应视为不同的词，其他"长，广，高，厚，重"均应如此看待。

【沈】

1

原始词，义为没入水中，与"浮"相对，动词，直深切（平声，* $_c$dǐəm/$_c$dǐəm）。滋生词，义为使（人或物）没入水中，动词，直禁切（去声，* dǐəm^c/dǐəm^c）。"沈"的变调构词，贾昌朝、唐纳、周法高、唐作藩均有著录。《群经音辨·辨字音清浊》："沈，没也，直金切，对'浮'之称。沈之曰沈，下直禁切，《春秋传》'沈玉而济'。"为各家所本。唐纳把"沈"的变调构词归入"滋生词是表致使的"一类，并释原始词词义为"to sink"（下沈），滋生词词义为"to drown, immerse"（使下沈）。周法高把原始词看作动词，滋生词看作使谓式。《玉篇》水部："沈，直林切。没也。浊也。止也。"未收去声一读。《广韵》直深切："沈，没也。"直禁切收有"沈"，但不释义。《集韵》持林切："沈，一曰溺也。"直禁切："沈，没也。"以"没也"释滋生词，释义含糊。

2

"沈"作"没入水中"讲读平声。《尔雅·释诂》："湮，落也。"注："湮，沈落也。"音义："沈，直今反。"十三经本脱此音义。引申为沉溺,陷溺。《书·盘庚中》:"惟胥以沈。"音义:"沈,直林反。"《微子》:"我用沈酗于酒。"音义:"沈,徐直金反。"《尔雅序》:"沈研钻极。"音义:"沈,直金反。"十三经本脱此音义。又"浮沈"连用,古代的一种祭祀活动。《尔雅·释天》:"祭川曰浮沈。"注:"投祭水中,或浮或沈。"音义:"沈,直今反。"十三经本脱此音义。

以下是"沈"作"使(人或物)没入水中"讲读去声的用例。《经典释文》注此义8次。有1例仅注去声,《左传·定公三年》:"蔡侯归,及汉,执玉而沈。"音义:"而沈,音鸩。"另7例全是平去兼注,《周礼·春官·大宗伯》:"以血祭祭社稷五祀五岳,以貍沈祭山林川泽。"音义:"沈,如字,刘直荫反。"《夏官·校人》注:"王巡守,过大山川,则有杀驹以祈沈与?"音义:"祈沈,直金反,刘直荫反。"《左传·成公十一年》:"施氏逆诸河,沈其二子。"杜注:"沈之于河。"音义:"沈其,徐直荫反,注同,一音如字。"《襄公十八年》:"沈玉而济。"音义:"沈玉,音鸩,或如字。"《襄公三十年》:"与子上盟,用两珪质于河。"注:"沈珪于河为信也。"音义:"沈珪,音鸩,又如字。"《昭公二十四年》:"冬十月癸酉,王子朝用成周之宝珪于河。"音义:"用成周之宝珪于河,本或作'沈于河',沈音直荫反,又如字。"《定公十三年》:"载书在河。"注:"为盟书,沈之河。"音义:"沈之,如字,又音鸩。"

"沈"的变调构词无疑来自上古。由《经典释文》给滋生词的注音可知,六朝早期的徐邈、刘昌宗等人还只读去声,可是至晚后期已有很多方言读成平声了,《经典释文》所注8例,只1例唯注去声,另7例平去兼注,有3例还把平声读法摆在前面。但去声读法还保留在部分方言中,《中原音韵》中,"沈"兼收于平声阳和去声。

现代汉语普通话中，"沈"只读阳平，但湖北黄州话口语中，还保留着去声读法，是"使沈没"的意思，如说"把茶叶沈干净了再喝"，"茶叶沈下去了"，都是阳去。有一种渔具，用竹篾或藤条编成，上面留有小口儿；捕鱼时，先把鱼饵投进渔具中，再沈入水底，小鱼从小口儿进去寻食后，很快拽起绳子，就能抓到鱼。这种渔具叫"沈鱼簸儿"，"沈"阳去，"沈鱼"，指使鱼沈入渔具底部。又据李如龙先生《论音义相生》，泉州"沉"读 tim∧：~ 船，~ 着；tʼiam↓使沉：~ 江，~ 海。这说明"沈"在不同的方言中有不同的发展，也说明中古经师音注有口语基础，非人为。

陈承泽《国文法草创》十三《活用之实例》，认为滋生词是动词用作使动："'沈'自动字也，《左传》'沈其二子于河'，是为致动用。"杨树达《高等国文法》从之。他们没有注意到，或者忽略了，"沈"在古代用变调的方式把"使（人或物）没入水中"一义固定了下来，"沈"的使动用法不宜看作词类活用。

【染】

1

原始词，义为给布帛等物着色，动词，而琰切（上声，*ᶜnɾiam/ᶜɾiem）。滋生词，布帛等物已经着上了色，动词，而艳切（去声，*nɾiamᵒ/ɾiemᵒ）。"染"的上声一读侧重指染色这一动作行为，去声一读强调这一动作行为所带来的结果。汉语强调动作行为及其结果，常用不同的动词，有的是利用强调行为的词通过语音转换构造表行为结果的词，如"解：解""过：过""折：折"，有的表行为结果的词跟表行为的词没有语源上的关系,如"视:见""听:闻"等。"染"属前者。"染"的变调构词,贾昌朝、周祖谟、唐纳、周法高、唐作藩均有著录。《群经音辨·辨字音清浊》:"染,濡也,而琰切。既濡曰染,而艳切,《周官》'染人掌凡邦之染事'。"为各家所本。周祖谟把"染"的变调构词归入"因词性不同而变调者"的"区分动词用为名词"一类,他说:"染为动词,音上声;染人则合为一名词,故变为去声。犹渔师、缝人。(原注:'见《周礼·天官·冢宰》。')渔缝二字并读去声也。贾云'既濡曰染',非是。"周先生之说值得怀疑,贾昌朝是对的,"染"并非只用在"染人"这一结构中,"渔师""缝人"的"渔""缝"读去声也不是用来把复合结构从别的平声读法中区分出来。"染"的上去两读用来区别词义。唐纳归入"原始词是动词性的,滋生词是名词性的"一类,并释原始词词义为"to dip, dye"(染色,浸染),滋生词词义为"kind of cloth"(染过的布料)。唐纳之说不妥,周法高批评说:"Downer释'染'为'kind of cloth',并引《礼记·礼运》'衣其襌帛'郑注:'襌帛,练染以为祭服。'《释文》卷十二 719:'染:如艳反,又如琰反。'案:此则恐不宜解作'kind of cloth'。"周法高归入"去声或浊声母为既事式"一类,跟贾说同。

《玉篇》水部:"染,如琰切,染色。又如艳切。"去声未释义。《广韵》而琰切:"染,染色。《周礼》'染人掌染丝帛'。"而艳切有"染",未释义。《集韵》而琰切:"染,《说文》:以缯染为色。"而艳切:"染,渍色也。"渍色,染上色,偏重染的结果。

2

"染"上去两读词义之别,下面一则材料反映得很清楚。《周礼·天官·染人》：“染人掌染丝帛。凡染，春暴练，夏纁玄，秋染夏，冬献功。掌凡染事。”注："染夏者，染五色。谓之夏者，其色以夏翟为饰。"音义："秋染，如琰反。注'染夏'同。"经及注中，"染"共出现7次，只有"秋染夏"和"染夏者"的"染"读上声，其他5个"染"不注，该读去声。周法高说："据《释文》，除'染夏'读上声外，他似皆读去声。此犹英语之'分词'性的用法也。"说"染人""染丝帛""凡染事""凡染""染五色"的"染"为分词性用法，不妥；但以为《经典释文》只以"染夏"读上声，其他"染"都读去声，甚有见地，这是对"染"音义作出的唯一合乎音义体例及音义关系的正确解释。这则材料正说明"染"是上去别义的。结合先儒归纳出的词义分别，"染夏"侧重指着色的动作行为，"染人""染丝帛""凡染""凡染事""染五色"侧重指丝帛从没有着色到着上了色这一结果。"染人"一职，不仅仅掌管着色，而且还要掌管使布着上色。"染人""染事"是定中结构，"凡染"的"染"，主语；"染丝帛""染五色"是动宾结构。

"染"作"给布帛等物着色"讲读上声。《尔雅·释器》："一染谓之縓，再染谓之赪，三染谓之纁。"音义："染，而琰反。下同。"此为"一染"字注音，"下同"，是说"二染""三染"的"染"也读上声。所谓"一染""二染""三染"，是强调过程，不是强调结果，染一次，染两次，染三次，被染物颜色由浅入深，疏引李巡："三染，其色已成为绛，纁绛一名也。"三染只是九染的前三个阶段或过程。《周礼·冬官·钟氏》："三入为纁，五入为緅，七入为缁。"当然，每一染色都有一种阶段性结果，但古人在这里强调过程，不强调结果。由"染色"引申指浸染，沾染，污染，也读上声。《仪礼·公食大夫礼》："坐取韭菹，以辩擩于醢。"注："擩犹染也。"音义："染也，人渐反，又七内反。"《特牲馈食礼》:"挩手。"注:"挩,拭也。挩手者,为绝肺染污也。"音义:"染污,而渐反。"《左传·宣公四年》:"子公怒,染指于鼎,尝之而出。"音义:"染指,如琰反。"

"染"作"布帛等物着上了色"讲读去声。《周礼·天官·序官》:"染人,下士二人,府二人,史二人,徒二十人。"音义:"染人,如艳反,刘而险反(按,十三经本'险'作'俭',当从通志堂本)。"此"染"作定语。《礼记·礼运》:"衣其澣帛。"注:"澣帛,练染以为祭服。"音义:"染,如艳反,又如琰反。"此"练染"肯定作谓语。由此可见,周祖谟先生以"染"读去声为名词,且仅出现于"染人"一语中,其说是没有注意到"染"离开"人"也有读去声的用例。疏云:"衣其澣帛者,谓祭服练帛,染而为之。"又可见周法高以《天官·染人》"染丝帛"之"染"读去声,是符合实际的。

"染"的变调构词,当来自上古。至晚六朝早期,滋生词在一些经师那里已读成上声了。最明显的是刘昌宗,或以为晋人,他把"染人"字读成上声。《经典释文》给"染"注去声2次,都兼注上声。《汉语大字典》以"染"上去两读为自由变读,不合于古。在后代,滋生词可读上声,但汉语史上原始词绝不可以读去声。

宋衮文《瓮牖闲评》卷七:"苏东坡《溪陂鱼诗》云:'烹不待熟指先染。'乃在去声韵押。然《左氏传》载染指事,染字音如琰反,作上声押可也,岂其错误邪?"按,苏轼以读上声的"染"跟去声押韵,是不以文害意,非错误。这则材料启发我们,不能以例外否定一般:在系联韵脚字时,不能因为"染"原始词跟去声字相押,就认为"染"上去两读词义无别。

【點】

1

原始词,义为细小的黑色斑痕,小黑点,名词。多忝切(上声,* ^{c}tiam/^{c}tiem)。滋生词,义为涂抹改易文字,动词,都念切(去声,* tiam$^\circ$/tiem$^\circ$,《集韵》)。"點"的变调构词,未见于诸家著录。

《玉篇》黑部:"點,丁簟反,检點也。"未收去声读法。《广韵》多忝切:"點,點画。"亦未收去声读法。《集韵》多忝切:"點,《说文》:小黑也。"都念切:"點,郭璞曰:以笔灭字为點。通作玷,坫。"明白注明其注释来自郭璞。

2

"點"作"细小的黑色斑痕,小黑點"讲读上声。《礼记·檀弓下》:"及其丧也,曾點倚其门而歌。"注:"點,字皙,曾参父。"音义:"點,多忝反。""皙"字也,取"肤色白"义,"點"名也,小黑點。

"點"作"涂抹改易文字"讲,读去声。《尔雅·释器》:"灭谓之颠。"注:"以笔灭字为點。"音义:"點,丁簟丁念二反。李本作玷,孙本作坫。"疏:"郭云:'以笔灭字为點。'今犹然。"《后汉书·祢衡传》:"衡揽笔而作,文无加點,辞采甚丽。"《南史·昭明太子传》:"或作剧韵,皆属思而成,无所點易。"观上述音义,知滋生词"點"六朝后期以读上声为常,今有并列复音词"點窜","點"已读上声。

【兼】

1

原始词,义为同时具有或涉及几种事物或若干方面,动词,古甜切(平声,*$_c$kiam/$_c$kiem)。滋生词,特指职位高的人兼领低于其高职的官职,动词,古念切(去声,* kiam^o/kiem^o)。"兼"的变调构词,未见于诸家著录。

《玉篇》秝部:"兼,古甜切,并也,两也。《说文》云:兼持二禾,秉持一禾。"未收去声一读。《广韵》古甜切:"兼,《说文》曰:并也。兼持二禾,秉持一禾。"古念切有"兼",未释义。《集韵》坚嫌切:"兼,《说文》:并也。"吉念切:"兼,并也。"平去两读均以"并也"释义,不能显示两读的词义差别。

2

"兼"平去构词,下面一则材料反映得很明显。《旧唐书·职官志》:"凡九品以上职事,皆带散位,谓之本品。职事则随才录用,或从闲入剧,或去高就卑,迁徙出入,参差不定。散位则一切以门荫结品,然后劳考进叙。《武德令》,职事高者解散官,欠一阶不至为兼,职事卑者,不解散官。《贞观令》,以职事高者为守,职事卑者为行,仍各带散位。其欠一阶,依旧为兼,与当阶者,皆解散官。永徽已来,欠一阶者,或为兼,或带散官,或为守,参而用之。其两职事者亦为兼,颇相错乱。"原注:"其欠一阶之兼,古念反。其两职事之兼,古恬反。字同音异耳。"

以下是"兼"作"同时具有或涉及几种事物或若干方面"讲读平声的用例。《孝经·士章》:"故母取其爱,而君取其敬。兼之者,父也。"音义:"兼,古恬反,并也。"唐明皇注:"言事父兼爱与敬也。"

以下是"兼"作"职位高的人兼领低于其高职的官职"讲读去声的用例。《礼记·内则》:"后王命冢宰,降德于众兆民。"注:"《周礼》,冢宰掌饮食,司徒掌十二教。今一云冢宰,记者据诸侯也。诸侯并六卿为三,或兼职焉。"音义:"或兼,如字,一音古念反。"疏云:"今唯一云冢宰,不兼言司徒者,是司徒兼冢宰之事。故云'记者据诸侯'而言之。云'诸侯并六卿为三,或兼职焉'者,此明司徒兼冢宰之事,意疑而不定,故称'或'焉。"《左传·僖公三十年》经:"冬,天王使宰周公来聘。"注:"周公,天子三公,兼冢宰也。"音义:"兼冢宰,如字,又经念反。"

至晚六朝后期口语中,"兼"滋生词已读成平声了,《经典释文》给"兼"注去声2次,均兼注平声且以平声读法置前,说明了这一事实。但直到隋唐读书音中,"兼"的去声读法仍有保留,上引《旧唐书》原注,当是后晋人存隋唐之旧。《中原音韵》廉纤部,"兼"只收入平声阴,不收入去声。

《汉语大字典》《汉语大词典》均未收滋生词词义。这两部大型工具书都把"兼"平去两读看成自由变读,不妥:汉语史上,从未把原始词读成去声。

第二章 汉语变调构词的若干理论

一、论变调构词的性质

1. 论变调构词是汉语口语的反映

变调构词是汉语口语的反映,还是中古经师人为? 这个问题还没有圆满解决。最早提出汉语音变构词(包括变调构词)是经师强生分别,而不是汉语口语反映的,大约是宋人。直到清末,赞同者甚众。尤以清代大儒持此说甚坚。他们并没有提出有力的证据,有的证据甚至迂曲悖理。唐作藩先生说:"他们唯一的理由是'不合于古音''周秦盖无是例',因而主张'古音本如是(即无区别),不必异读矣'。"击中了清儒的要害。清儒之所以坚信经师人为说,跟当时的学术氛围有关。梁启超《中国近三百年学术史》以为清代学术主潮是"厌倦主观的冥想而倾向于客观的考察"(见第一章),而六朝玄学是重"冥想"的;梁氏又云:"清代提倡经学,于是注疏之研究日盛。然愈研究则愈发见其缺点。就疏的方面论,唐

第二章 汉语变调构词的若干理论

人孔、贾诸疏,本成于众手,别择不精,牴牾间出。且六朝经学,本分南北两派,北尊实诂,南尚空谈;初唐诸疏,除三礼外,率宗南派,大为清儒所不喜。宋人四疏,更不足道了。就注的方面论,除汉人六种外,其余七种,皆大为汉学家所不满意。以此之故,他们发愤另著新疏,旧注好的便疏旧注,不好的便连注一齐改造。"(第十三章)清儒既不满于南朝学风,于是对南朝盛行的所谓"音义之学"抨击不遗余力。难怪清儒对经师笔下的变调构词大加鞭挞,原来他们是戴着有色眼镜来看待六朝学风的。从科学态度说,清儒做法是有偏见的。所谓"经师人为"说,这种观点形成的背景有两点值得注意:一是它的出现,时当先秦典籍所反映的变调构词的具体词(主要是滋生词)处在衰落过程的中古时代;为人信奉,更是在这些词的变调构词现象几成历史陈迹的近代。二是它的出现和流行,是在传统语文学时期,那时的士子偏重书面语(特别是儒家经典),蔑视口语。对于当时口语和经师音注相一致的变调构词材料,由于缺乏现代语言学的眼光,往往是割裂地看问题,对口语事实视而不见,或者凭书面语来判定口语的正误。当然,古人有时也认为变调构词是实际口语的反映。但是他们论证其观点的理论和方法存在严重问题。《群经音辨·序》:"夫经典音深作深(式禁切),音广作广(古旷反)。世或诮其儒者迂疏,强为分别。臣今所论,则固不然。夫轻清为阳,阳主生物;形用未箸,字音常轻。重浊为阴,阴主成物;形用既箸,字音乃重。信稟自然,非所强别。"贾氏学说的理论基础是名实关系"按性质"而非"按规定"这一学说的具体运用,当然不能使人信服。他们或者站在经学家的立场上,一方面主观断定上古汉语没有变调构词,另一方面据此认为口语中变调构词现象鄙俗。例如《说文》段注"好"字："凡物之好恶,引申为人情之好恶。本无二音,而俗强别其音。"不免固执。

现代语言学家,对于变调构词是经师人为还是汉语口语的反映,看法比古人通达多了。他们把汉语书面语中传下来的变调构词资料一分为二,认为一部分是汉语口语的反映,这主要是指现代汉语口语读音仍有区别的那些字;一部分是六朝经师人为,这主要是指现代汉语口语中没有读音区别的那些字。现代语言学家之所以不愿完全摒弃"经师人为"说,一方面固然说明传统观点的影响大,另一方面是因为对反映变调构词材料重视不够。如果因为六朝经师反映的变调构词材料在现代汉语口语中读音没有差别,就认为这是经师人为,那么这种认识就缺乏历史主义的观点。现代口语中读音没有差别,不能证明古代口语中读音没有差别。

认为经师笔下的变调构词现象全部或部分是经师人为,在理论和实践上都会引起混乱。略举数端:一、变调构词属于"音随义转"现象(当然,清人所谓"音随义转"常常不包括声调,往往指声母和韵母。这很不妥当,这跟他们把古音中声调仅仅作为"迟疾轻重"的变化有关),段玉裁《六书音均表》一《古音义说》:"字义不随字音为分别。"王引之《经义述闻》卷二十六"林烝天帝皇后辟公侯君也"条:"古之字义,不随字音而分。一义兼数音,一音亦兼数义。"这是否认音随义转。但是清儒又相信声近义通,音随义转;这是因声求义法存在的前提之一。从语言学的角度说,汉语的音节既然是由声韵调构成的,所以"音随义转"或"字音不随义转"必须包括声韵调三者,声调在客观上是抹不掉的。清人一则说音随义转,一则说音不随义转,两说都有片面性,不能同时成立。语言符

第二章 汉语变调构词的若干理论

号的音和义之间没有必然联系,有些字音随义转,有些则否。戴震《论韵书中字义答秦尚书蕙田》:"音声有不随故训变者,则一音或数义。音声有随故训而变者,则一字或数音。大致一字既定其本义,则外此音义引伸,咸六书之假借。"汉语肯定有音随义转现象,包括上古汉语的变调构词。二、如果变调构词是经师人为,那么就应该解释:为什么有些词要采取词义构词的方式,有些要采用变声构词和变韵构词的方式,而有些却采取变调构词的方式?为什么同一个"行"字,作"道路"和"行走"讲采取词义构词的方式;从"道路"滋生出"行列"一义采取变韵构词的方式;从"走路"分别滋生出"前往各地考察,巡视"和"实际地做,实施,办",从"行列"滋生出"行辈,辈分"都采取变调构词的方式?如果是经师人为,那么必定有一个经师首创;这个经师为什么有这么大的能耐,使其他重家法、重师法的经师群起而效之?人为的根据是什么?早期经师往往只注破读音,很少注如字音,为什么读者能据破读音了解破读义?又早期经师常常注"甲音甲乙之甲",读者怎样知道该读某个音?从经师作注的目的看,他们是想利用当时人易于接受的方式帮助读者更好地阅读古书。当时当地的口语或古代传下来的习见音义是他们施注的基础。他们为什么偏偏在如字和破读问题上违背自己的初衷,使读者在利用读注进而读懂古书的条件下,又去掌握一套人为的,因而难于理解和掌握的注音形式?三、变调构词现象应该是在汉语单音节词占绝对优势的趋势下出现的一种构词法;并且随着词的多音化趋势的蓬勃发展而逐步退化。汉语从上古以迄中古,词的双音化趋势十分明显。为什么中古经师不顺应这一语言发展的趋势,反而在单音节词中利用变调来人为构词?

四、如果说变调构词现象是经师人为,为什么持此观点的人找不出一条铁证,证明某一字的变调构词是经师人为?遍检迄今为止持"两声各义"为经师人为说的学者的证据,无论是材料的搜集整理、研究角度和方法的选择,还是具体的逻辑推导过程,都不能必然证明某原始词或滋生词的读音是某经师人为地确定出来的这一个结论。因此只能认为变调构词现象是实际语言的反映,不是某一个或某几个经师主观地造出来的。五、对于写成不同汉字的变调构词的配对词,他们很少认为是经师人为;对于写成同一汉字的变调构词的配对词,却认为是经师人为。就语言学的立场说,这种看法不是自相矛盾吗?六、变调构词中,原始词和滋生词意义是有联系的。它们的词义区别,从后代眼光看,区别很小,因此有人明知原始词和滋生词词义有别,却主张合并,并因此认定不同声调之别义是人为的。例如宋魏了翁论《周易》"观"卦音义,以为观瞻的"观"(平声)和观示的"观"(平声)"考诸义,则二字固可一",所以平去二读,词义的分别不存在。这显然是错的:词义本来是共时系统中的社会作出的规定,古人既客观上利用语音的转换加以区别,岂可人为把不同的词义合并为一个词义,并进而否定其变调构词?有人认为滋生词的词义是原始词滋生来的,所以滋生词应该跟原始词同音。例如宋洪迈《容斋四笔》卷二:"二十八宿,宿音秀。若考其义,则止当读如本音。尝记前人有说如此,《说苑·辩物篇》曰:'天之五星,运气于五行,所谓宿者,日月五星之所宿也。'其义昭然。"既然语言符号音义结合是任意的,"星宿"的"宿"和"住宿"的"宿"为什么一定要同音?有人从语法方面来看待问题,把词性跟原始词有别的滋生词看成是原始词的词类活用,这也是小看了声调转换的作用;一方面,是受了"经师人为"说的影响,另一方面,又加固了"经师人为"说的影响。

事实上,我们对变调构词音义结合关系的共时描写和历时探索做得还很不够;在此基础上提出的"经师人为"说自然值得怀疑。从科学的态度说,如果没有坚强有力的证据,我们不应该以一己之见,怀疑六朝经师在伪造语言。诚然,古注家有时会对某字注出语言中并不存在的读音。这主要是由于某字在注家时代已经废弃不用了,注家注音时没有其他依傍,只好秀才认字认半边,或者据讹变的字形注音;或者未加审思,据版本的讹字注音。比如曹宪《博雅音》,就有这种情况,王念孙指出了不少。显然,这跟变调构词的"经师人为"说了无关涉,不能推出六朝经师在变调构词上伪造读音。还有一个,就是注"叶音"。《经典释文》中的叶音,叫做"协韵""取韵""协句"等,实有两种。一是某字是个多音字,但在韵脚中只能取其中的一个音,以便和上下文中韵脚字组押韵和谐。例如《诗经音义》的《齐风·著》,"著"与"素、华"叶韵,音义:"著,直居反,又直据反,又音於。诗内叶句宜音直据反。"这是说,"著"有三个读音,这里该取读去声的直据反。二是有人不了解语音是发展变化的,以为古诗中少数地方押韵不和谐,只是诗人临时采取的办法,于是要把某字临时改读某音,以求和谐。例如:《诗·邶风·燕燕》中,"音,南,心"相押,"南"六朝时跟"音""心"不相押,音义:"于南,如字。沈云:协句宜乃林反。今谓古人韵缓,不烦改字。"第二种情况中,所注的叶音也是语言中根本不存在的字音。这种情况下的叶音,既违背了历史主义的原则,又不合语言系统性的原则,应该批判。其实,这种叶音跟变调构词的"经师人为"说也是了无关涉。

研究变调构词，必须从语言的系统性原则入手，坚持历史主义原则，不能局限于文献考据学的方法，以期正确认识变调构词和汉语口语的关系。六朝时人，没有任何人说某一破读音是某位经师创造出来的；即使变调构词配对词中某一音在经师时代的口语音中消失了，读成另外的音，经师的注音也是有来历的，因为他们可以通过师授的代代相传的方式而从他们的老师那里获得这一读书音，或者可以利用更早的经师的注音。然而沿源溯流，这种不同于当时口语的读书音最终还是实际口语的反映。不错，六朝时期南学重义理，北学重名物训诂。但不能据此推衍出南朝经师喜欢创新到了伪造语言的地步；北朝经师笔下难道就没有反映变调构词现象？要知道：汉代注家也反映了变调构词现象，而这些注家大多是北方的学者！

仅从六朝以后反映口语的材料看，也令我们得出六朝经师笔下的变调构词现象，本来都是汉语实际存在的口语的反映这一结论。一、六朝经师音注以外的韵文材料能证明，无论南朝还是北朝，当时口语中都有变调构词现象；其中有不少变调构词的字今天已经不再变调构词了。二、中古其他反映口语的材料，例如当时的笔记，经师注明来自口语的音注，同样证明中古口语中有变调构词现象；其中也有不少字今天已经不再变调构词了。三、现代口语材料，例如现代汉语方言和少数民族语言的汉语借词，都能证明变调构词是汉语口语的反映；从前探讨变调构词往往只是局限于北京话，从近三十多年来发表的汉语方言材料和少数民族语言材料来看，有相当数量的字在北京只有一个读音，而其他方言和民族语言汉语借词仍维持中古以前汉语变调构词的音义区别，或与中古以前变调构词有严格的音义对应关系。四、近古和近代的材料仍保持着一些变调构词现象,例如《中原音韵》"思:思"平去两读,"取:娶"分别读上去,"娶"只读去声;自首的"首"仍读去声;等等,都说明许多现代北京话不变调构词的字,在以前是变调构词的。推而广之,在现代汉语中不是变调构词的字,不能证明古代也是这样子;汉语史上变调构词中古以后逐步衰落,现代汉语正是在共时系统中反映了这种衰落的样态,如果现代汉语表现出的变调构词跟中古以前完全一样,那才令人奇怪。五、汉字字形可为旁证证明变调构词是中古以前口语的反映。有时滋生词用假借字,有时滋生词有后起分化字。有些分化字到后来,几令人觉察不到跟原始词的联系;然而溯源沿流,正可看出变调构词的事实。六、以语言类型学的旁证也可证明变调构词是汉语口语的反映。有轻重音对立或长短音对立的语言会用轻重音或长短音来构词;有声调的单音词占优势的语言会用声调转换来构词。总之,汉语变调构词法所构成的每一对词,都是汉语口语的反映,不是经师人为。

2. 论变调构词是构词法

对于变调构词在词汇系统中的性质,也就是,变调构词配对词中原始词和滋生词是属于一词多义,还是不同的词,学术界有歧见。这里从语言学的立场分析几种有代表性的意见。

有人以为变调构词原始词和滋生词词义无别,至少对部分词是这样看待的。例如段玉裁《说文注》"识"下云:"按凡知识,记识,标识,今人分入去二声,古无入去之别,三者实一义也。"又"数"下云:"今人谓在物者为去声,在人者为上声;昔人不尽然。又引申之义,分析之音甚多,大约'速'与'密'二义可包之。"又"貣"下云:"按'代''弋'同声,古无去入之别;求人施人,古无'貣''贷'之分。由'貣'字或作'贷',因分其义,又分其声。如求人曰'乞',给人求亦曰'乞';今人分去讫,去既二音。又如'假''借'二字,皆为求者予者之通名。唐人亦有求读上入,予读两去之说,古皆未必有是。"当然,段氏并非对所有的变调构词的字都这样处理,例如很早就用古今字记录原始词和滋生词,而且原始词和滋生词词义差别明显的,他就不这样处理。这也说明段氏的处理有矛盾。清人说的"义"跟我们今天说的"词义"有别,我们今天分为义同、义近、义通者,清人都可说"义同"。但如果不顾以音别义这种语言事实,据此来否认变调构词原始词和滋生词的词义之间的区别,理论和实践上都说不通。杨树达《古书疑义举例续补》有"施受同辞例":"受义之反为授,字从受声,则二字古本同音,与今相同。据此知初民语言,受、授本无区别,加手作授,乃造字者恐其溷惑而别白耳。然则施受同辞,盖犹初民之遗欤?"杨氏据"授"从受声,证"授"古读上声,不妥,"授"应该是"受"变调构词后为滋生词造的后起字。当然"受"的"接受""授予"两义最初应该是词义构词,后来才改变声调而变调构词的;但是"受"最早是什么时候就开始变调构词,无法确知,可以肯定的是,"受"变调构词上古已是既成事实,因为上古"受"上去两读在韵文叶韵中分别甚严,没有例外。杨氏以为"受"施受同辞,大概认为"受"的"接受""授予"两义造字时代属同一个义位。这是臆测之辞,无法证实。上古文献表明,"受"的原始词和滋生词不能归为同一个义位。《书·顾命》:"太保受同,降,盥,以异同秉璋

第二章 汉语变调构词的若干理论 369

以酢,授宗人同,拜,王答拜。太保受同,祭哜宅,授宗人同,拜,王答拜。"《礼记·少仪》:"受立,授立,不坐。"《孟子·离娄上》:"男女授受不亲。"均可为证。我们认为,段玉裁、杨树达的说法不但不符合历史主义的原则,而且恰好违背了历史主义的原则:"受"的"接受"和"授予"两义在汉语单音词占绝对优势的时代产生;在单音词占绝对优势的时代,一词多义,词义构词,音变构词大量出现,怎能不顾及这种历史事实,硬性把变调构词的原始词和滋生词归并为一个义位?从理论上说,人们既用声调的转换来区分原始词和滋生词,无论二者之间词义有多近,都应该划分为两个义位,不能归并为一个义位。例如,古人常常特指构词,"将"读平声,带领,率领;读去声,特指率领军队。"陈",读平声,陈列;读去声,特指摆开战阵。原始词和滋生词词义都不应归并。《同源字典》中的《同源字论》三"从词义方面分析同源词",论及同源词之间词义上的各种关系,其中一项就是"特指",可见特指是可以构词的。既然可以特指构词,构成的就是不同的词;既然是不同的词,把原始词和滋生词的词义算作同一词的不同义位都是不合适的,更何况归并为同一个义位!

有人把变调构词的字一分为二,认为一部分字原始词和滋生词之间意义有区别,另有一部分字不同声调之间意义没有区别,只是滋生词语法作用跟原始词不同。例如唐纳,他把所收集到的变调构词配对词中原始词和滋生词之间的关系分成八类。有七类原始词和滋生词之间词义有分别;另一类是滋生词用在复合结构中,和原始词词义没有分别。他的后一类的处理本出于无奈,是他搜集资料不够全面所致。一方面,原始词也可以用在复合结构中;另一方面,滋生词并不仅仅用在他所列出的复合结构中。唐纳所列的"巧,遭,观,骑,迎,中,濯,执:挚,亲,出,从,生,烧,守,畜,牧"共16对(他认为"畜牧"连用时才都读去声)词只用在复合结构(compounds)中。经过一一分析,他所列16对词没有一对是如同他所说的那样。汉语中本不存在区分复合结构和非复合结构的语音转换。周祖谟先生也认为"渔,缝,染"原始词和滋生词词义无别,读去声的滋生词只是用来把名词和动词区分开来。现在看来,也不尽然。当然,从上古到中古,变调构词处在逐步衰落的过程中,个别字的滋生词读音只保留在某些习惯用法中,这是很有可能的;但我们不能据此认为,这个滋生词和原始词词义无别,只是语法作用不同。例如"好"有上去两个读音,"恶"有长入和短入两个读音,有人认为"好""恶"的原始词是形容词,滋生词是动词,这种说法是非常不准确的。只有把它们的词义和词性结合起来进行研究才能解释清楚其原始词和滋生词的分别。

现在一般把变调构词分为区别词义和区别词性这两类,固然是不错的,因为词性不同的一些配对词,其词义也有不同。能不能把这两类统一起来,从整体上把握变调构词的性质?而且,就世界语言的现状看,所谓"区别词性",有两种情况:一是词性区别了,意义也有区别,例如英语 concrete [kənˈkriːt](动词):concrete [ˈkɔŋkriːt](形容词,名词); extract [iksˈtrækt](动词):extract [ˈekstrækt](名词); refund [riˈfʌnd](动词):refund [ˈriːfʌnd](名词)。一是词性区别了,意义没有区别,例如英语 scientific(形容词):scientifically(副词); happy(形容词):happily(副词):happiness(名词)。汉语区别词性的那部分变调构词属于哪一种?是否两种兼而有之？从总体上把握变调构词，那就是：利用声调的转换构造意义有联系的新词。这也是我们称为变调构词的重要理由。汉语的变调构词，有一部分滋生词跟原始词词性相同，但词义不同；另一部分词，滋生词跟原始词词性和词义都不同。就古代汉语说，不存在这样的变调构词：词性不同，词义却相同。承认变调构词，并不是反对原始词和滋生词可以归属不同的词类。原始词和滋生词既可以归入同一词类，也可以归入不同词类。因为汉语的词都可以依不同的语法特点归属于各个词类。原始词可以归甲类，滋生词可以归乙类；正像没有滋生关系的词，一部分可以归甲类，一部分可以归乙类。道理很清楚：原始词和滋生词是不同的词，它们各自的词性都是由各自的语法特点决定的，而不是由原始词和滋生词之间的关系决定的。

要科学地认识变调构词的性质，必须区分构词法和构形法。尽管二者都是形态变化，但是构词法是从一个词根构造成不同的词，构形法是指同一个词不同的变化，表示同一个词不同的语法意义。一些学者，特别是西方学者，容易把变调构词误认为西方语言的构形法。例如唐纳的"滋生词用在复合结构中"一类就含有去声用来表示从属关系这层意思，他说："这一组是很有趣的。在多数例子中似乎不牵涉到意义的区别。在滋生词作复合结构的第一个词时，这是特别真实的。在滋生词作复合结构的末一个词时，如果单用，或许会归入别的类型。但是，如果滋生词是复合结构的第一个词，由于跟原始词缺乏意义区别，因此就暗示着去声是用来（至少在一些例子中）表示从属关系(subordination)的。"周法高不同意唐纳对这一类的解释。他认为"淫巧""濡濯""双生"的"巧""濯"

"生"都是"把形容词或动词用作名语之例",可以说周氏是把它们看成构词法;但他又以为"遣车,遣奠""观台""挚兽""亲家""出日""从母,从弟""烧石""守臣,守心,守犬"的"遣""观""挚""亲""出""从""烧""守"都是"把动词加在名词前构成'形容语+端语'的组织,有点像英语中'分词'(participle)的用法。因为和通常的'述语+宾语'相别,所以用声调来区别它们。这只有从语法上才可以得到解答,从观念上是无法解决的。"这后一种处理,实际上是把部分变调构词看作构形法。在我们看来,尽管唐纳和周法高的具体意见不一致,但他们都把部分变调构词归入构形法,这是二氏相同之处。

我们认为,汉语变调构词不可能兼属构词法和构形法,而都属于构词法。关于构词法和构形法的区别,房德里耶斯《语言》第二编第一章、萨丕尔《语言论》第四章、布龙菲尔德《语言论》第十三章都从不同角度作了深入探讨,此不赘述。结合诸家所论,可证变调构词是构词法,跟构形法无关。一、西方语言的构形法必须依附于义位来表达(按,"义位"是房德里耶斯书中的概念,他说:"我们应该把义位理解为表达表象观念的语言要素;在这里是指'马'的观念或'跑'的观念;而形位的名称是指表达观念间的关系的要素,在这里,'马'与'跑'联系一般是与第三人称单数和直陈语气有关的。所以形位表达心灵在各义位间建立的关系。");离开义位,无所谓形位。汉语变调构词的原始词和滋生词彼此可以离开,原始词音义消失了,滋生词音义可以照样存在;反之亦然。二、西语的构形法不改变词性,改变词性的是构词法。汉语所谓改变词性的变调构词跟西语的构形法正好相反;汉语所谓改变词义的变调构词更不应看作构形法,因为西语的构形法不改变词义,只是改变语法意义。事实上,也没有任何人把后者看作构形法。三、汉语的滋生词能够取得原始词资格,继续滋生新词,这正是构词法的特点。布氏指出,构形法是一个合成词中首先显露的外层的屈折结构,然后才是里层的构词法。例如 actresses 中,es 是外层的屈折结构,ess 是内层的构词法结构。而且一个包含有屈折结构的词(一个屈折的词)不能在任何形态结构中作为组成成分,或者只能在某些屈折结构中作为组成成分。汉语没有西方语言中纯粹区分同一个词不同语法意义的内部屈折形式,变调构词失去了构形法存在的基础。唐纳认为去声读法中有某些是用来表示从属关系的。一方面去声不是表示从属关系的语法标志,另一方面他的例证没有一条禁得起检验;因而是错误的。周法高说去声有些近似英语分词的用法,其实正同于唐纳。四、西语的构形法大多数是能类推的,汉语的变调构词不能类推。变调构词中,没有哪一个声调是语法范畴的标志。五、汉语变调构词现象中,不同声调形式在句法功能上的作用可以相同,同一声调形式可以具有多种句法功能;而构形法中不同的屈折形式在句法功能上的作用也是不同的。

事实上,从两汉到明清时代,汉语史上仍然产生了大量的音变构词现象。例如:

原始词	滋生词	原始词	滋生词
涂,涂抹,平声	镀,镀上金属,去声	申,伸张,平声	眒,张目,去声
钉,钉子,平声	钉,钉钉子,去声	断,裁断,上声	段,分段,去声

牵,牵引,平声	纤,纤绳,去声	铲,铲削,上声	铲,削木器,去声
帆,船帆,平声	帆,张帆前进,去声	穿,贯穿,平声	钏,镯子,去声
背,脊背,去声	背,背东西,平声	穿,贯穿,平声	串,贯串,去声
屯,屯积,平声	囤,屯粮具,上声	扇,风吹,平声	扇,扇子,去声
连,连接,平声	链,链条,去声	旋,旋转,平声	漩,漩涡,去声
攀,牵引,平声	襻,衣襻,去声	旋,旋转,平声	旋,临时(做),去声
攀,牵引,平声	鋬,器系,去声	碾,碾轧,上声	碾,水碾,去声
挽,牵引,上声	緿,牵船绳,去声	抛,抛掷,平声	炮,石炮,火炮,去声
迷,迷惑,平声	谜,谜语,去声	拖,牵引,平声	拖,牵车,去声
磨,摩擦,平声	磨,磨子,去声	装,装载,平声	装,行装,去声
狂,狂颠,平声	狂,辄为也,去声	光,光泽,平声	光,上色,去声
黄,黄色,平声	潢,染潢,去声	钢,钢铁,平声	钢,钢刀,去声
荒,荒芜,平声	荒,草多貌,去声	擎,擎举,平声	檠,檠子,去声
精,精锐,平声	精,精强,去声	严,猛烈,平声	酽,酒醋味厚,去声
巢,鸟巢,平声	巢,栈阁也,去声	搔,抓搔,平声	瘙,疥瘙,去声

毛,毛发,平声	毛鹰,去声	增,增加,平声	增,剩也,去声
田,田地,平声	佃,营田,去声	偶,配偶,上声	偶,不期也,去声
阻,阻碍,上声	阻,马阻蹄,去声	弟,兄弟,上声	娣,娣姒,去声
偏,偏向,平声	骗,跃上马,去声	叉,交叉,平声	汉,港汉,去声
冲,冲撞,平声	冲,力量大,去声	反,反复,上声	贩,买贱卖贵,去声
糊,糊粘,平声	糊,像粥的食物,去声	聚,聚集,上声	聚,村落,去声

以上是举例性质的。这些事实说明汉语史上双音词占优势以后,单音节的音变构词法并没有失去构造新词的能力,而是继续发挥作用,构造了很多单音节的新词。

谁都承认,后代汉语中的这些配对词是不同的词。那么上古汉语中的那些配对的原始词和滋生词是否也是不同的词呢？如果没有坚强有力的证据,同样的事实不能作出截然不同的两种解释。同样的形态现象,我们有什么理由说它们在上古属构形,在后代的汉语中属于构词呢？除非我们有坚强有力的理由证明两汉至今的"四声别义"现象都是构形,不是构词,否则上古的这种"四声别义"现象决不能处理为构形法,只能处理为构词法。可能有人会从类型学的角度找证据来辩解：英语中不是由构形变为构词的现象吗？如 shade（阴凉处）本来是 shadow（影子）这个名词的不同的屈折形式,mead（草地）和 meadow（牧场）来自另一个名词的不同的屈折形式,forlorn(被遗弃的)中的-lorn 是动词 to lose(失去)的以前的过去分词的遗迹,等等。我们的看法是:首先,从类型学的角度来证明汉语应该有某一事实,只是一个旁证。其次,英语中的这种现象说明个别构形现象可以转化为构词现象。在早先,它们是一个词的不同形态;后来转化为不同的词。从历史上说,这些配对的双方在其屈折形式发挥作用的时候就存在;从转化为不同的词以后的情况看,这些构形形尾已失去构形作用。这就跟汉语的情况大不相同。汉语的滋生形势有不少是两汉至明清时代产生的,先秦时代没有出现。例如"潢"读去声,作"染纸"讲是造纸术出现以后产生的词;"镫"读去声,作"马镫"讲是马镫出现以后才产生的词。有的原始词本来是春秋时代以后才出现的,其滋生形式不可能比原始词早。例如"骑"读平声,做"跨马,骑马"讲大概不会早于战国时代,滋生词读去声,作"一人一马"讲更不会早于战国。"钢"读平声,作"钢铁"将不会早于春秋时代,因为我国大概是此时掌握冶钢技术的,(参看华觉明等《中华科技五千年》,山东教育出版社,1997年,80—83页)其滋生词读去声,作"把刀放在布,皮,石头等上磨,使其锋利"讲更是以后的事;"帆"读平声,作"船帆"讲,据王力先生《汉语词汇史·社会的发展与词汇的发展·历代词汇的发展》,"上古行舟,有楫而无帆。帆始于汉代",那么"帆"这个词的出现不会早于汉代,其滋生词读去声,作"张帆前进"讲更是以后的事。声母、韵母、声调的转换等构词方式在汉语史上一直在起作用,是一种内部屈折,本身不是某一种形态的标志。只有把它们处理为构词现象,问题才能迎刃而解,也更科学。这种处理办法,是把原始词和滋生词看作不同的词。

第二章 汉语变调构词的若干理论

上面所举的那些例证,其滋生词是否都是两汉以后出现的呢?我们丝毫不怀疑个别词在两汉以前的口语中已经出现,只是书面的记载滞后于口语,没有及时地反映下来而已;有的是书面上本来有所反映,但是或者是反映这一滋生词的古书已经亡佚了,或者是我们读书有限,暂时没有发现,需要借助以后的出土文献或传世文献进一步加以检验,而不能借助猜测加以检验。凭猜测来检验现有的结论,不脚踏实地地从事语料的调查研究工作,实际上是以未知求未知,不合逻辑,也无助于问题的解决。我的观点是,两汉至明清时代汉语史上一直出现有变调构词现象,这其中有大量确凿可靠的证据可以证实,个别滋生词的出现时代或许应该提前,但是这个结论我相信是正确的。为什么本书敢于说上面举的那些例子基本上是两汉以后在口语的基础上产生的呢?因为从两汉至明清有两千年以上的历史,有很多滋生词的例子始见于六朝至明清这段时间的文献。是的,书面语反映新词肯定要滞后于口语。相对于原始词来说,滋生词是新词新义,往往没有原始词那么常用,书面语对它的反映滞后于口语,完全有可能。但是滞后几百年乃至上千年的可能性是非常小的;即使是滞后,绝大多数也仍然在这一段时间之内。

假如有人说这些滋生词先秦时代绝大多数已经产生了,书面文献没有把先秦的这一口语事实反映下来,那么这就不免是以猜测代替实证了。我们汉语有大量的文献资料传下来,反映的社会生活面也是很广泛的。西汉以前,言文合一;东汉以降,流传下来的文献,既有言文合一的,也有仿古的文言。先秦时代的文献,有传世的,有地下出土的,数量多,反映的社会生活面广。那时候,言文合一,书面语比较充分地反映着口语的语音系统,词汇系统,语法系统。所以上文所举的那些词始见于两汉以后的文献,绝大多数就是两汉至明清这一段时间产生的,只有个别的词有可能是两汉以前出现的。因此我的结论是:两汉至明清的汉语中,变调构词仍然产生了大量的新词。

大家都说,古今词的异同有三种情形:一是旧词的消亡,二是新词的产生,三是旧词的沿用。上古汉语的一些配对词在后代的汉语中消失了,后代的汉语中又产生了一些新的配对词,上古汉语还有一些原始词或滋生词沿用至今。其中某些配对词在后代的汉语中消失了,但不能据此得出结论:作为一种构词法,变调构词到了六朝时代就濒于消失。汉语史上的这种形态现象,正合乎古今词的异同的三种情形。这又从一个侧面表明,它们是构词,不是构形。我们注意到,当双音节的结构构词法占上风的时候,汉语的一些常见的单音词仍然发展出新词新义,单音节的变调构词在这一点上又跟其他单音词的词已发展完全一致。

有人推想,汉语的去声是后起的。这话可以有两种理解:一、相对于其他的声调来说,去声的产生比其他声调要产生得晚;二、从时代上说,去声是魏晋时代产生的,上古没有去声。这两种理解有关系,但不一样,不能混为一谈。如果取前一种理解,即使去声比其他声调的产生要晚,也不能据此作为去声产生于魏晋时代的证据。要证明去声产生于魏晋时代,必须摆出别的更有力的证据。多方面的事实告诉我们,上古汉语无疑是有去声的。人们注意到,汉语的变调构词中,滋生词往往读去声。有人据此作为滋生词产生于魏晋时代的力证。我们不这样看。所谓读去声的滋生词产生得晚,是相对于不读去声的原始词而言,不是指绝对年代,二者不能混为一谈。我们的看法是,汉语的变调构词上古已经出现,语言中先有去声,人们就利用去声来构词。至于滋生词为什么常常利用去声来构造,其原因还可以继续研究。但是可以肯定,这种现象不能作为古无去声的证据。两汉至明清时代产生的滋生词,其声调也多为去声,可是汉语口语中早就有了去声,这个声调并不是此期随着变调构词而兴起的。

我认为,汉语历史上的变调构词,其滋生词之所以多用去声,可能是因为去声承担的语素少。俞敏先生《古四声平议》一文,统计《易·上经》、周康王时的《大盂鼎》、《颜氏家训·慕贤》等古书,得出的结论是:去声字(按,俞敏先生的去声包括我们所说的去声和长入)比平声、上声、入声的任何一个声调的字要少。俞先生说:"去声略绌,此六朝经师多借去声分新语、新义之故也。与故语相淆乱之机差少也。"这里关于上古有几个声调以及变调构词反映口语的忠实度和起源时代的看法,跟我有所不同,但是我赞同他"去声略绌",人们就用去声"分新语、新义"的观点。在先秦的阴声韵和阳声韵中,原始词往往是平声、上声,滋生词往往是去声;在入声韵中,原始词往往是短入,滋生词是长入。后来在上古的某一阶段,长入逐步丢失塞音尾巴,跟去声合流。语言是社会最重要的交际工具,正因为去声和长入承担的语素少,所以用它们来承担新产生的词,就不至于形成大量的同音词,从而影响交际。由此可见,汉语变调构词中,滋生词常常利用去声来承担,是有原因的。这个去声绝对不能跟印欧语的构形形态比附在一起,无法归纳出某种或某几种抽象的语法意义来。由原来的声调转换为去声形成一个新词,只要新词和旧词词义不同,就可以用去声分担;因为新词和旧词之间存在多种语义滋生关系,所以去声所分担的语义关系也是多种多样的。同样,把去声跟藏缅语的-s联系起来,缺乏的证。

　　能不能设想变调构词的原始词和滋生词是一词多义的关系?不能。这跟我们对词的本质的认识是矛盾的,而且也不符合我们处理同一个词和不同的词的实践活动。词是音义的结合体,原始词和滋生词音义都不相同,很多原始词和滋生词之间的关系一般人都意识不到,即使意识到了,那也是人们在词与词之间建立起的联想关系,语言中存在着各种不同的联想关系,这是保证语言交际得以进行的基础之一,联想关系可以发生在原始词和滋生词之间,也可以发生在没有词源关系的词之间。凭什么认定变调构词的原始词和滋生词同类?变调构词大多数出现于单音词占绝对优势的时代,整个变调构词现象的产生就发生在单音词占绝对优势,复音词还未出现的时代,如果惑于汉字字形,又把音义均已不同的原始词和滋生词都看作一词多义,那么汉语单音词中哪些是一字多义,哪些是不同的词,永远纠缠不清。对于一词词义之发展,发展出来的词义,由于跟原义关系变远,我们平时就归属于不同的词,例如"把握"的"把"和介词的"把",变调构词原始词和滋生词音义都不同,更有资格看成不同的词。如果拿写成不同汉字的同源词来作对比,写成同一汉字和写成不同汉字的变调构词的配对词语言本质相同,其处理应该注意平行性原则;把写成不同汉字的变调构词的配对词看成不同的词,把写成同一汉字的看成同一个词,这不是一个完善的语言分析体系。

3. 论所谓经师注音不一致

有些学者注意到古代注家对变调构词的注音有不一致的地方,以此证明注家笔下的变调构词现象是人为的,而非纪实的。所谓注音不一致,包括两种情况:一、相同的词义,甲地方注音,乙地方不注;二、相同的词义,甲地方注 A 音,乙地方注 B 音,或同一处兼注 AB。以下讨论这两种注音情况。

对于一个具有变调构词的字来说,相同的词义应该注相同的读音;但是我们今天见到的音注不全是这样。一种情况是,相同的词义,注家在甲地方注了音,而乙地方未注。这首先是,有的地方并非没有注音,而是在前面的某一处兼注了后面的读音。《经典释文》大量注"下同""注同""下及注同"等都是这种情况。其次是注家本来在几个地方都注了音,但有的版本有脱夺。例如《经典释文》十三经本和其他本子互有遗脱,尤以十三经本脱夺为甚;《史记正义》和《索隐》中华书局校勘本有遗脱,张衍田《史记正义佚文辑校》辑出了不少今本《正义》遗脱的音注。这些遗脱的音注,有不少变调构词的资料。对这种情况,我们也不能责怪注家对相同的词义一处注音,另一处不注。第三,有些常用词在古书中出现频率极高,注家没有必要处处注音。有人不明白这一点,产生糊涂认识,以为注家甲处注破读;乙处不注音,则乙处是读如字。这显然不妥。第四,我们今天见到的音注,不少是后起注家综合旧注家的音注来的;他以前的经师只是对其中几部古书的经和注注了音,其他古书没有注音。结果,有的经和注某处注有某者,而另外的经和注则未见注音。例如"高"作"崇尚"讲只在《周礼·夏官·合方氏》音义中收有刘昌宗一处破读音,不能认为刘氏把其他作"崇尚"讲的"高"都读成平声。第五,有的是注音体例不一引起的。例如《左传·庄公十年》"又何间焉",注:"间犹与也。"音义:"何间,间厕之间。注同。"这是古书连同注文中"间"都注了去声。《礼记·礼运》"义之脩而礼之藏也",注:"藏,若其城郭然。"音义:"之藏,如字,徐才浪反。"但不注明注中"藏"的读音。第六,我们知道,变调构词是一种历史现象,六朝以后,这种构词现象已经衰落了。对于前代传下来的读书音,六朝以后的经师会有不同的处理,这也会导致不一致。甲注家存古,注破读;乙注家从新,读成如字,则不注。例如"三"作"三次"讲,陆德明多兼注破读,而颜师古《汉书注》则从来不注破读。甚至同一注家,由于对这种"从古"或"从新"的原则不好把握,因而举棋不定,同一词义甲处注破读,乙处不注。例如"渔"作"捕鱼"讲,六朝后期口语中已读成平声,不读去声。《经典释文》有时注去声;有时不注,是读平声。

另一种情况是,相同的词义,甲处注 A 音,乙处注 B 音;或者甲处 AB 音兼注,乙处只注 A 音或 B 音;或者所有的地方都兼注 AB 两音。这也是由多种原因造成的。第一,有的是版本讹误造成的。例如松懈,懈怠的"解"本读见母去声,《左传·文公二年》引《鲁颂》"春秋匪解",通志堂本音义"佳卖反",十三经本"户卖反",后者"户"是讹字;《周礼·地官·大司徒》"则民不怠"注:"则民不解怠。"通志堂本音义"佳买反",十三经本"佳卖反",前者"买"是讹字。又《汉书·霍光传》:"灼烂者在于上行。"注:"行音胡浪反。"但是今传《汉书》注本或作"浪",或作"郎"。中华书局本校勘记:"行音胡

第二章 汉语变调构词的若干理论 383

(浪)[郎]反。景祐、殿本都作'郎'。"按,此"行"作"行辈"讲,应是胡浪反,《汉书注》"行辈"之"行"都读去声,作"郎"是后人昧于胡郎,胡浪构词而妄改。第二,出现上述情况是因为同一注家或不同注家对某字在上下文中词义有不同理解。例如《史记·乐书》:"好恶著,则贤不肖别矣。"正义:"好恶并去声,又并如字。"《西南夷列传》:"西南夷君长以什数,夜郎最大。"索隐:"刘氏音所具反,邹氏音所主反。"有时候,注家对上下文中某一词词义理解有偏差,所以应注 A 音却注 B 音,《经典释文》在首音之后注上"或音某",并加按断说"非也",指的是这种情况。原始词和滋生词都是固定义位,是不同的词,各自都有进一步引申词义和滋生新词的功能,又都可以词类活用,这种情况也造成 AB 兼注等,例如《左传·昭公十六年》:"侨闻君子非无贿之难,立而无令名之患。"音义:"之难,乃旦反,下同,又如字。"读乃旦反,担心,忧虑;读如字,形容词用作意动,认为困难。顾炎武《音论》卷下"先儒两声各义之说不尽然"条:"《汉书·高帝纪》'县给衣衾棺葬具',如淳曰:'棺音贯。'师古曰:'初为椊椟,至县更给衣及棺,备其葬具耳,不劳改读音为贯也。'……则一字两声,繁辞曲说,昔人已有悟其非者矣。"这里,顾炎武对颜氏有误解,颜氏并非已"悟其非",而是认为这个"棺"应理解为名词,不能理解为动词,所以上下文中"棺"应读平不读去,《汉书注》中,多处给动词"棺"注去声,从未把动词"棺"注成平声。第三,对上下文的异文的注音和对句读的不同理解也会注成不同声调的读音。例如《诗·齐风·南山》笺:"襄公使公子彭生乘公而搚杀之。"音义:"彭生乘,绳证反。一本作'彭生乘公乘',则依字读。"按,读去声,名词用作使动,使坐上四匹马拉的车;作"乘公乘"时,读平

声,动词用作使动,使乘坐。《左传·成公十六年》经:"雨木冰。"音义:"雨木冰,如字,《公羊传》云'雨而木冰也'。旧于付反。"读如字,结构关系是"雨|木冰";读去声,结构关系是"雨木|冰"。第四,出现上述情况是因为变调构词在不同方言中读法有不同,例如"数"在有的方言读所主反,在有的方言与"所"同音;或变调构词在不同注家中保留情况不一,例如"巾"的破读只有刘昌宗音有保留;或不同方言是词义构词还是变调构词,表现不一致,例如"手"作"手拿着"讲读去声只见于胡三省《资治通鉴注》,当反映了方言破读。第五,出现上述情况的原因是因为语音发生了变化,导致诸家处理不一。例如"粜"作"卖出粮食"讲,徐广读定母去声,后来多注为吐母去声。读透母是后代的例外音变。轻重的"重"本读上声,但《说文》大徐本注音、洪兴祖《楚辞补注》都注成了去声。这是因为后代全浊上声变去声了。又宋人用全浊声母上声字作切下字注"行"字的去声一读,也反映了全浊上声变去声的事实。第六,出现上述情况是因为变调构词现象在口语中消失后,诸家保留旧读和采用新读的处理方式有不同。例如"数"作"谴责"讲,陆德明常兼注上去,或只注上声,而颜师古常只注去声;"三"作"三次"讲,陆德明常兼注平去,有时只注去声。第七,变调构词在口语中消失后,后人知道前代有异读,但缺乏细致的归纳,因此反映的变调构词现象跟前代不一致,甚至相反。例如"下"读上声,义为从高处往低处;读去声,义为强制性地使由高处往低处,但王观国《学林》卷一"上下"条:"上,时亮切,又时掌切。下胡驾切,又胡雅切。上字时亮切,下字胡驾切者,定位之上下也。上字时掌切,下字胡雅切者,升降之上下也……所谓下下者,降己以接下也。前下字胡雅切,后

下字胡驾切。"拿"上"和"下"来类比，其实二者是完全不同的构词方式，王观国正好颠倒"下"构词事实。

从上面看来，所谓经师注音不一致，是有原因的，决不能作为破读是经师人为的证据。只要我们仔细分析，摒弃成见，尊重历史，就不难看出，所谓经师注音不一致，不但不能证明注家笔下的变调构词是经师人为，反而更能证明它是在口语基础上形成的一种构词现象。

二、论变调构词中的字和词

古代汉语中的变调构词现象是用汉字来记录的；要揭示变调构词的规律，就必须透过字来认识语言中的词。

我们今天见到的变调构词中的原始词和滋生词，在字形上有这样几种表现：一、原始词和滋生词完全用不同的汉字来记录，找不出滋生词用原始词来记录的例子。例如"勤∶觐"。二、原始词和滋生词原来用同一个汉字来记录，后来滋生词另外造字，沿用至今。例如"受∶授""取∶娶""弟∶悌"。三、原始词和滋生词原来用同一个汉字来记录，后来滋生词另外造字，再后来为滋生词造的字不用了，又用原来的字。例如"欲∶慾""饭∶飰"。四、原始词和滋生词总是用同一个汉字来记录。例如"好∶好""衣∶衣""白∶白"。

还有一种情况值得注意。历史上，原始词和滋生词字形上本有分工，各有专字；但是由于使用的混乱，有些为滋生词另造的后起专用字又用来记录原始词；这时仍要按原始词的读音来读。例如"授",本为授予字。后又用来记录原始词的"接受"义,要读上声。这种情况汉代已出现。《周礼·秋官·司仪》:"登,再拜授币。"注:"授,当为受。"音义:"授币,音受。"《集韵》上声是酉切收有"授";但注为"予也",则误。"飰",本为名词,饭食之饭;后又用来记录动词的"饭",仍应读上声。《仪礼·丧服》:"始食菜果,饭素食。"音义:"饭素,刘扶晚反。今本多作'飰'字。"则"飰"用来记录动词"饭",殆始于六朝中晚期。《集韵》上声父远切收有"飰"的动词用法,是从俗。"憙",本为喜好字,记录及物动词用法,《广韵》许记切:"憙,好也。"《玉篇》心部只收去声一读:"憙,许记切,乐也。"这个"乐"是爱好义。后来又用来记录喜悦字,《广韵》虚里切:"憙,悦也。"按"喜"变调构词消失后,"喜好"字也读成了上声。

有些专为滋生词造的字,本来读破读音。后来破读音消失了,读成如字音,于是后起分别字也读成如字音。例如"渔",本是为"捕鱼"一义造的字,读去声;后来"捕鱼"义读平声,"渔"也就读平声了。"袇",本是为"以巾覆盖"一义造的字,读去声;后来"以巾覆盖"一义读平声,"袇"也就读平声了。"柄",本是"柯柄"字,读去声;后来"柯柄"字读上声,"柄"也就读上声了(按,湖北黄冈话仍读阴去)。"疯",本是为"水肿病"一义造的字,读去声;后来"水肿病"一义读上声,"疯"也就读上声了。

有时候,为滋生词造的专用字不止一个。例如"宾"的滋生词指"出门迎接宾客",后起字可作"傧",也可作"摈",后者跟"摈弃"字同形。"解"的滋生词指"松懈,懈怠",后起字既可作"懈",也可作"懒"。"言"的滋生词指"吊生也",后起字可以作"唁",也可以作"狺",还可以作"喭"。为原始词造的字也可以不止一个。例如"劳

第二章　汉语变调构词的若干理论　387

(辛苦,辛劳):劳(慰劳)",原始词又可以写作"憥",《玉篇》心部:"憥,力高切,心力乏也,疾也。"

原始词和滋生词都可以用假借字来记录。前者如,"治"读平声作动词,"治鱼"又写作"持鱼""迟鱼"。刘坚先生《语词杂说》:"晋干宝《搜神记》卷一:'(葛)玄复书符掷水中,须臾,有大鱼数百头,使人治之。'这里的'治'就是说的打鱼。但不知应作平声还是去声。"《"治鱼"补说》论证"治"读平声,极是。从变调构词的观点说,此"治"读平声,今天动词"治"读去声,读成了破读音,但"治鱼"的"治"仍维持平声读法。后者例如,曹操《与杨彪书》:"并遗足下贵室错彩罗縠裘一领,织成靴一量。"《世说新语·雅量》:"或有诣阮,见自吹火蜡屐,因叹曰:'未知一生著几量屐?'"此"量"即"緉"的假借,《诗·齐风·南山》作"两",《说文》作"緉":"履两枚也。"量,緉,两,并去声。又敦煌文献"衣锦还乡"作"意锦还乡",衣,意,并去声。有的字有破读,其破读音又被另一个滋生词所假借。《玉篇》束部:"束,又尸注切,五藏之束。""束"滋生词后来读去声,但这里"五藏之束"不是记录"束"的破读义,而是"腧"的假借字。"腧"是"输"的滋生词,读去声,跟"束"破读同音。

有时候为语言中滋生词所造的分别字,跟原有的为其他的词造的字同形;这就不是假借用法,而是同形字。就读音说,有的是音近关系。例如先秦原有潢池的"潢",读平声。后来随着造纸工艺水平的提高,大约东汉后期,从黄色的"黄"滋生出一个新词,义为把纸染成黄色,读去声;因为染纸跟用水汁有关,所以滋生词作"潢",是会意兼形声字。这个字跟潢池的"潢"同形,但声调不同。有的是音同的关系。例如汉魏时已有"睨"字,义为邪视,见《广雅·

释诂》，读去声。后来人们把"芼"的"选择"一义写作"覒"，跟邪视的"覒"同形又同音。"选择"一义是"毛"间接滋生出来的，由"毛"滋生出"选择毛色单纯的牲畜"一义，再滋生出"选择"一义。选择时要用眼睛看，看是否合用。另外造字，则为"覒"。"委"的情况更为复杂。原始词，义为委置，聚积；滋生词，义为委置，聚积起来的牢米薪刍等，用来赒济人，供宾客在道上取食及喂牲口用。由滋生词词义构词，写成好几个字：(1)萎。《说文》："萎，食牛也。从艸，委声。"读於伪切。跟《诗·小雅·谷风》"无草不死，无木不萎"的"萎"同形。枯萎之萎读平声，跟萎牛之萎声调不同。(2)餵。义为喂养。此字已见六朝，不与其他字混同。(3)餧。也是"喂养"的意思，已见于秦汉。后来冻馁的"馁"讹作"餧"，于是喂养的"餧"跟它同形了。但作"喂养"讲读於伪切，作"饥饿"讲读奴罪切。(4)喂。也是"喂养"的意思。已见于元代。但跟六朝时已经出现的义为"恐惧，畏惧"的"喂"同形。《玉篇》口部："喂，於韦切，恐也。"这跟"畏"是同源词，但读平声，"畏"去声。"喂养"字也读去声。

原始词和滋生词又都可以词义构词。原始词利用词义构词所构成的新词，可以跟原始词同字，也可以写成不同的字。前者例如，"生"的"生育"和"将要到来"的两个意思，写成同一个"生"字；"走"的"跑"和"被役使的人"两个意思，写成同一个"走"字。后者例如，"攀援"字和"猨(猿)猴"字，"稀疏"字和"梳篦"字。滋生词利用词义构词所构成的新词，也可以跟滋生词同字，也可以写成不同的字。前者如，"重"的动词义"增加，加上"，和副词义"更加"，"过"的"超过，越过"和"犯错误"二义。后者例如"逐"的"赛跑"义读去声，仍作"逐"；由此特指"马赛跑"，后起字为"駋"。"授"的"授予"

第二章　汉语变调构词的若干理论

义读去声；由此特指"亲口传授"，后起字为"嗳"，已见于六朝。《经律异相》卷四十三《萨薄欲买五戒罗刹不能得便》："无形，直口嗳心持后，得生天现世。"旧注："嗳，音授，口诲与也。"《汉语大字典》举清人用例作书证，太晚。

从原始词分别可以直接发展出好几个滋生词，这些滋生词可以都跟原始词写成同一个汉字，例如"高"的"从下到上距离大"（平声）和"崇尚"（去声）"高度"（去声）；"长"的"两端之间距离大"（平声）和"长度"（去声）"多余的"（去声）。这些滋生词都可以跟原始词写成不同的汉字，彼此之间字形也不相同，例如，"耳"，耳朵，上声。"刵"，割去人的耳朵，去声；"珥"，用珠玉做的耳饰，去声；"衈"，祭时割刺鸡血或其他生物之血以祭，行衅礼前，先拔掉生物耳旁的毛，希望神灵来听祭祀的声音，来享用祭品，去声。这些滋生词可以有的跟原始词同字，有的跟原始词不同字。例如"乳"，哺乳，上声；生子，孵化，去声，仍作"乳"；哺乳的对象，年幼的，去声，字作"孺"。"宾"，宾客，客人，平声；出门迎接宾客，去声，字可作"宾"，作"傧"，作"摈"；像对待宾客那样处理死者，使停柩待葬，去声，字作"殡"。

由上面论述看来，反映在变调构词中，字和词的关系是复杂的。一方面，研究变调构词时要充分分析写成不同汉字的变调构词材料；另一方面，应该自觉地从词的角度整理材料，不能为字形所迷惑。字是书写语言的符号系统，但怎样去书写语言，字有其相对独立性，不可能做到字词一一对应。不能拿原始词和滋生词的字形是否分化作为滋生词词义是否分化成为一个固定义位的标准，因为很多滋生词和原始词总是用同一个汉字来记录。原始词和滋生词可以写成不同的汉字,也可以写成同一个汉字,但它们在语言上是同质的;如果以字形是否完全分化作为判定滋生词词义是否从原始词词义中分化出来,成为一个固定义位的标准,那么,"好"上去两读,"处"上去两读,"藏"平去两读,"传"平去两读,"恶"去入两读,"塞"去入两读,等等,都只能归为同一个义位,这是不合事实的。当然,如果原始词和滋生词写成了不同汉字,无疑可以证明滋生词词义已从原始词词义中分化出来了。

三、论变调构词和词义构词的关系

语音和语义的联系是社会决定的,没有理性上的必然联系;这就说明,变调构词中,原始词或滋生词的音义,以及原始词和滋生词之间的语音对比,不是一成不变的。

从汉语史的事实看,有一些变调构词中的滋生词,当它滋生词词义分化出来时,声调很快发生变化;有的滋生词原来是词义构词,然后进一步发展为变调构词,在语言中利用声调的转换把滋生词跟原始词区分开来。例如"当"原始词为面对着(人和人或人和物相对),平声;滋生词,义为抵挡,阻挡,原是读平声,至晚元明时代就读成上声,《元曲选·翰林风月》三折:"满口儿之乎者也无拦当。"音释:"当,上声。"《留鞋记》二折:"我被社火游人拦当。"音义:"当,上声。"很难想象有这种可能:先从原始词中变出一个新声调来,不承载新的词义,与原调形成自由变读;然后从原始词中产生出滋生词词义,用这个新声调来承担。清人也承认上古有异读,如

"恶"等,但以为不同声调是自由变读;经过考察,这种看法是错误的。我们还没有发现原始词和滋生词词义分化了,声调也分化了,但不同声调只是自由变读,很晚以后才有把不同声调分别跟原始词和滋生词联系起来的例子。有人一方面知道"恶"的变调构词存在于口语中,另一方面又想调和顾炎武的说法,以为"恶"去入两读(即长入短入)上古是自由变读,而且上古"恶"的滋生词"厌恶,不喜欢"早已是固定义位。于是上古时代"恶"原始词可随意读长入短入,滋生词也可随意读长入短入;后来不知什么时候开始,其中一个声调跟原始词词义结合,另一个声调跟滋生词词义结合。这是主观设想的一条奇怪的演变途径,好像上古时人是先知先觉者,要为某字的滋生词预先安排一个声调一样;而滋生词词义早已出现。

事实上,任何新词义在刚刚产生时,都具有言语的性质、临时的性质,需要经过社会的承认,才能固定下来,进入语言的词汇系统。当这个"新词义"还具有临时的性质时,不可能一下子产生出一个新声调。这跟复合词构词法不同。复合词构词法中,词素都有固定的意义,词素和词素结合的意义,社会也规定好了。变调构词中,汉语的声调本身不表示任何固定的意义。如果新词义和新声调的结合一开始就出现,听话人就难以通过与原始词的联系去理解新词义,人们就会对这个新词感到陌生,感到不知所云,因为新词和旧词的联系被切断了,语境也难以提供足够的补充信息。只有当一个新词从原始词中产生出来后,才可能利用声调形式显示出与原始词的差别。语言结构三要素发展的不平衡性,也决定了声调的转换是在词义的变化之后。房德里耶斯《语言》第二章说:"词汇决定于环境,它向来是不固定的。"而语音系统和语法结构比词汇系统要稳固。因为词汇系统比语音系统变化快,所以语言中词义的引申,词义构词会不断出现,而变调构词却受诸多因素的制约。例如"早"由"早晨"一义滋生出"在现在以前,很早就"的意思,在先秦已是词义构词,而滋生词读去声却发生在唐宋时期。变调构词既然是在词义构词的基础上形成的,那么我们能否以此理论为搪塞,认为变调构词的那些字在上古还处于词义构词的阶段,即上古汉语没有变调构词呢？不能。因为上古汉语已是十分发达的语言,中古经师所反映出的具有变调构词的字,其滋生词词义上古大都已固定下来了,不是临时性意义;而且上古以单音词为主,声调早已成为一个音位。这些字上古是否变调构词,要凭上古的材料逐一进行研究。

就地域的观点说,有的变调构词的字在甲方言是词义构词,在乙方言却是变调构词。例如"伐"表示"进攻别人"时,在汉代齐地方言读长入;表示"遭到别人进攻"时,在汉代齐地方言读短入。可是在当时其他方言中,"进攻别人"的"伐"已经读成入声了。"枕"表示头枕着,江西安义话读阴去,不读上声;江苏徐州话读去声,不读上声。名词的"枕"和动词的"枕"在这两个方言中仍是保留变调构词;但北京话、武汉话及鄂东的一些方言名词"枕"和动词"枕"只是词义构词。"行"作"行列"讲读平声;作"成行的东西,用于计量"讲,在一些北方方言中读去声,《元曲选·风光好》二折:"千般的波浪,诸余的事行。"音释:"行,霞浪切。"《倩女离魂》三折:"马头前两行朱衣。"音释:"行,霞浪切。"今北京话还有"树行子"[shù hàng·zi],读去声。但元代至今,许多方言采取词义构词的方式,

《元曲选·度翠柳》二折:"也则是这两行金线柳。"音释:"行音杭。"《连环记》二折:"上面有两行字。"音释:"行音杭。"

有些字原来是变调构词,后来配对词的词义分别维持下来了,但声调却混同了。也就是说,原来是变调构词,后来或者滋生词读成了原始词的声调,或者原始词读成滋生词的声调;尤以前者居多。其中有一个词的声调成为胜利者,另一个词的声调弃置不用了。在写成同一个汉字的变调构词的字中,有不少的配对词,或原始词的声调成为胜利者,滋生词后来改读原始词的声调;或滋生词的声调成为胜利者,原始词改读滋生词的声调,例如"胜""任"。现代各大方言都有这种情况,有时候甲方言保留原始词的声调,如北京话"听"读阴平;乙方言保留滋生词的声调,如湖北黄冈话"听"读阴去。这说明,汉民族的人民始终在许多配对的原始词和滋生词之间建立起音义上的联系。这是联想关系在起作用。这些配对的原始词和滋生词之间联系既然这样密切,那么我们是否应该放弃变调构词的看法,而把原始词和滋生词之间的联系看成一词多义呢?不能这样。上文已经说过,这些配对的原始词和滋生词之间词义和语音在古代确实存在过对立,这种对立只能看作是不同词的对立。而且,许多配对词的对立今天还沿用了下来,有的几乎不能引起今人把原始词和滋生词词义联系起来,例如"陈"和"阵","委"和"喂"。还有一个不能忽视的原因是,这些配对的词,我们之所以读成一个声调,是因为其中一个词保留了下来,另一个词消失了;这两个词历史上写成同一个字。于是人们自然拿保留下来的词的读音去读那已消失的词的读音。例如"饭"原始词词义是吃饭,上声;滋生词词义是吃的饭,去声。原始词今天消失了,人们自然拿滋生词读音去读它（"饭"的上声全浊上声变去声,后来跟滋生词同音,并不能证明人们是按原始词的读音读古书中动词的"饭",除非有特别的提示）。再如"衣""含"的滋生词消失了,人们自然会拿原始词读音去读它。原始词词义保留下来的多,滋生词消失的多,所以多保留原始词读音。汉语的变调构词是在单音词占绝对优势的时代出现的一种构词现象；与此相应,词义构词,音变构词是那时重要的构词手段。反映在说话人和听话人那里,人们习惯于在原始词和滋生词以及其他同源词的音义之间建立起联系。这也是中国历史上"声训"产生和流行的语言基础。后来虽然复合词构词法逐步占统治地位,但是这种心理机制不可能一下子消失；所以人们在变调构词的原始词和滋生词之间建立起密切联系不是不可以理解的。

四、论变调构词和变声构词、变韵构词的关系

有些音变构词,采用的是变声或变韵的方式,有的是采用变调的方式。但有些词的音变构词,既有采用变声或变韵的方式形成配对词的,又有采用变调构词来形成配对词的,从而形成复杂的局面。

同一个原始词,可以分别滋生出几个声调不同的滋生词。例如"重",原始词,义为重叠,读平声；由此变调构词,义为重量大,上声；又由平声一读变调构词,义为重复,加重,读去声。"重（重叠；

第二章　汉语变调构词的若干理论　395

平)：重(重量大；上)""重(重叠；平)：重(重复,加重；去)"分别构成配对词。"回",原始词,义为旋转,读平声；由此变调构词,义为环绕,读上声；又由平声一读变调构词,义为曲折,回曲,曲绕,读去声。"回(旋转；平)：回(环绕；上)""回(旋转；平)：回(曲折,回曲,回绕；去)"分别构成配对词。

同一个原始词,可以分别变调构词和变声构词,滋生出不同的滋生词。例如"引"原始词,义为牵引,读余母上声。分别变调构词,滋生出：(1) 出殡时牵引灵柩,余母去声；(2) 拉马前行的皮带,余母去声；(3) 小鼓,用以引导大鼓,字作"㧙",余母去声；等。又变声构词,义为牵牛的绳子,读定母上声(后变成澄母上声)。"解",原始词,义为对纠结、聚集在一起的东西进行分解,读见母上声。分别变调构词,滋生出：(1) 松懈,懈怠。后起字作"懈",读见母去声；(2) 除去,特指向鬼神祈祷消掉灾祸,读见母去声；等。又变声构词,纠结、聚集在一起的东西已经分开了,读匣母上声。

同一个原始词,可以分别变调构词和变韵构词,滋生出不同的滋生词。例如"行"原始词,义为道路,读[*$_c$ɣeɑŋ],不读[*$_c$ɣɑŋ],中古读户庚切,不读胡郎切。《诗·邶风·北风》："惠而好我,携手同行。"传："行,道也。"笺："与我相携持,同道而去。"音义："同行,音衡,道也。"《郑风·东门之墠》："东门之栗。"传："栗,行上栗也。"音义："行上,并如字。行,道也。《左传》云：斩行栗。"《左传·襄公十九年》："杞人,郳人从赵武,魏绛斩行栗。"注："行栗,表道树。"音义："行栗,如字。行,道也。栗,表道树。"所谓如字,即户庚切,《庄子·养生主》："官知止而神欲行。"音义："而神欲行,如字。"由作"道路"讲的"行"变韵构词,义为行列,读[$_c$ɣɑŋ]；由作"行列"讲的"行"变调构词,义为行辈,辈分,读[ɣaŋº]。由作"道路"讲的"行"词义构词,义为行走,走路,仍读[｡ɣeaŋ];由作"行走,走路"讲的"行"变调构词,滋生出:(1) 前往各地考察,巡视,读[ɣeaŋº],(2) 实际地做,实施,办,读[ɣeaŋº]。

当这些配对词中滋生词通过变声、变韵、变调的方式从原始词中滋生出来后,该滋生词可以取得原始词的资格,继续音变构词,滋生出新词。有的是变声构词。例如"重"作"重量大"讲读定母上声(中古为澄母上声),是作"重叠"讲读定母平声(中古为澄母平声)的"重"的滋生词。但它取得原始词资格后,进一步滋生出"皮肤,黏膜或肌肉等组织由于局部循环发生障碍,发炎,化脓,内出血等原因而突起,肿胀"一义,读章母上声,字作"肿";又滋生出"脚肿"一义,读禅母上声,字作"瘇"等。有的是变韵构词。例如"咽"原始词读真部平声,义为咽喉;滋生词读真部去声,义为吞咽。后来该滋生词取得原始词资格,读质部入声,有"噎",食塞,又作"咽";又有"咽",哽咽。有的是变调构词。例如"解",原始词,义为对纠结在一起的东西进行分解,读见母上声;滋生词,义为纠结在一起的东西已经分解了,读匣母上声。匣母上声的"解"取得原始词资格后,又滋生出"出现裂缝"一义,读匣母去声。

由此看来,变调构词跟变声构词、变韵构词的关系是复杂的(还有更为复杂的情况,这里不论),但有规律可寻。这种复杂的关系,又从一个角度表明,汉语史上的变调构词是汉语口语的反映,有悠久的历史,决非经师人为。如果是经师人为,就不易解释人为的根据,又不易解释读注的人是怎样把握这套人为的注音体系,那就不仅不会使读者对借助古注来读古书有涣然冰释之感,反而徒增从注音中绅绎出个别的意义并记住这些音义配合关系的负担。

五、论变调构词中原始词和滋生词的关系以及变调构词的分类

1. 论古人确定原始词和滋生词的原则

古人研究变调构词,已认识到原始词和滋生词的产生有时间先后的不同;但是古人一般只是把研究的范围限制在写成同一汉字的变调构词的配对词中。他们认识到原始词(即所谓如字)是初音,滋生词(即所谓破读)是转音。古人确定如字和破读的原则,可概括为三项:一曰字形的影响。《说文》是我国第一部全面分析汉字字形结构,确定字的本义的专著。此书自汉末以来,一直见重于士林。《经典释文》以后,"如字"的注音绝大多数跟《说文》本义相合,决非偶然。当然,古注家所注如字绝大多数跟《说文》释义相合,不一定说明注家抄撮《说文》的本义或本义的读音作为如字;相反,这种情况在很大程度上反映中古以前的人对一字多义现象中何为本义,何为引申义有近乎一致的看法。这既说明《说文》所定的本义大多具有科学性,又说明古注家对汉字形体之外确定何为如字有另外的原则。二曰实际语言的影响。如字往往是常用词,破读有的是常用词,有的是非常用词,如字的使用频率常常比破读的使用频率高;《经典释文》等训诂著作常常给破读注音,不注或少

注如字音,甚或只注"如字",读者也能心领神会,这说明当时人语感中最容易联想到的一个字是如字的音义,包括变调构词中部分原始词。当时经师很自然地把使用频率高的一读看作如字;就一般情况说,如字记录的那个音义,是属于基本词汇之列的,也属于原始词的范围。三曰对如字和破读音义发展关系的看法,包括体用问题。在这三项原则中,第二项是最主要的,所谓如字,就是指注家所认定的当时的通常读音。

一般地说,前人所定的如字,往往是原始词;该字其他的读音,如果意义跟如字有联系,则往往是滋生词。我们确定原始词和滋生词,一方面要继承前人的优秀成果,另一方面又不能囿于成说。如字和原始词,破读和滋生词,不是一一对应的。因为前人确定一个字的音义是否如字,主要是看其是否在当时常见;而原始词和滋生词的确定,是看哪一个是原始形式,哪一个是原始形式的滋生形式。原始词固然是常见音义,否则不可能变调构词;但是历史上有常用义转为非常用义,非常用义转为常用义的事实,而中古人注如字,又往往以中古的音义来定如字,跟上古的情况不尽一致。纯粹用《说文》的本义也有局限,因为《说文》中有少数字并非释的本义。我们今天应更自觉地从语言学的立场分析问题,自觉地利用比许慎看到的籀文、古文和篆文更早的甲骨文;不能完全拘泥于前人所定的"如字"和破读,自觉地树立起史的观念,注意变调构词的语音转化规律。

举例来说,中古人以"誉"的去读为如字,以平读为破读,是因为当时去声读法更常见,现代口语更只是保留去声读法;但从变调构词的观点看,应以平声音义为原始词,去声音义为滋生词。中古人以"数"的去声读法为如字,上声读法为破读,是因为当时去声读法更常见,所以后来作"几,几个"讲的"数"也由上声读成去声了;但从变调构词的观点说,应以上声音义为原始词,去声音义为滋生词。中古人以"度"的去声为如字,以入声为破读,是因为当时去声读法更常见,现代口语更只是保留去声读法;但从变调构词的观点说,应以入声音义为原始词,去声音义为滋生词。《说文》以"称也"释"誉",以"计也"释"数",其本义都是原始词词义。但《说文》以"法制也"释"度",这仍是滋生词词义,不是原始词词义,原始词词义应是作"量长短"的读入声的"度"。《说文》以读去声的作"谛视也"讲的"观"为本义,这不是原始词词义,原始词词义是作"有目的地看"讲读平声的"观",后者中古人注成如字。《说文》以读去声的"人及鸟生子曰乳"的"乳"为本义,这不是原始词词义,原始词词义是作"哺乳"讲读上声的"乳"。有时候,由于原始词和滋生词各有专字,《说文》均予收录,更需要我们利用词义发展的线索及变调构词的通则区分原始词和滋生词,例如,"宾,所敬也","傧,导也。摈,傧或从手";"取,捕取也","娶,取妇也";"贷,从人求物也","贷,施也"。

2. 论变调构词中原始词和滋生词的关系

变调构词中的原始词和滋生词,都有可能形成一词多义和词义构词的复杂局面;但是滋生词中至少有一个词义是从原始词的某一词义直接滋生出来。研究变调构词中滋生词和原始词的意义联系,首先必须全面分析原始词和滋生词各自的词义特点,找出滋生词的得名理据,弄清滋生词的哪一个意义是从原始词的哪一个意义直接滋生出来的,是如何滋生出来的。前人在这方面研究得很不够,他们有时对字形结构、词义的发展线索以及古书的证据没有给予充分的注意,历史观念还有欠缺。某一字的破读本来是从如字读法的甲义直接滋生出来的,却误认为是从如字读法的乙义直接滋生出来。例如"下""雨"的去声读法都分别从各自上声读法的动词义中直接滋生出来,却认为是从名词义中滋生出来。有时候以滋生词词义构词后进一步滋生出的词义作为是原始词直接滋生出来的。例如"将"读平声,义为率领,带领;滋生词,读去声,特指率领军队,而"将帅"这一名词义是"率领军队"一义词义构词的产物,而有人以"将帅"义为平声读法直接滋生出来。"陈"读平声,义为陈列;滋生词,读去声,特指摆开战阵,而"战阵,军阵"一义是"摆开战阵"一义词义构词的产物,而有人把"摆开战阵"一义看作平声,认为"战阵,军阵"一义是"陈列"一义直接滋生出来的。"守"读上声,义为防守,保卫;滋生词,读去声,特指作为官员的一种职责来负责防守,保护某一固定目标,由此词义构词,指官职,职守,引申指郡守。但有人以为滋生词中的名词用法是从"防守,保卫"一义直接滋生出来的。有时候对原始词和滋生词的词义联系注意不够。例如"首"的"自首"一义来自"人的头"一义,声调由上变去;但"自首"义何以能从"人的头"一义发展而来?前人注意不够。原来古人告状或自首是要叩头的,《资治通鉴·汉纪》十九:"延年服罪,重顿首谢。"可以为证。又如大家都说"劳"读去声作"慰劳"讲是来自读平声的"辛劳,辛苦"一义,这可算是因果构词。但没有人证明"慰劳"义和"辛劳,辛苦"义是否有关。其实古书有多方证据证明二义有关。今举数例。《仪礼·觐礼》:"(侯氏)北面立,王劳之,再拜稽首。"注:"劳之,劳其道劳也。"《周礼·秋官·大行人》:"三问三劳。"注:"劳谓苦倦之也,皆有礼,以币致之。"《礼记·内则》:"食子者,三年而出,见于公宫则劬。"注:"劬,劳也。士妻,大夫之妾食国君之子三年,出归其家,有以劳赐之。"音义:"劳赐,力报反。"《汉书·萧何传》:"上数使使劳苦丞相。"注:"劳音来到反。"《淮南王传》:"上以为贞信,乃劳苦之。"注:"劳音来到反。"

滋生词的几个意义,或者说读成同音的几个滋生词,彼此之间意义上可以没有直接的滋生关系;它们都可以是分别由原始词直接变调构词而来,只是由原始词变调构词的过程中,变调的方式相同,结果造成几个意义无直接关系的滋生词语音形式相同,这些滋生词之间形成同音词。一个原始词可以滋生出好几个滋生词,这几个滋生词之间可以读音不同,例如"重"的平上去三读,"回"的平上去三读;也可以读音相同。读音相同的,滋生词之间可以写成不同的汉字,例如,同是由"言语"的"言"滋生出来,"谚语"的"谚"写作"谚","对死者的亲属及其他遭遇不幸的人表示同情或慰问"的"唁"写作"唁",由"言"滋生出"谚""唁",都是采用改读平声为去声的方式,结果造成两个滋生词上古同音。滋生词之间也可以写成相同的汉字,例如"长"由"长短"的"长"滋生出"长度"的"长",又滋生出"多余的"的"长",都是改平声为去声,"长度"的"长"跟"多余的"的"长",是同音词。"高"由"从下到上距离大"的"高",分别滋生出"高度"的"高","崇尚"的"高","高度"的"高"和"崇尚"的"高"是同音词。"首"由"人的头"分别滋生出"头朝着"的"首","自首己罪或告发他人"的"首",都是改读上声为去声,"头朝着"的"首"跟

"自首己罪或告发他人"的"首",是同音词。"两"由"天然成双"的"两",分别滋生出"鞋緉"的"两"(后作緉),"车辆"的"两"(后作辆),都是改读上声为去声,"鞋緉"的"两"跟"车辆"的"两",都是同音词。"获"由"猎获,获得"分别滋生出"争着取得某物"的"获","射中目标"的"获",都是改读短入为长入,"争着取得某物"的"获","射中目标"的"获",是同音词。"塞"由"填塞,塞满"的"塞"(《说文》作窭)分别滋生出"隔塞"的"塞"(《说文》作塞),"充实"的"塞",都是改短入为长入,"隔塞"的"塞"和"充实"的"塞",是同音词。

另一方面,一个原始词,可以分别滋生出两个不同的滋生词;这两个滋生词所表达的概念相同。换个说法来表述:假定有一个原始词A,先滋生出一个新词B,后滋生出一个新词C,B和C词义相同。B和C可以说是同源词,但不能说C是B的滋生词,他们分别是A的滋生词。即:A>B;A>C。B和C是两个不同的词,可以产生于不同的时代,但又可以共存于一个共时的语言系统中。例如,"去"(离开;去声)>"去"(使离开,除去,去掉;上声)——"去"(离开;去声)>"祛"(使离开,除去,去掉;平声);这是属于变调构词。"封"(帝王把土地赐给亲属或人臣作为领地或食邑,划定封疆;帮母,平声)>"封"(所封的领地,封建时代的邦国;帮母,去声)——"封"(帝王把土地赐给亲属或人臣作为领地或食邑,划定封疆;帮母,平声)>"邦"(所封的领地,封建时代的邦国;帮母,平声);前者属于变调构词,后者属于变韵构词。"背"(脊背;帮母,长入)>"负"(用脊背驮;并母,上声)——"背"(脊背;帮母,长入,去声)>"揹"(用脊背驮;帮母,平声);前者属于声韵调都发生转换的复杂的音变构词,后者属于变调构词。

由此可见,一个原始词可以构造好几个不同的滋生词,这几个滋生词可以利用同一个声调。从语义上说,这些滋生词之间可以表达完全不同的语义,决不能用某一个所谓的抽象的语法意义来概括,声调决不是某一个语法形态的标志;另一方面,这些滋生词之间可以表达相同或相近的语义,但是具体的构词方式不同。这说明,相同或相近的语义可以用不同的构词方式来表达。这也应该用构词法来加以解释才能圆满解决。从这个角度看,这种"两声各义"现象是构词法,不是构形法。

由于原始词和滋生词词义相关,它们又都可以发展出相关的新的词义,所以有时候原始词和滋生词又都可以发展出相同或相近的词义。例如,"背"读去声,作"脊背"讲是原始词,由它变声构词,发展出"背叛,违背"一义;"负"读上声,作"用脊背驮"讲是"背"的滋生词,由它词义构词,也发展出"背叛,违背"的意思。这在变调构词中也有可能出现。这种词义发展现象,也只有把"两声各义"处理为构词法才能得到合理的解释。

认识到变调构词中原始词和滋生词之间音义关系的复杂性,对于认识变调构词的性质以及从前人音义中归纳出一个一个的变调构词的音义情况,都有重要意义。

3. 论变调构词的分类方法

前贤把变调构词分为两大类:区别词性的和区别词义的。但是前贤或者没有把我们所谓的变调构词升华到构词法的高度;或者认识到是一种构词法，却没有作深一层的思考。我们既然自觉地把所谓的四声别义上升到构词法的高度，因此就希望通过构词的观点来解决变调构词的分类问题。

前贤从变调构词中区分出区别词性的一类，固然不错；但是没有抓住变调构词的本质。变调构词本质上是一种构词现象，原始词和滋生词是不同的词。从理论上说，汉语的每一个词都有自己的语法功能，所以都可以归入各个相同或不同的词类。变调构词的原始词和滋生词，有些可以把二者归入相同的词类，有些可以把二者归入不同的词类。关于前者，大家都注重原始词和滋生词的意义之别，叫做区别词义；关于后者，大家往往只看重原始词和滋生词的语法功能之别，叫做区别词性。其实后者最主要的也是意义之别；意义有别的词，语法功能也可以有不同。

常常有这种情况：某字读甲调时属 A 类词，读乙调时属 B 类词。但是读甲调时，又可以在原来 A 类词的基础上附加某些意义，临时活用为 B 类词，或滋生出 B 类词。例如，《左传·僖公二十六年》："凡师，能左右之曰以。"注："左右，谓进退在己。"音义："左右，并如字。"这里"左""右"都处在动词的地位上，但不读去声，"左""右"分别指"使往左""使往右"；"左右"指能调动军队。《礼记·檀弓下》："子卯不乐。"注："王者谓之疾日，不能举乐。"这里"乐"理解为举乐，作动词用，仍读成音乐之"乐"，既不读成快乐的"乐"（卢各切），又不读成爱乐之"乐"（五教切），尽管二者皆为动词。同样，在读乙调时，又可以在原来 B 类词的基础上附加某些意义，临时活用为 A 类词，或滋生出 A 类词。例如《左传·哀公元年》："器不彤镂，宫室不观。"注："观，台榭。"音义："不观，古乱反。

注同。"这是"台观"的"观"作动词,仍读去声。"道",本名词,上声。滋生词,义为使人在道路上走,引导,去声;由滋生词词义构词,义为向导,名词,《汉书·张骞传》:"遣骞,为发译道。"注:"道读曰导。"这种情况甚多。它们表明,词性的变化只是构词现象的一种副产品,词性转化过程中,词义起了决定作用。

有的原始词,既可以滋生跟它同词类的滋生词,又可以滋生出跟它不同类的滋生词。这种情况下,也难于笼统地说原始词和滋生词的区别是在词性上。例如"数",原始词,义为——列举,计算,动词,上声。滋生词,义为——列举人的罪过而加以责备,谴责,去声,也是动词;又由原始词滋生出"数目,术数,历数"一义,也读去声,是名词。如果认为"数"原始词是动词,滋生词是名词,就会失之片面;如果认为"数"的滋生词一个是名词,一个是动词,从而得出"数"由上声读法滋生出新词时,有的区别词义,有的仅区别词性,就会失之于割裂。

因为变调构词本质上是利用声调的转换构造跟原始词词义有联系的新词,所以我们主张根据词义的发展线索来分类。王力先生《同源字论》三"从词义方面分析同源字"讲到义近同源词的各种关系,列举有:(1)凡藉物成事,所藉之物就是工具;(2)对象;(3)性质,作用;(4)共性;(5)特指;(6)行为者,受事者;(7)抽象;(8)因果;(9)现象;(10)原料;(11)比喻,委婉语;(12)形似;(13)数目;(14)色彩;(15)使动;共15种,是通过同源词之间意义的区别来分析同源词之间的意义关系;变调构词也可借鉴这种方式来进行。不过王力先生的分类着眼于同源的词与词之间的意义联系,变调构词的分类着眼于原始词和滋生词之间的意义联系,分类可以有不同。另外有些类别似可以加进去,如"意动构词","好""恶""高"等即是;"被动构词","闻""见""伐"等即是。有人把去声拟为[-s]尾,并把这个[-s]看作后缀,这是不对的。事实上,去声仅仅用来区别意义,变调构词中,原始词和滋生词之间词义的区别决不是用词缀的几种意义所能概括得了的。

六、论上古汉语已有变调构词

1. 从汉魏经师音注论上古后期已有变调构词

上古汉语有无变调构词,是一个十分重要但又十分难以解决的问题,这个问题的解决对正确地认识上古语言系统和汉语的历史发展有着重要意义。尽管清人有人认为上古已有变调构词,但是占绝对优势的是古无变调构词说。随着汉语史研究的日趋深入,使我们能更清楚地从变调构词跟上古语音、词汇、语法系统的关系以及上古汉语和中古以后汉语的递嬗轨迹中进一步得出合乎实际的结论。这里把上古汉语分为前期和后期两个阶段,上古前期汉语指周秦时代的汉语,后期汉语指两汉时代的汉语。

变调构词不是经师人为,而是汉语口语的反映。有些字的变调构词,在后代只保留在读书音中,但它们在原来是活跃在汉语口语中的。六朝经师的音注及六朝韵文已大量反映变调构词现象,说明六朝时期口语及书面语中有大量的变调构词的配对词存在。

这种现象的存在，又促使人们进一步推测，六朝的变调构词是承续上古而来。把汉语语音、词汇、语法从上古到中古发展的事实升华到理论的高度，自然会得出这一结论。这且不说，上古后期的一些材料直接反映出上古后期口语中存在着变调构词。其中一项证据，就是汉魏时期经师作的音注。

汉代的音注是我们今天见到的最早音注，其中就反映了不少变调构词现象。清代有的学者在注解古书或寻求古书的条例时，已注意到这一现象，并认识到汉代已有变调构词。据《古汉语语法学资料汇编》第一部分《词论》三《动字和静字》所引，王筠《说文句读》："然动静异读，已萌芽于汉。何邵公与许君同时，其注《公羊》曰'读伐长言之''读伐短言之'，虽因《传》两言伐云无所区别而为此说，然已为吕忱之先声矣。"《说文释例·读若本义》："字音随义而分，故有一字而数音数义者。第言读若某，尚未定为何义之音，故本其义以别之。"

真正以专题形式通过汉魏音注较为全面地证明汉代有变调构词（包括周祖谟先生所说的"四声别义"）的，首推周祖谟先生《四声别义释例》一文。文中搜集了"渔、语、为、遗、难、劳、任、量、阴、与、子、比、下、假、借、被、走、过、数、告、巧"共 21 个反映有变调构词的汉代音注材料，证明汉代已有变调构词。严学宭先生《释汉儒音读用本字例》，共举 59 个例子证明汉代已有音变构词，包括变调构词。周、严两家所举例证，有少数涉及声母的转换，还不是我们所说的变调构词；但他们都以铁的事实证明，汉代经师音注中，反映出汉代已有变调构词。杨伯峻先生《破音略考》一文，虽然认为周秦时代没有"破音"情况，但他举出"逢、伐、居、示、得（登）、人"诸字,认为"破音之例,前汉似已开其端(《公羊》汉初始著竹帛)。逮后汉郑玄注《礼记·檀弓》云:'居读如姬姓之姬。'又注《中庸》云:'人读如人相偶之人。'则尤可为破音之证",其中"伐"就属于变调构词。黄侃《声韵略说·论反切未行以前之证音法》认为,汉人有"一字两音者",并在其中"有即用同字音之者"下举了"《史记八·索隐》引韦注:告,音告语之告"等数例,指出,"案此类,即后来一字异声,一字异纽,一字异韵之起源"。所谓"一字异声",指的是一个字有不同声调的读音,"或平,或上、去、入"。他举的例子中,有的就是我们所谓的变调构词,例如"告"字。

利用汉人音注证明汉代已有变调构词,这里采用了考据的方法。诸家都看出,汉人音注中"A 音 AB 之 A"这种注音,只能理解为 A 有辨义的异读;况且这个 A 一直到中古还有许多仍保留有辨义的异读。正说明中古汉语的变调构词跟上古汉语一脉相承,决非巧合。也有"A 音 BC 之 B"这种注音,也反映出 B 有辨义的异读。这点段玉裁也注意到。《说文》"鰲"下注:"《吕氏春秋》《淮南鸿烈》高注,每云:'渔读如论语之语','读如相语之语',寻其文义,皆由本文作'鱼',故为读若以别诸水虫。《周礼音义》'獻'本作'鱼',又音御,御音即高氏之'语'音也。"不管段氏主观上如何辩解,客观上他至少承认"鱼:渔"在东汉是变调构词的。

表面看来,东汉跟六朝时代相距不远,诸家只是把顾炎武等人确定的"两声各义"产生的时代由六朝向前推进了一二百年,似乎意义不大。其实不然。众所周知,传统上一直把东汉之前看作上古,六朝看作中古。清代朴学从顾炎武起,即对六朝的学风深致不满,推崇东汉以前的学风,认为东汉以前为学是崇实的,六朝为学是务虚的。如果"两声各义"是中古经师人为的,那正可说明六朝经师好为新奇之说;如果"两声各义"在汉代经师音注中已经出现,所谓"经师人为"说,就站不住脚了。所以,诸家提出的东汉甚或西汉时即已出现"两声各义"的主张,是对顾炎武等人提出的六朝经师人为说的主张一种认识上的飞跃,为我们进一步上溯变调构词的起源奠定了良好的基础。连带着,不见于汉代经师音注但见于六朝经师音注的变调构词的具体配对词,我们也不能遽然断定是六朝经师人为。当然,诸家的证据多限于汉魏经师的音注,论证上古后期已出现变调构词的角度还是少了;如果结合其他材料,更可以证明诸家得出的基本结论是不可动摇的。

2. 从汉魏韵文论上古后期已有变调构词

上古后期已有变调构词,不唯汉魏经师音注可以为证;汉魏韵文,都大量地反映了这一语言现象。例如汉魏韵文中,"塞、贷、思、治、使、喜、识、右、好、守、受、号、高、操、教、乐、道、呼、污、誉、乳、与、夏、如、渔、度、去、作、恶、射、聚、炙、取(娶)、数、处、语、疏、舍、雨、欲、能、除、下、左(佐)、过、厚、施、知(智)、解(懈)、帅(率)、刺、易、执(贽)、遗、出、比、视、说、契、应、胜、重、养、将、上、王、量、藏、盛、听、争、平、正、监、论、令、饭、环、观、前、散、间(涧)、难、仰、闻"等字,都相当严格地反映出上古后期汉语口语中的变调构词现象。可惜的是,顾炎武等先儒对这一大宗材料没有引起足够的重视,往往因几个字在上古韵文中有例外押韵,又凭古注的注音不一来断定某一字两声各义是经师人为,而且对古注的分析也不够全面深入,因而得出的结论是片面的。

从汉魏韵文看,上古后期已有变调构词无可置疑。六朝经师音注中"两声各义"的字,只要是汉魏韵文能押上韵的,都能证明它们的音注跟比它们时代要早一些的汉魏韵文所反映的变调构词的具体情形是一样的:一、有些字,经师的音注有两个以上的读音,而且意义不同,但有联系,汉魏韵文的反映也常常如此。二、有些字,经师的音注有两个以上的读音,而且意义不同,但有联系,汉魏韵文或原始词入韵,或滋生词入韵,跟经师音注反映出来的原始词或滋生词的音义配合关系常常一致。

读汉魏韵文,必须全面掌握材料,正确对待所谓例外,不以例外否定通例。在个别情况下,某一个具有变调构词的字,按词义讲是原始词,却按滋生词的音来叶韵。这种情况,即使是一些两声各义区别甚严的字也难免。例如"语"作"谈论,说"讲读上声,词义构词义为言论,话;作"告诉"讲读去声。但是《易林·咸之颐》叶"语('华言风语'),误,事,故",却是"言论,话"一义叶去声。作者不以文害意,上声也可以跟去声相叶了。中古也有类似情况。例如苏轼《渼陂鱼诗》:"烹不待熟指先染。""染"取原始词词义,应读上声(参《左传·宣公四年》音义),但苏轼却依滋生词读音,跟"剑,闪(此依《广韵》读去声),染,堑,店,僭,欠,砭,赡,酽"叶去声。苏轼在这里取原始词词义,滋生词读音来入韵。

相反的情况也有。某一个具有变调构词的字,按词义讲是滋生词,却按原始词的音来叶韵。有的可能反映了滋生词的音读成了原始词的音。例如"麾"作"用以指挥的旌旗"讲读平声,作"挥动旗帜以招唤人"讲读去声,但《淮南子·兵略》叶"波,为,麾('故鼓鸣旗麾'），虺"，却是滋生词叶平声了。有的只是例外。例如"发难"之"难"读去声，《史记·项羽本纪》："天下初发难时，假立诸侯，后以伐秦。"正义："难，乃惮反。"《史记·自叙》叶"难（'楚人发难'），乱，嬗"，正叶去声。但《史记·自叙》："天下之端，自涉发难。""难"跟平声"端"叶。从上古韵文及汉人音注看，"难"已是平去构词了；"端，难"叶韵，只能看作例外。韵文中，韵部相近者间或可以合韵；原始词和滋生词只是声调有异，古人不以文害意，不同声调的字固然没有同调相叶者来得十分和谐，但也算是和谐的，当然可以相叶。承认了这些事实，就不会以例外否定通例；通过韵文来研究上古后期汉语的变调构词，就会使研究工作走上坦途。

唐宋韵文用韵也有例外，但反映汉语是变调构词的；用研究唐宋韵文变调构词的同样方法，去研究六朝韵文的变调构词，只能得出，六朝韵文反映当时汉语是变调构词的；再一步步往上追溯，用研究六朝韵文变调构词的同样方法去研究上古后期韵文，也只能得出，上古后期韵文反映当时汉语是变调构词的。研究上古前期韵文是否反映当时有变调构词，也可以用这种方法逆推。但是必须树立正确的历史观，区分好一般与例外。

通过韵文研究变调构词，首先必须弄清楚原始词和滋生词在声调和词义上的真正区别。如果我们知道"重"作"重量大"讲是读上声，而不是读去声，就不会把《淮南子·兵略》中"重，恐，动"相叶，《泰族》中"重，动"相叶，看成是去声自叶或上去合叶了；如果我们知道"雨"读去声是及物动词，而不是不及物动词，不及物动词"下雨"义是读上声，就不会把无名氏《洛阳令歌》"雨（'天久不雨'），所，苦，雨（'滂沱而雨'）"这组韵脚字的"雨"拿来作否定它上古后期上去构词的证据了。其次还必须仔细分析某一具有变调构词的字在上下文中到底是作原始词用还是作滋生词用。例如"恶"作"不好,丑恶"讲读短入,作"不喜欢,厌恶"讲读长入。汉赵王刘友《诸吕用事兮歌》:"我妃既妒兮诬我以恶,谗女乱国兮上曾不寤。"其中"恶、寤"叶韵,顾炎武以为这个"恶"是"不好,丑恶"义,所以他说"此美恶之恶而读去声",作为否定"恶"上古汉语变调构词的一个重要证据,则"诬我以恶"理解为拿不好的话来冤枉我。但是这个"恶"完全有资格理解为厌恶,讨厌,"诬我以恶"即因我不喜欢她而冤枉我。"以"字结构表原因应在动词之前,这里为叶韵需要而置于动词之后。《汉书·高五王传》:"友以诸吕女为后,不爱,爱它姬。诸吕女怒去,谗之于太后曰:'王曰"吕氏安得王? 太后百岁后,吾必击之"。'……赵王饿,乃歌曰。"刘友诗中"恶"训为"厌恶,讨厌",跟《汉书》记载正相吻合。这个"恶"是长入,跟去声"寤"调值近,是长入和去声相叶,不是短入和去声相叶。由此看来,此例反而是证明"恶"长入短入构词的佳证。

3. 从语音的变化论上古汉语已有变调构词

上古后期已有变调构词,前面已得到确证。那么变调构词现象是上古后期开始出现的,还是前有所承? 回答是后者。上古后期,变调构词的具体配对词大量出现,决非一朝一夕造成的,而是前有所承。首先,我们利用内部拟测法,进一步证明上古汉语已有变调构词。

一些属于变调构词的字,直到中古还只是声调之别;这些字集

第二章 汉语变调构词的若干理论

中反映在阴声韵和阳声韵中。例如"衣"平去两读分别是 ˪ⱼəi 和 ⱼəiᵓ,"好"上去两读是 ˪xɑu 和 xɑuᵓ;"观"平去两读分别是 ˪kuɑn 和 kuɑnᵓ,"枕"上去两读是 ˪tɕɐ̆m 和 tɕɐ̆mᵓ,"强"平上两读分别是 ˪gɪɑŋ 和 ˪gɪɑŋ。有些去入交涉的变调构词的字,入声除了韵尾和声调跟去声配对词不同外,声母和韵母的介音及主元音跟读阴声韵的配对词相同。例如"契"的入去两读中古音分别是 k'iet₀ 和 k'ieiᵓ;"结"入去两读中古音分别是 kiet₀ 和 kieiᵓ;"织"入去两读中古音分别是 tɕɪək 和 tɕɪəᵓ。

但是有些属于变调构词的字,入声跟它配对的读去声的字,连韵母的主元音在中古音中也不同;而它们在上古声韵完全相同,只是声调有别。举例如下:

例字	配对词的上古音	配对词的中古音
度	* dăk : * dāk	dɑk : duᵓ
涤	* diə̆uk : * diə̄uk	diek : dieuᵓ
缚	* bĭwăk : * bĭwāk	bĭwak : bĭuɑᵓ
责:债	* tʃĕk : * tʃēk	tʃæk : tʃaiᵓ
积	* tsĭĕk : * tsĭēk	tsĭek : tsĭeᵓ
白	* beăk : * beāk	bɐk : baᵓ
炙	* tɪ̆ăk : * tɪ̆āk	tɕɪek : tɕɪaᵓ
塞	* sə̆k : * sə̄k	sək : sɒiᵓ
获	* ɣoăk : * ɣoāk	ɣwæk : ɣwaᵓ
恶	* ăk : * āk	ɑk : uᵓ
觉	* keə̆uk : * keə̄uk	kɔk : kauᵓ
肉	* n̦ɪ̆uk : * n̦ɪ̄uk	ȵɪuk : ȵɪəuᵓ

足	* tsĭwŏk: * tsĭwōk	tsĭwok:tsĭuᵒ
宿	* sĭŏuk: * sĭōuk	sĭuk:sĭəuᵒ
帅	* ʃiwɒ̆t: * ʃiwɒ̄k	ʃiwěk:ʃwiᵒ
逐	* ɖĭŏuk: * ɖĭōuk	ɖĭuk:ɖĭəuᵒ
欲	* ʎĭwŏk: * ʎĭwōk	jĭwok:jĭuᵒ
籴:粜	* diŏuk: * diōuk	diek:tʻieuᵒ
乐	* ŋeăuk: * ŋeāuk	ŋɒk:ŋauᵒ

这样的例子在入声韵跟阴声韵交涉的配对词中俯拾即是，这里只是随手所举的19个例子。在"配对词的上古音"一栏中，读短入的原始词和读长入的滋生词声韵完全一样，只是声调有短入和长入之别。当然，既然短入和长入有音长的分别，反映在韵母上，韵母的音色可能会有所不同。读短入时，韵母会读得短一些；读长入时，韵母会读得长一些。但是韵母读音上的这种长短之别，是由声调带来的，只是声调的一种伴随特征，在音位上互补而非对立，对立是在声调的长短上。事实上，即使现代汉语北京话中，韵母也因声调调值的不同，有着不同的音长。例如 ma,a 在读上声时比在读平去声时长了许多；pən,ə 在读上声时比在读平声时长些；ai,a 在读上声时总比读别的声调长些；pan,n 在上声为最长，读平声时短了许多，读去声更短。我们并不因为北京话中 a,ə,n 等音素因声调调值不同而有不同的长短，就把不同声调里的 a,ə,n 等处理成不同音位；同样，上古汉语中组成韵母的各个音素也不能因短入和长入的不同音位。所以"配对词的上古音"一栏中，原始词和滋生词的区别只在声调上，声母和韵母都是一样的。

在"配对词的中古音"一栏中，读入声的原始词和读去声的滋生词不仅声调不同,而且韵母的主元音和韵尾都相差甚远。变调构词中原始词和滋生词,应该是在声韵完全相同的时代,而不是在连韵母都相差甚远的时代形成配对的。结合其他资料,可以认为,这种声韵完全相同而形成原始词和滋生词配对的时代是在上古;后来因为塞音韵尾和声调对前面元音的影响,使前面的元音发生改变,于是原始词和滋生词的韵母中元音变得不同,长入的塞音韵尾也逐渐失去了。入去配对词中,原始词和滋生词主要元音不同的时代是在中古。如果变调构词是六朝以后经师人为的话,他们就应该结合当时音系的特点,使原始词和滋生词韵母相同,使声调有所改变,或者使入声字的入声韵尾脱去;没有必要使声母变得大不相同。如果把六朝以后经师"人为"的原始词和滋生词的读音分别推到上古音,它们刚好是声调之别,声母和韵母是相同的。这种现象绝非巧合。合理的解释只能是:变调构词中,入去配对词的韵母上古相同,后来经过各自的演变途径而在经师所处时代变得不同了,所以他们只能被动记录这种入去配对词韵母已有不同的语言事实。从语音变化看,变调构词产生于上古。

例外音变的研究,可以帮助我们了解变调构词的出现时代。这里举两个例子。"籴:粜"上古音和中古音分别是 *diǎuk : *diāuk 和 diek : tʻieu,中古声母也不同。有理由相信,"粜"原来读 d-,读 tʻ-是中古以后例外音变造成的。《广雅·释诂》三:"调,卖也。"这个"调"记录的是"粜",《广韵》读徒吊切。"调"借作"粜"是音同假借,而非音近假借。《史记·货殖列传》:"屠牛羊彘千皮,贩谷粜千钟。"集解引徐广:"出谷也。粜音掉。"徐广是晋人,其注音中仍保持 d-的读法。集解是刘宋裴骃作的,他采用徐说而无异辞。把"枲"读成 t'-，大约是六朝齐梁以后出现的例外音变。"枲"的例外音变，不可能是突然出现的，而是先从少数人开始而逐步得到社会承认，才被齐梁以后注家笔之于书的。在此之前的d-读法，一定是活跃在更早的口语中，事实上，《说文》已有"枲"字，应读d-，不读 t'-。"枲：枲"的变调构词显然出现于上古；齐梁以后，由于声母例外音变，就不是纯粹的变调构词。

还可以从阴声韵和阳声韵的例外音变看出有些字的变调构词出现于上古。这里举"能"字为例。"能"的原始词义为有能力做到，据《广韵》，中古音是 $_c$nəŋ；滋生词词义为经受得了，禁得起，中古音是 nɒi°。如果不考虑例外音变，把《广韵》音逆推到上古，原始词和滋生词读音分别是 * $_c$nəŋ：* nəŋ°，韵母不同。其实"能"上古只是阴声韵，其原始词和滋生词读音分别是 * $_c$nə：* nə°，只是声调有不同。顾炎武《音学五书·唐韵正》下平声"能"字条已考证出："江左以降，始以方音为奴登反。"共同语中，"能"的平声由阴声转为阳声，要晚于方音。由此可以推定，如果"能"的滋生词由原始词滋生出来时，只是变调构词，声母和韵母都没有发生变化的话，则其变调构词一定发生在原始词读 $_c$nəŋ 之前，况且原始词和滋生词中古音 $_c$nəŋ：nɒi°，韵母相差太远。只有把它们的变调构词定在上古，才能解释清楚"能"变调的轨迹。

4. 从词义的演变论上古汉语已有变调构词

从理论上说，变调构词中的滋生词能从原始词中滋生出来，是社会需要用词的方式把滋生词所表达的概念在语言中固定下来。

如果滋生词在某个时代成了"古语词",这个时代一定不会是变调构词中滋生词产生的时代,滋生词应该是在它成为古语词的时代以前产生的。

有的滋生词在汉代已成为"古语词",那么其变调构词应是在汉代以前产生的。这在反映上古前期礼制文化的词中反映得特别明显。例如"毛"作"选择毛色单纯的牲畜"讲读去声,这是周代以前礼制生活的一个重要词语,到六朝,择牲之风的文化意义逐步淡化,其变调构词不可能出现于六朝。"委"作"聚集起来的禾米薪刍等物,用来赒济人或供人在道上取食和喂牲口用"讲读去声,也是反映了周代以前的社会生活,其变调构词不可能出现于六朝。"引"作"出殡时牵引灵柩"及"牵引灵柩的绳子"讲读去声,反映了上古前期的丧葬礼制,这种制度汉代已名存实亡了。《仪礼·既夕礼》:"属引。"注:"引,所以引柩车,在轴緧曰绋。古者人引柩。"音义:"引音胤,又如字。"疏:"言古者人引,则汉以来不使人引也。"又"棟"也是由读上声的"引"滋生出来的,读去声。《说文》作䤷:"击小鼓引乐声也。"唐韵:"羊晋切。"《周礼·春官·大师》:"令奏鼓棟。"注引郑司农:"小鼓为大鼓先引,故曰棟。棟读道引之引。"音义:"棟,音胤……道引之引并音胤。"这也是先秦重礼乐的时代发展出的一个词,到汉代,连通儒对它的词义也有不同的解释,这说明"棟"汉代已成为古语词。

有的滋生词汉代仍沿用,六朝时代已成为"古语词",那么其变调构词产生于六朝以前。例如"子"字,滋生词词义是"子育下民",读去声。周祖谟先生《四声别义释例》证"子"汉代有去声一读。但去声一读在六朝除保留在经师音注之中外,口语中已成了古语词。

张永言先生主编《世说新语辞典》"子"列有 12 种用法,张万起先生《世说新语词典》"子"列有 7 种用法,均无动词用法。"子"去声读法所联系的概念六朝时代已被上古早已出现的同义词"爱""养""字"(跟"子"声调和韵母同,但声调不同)等词取代了,"子"的滋生词成为"古语词"。

有的滋生词中古还没有完全成为"古语词",但是有其他的同义词逐步取代其地位,有衰亡的趋势;而该滋生词一定是它使用最兴盛时形成声调转换的,在使用处于衰亡的时代,它是不可能变调构词的。例如"衣"滋生词,义为"穿衣服",读去声。上古尽管有"服"等少数几个词也可表达这一概念,但"衣"处于绝对地位。东汉以后,新起的"著""穿"(以"著"占优势)逐步取代它的地位;六朝,"著"居于统治地位,"衣"的滋生词逐步不用了。《世说新语辞典》"衣"作"上衣"讲 2 次,作"衣服"讲 38 次,作"穿衣服"讲仅 1 次(《世说新语词典》亦为 1 次),而且是引用孔子的话;相反,"著"作"穿,戴,佩带"讲用例达 28 次(《世说新语词典》是 27 次)。"衣"作"穿衣服"讲六朝显然处于衰颓的趋势,其变调构词应产生于上古。

先秦出现的变调构词的某些滋生词在六朝处于衰颓的趋势,《经典释文》反映得很明显。《条例》云:"文字音训,今古不同。前儒作音,多不依注。注者自读,亦未兼通。今之所撰,微加斟酌。若典籍常用,会理合时,便即遵承,标之于首。"所谓"文字音训,今古不同",包括变调构词中滋生词读音,原来是有破读音的,后来有一些在陆德明时混同于如字音了。有些滋生词的音义六朝口语仍沿用,陆氏无疑标之于首,例如"骑",且不注出平声读法作为其异读;有时注出异读,那往往是对上下文词义有不同理解,如"好"

"恶"。有些滋生词音义六朝口语逐步不用了,陆氏有时着重"会理"的一面(反映在变调构词中,即符合滋生词本来读音的情形),仍以破读置前,兼注如字,有时只注破读;有时着重"合时"的一面(反映在变调构词中,即滋生词本来读音消失后的"今读"),以如字置前,破读音置后,有时只注如字。这是造成《经典释文》注音分歧的一个重要原因。这种现象表明,变调构词现象以及反映这种现象的许多具体的配对词,不是六朝出现的,而是上古的产物;六朝反而是变调构词出现衰颓的时代。当然,也有的滋生词词义六朝仍沿用,但由于语言的原因,滋生词读成了原始词的音;例如"观"的"观赏"一义,本读去声,六朝后期有读成平声的趋势,陆德明注音有所反映。

有些滋生词词义后来不用了;但由它取得原始词资格后,词义构词所产生的新词,其音义后代仍沿用,由此可推,由原始词直接滋生出来的那个词上古已是变调构词。例如"陈"作"军队列阵"讲读去声,此音义今不用,但其滋生词"战阵,军阵"今仍读去声,可推"军队列阵"的"陈"上古读去声;"将"作"率领军队"讲读去声,此音义今口语不用,但其滋生词"将领"今仍读去声,可推"率领军队"的"将"上古读去声。"冠"字,作"戴礼帽"讲读去声,此词今不用;但由此词滋生出的"位居第一"一义,前人注去声,今仍读去声,此义至晚秦汉间即已出现;况且"戴礼帽"的"冠"是周代以前礼制社会产生的一个词。由此可见前人把"戴礼帽"的"冠"注成去声非人为,而是来自上古。魏晋韵文此义正叶去声。例如潘尼《赠司空椽安仁》叶"冠('表奇髫龀,成名弱冠'),焕,散,翰",更可证"冠"平去构词上古已然。

5. 从语法的发展论上古汉语已有变调构词

一个词除了以语音形式作物质外壳跟词义联系起来外,还处在语言的结构组织之中。语言的结构组织具有共时性。当语言的结构组织由一个共时系统发展到另一个共时系统时,处在语言结构组织中的词也会发生相应的变化,以适应新的共时系统,从而保证社会交际正常进行;一种语言的共时结构组织具有系统性,系统的改变对组成结构组织的符号"词"有影响。当然,词的构造方法的变化也影响到语言系统的变化。

研究语言,应该把共时系统摆在十分重要的地位。有时候,甲种语言表达语法语义关系采用语法手段,但乙种语言却采用词汇语义手段。这一层意思,索绪尔《普通语言学教程》第二编第七章《语法及区分》中作了很好的表述:"乍一看来,词典里所登记的词似乎不在语法研究之列,因为语法研究一般只限于各单位间的关系。但是人们马上看到,这些关系中有许多既可以用词来表示,也可以用语法手段来表示。"(见高名凯译本)索氏并且举例证明,表达同样一个意思,在同一个语言里,既可以用词汇手段,也可以用语法手段;或者在一种语言里用词汇手段,在另一种语言里用语法手段。由此可以推断,表示同样的语法语义关系,同一种语言的不同历史时期,可以采用不同的手段。汉语语法从构词法、词类、句法三方面的变化,都能证明上古汉语已有变调构词。

先看构词法。郭锡良先生《先秦汉语构词法的发展》一文论证,汉语的词义构词、音变构词,都产生在结构构词之前。如果我们采用清儒的意见,认为上古汉语没有音变构词,并且把音变构词看作是中古兴起的构词现象,那么只能设想汉语构词法的历史发展途径是:远古至上古时期,殷商时代,通行词义构词,在旧有单音词基础上滋生出新的单音词;周代,通行双音节的音变构词、结构构词。中古时期,不完全沿着复音化的途径大量产生复音词,而是在复音化构词的趋势之外,在原来单音节的基础上,凭借汉语音节声韵调三要素,利用音变构词手段,再来构造单音词。这种设想,既不合事实,又不合汉语构词法的趋势。即使承认上古有变声构词和变韵构词,到中古才出现变调构词(最早把变调构词上推到东汉)也不行。汉语单音节结构由声韵调构成,上古已然。声调是在单音节占绝对优势的时期产生的,所以即使是没有意义的单音节字,也有声调;双音节的单纯词,例如联绵词,不是两个音节共一个声调,而是每一个音节有一个声调。上古以前的汉语单音节占绝对优势,所以上古汉语无疑有声调。上古如果只有变声构词和变韵构词,没有变调构词,不是很奇怪吗?对于有些滋生词来说,中古或者受其他更常用的同义的单音词排挤,或者受其他同义的复音词排挤,在此情势下再利用原来的词来改变声调成为变调构词的一员,那是难以取信于人的:这个滋生词,在它行用时只是词义构词,在它地位受到排挤时却变调构词,这是不合历史发展的逻辑的。例如"阴"有去声一读,是滋生词读音。汉语很早就有"依荫""庇荫""荫映""荫覆"一类的复音结构,并有后起字"廕""荫"。不能设想,上古"阴"作"遮盖,庇荫"讲是词义构词,那时"荫"(阴,廕)已出现结构构词;到了中古,人们不再理会"依荫""庇荫"一类有取代"遮盖,庇荫"一义的"阴"(荫,廕)之势的复音结构,又把作"遮盖,庇荫"讲的单音词"阴"的声调加以改变,使它跟业已行用的"依荫""庇荫"一类复音结构形成同义。从构词法说,只能认为,单音节的音变构词(包括变调构词)作为构词现象,应该产生在结构构词之前。起先人们使用音变构词(包括变调构词)的手段来创造新词,后来采用结构构词的手段来创造新词;尽管有时造出的是同义词,但前者是词汇手段,后者是语法手段。后者是顺应复音化的趋势而出现的构词法,兴起于音变构词之后。

再看词类。词类本是人们对语言结构中词的语法功能和语法意义作出揭示后所作的分类,但这种分类必须符合语言的客观存在;词的语法功能和语法意义有不解之缘,所以变调构词所构成的新词跟共时的语法系统有密切关系,词类的变化也会影响到变调构词。中古时代,新产生了动量词。上古汉语的动量表示法,有三种主要形式:一、把数目字直接放到动词前作状语;二、让数目字直接作谓语(例如"举所佩玉玦以示之者三");三、用专用的词语来表示,例如"再"专门表示"两次"或"第二次"的意思,"数"($*$ ʃwŏk/$*$ ʃeŏk/ʃɔk)专门表示"多次,屡次"的意思,"三"($*$ səmᵒ/samᵒ)专门表示"三次;泛指多次"的意思(注意:我们不能类推说,"四"以后的数目表示动词时,也是滋生出新词。"四"以后的数目表动量并没有改变读音;如果所有的数目字表动量都改变了读音,那么我们也许会把这种音变看成语法手段,而不是词汇手段。事实上,正因为不存在这种类推,所以我们把这种音变看成构词法,而不是构形法)。根据数词能否表动量,可以分成三类:一、兼表动量和名量者,如一,四,五,六,七,八,九,十;二、只能表动量者,如再,三($*$ səmᵒ/samᵒ);三、只能表名量者,如二,三($*$ ₋səm/₋sam)。大约到了南北朝时代,出现了"过""回""次""度""遍"等动量词,"三"出现在这些动量词之前,逐步不再表示动量,而是单纯表示静态的数目了。所以中古时代,"三"读去声表示"三次;泛指多次"的意思至少处于衰减的过程中。由此看来,"三"破读去声应是上古的事,中古反而是滋生词的破读音逐步消失的时代,《经典释文》常常对滋生词"三"平去兼注,可以为证。随后,"三"的破读只是作为文读保留到近代。例如《元曲选·隔江斗智》一折:"我这里劝哥哥要三思。"音释:"三,去声。"从词类的发展看,变调构词当出现于上古,"三"的滋生词只是其中之一罢了。

最后来看句法结构。从句法结构的发展,也能证明变调构词出现于上古。上古表示"致使"义,主要有三种方法:一是使用递系式,用"命(或使,令,遣等)+名词(施事者)+动词"的格式;二是利用词类活用;三是利用词汇手段,或词义构词,例如"朝:朝(使朝拜)",或变声构词,例如"败(﹡b-):败(﹡p-)""坏(﹡ɣ-):坏(﹡k-)",或变调构词,例如"受:授""沈:沈"。汉代以后,出现了使成式,而且递系式也扩大了使用频率,于是很多变调构词配对词中,使动构词所构成的滋生词表达的意义逐步改由使成式和递系式来表达。"出"长入读法义为"使从里面出来",往往直接带名词性宾语,表示"致使"义;中古时代,"出"常常降到补语的地位,有"掷出""牵出"等用法,构成使成式。不能设想,"出"的滋生词在它受到抑制的中古时代才变调构词,上古只是词义构词。被动句的发展也能证明这一点。要是跟西方语法对比来看汉语的被动表示法,从严格的动词形式上寻找汉语主动表示法和被动表示法的区别,汉语动词本身不分主动和被动(见赵元任《北京口语语法》,李荣译)。王力先生《汉语语法史》认为,原始汉语里不存在被动句,先秦古书中被动句还少见。从上古后期到中古,被动句才发达起来。上古表示被动的语法意义,有三种办法:一是利用意合法,主动和被动同句式;二是利用少量的被动句;三是利用词汇手段。"伐"读短入,义为"见伐",读长入,义为"伐人"。到了东汉时代,"伐"原始词和滋生词读音的区别只存在于少数方言(比如齐人语)中。"伐"表"遭到进攻"的意思六朝以后几乎都用被动句来表达,"见伐"和"伐人"的变调构词怎么会是汉末以后经师人为造出的分别呢?可以说,汉语句法结构的发展,以及实词虚化等方面的递嬗都是导致变调构词现象走向衰落的重要因素。

6. 从上古声训论上古汉语已有变调构词

声训这种方法不是古时思想家、训诂家凭空想象出来的,它的产生、流行都跟上古的语言息息相通。音近为训现象正跟上古语言中有大量的音变构词有关;异调为训正反映了上古口语中有大量的变调构词。否则,我们无法解释上古声训产生和流行的原因。

声训根据用字情况可以分为两种:一是异字为训,二是同字为训。异字为训的材料,前人搜集了不少,这项材料正可以证明上古有变调构词现象。例如《白虎通》卷二"霸者,伯也","霸犹迫也,把也";卷三"九之为言究也";卷五"谏者,间也","指者,质也"。《释名·释形体》"胡,互也",《释姿容》"走,奏也",《释亲属》"王,眶也",《释言语》"道,导也",《释宫室》"户,护也",等等。有不少异字为训的声训中,被训词和训释词的意义关系解释得很牵强,训诂家的做法流于主观；但从反映论的角度看，这是对客观现实的一种歪曲反映，仍能证明上古口语中存在着大量的变调构词现象。

同字为训现象，也可以证明上古有变调构词。段玉裁早就注意到同字为训反映上古有异读。《说文》："虚，大丘也。昆仑丘谓之昆仑虚。"段注："《邶风》'其虚其邪'，毛曰：'虚，虚也。'谓此'虚'字乃谓空虚，非丘虚也。一字有数义数音，则训诂有此例。许书'巳，巳也'，谓此辰巳之字其义为己甚也。"段玉裁这个看法是对的。可惜他不能把这种理论普遍施行开来；因为承认了这种理论，势必非把"风，风也""正，正也""示，示也""处，处也""观，观也""传，传也""守，守也""乐，乐也""敛，敛也""齐，齐也""易者，易也"一类的同字为训现象中，被训词和训释词看作声调有别不可，而且上古有去声；这实际上是承认了上古有变调构词，而段氏在《说文注》中是否定古有变调构词的。在这里，段玉裁陷入了矛盾。王力先生在《汉语史稿》中册第三十一节说："顾炎武等人否认上古有'读破'。但是，依《释名》看来（传，传也；观，观也），也可能在东汉已经一字两读。"这也是承认同字为训反映出了辨义的异读。罗常培、周祖谟《汉魏晋南北朝韵部演变研究》（第一分册）七《个别方言材料的考查》指出："《释名》的声训方式主要有五种……(5)取同一字为训，但四声读法不同，如宿，宿也；济，济也；观，观也。"并在脚注中说："《释名·释天》'宿，宿也，星各止宿其处也。'案宿为星宿字，《广韵》音息救切，去声；止宿之宿音息逐切，入声。《释水》'济，济也，言源出河北济河而南也。'案济水之济音子礼切，上声，济渡之济音子计切，去声。《释宫室》'观，观也，于上观望也'。案楼观之观，音古玩切，去声，观望之观音古丸切，平声。这种分别表现在

《释名》中的例子前人都没有留意。如果认为《释名》中以同一字为训,声音完全相同,那是错误的。"

同字为训材料,前人多是举例性质,没有作较为全面的搜集整理。我们较为全面地搜集了汉魏以前的同字为训材料,多达数十条;除少数几例被训词和训释词中古同音(但这不一定能证明它们上古是同音的)外,绝大多数即使中古也不同音。这使得我们相信,段玉裁、王力、罗常培、周祖谟等学者提出的被训词和训释词原来读音有别的观点是有科学道理的。少数几例中古读音相同,也许只是中古的读音现象,上古可能有区别。再结合上古同源词,更可证实这一观点。事实上,上古汉语一字多义现象十分普遍。不是所有的具有几个互有联系的意义的字,都可以拿它们的这个意义去训释那个意义,从而形成同字为训;那样,同字为训势必成为没有意义的文字游戏。仔细分析上古同字为训的实例,可以看出,同字为训的那些字中,被训词往往是滋生词,训释词往往是原始词,它们之间意义相关;而且读音只是相近而不相同,有的声母相近,有的声调有别。上古同字为训现象证明,当时汉语中存在着音变构词,包括变调构词。

7. 从上古同源词论上古汉语已有变调构词

从字形看,变调构词的原始词和滋生词可以分为写成同一字形和写成不同字形的两类。否定上古汉语有变调构词的学者,往往拘泥于字形;他们否定上古汉语有变调构词,几乎全用写成同一字形的变调构词的字作例证。的确,写成同一汉字的具有变调构词的字，如果缺乏冷静的分析，很难使人摆脱形体的束缚，而上升到语言的高度。这里我们换一个角度，从写成不同汉字的同源词来论证上古汉语已有变调构词。

上古汉语有同源词，这是谁都承认的事实。一组同源词之间，语音可以相同，也可以只是相近。应该承认同源词之间语音可以相近的事实，否则上古的声韵调数目会减少到令人难以置信的程度。我们可以通过同源词来研究古音，但是不能把音近同源词看成音同同源词，来归并古音，那样辗转迁就，就会得出上古只有一个声母和一个韵部的荒谬结论来。研究变调构词也是一样，也应有系统的观点；否则，一味辗转迁就，就会得出上古只有一个声调的荒谬结论来。如果那样做的话，就等于取消了上古音系。也许有人会辩解说，上古声韵调系统还有许多复杂的情况及其演变规律我们还没有搞清楚，研究古音不必搞得那么严格，例如上古有方音，从上古到中古会有例外音变。这种看法只是一种猜测，即使个别字是这样，也应该拿出铁证。我们应该承认上古有音近同源词。

上古汉语有声调，这也是有成就的古音学家谁都承认的事实。我们之所以承认上古有声调，这主要是仰赖上古韵文。如果没有上古韵文基本同调相押的这种直接反映上古声调的事实作保障，所谓历史比较法，所谓内部拟测法，用它们来推定上古是否有声调，以及上古声调的具体情形如何，总难免给人以推测之感。经过几百年，甚至一千多年的研究，现在大家基本承认：古有四声。我们认为，上古汉语阴声韵和阳声韵都有平上去三声。王力先生把一部分中古以阴声韵收尾或者没有韵尾而在上古跟入声韵有密切关系的去声字归入上古的长入；我们接受这一看法，并且根据王力先生的理论,把中古入声字划归上古短入,跟长入相对。至于长入跟一部分阴声韵的去声字在上古的关系,这里暂不讨论。还需要说明的是,这里所说的声调,是指"类"而言,不管它们的"值"。这一来是因为上古声调的"值"难以考求;二来是因为有人以为中古的声调,在上古是韵尾的分别,尽管我们不赞成这一看法。从"类"的观点来使用声调这一概念,是为了使结论不致被人误解。

承认上古有这样特点的同源词,就能得出上古汉语有变调构词的结论:一、一组同源词在上古意义只是相近或相关,但不相同;二、一组同源词在上古声韵全同,唯有声调不同。能同时符合这两个条件的同源词,就能据以推定上古有变调构词;但这两个条件只是确定上古汉语有变调构词的必要条件,而非充分条件。我们不能说,凡具有这两个条件的一组同源词,其中必有一个是原始词,另外的是滋生词。不能排除这样的可能性,即它们都是滋生词;或者没法确定其中哪一个是原始词,另一个是滋生词。但是,符合这两个条件的同源词的存在,一定能证明上古有变调构词。因为原始词和滋生词也属于同源词,凡属变调构词的配对词,一定符合上面的两个条件;只是它们多了一个条件,即我们能确定其中一个是原始词,另一个是滋生词。

为什么说符合上述两个条件的同源词的存在就能证明古有变调构词呢?还是要从语源上考察同时符合这两个条件的每组同源词里头仅存的两种可能性:一、原始词和滋生词并存;二、原始词消失,只剩下滋生词。此外没有第三种可能性。"一"中,原始词和滋生词并存,显然由原始词滋生出滋生词的过程中,声调发生了转换。"二"中,滋生词之间不同声调:假定这类滋生词的原始词为

第二章 汉语变调构词的若干理论 429

A,如果由 A 滋生出该类同源词(即滋生词)时声调不发生转换,那么所有的滋生词都必须跟 A 同调,滋生词之间亦同调。今已知"二"中同源词的声调不同,所以由 A 滋生出该类滋生词时,至少有一个滋生词声调发生了转换。所以只要上古汉语存在着上述两个条件的同源词,就一定能证明上古汉语已有变调构词。

上古汉语肯定有符合上述两个条件的同源词。例如"空:孔"同源。上古"空"作"空虚,里面没有东西"讲读平声;"孔"作"窟窿,小洞,眼儿"讲读上声,"空"作"窟窿,小洞,眼儿"讲也读上声,用"孔"来记录这一词义,是假借用法。我们认为,"孔"记录的名词用法是原始词,"空"记录的形容词用法是滋生词。今已知原始词和滋生词上古不同调,则滋生过程中,声调一定发生了转换。再如"巫:舞"同源。上古"巫"平声,"舞"上声。"巫"和"舞",我们没法确定哪一个是原始词,哪一个是滋生词。但是它们原始词的声调只有三种可能性:一、平声;二、上声;三、平上二声之外的另一个声调。假定原始词的声调是平声,那么由原始词滋生出"舞"时声调有转换;假定原始词的声调是上声,那么由原始词滋生出"巫"时声调有转换;假定原始词的声调是"巫""舞"之外的另一个声调,那么由原始词滋生出"巫""舞"时声调都有转换。这种例子上古汉语中还有很多,都可以根据这一理论推定上古汉语有变调构词。清儒一方面承认上古有符合上述两个条件的同源词,一方面又否定上古有同源词,他们的理论是矛盾的。从上古汉语字形有别而且没法找出原始和滋生词的符合上述两个条件的同源词可以证明,上古汉语肯定存在着变调构词,除非把不同声调的义近同源词的不同声调硬性规定为相同,声调由例外音变而变得不同。

8. 从周秦韵文论上古前期已有变调构词

我们研究上古声调是研究语音,不是研究一般的声音。所以要想通过上古韵文的韵脚字来研究上古声调,一定要结合韵脚字的意义;否则就不是真正的声调研究。多少年来,由于受清儒的影响,研究上古韵文透露出的上古声调信息时,几乎把韵脚字的意义撇在一边;这是很不科学的做法。既然这是很不科学的做法,那么我们为什么仍然能揭示出上古声调的部分真理呢?原来上古诗人在组织韵文时,他们得按当时的语言习惯,不自觉地按韵脚字在上下文中的词义去押韵;而且他们有意识地使同一韵脚字组的字基本上同调相押,以便使韵文更加和谐悦耳。所以后代古音学家即使没有注意到韵脚字的意义,对于一部分韵脚字来说,也能不自觉地暗合上古的语言习惯,从而能揭示出上古声调的部分真理。但是对于一部分两声各义的字来说,不结合其意义,对它们声调的认识难免捉襟见肘,失之交臂。今天我们研究上古韵脚字,应该自觉地结合意义来进行,且断以谨严。举例来说,"恶"中古韵书《广韵》有三个读音,哀都切:"安也。"乌路切:"憎恶也。"乌各切:"不善也,《说文》曰:过也。"根据上古韵文,我们可以说,上古"恶"作"不善"讲读短入,作"憎恶"讲读长入。但是我们不能说,上古"恶"只有长短入两个读音。因为"恶"作疑问代词用不入韵,我们不知它是否读平声。遇到这种情况,最好是阙疑,或者承认古有平声一读。上古汉语疑问代词"恶"有时写作"乌","恶""乌"是同音字。结合意义去研究上古前期的韵文,只能得出一个结论:上古前期已有变调构词。

从韵文研究上古前期的变调构词，应该有历史的观点。变调构词是一种历史现象，它们的音义结合没有理由可说，不可能一成不变。有的变调构词的字在上古声调是有区别的，六朝以后却看不出区别。例如《吕氏春秋·至忠》："文挚对曰：非怒王则疾不可治，怒王则挚必死。"高诱注："怒读如强弩之弩。"但是《广韵》《集韵》上去两读看不出意义的差别。有少数变调构词的字上古前期还处于词义构词阶段，到了后来就由词义构词变成变调构词。例如鞋絇的"两（絇）"周秦读上声，后来读去声；副词的"早"六朝仍读上声，唐宋时代才读去声。甚至有的变调构词的字是近代才变换声调的，例如阻挡的"挡"本作"当"，读平声；上声一读不见于《广韵》《集韵》，但见于《元曲选·音释》。明乎此，就不会以今律古，以六朝时代已是变调构词而上古尚处于词义构词阶段的少数几个字去否定上古汉语有变调构词了。

作为一种符号，变调构词配对词中，原始词的音义结合是任意的，具有不可论证性；滋生词的音义结合也是这样。正因为它们的音义结合是任意的，所以必须接受社会的制约，这就保证了中古汉语和上古汉语的变调构词具有历史继承性；同时，正因为它们的音义结合是任意的，具有历史继承性，总是处在时间之中，所以上古和中古的变调构词具有可变性。一方面，我们不能把中古见于经师音注的一个个反映了变调构词配对词中滋生词的读音看作中古语言的突发事件；另一方面，也不能认为所有的见于中古经师音注的变调构词的配对词都来自上古。上古韵文是我们探讨上古前期汉语有无变调构词的最基本的依据之一；上古前期韵文中，原始词和滋生词各依其不同声调相押的大量事实只能使我们得出：上古前期已有变调构词。

9. 从字形的分化论上古汉语已有变调构词

变调构词中，原始词和滋生词的分化常常导致字形的分化。这种字形的分化，上古已经出现了。下面先举出《说文解字》以前（包括《说文解字》）出现的一些分化字：1. 来 $_c$lə：勑 lə°；2. 含 $_c$ɣəm：琀 ɣəm°；3. 耳 $_c$nǐə：咡 nǐə°；4. 耳 $_c$nǐə：珥 nǐə°；5. 买 ^{c}me：卖 me°；6. 家 $_c$kea：嫁 kea°；7. 言 $_c$ŋǐan：唁 ŋǐan°；8. 言 $_c$ŋǐan：谚 ŋǐan°；9. 取 ^{c}tsʼǐwo：娶 tsʼǐwo°；10. 交 $_c$keau：绞 ^{c}keau；11. 交 $_c$keau：烄 keau°；12. 昭 $_c$ȶǐau：照 ȶǐau°；13. 摇 $_c$ʎǐau：鷂 ʎǐau°；14. 道 ^{c}dəu：导 dəu°；15. 受 $_c$zǐəu：授 zǐəu°；16. 登 $_c$təŋ：隥 təŋ°；17. 貣 tʼək：贷 tʼək；18. 塞 sək：簺 sək；19. 福 pǐwək：富 pǐwək；20. 劃 ɣwək：画 ɣwək；21. 籴 diǎuk：粜 diāuk；22. 告 kəuk：诰 kəuk；23. 争 $_c$tʃeŋ：净 tʃeŋ°；24. 永 ^{c}ɣǐwaŋ：詠 ɣǐwaŋ°；25. 张 $_c$tiaŋ：帐 tiaŋ°；26. 张 $_c$tiaŋ：胀 tiaŋ°；27. 两 ^{c}lǐaŋ：緉 lǐaŋ°；28. 总 ^{c}tsoŋ：稯 $_c$tsoŋ；29. 囗 $_c$ɣǐwei：卫 ɣǐwei°；30. 垂 $_c$zǐwa：睡 zǐwa°；31. 非 $_c$pǐwəi：诽 pǐwəi°；32. 弟 ^{c}diei：悌 diei°；33. 弟 ^{c}diei：娣 diei°；34. 委 ^{c}ǐwəi：萎 ǐwəi°，等等，这样的例子还有很多。

上面这些配对词中，原始词词义和滋生词词义都是固定的义位。这是一个方面的事实。另一个方面的事实是，原始词和滋生词的书写形式也变得不同，有的字形分化得早一些，有的分化要晚

第二章 汉语变调构词的若干理论 433

一些(按,有的配对词字形分化是在中古,但不含以上的配对词)。还有一个事实是,这些配对词中,原始词和滋生词在中古声调已经不同了。它们在上古声调是否相同?如果我们不承认它们在上古属变调构词的话,那么只能假定:上面所列配对词中,原始词和滋生词读音相同,也就是滋生词要读成原始词的音,如"娶"要读成上声,不读去声,等等。如果真是这样的话,我们只能设想这样一种字和词演变的途径:上古,这些配对词中滋生词处于词义构词阶段,字形也分化了;中古,原来的词义构词转化为变调构词,于是中古人注音把原始词注成 A 音,滋生词注成 B 音,以期体现出原始词和滋生词的语音差别。

这种假设的困难在于,很多滋生词找不出跟原始词同音的证据;字形的分化被看成是词义构词阶段的产物,它跟后来的声调转换碰巧是一个偶然事件。我们不否认,在个别配对词中,原始词和滋生词原是词义构词,个别滋生词在字形分化后由于例外音变等原因,跟原始词读音不同;但是把大量的声调转换看成是字形分化以后的产物,把滋生词的上古音看作与原始词相同,是有悖事实的。我们没法确证上述写成不同汉字中的滋生词跟原始词同音;把滋生词的音读成跟原始词同音,其实是割断了滋生词的中古音和上古音的联系。应该认为,上述写成跟原始词形体不同的滋生词,上古已经声调转化了,后来人们用一种书写符号记录原始词,用另一种书写符号记录滋生词。也就是说,上述例子中,滋生词和原始词的字形分化是变调构词以后的产物。

这种看法,实际上是许多人的意见。郭锡良等先生编的《古代汉语》上册《古代汉语常识·词的本义和引申义》中说:"另一种情况是引申义的字形变了。这是由于引申义距离本义已经很远,有的读音也变了,有的一般人已经不再意识到它是一个意义的引申,为了区别起见,就另造一个字来代表它。"我们赞同读音的改变导致字形改变这一观点,否则我们无法合理地解释上述配对词字形分化的原因以及滋生词读音产生的时代,跟中古声调的联系。

10. 论清儒否定上古汉语已有变调构词的理由不充分

清代本来就有学者主张上古汉语已有变调构词;但是占绝对优势的是顾炎武、钱大昕、段玉裁等人的看法,他们否认上古汉语有变调构词。其否定上古汉语有变调构词的证据有韵脚字,二义同条,双关语,六朝音注,类推,本义和引申义,声训,异文,上下文文气等几项。这些材料及论证方法均不足以证明上古汉语无变调构词。

从上古韵文的韵脚字入手,来研究某些中古汉语变调构词的字上古是否变调构词,是一条很好的途径。有少数字中古变调构词,但上古还处于词义构词阶段;从这个角度说,清儒有的发现是揭示了真理。但是不能以偏概全。有些字上古和中古都是变调构词,但清儒却视而不见;有些字上古韵文比较明显地反映出是变调构词,但个别用例反映出声调和意义不相应,清儒囿于例外,不顾常例,从而认为这些字上古没有变调构词;有时候韵文中明明声调和词义是相应的,由于对上下文中词义把握不精确,于是认为声调和意义不相应。清儒一方面承认古有声调,另一方面却认为声调不过是发音的迟疾轻重,对声调的本质认识不足,这也是使得他们得出古无变调构词这一错误结论的原因之一。

清儒否定的不仅仅是变调构词,他们否定的是整个上古汉语都有"两声各义",变调构词只是他们所否定的整个范围中的一部分。古代词书的同一词条里,被释词是两组(个别是三组)意义不同的词,训释词有两个(个别是三个)意思,分别解释排在一起的几组同义词,即二义同条。卢文弨、王引之以此为证,来否定古有两声各义,包括变调构词。但这种理由近于猜测。既然古人"二义不嫌同条",为什么不可以"二音不嫌同条"？据周祖谟先生《四声别义释例》,"比""劳""遗"三字东汉已变调构词,但是《广雅·释诂》中,却以这三字的不同音义来作二义同条的训释词,可见古人的确可以二音同条。

利用修辞中的双关现象来否定上古有变调构词,也是清儒的证据之一。但是他们忽视了音近也可以双关的事实;音同和音近均可双关,古今汉语皆然。六朝音注不能作为否定上古汉语有变调构词的证据;的确,六朝音注有不一致现象,情况比较复杂,不能一概而论,更不能作为否定古有变调构词的理由。这其中有版本校勘问题,有注音体例问题,有保存旧读与否的问题,有上下文的词义理解问题,等等,都跟上古汉语有无变调构词无关。用"类推"的办法来否认上古汉语有变调构词,这种方法不科学。例如古人构词,有这种情况:原始词指某种动作行为,滋生词是发出某种动作行为的人。"监"字即是,声调由平变去。但"贼"(杀害:杀人者),"走"(跑:被役使的人),"候"(侦察:侦察敌情者)有动名之别,读音并不改变。因为语言符号的音义结合是社会决定的,变调构词本质上是一种构词法,而非构形法;上述的这种动名的转换,有的是用读音的改变来加以区别,有的只是采用词义构词的方式。如果硬要用"类推"的办法来论证变调构词是否存在于语言中,那么现代口语中存在的变调构词也要否认。

利用词义引申来否认古有变调构词,不始自清人。宋洪迈《容斋四笔》卷二"二十八宿"条:"二十八宿,宿音秀。若考其义,则止当读如本音。尝记前人有说如此,《说苑·辩物篇》曰:'天之五星,运气于五行,所谓宿者,日月五星之所宿也。'其义昭然。"这个说法的一个前提是:凡一词词义是由另一词词义发展而来,则这个词要读成源词的音。这是荒谬的,等于取消了所有的音变构词。词的音义结合是任意的,一个词滋生出另一个词,概念发生了转移,语音形式可以改变,也可以不改变。"宿"由"止宿"义滋生出"星宿"义,读音发生了变化,这是事实。至于它的读音为什么要变化,为什么星宿的"宿"一定要跟另一个声调形式联系起来,没有道理可说,那是人们要加以区别,以利交际。

用声训和异文来证明滋生词要读原始词的音,那也是没有说服力的。因为音近字可以用作声训,用作异文。至于上下文文气,对于论证上古汉语有没有变调构词,也没有多大价值。因为古人在上下文中,把变调构词中配对的原始词和滋生词放在相邻的位置上使用,并不能证明原始词和滋生词读音相同;读音相近的字相邻使用,读来同样会琅琅上口。

引用书目及参考书目举要

北京大学中国语言文学系语言学教研室 《汉语方音字汇》(第二版重排本),语文出版社,2003
班固 《汉书》,颜师古注,中华书局,1962
陈彭年、丘雍等 《广韵》,周祖谟《广韵校本》,中华书局,1960
辞海编辑委员会、上海辞书出版社 《辞海》(1979年版),上海辞书出版社,1979
丁邦新 《魏晋音韵研究》,历史语言研究所专刊(台北)之六十五,1975
丁度等 《集韵》,上海古籍出版社据上海图书馆藏述古堂影宋钞本影印,1985
段玉裁 《说文解字注》,上海古籍出版社据经韵楼原刻本影印,1981
[英]Downer(唐纳) *Derivation by Tone-change in Classical Chinese*, Bulletin of the School of Oriental and African Studies, No.22, 1959, London
范晔 《后汉书》,李贤注,中华书局,1965
房玄龄等 《晋书》,何超音义,中华书局,1974
顾野王 《玉篇》,中国书店据张氏泽存堂本影印,1983
广东广西湖南河南辞源修订组、商务印书馆编辑部 《辞源》(修订本),商务印书馆,1979
郭锡良 《汉字古音手册》,北京大学出版社,1986
　　　　《汉语史论集》(增补本),商务印书馆,2005
国学整理社 《诸子集成》,上海书店影印,1986
汉语大辞典编辑委员会、汉语大词典编纂处 《汉语大词典》(缩印本),上海辞书出版社,1997
汉语大字典编辑委员会 《汉语大字典》,湖北辞书出版社,四川辞书出版社,

1986 至 1990

黄坤尧、邓仕樑 《新校索引经典释文》,学海出版社(台北),1988
慧琳 《一切经音义》,上海古籍出版社据日本狮谷白莲社本影印,1986
贾昌朝 《群经音辨》,四部丛刊续编本,商务印书馆,1934
江有诰 《音学十书》,音韵学丛书,中华书局,1993
李波等 《十三经新索引》,中国广播电视出版社,1997
李如龙 《论音义相生》,《汉语方言的比较研究》,商务印书馆,2001
　　　《考求方言词本字的音韵论证——兼评闽方言本字58例》,《方言与音韵论集》,香港中文大学中国文化研究所吴多泰中国语文研究中心,1996
刘向集录 《战国策》,上海古籍出版社,1985
卢烈红 《〈汉语变调构词研究〉读后》,《中国语文》2001.3
陆德明 《经典释文》,中华书局据通志堂本影印,黄焯汇校,1983
逯钦立 《先秦汉魏晋南北朝诗》,中华书局,1983
罗常培、周祖谟 《汉魏晋南北朝韵部演变研究》(第一分册),科学出版社,1958
马建忠 《马氏文通》,汉语语法丛书本,商务印书馆,1983
[日]水谷诚:《孙玉文〈漢語變調構詞研究〉》,《創大中國論集(第五號)》,2002
司马迁 《史记》,裴骃集解、司马贞索隐、张守节正义,中华书局,1959
索绪尔(D. Saussure) 《普通语言学教程》,高名凯译,汉译世界学术名著丛书,商务印书馆,1985
唐作藩 《破读音的处理问题》,《辞书研究》1979.2
汪化云 《鄂东方言研究》,巴蜀书社,2004
王力 《汉语诗律学》,上海教育出版社,1979,新2版
　　《汉语史稿》(中册),中华书局,1980
　　《同源字典》,商务印书馆,1982
王力主编 《古代汉语》(修订本),中华书局,1995,挖改本
温端政 《忻州方言志》,语文出版社,1985
无名氏 《十三经注疏》,阮元校勘本,中华书局据原世界书局本影印,1980
萧统 《文选》,李善注,中华书局据胡刻本影印,1977

引用书目及参考书目举要 439

行均 《龙龛手镜》,中华书局据高丽本为底本影印,1985
许宝华、宫田一郎主编 《汉语方言大词典》,中华书局,1999
许慎 《说文解字》,中华书局据陈昌治刻本为底本影印,1985
严可均 《全上古三代秦汉三国六朝文》,中华书局,1958
俞敏 《俞敏语言学论文集》,商务印书馆,1999
臧晋叔 《元曲选》,中华书局,1989年重排本
张双棣等 《吕氏春秋词典》,山东教育出版社,1993
张万起 《世说新语词典》,商务印书馆,1993
张揖 《广雅》,王念孙《广雅疏证》本,上海古籍出版社据上海图书馆藏清嘉庆本影印,1983
张永言主编 《世说新语辞典》,四川人民出版社,1992
张自烈 《正字通》,中国工人出版社据清康熙九年(庚戌)序弘文书院刊本影印,1996
浙江书局辑刊 《二十二子》,上海古籍出版社据初印本影印,1986
中国社会科学院语言研究所词典编辑室 《现代汉语词典》(修订本),商务印书馆,1996
周德清 《中原音韵》,中国古典戏曲论著集成本,中国戏剧出版社,1959
周法高 《中国古代语法·构词编》,历史语言研究所专刊(台北)之三十九,1962
周祖谟 《问学集》,中华书局,1966
《唐五代韵书集存》,中华书局,1983
孙玉文 《略论清儒关于上古汉语四声别义的研究》,《湖北大学学报》(哲学社会科学版)1992.4
《上古汉语四声别义例证》,《古汉语研究》1993.1
《从上古同源词看上古汉语四声别义》,《湖北大学学报》(哲学社会科学版)1994.6
《唐纳先生"滋生词用在复合结构中"说质疑》,《汉语史论文集》,武汉出版社,2002
《"背"音变构词所反映的原始词和滋生词音义关系的两种值得注意的现象》,《纪念王力先生百年诞辰学术论文集》,商务印书馆,2002

《一个原始词可以滋生表示同一概念的两个不同滋生词例说》,《人文讲坛讲演录》(第一辑下),湖北人民出版社,2004

博士论文后记

这篇博士论文是在郭锡良先生的指导下写成的。

我研究变调构词的动因,始于20世纪80年代中期。那时阅读顾炎武《音学五书》,读到"先儒两声各义之说不尽然"条,知道顾氏认为,不论上古还是中古,声调不过是发音的迟疾轻重,汉语中本不存在"两声各义"。他举"恶""好""誉""观"等字为例,证明自己的观点。但是其中的很多字直到现代汉语还是"两声各义";他甚至把一字的自由变读作为否定汉语有"两声各义"的证据。把声调只看作发音的"迟疾轻重",这跟现代人对声调的本质的认识大相径庭。所以当时就对顾氏这一学说有疑虑,觉得他的证据并不充分。于是留心观察上古至现代反映变调构词的资料,更加认识到顾氏之说失于武断,下决心集中精力对汉语史上的变调构词现象作一番全面深入的考察。

1989年,撰写硕士论文《广韵异读字研究》,对《广韵》中变调构词资料有了进一步了解。尽管郭锡良师、唐作藩师、祝敏彻师、刘宋川师耳提面命,但是汉语史上变调构词现象十分复杂,限于自己的学养,没能在变调构词研究上做出成绩来。硕士论文写作过程中,曾有意识地拿《广韵》的变调构词的字跟当时能见到的贾昌朝《群经音辨》、马建忠《马氏文通》、周祖谟《四声别义释例》、周法高《中国古代语法·构词编》、唐作藩先生《破读音的处理问题》等论著所列字表进行对照,又拿《集韵》《类篇》《玉篇》《龙龛手镜》等字书来作对照,发现各家说法颇有参差。由此我悟出,要判定各家对具有变调构词的字音义结合关系处理意见的来龙去脉,以及处理是否妥当,必须从原始资料做起。因为字书的处理意见,绝大部分都来自编纂者对原始资料(特别是经师音注)的归纳;字表作者的处理意见,更是来自原始资料。字书的归纳,有些地方不妥当。《续资治通鉴长编》卷一百二十说:"(六月丙申)又诏国子监以翰林学士丁度所修《礼部韵略》颁行。初,崇政殿说书贾昌朝言:'旧《韵略》多无训释,又疑混声与重叠出字,不显义理,致举人诗赋或误用之。'遂诏度等以唐诸家韵本刊定其韵窄者,凡十三处,许令附近通用。疑混声及重叠出字,皆于本字下解注之。"所谓"疑混声",就是指部分全浊上声跟全浊去声的字,宋代已经读成同音了。贾氏《群经音辨》第四门即"辨字音疑混",所辨全是全浊上声跟全浊去声的异读字。但是《礼部韵略》是景祐四年六月丙申颁行的,《群经音辨》是该年稍晚时候才写定的,所以来不及反映贾氏的研究成果。直到编写《集韵》时,才对《群经音辨》的成果加以吸收。我引用上面的材料意在说明,当时韵书的编写对变调构词的反映有欠缺,需要用原始材料来印证、补充、订正。宋人就是拿经师音注订正韵书对某些变调构词的反映的不当之处的。当然,后代韵书对变调构词的字的反映跟经师音义结合情况不同,有些是反映了后代所起的变化,不尽合于古。

  我一直认为,汉语变调构词的研究,是一块有待深入开掘的沃土,甚至可说是处女地。基于以上的认识,我从 1989 年下半年起,陆续收集了《经典释文》《史记·三家注》《汉书·颜注》《后汉书·章怀注》等以迄宋元以后人的部分音注材料,还全面收集了汉魏人的音注以及郭璞的一些音注;还收集了《广韵》《集韵》《玉篇》《龙龛手镜》等字书资料。排比归纳这些资料,以及古韵文、现代汉语方言等资料,结果发现:原来反映在字书及诸家字表中的变调构词的词义分析,有许多值得商榷、补充,甚至有错误;而且每一个变调构词的字的源流分析,基本上付之阙如。于是我发愿从两个方面对所收集的材料进行整理:一是编写一部《古代汉语变调构词考辨》,本文第一章"古代汉语变调构词词表"是我将要编写的这部考辨的雏形;二是撰写《古代汉语变调构词研究》,本文第二章"汉语变调构词的若干理论"是我将要撰写的这部著作的雏形。我深知自己的学养不够,1994年考上锡良师的博士生后,注重在锡良师等师辈的教育和启发下补上这一课。这三年来,我对变调构词的认识有了明显的提高,原来的一些模糊认识明确了,有的认识现在看来不正确,需要抛弃。

本文的理论框架受到锡良师不少启发。有些是从先生那里"侧闻"来的,有些是从先生发表在《第一届国际先秦汉语语法研讨会论文集》的《先秦汉语构词法的发展》一文中移植过来的。以前大家称变调构词为四声别义,又把四声别义分为区分词性和区分词类的两类。我以前也是这样认识的。但如果局限于这种理论,排比归纳材料时就会感到茫然。这里只举一个例子。例如"数",大家向来认为是区别名动两类词的。按理,去声读法都是名词。可是一深入材料就会发现,许多动词用法前人都注成去声。运用变调构词的理论,问题就迎刃而解:"数"的原始词读上声,义为计算,一一列举。由这一原始词滋生出的一个滋生词,义为数目;历数;道数。是名词。由这一原始词滋生出的另一个滋生词,也读去声,义为一一列举人的罪过而加以责备,谴责;这一滋生词跟原始词同词类。类似的以及不类似的证据还有很多。所以本文欣然接受锡良师音变构词这一理论。

本文是1996年春天着手写作的。遵从锡良师的意见,开始时集中精力从事"古代汉语变调构词词表"的撰写工作;写完了近150对词的初稿后,锡良师又让我从事其他部分的撰写工作。初稿陆陆续续地呈到锡良师住所,最后一批于春节前送达。常常是,每送完一部分后,锡良师都从百忙中抽出时间进行审订,提出详细的修改意见。今年二月二十五日,我刚刚由武汉返校,去给锡良师和师母拜年。甫一进门,锡良师就拿出厚厚的一摞拙稿,上面写满了铅笔批注,并详细地说明批注的理由,以及修改的方法。师母告诉我,为了审订拙文,耗去了锡良师整个寒假;有时外出,还把拙稿带在身上。拙稿如果有点可取之处的话,那是锡良师悉心指导的结果,大至谋篇布局,小到标点符号,都凝聚着锡良师的心血;拙稿如有不当之处,甚至常识性错误,那只能怪罪于我的浅陋,我的怠惰。

本文的开题报告,蒙唐作藩师和何九盈师、张双棣、宋绍年等老师提出宝贵的意见;后来又得到徐通锵、张联荣两位老师的指教。在此,我向他们表示衷心的感谢!我还要感谢郭师母,她的慈爱,她的勉励,总是给我一种奋发向上的勇气。写到这里,我不由得想起了我的爱人宋慧君女士,是她全力支持我在北大攻读博士学位,替我处理武汉家中的杂事,哺育孩子,使我能在千里之外的北京安安静静地读书写作,在此我表示衷心的感谢!

我自知资质鲁钝,才疏学浅,匆忙中拿出这篇急就而成的习作,里面肯定有很多谬论,诚望得到批评指正。

作者谨记
一九九七年三月二日于北京大学39楼401室

初版后记

拙著于一九九七年六月十三日通过答辩。答辩会上，何乐士先生、王宁先生、唐作藩师、何九盈师、张双棣先生、宋绍年先生都提出了十分宝贵的修改意见。蒋绍愚师从澳门返京后，敦促我早日修改出版拙著。回湖北大学后，祝敏彻师、刘宋川师多所奖掖。我万万没有想到的是，从一九九七年至今，拙著蒙学术界不弃，连续被北京大学和北京市评为优秀博士学位论文，今年又被教育部和国务院学位委员会批准为首届全国优秀博士学位论文；今借出版之机，对拙著作了较大修改，希望进一步减少失误，提高质量。谬误之处，仍望学术界不吝指正。这里，我还要向我的朋友杨荣祥先生、伦敦大学博士魏克彬先生(Crispin Williams)、莫斯科大学易福成先生致谢，他们既对我提供了无私的帮助，又经常和我热烈地讨论变调构词问题，使我获益匪浅。郭锡良师和唐作藩师向北京大学出版社鼎力推荐拙著；北京大学出版社，特别是温儒敏总编和郭力先生，十分积极地向我约稿，请允许我在此表示诚挚的谢意。本书的出版，还得到了教育部和其他几家出版社的垂询，也在此表示感谢。

作者又识

一九九九年七月十二日于湖北大学

再 版 后 记

本书于 2000 年由北京大学出版社初版,不久即告售罄。承师友及广大读者厚爱,希望本书再版。为了满足各方面的需求,同时也为了广泛征求学术界的意见,提高《汉语变调构词考辨》一书的撰写质量,我决定再版《汉语变调构词研究》一书,蒙商务印书馆允予出版。

1998 年迄今,我曾分别在北京大学和湖北大学以《汉语音义关系研究》和《汉语变调构词研究》为课目给研究生讲授本书的有关内容,陆续得到若干反馈。这些年来,除了参加汉语音韵学方法论的国际大讨论外,我的主要精力集中在教育部和国务院学位办全国优秀博士学位论文作者专项资金资助项目《汉语变调构词考辨》的撰写工作,目前已基本完成初稿。由于工作量很大,加工完善需要花费时日,短期内难以面世。在《汉语变调构词考辨》的撰写过程中,我又有了一些心得,其中的一些研究心得对《汉语变调构词研究》一书的若干结论有印证、补充、订正的作用。在这场汉语音韵学方法论的国际学术大讨论中,本书的研究课题"汉语变调构词"成为热点问题之一。经过讨论,我更加坚信:传统所说的"四声别义",是构词法,决非构形法。

这个增订本对初版的若干内容作了小小的充实改动,也校正了若干印刷上的错误。由于时间和精力,篇幅有限,本书初版以后作者本人对汉语变调构词的一些新的看法,学界同仁对本书的一些具体意见,都没有在再版中全部反映出来。这一些新的成果,我将吸收进《汉语变调构词考辨》一书中。我深知本人功力有限,希望广大读者一如既往,进一步对本书提出宝贵意见。

非常感谢业师郭锡良先生对增订本的指导。同时,我还非常感谢北京大学出版社的杜若明先生和商务印书馆的金欣欣先生,他们为本书的再版所付出的努力令人难忘。何宛屏、谢仁友、乔永三位先生都为本书再版热情地提供帮助,我至为铭感。

作　者
二〇〇六年除夕于故里黄州